电子商务时代网店精英实战系列

淘宝天猫店
一本通

开店、装修、运营、推广

黑马程序员 / 编著

清华大学出版社
北京

内 容 简 介

本书以淘宝、天猫平台为例，系统介绍了网店运营与推广的相关理论知识及实操技术，包括店铺开设、店铺装修、客服管理、物流设置、运营推广、打造爆款以及店铺诊断分析等，能够帮助读者学会从开店到运营店铺的整个过程。

本书附有配套的教学PPT、题库、教学视频、教学补充案例、教学设计等相关资源。同时，为了帮助初学者及时地解决学习过程中遇到的问题，还提供专业的在线答疑平台，以帮助学生更好地学习和掌握这些知识与技能。

本书既可作为高等院校相关专业电子商务课程的教材，也可作为企业电商岗位相关从业人员的参考书，是一本适合初学者阅读与参考的优秀读物。

本书封面贴有清华大学出版社防伪标签，无标签者不得销售。
版权所有，侵权必究。举报：010-62782989，beiqinquan@tup.tsinghua.edu.cn。

图书在版编目(CIP)数据

淘宝天猫店一本通：开店、装修、运营、推广/黑马程序员编著. —北京：清华大学出版社，2018
（2024.7重印）
ISBN 978-7-302-51289-9

Ⅰ.①淘… Ⅱ.①黑… Ⅲ.①网站－运营管理 Ⅳ.①F713.365.2

中国版本图书馆CIP数据核字(2018)第220265号

责任编辑：袁勤勇
封面设计：韩 冬
责任校对：梁 毅
责任印制：曹婉颖

出版发行：清华大学出版社
网　　址：https://www.tup.com.cn，https://www.wqxuetang.com
地　　址：北京清华大学学研大厦A座
邮　　编：100084
社 总 机：010-83470000
邮　　购：010-62786544
投稿与读者服务：010-62776969，c-service@tup.tsinghua.edu.cn
质量反馈：010-62772015，zhiliang@tup.tsinghua.edu.cn
课件下载：https://www.tup.com.cn，010-83470236

印 装 者：三河市人民印务有限公司
经　　销：全国新华书店
开　　本：185mm×260mm
印　　张：20.75
字　　数：494千字
版　　次：2018年12月第1版
印　　次：2024年7月第11次印刷
定　　价：59.80元

产品编号：080917-02

序 言

本书的创作公司——江苏传智播客教育科技股份有限公司(简称"传智教育")作为第一个实现 A 股 IPO 上市的教育企业,是一家培养高精尖数字化专业人才的公司,公司主要培养人工智能、大数据、智能制造、软件、互联网、区块链、数据分析、网络营销、新媒体等领域的人才。公司成立以来紧随国家科技发展战略,在讲授内容方面始终保持前沿先进技术,已向社会高科技企业输送数十万名技术人员,为企业数字化转型、升级提供了强有力的人才支撑。

公司的教师团队由一批拥有 10 年以上开发经验,且来自互联网企业或研究机构的 IT 精英组成,他们负责研究、开发教学模式和课程内容。公司具有完善的课程研发体系,一直走在整个行业的前列,在行业内竖立起了良好的口碑。公司在教育领域有 2 个子品牌:黑马程序员和院校邦。

一、黑马程序员——高端 IT 教育品牌

"黑马程序员"的学员多为大学毕业后想从事 IT 行业,但各方面条件还不成熟的年轻人。"黑马程序员"的学员筛选制度非常严格,包括了严格的技术测试、自学能力测试,还包括性格测试、压力测试、品德测试等。百里挑一的残酷筛选制度确保了学员质量,并降低了企业的用人风险。

自"黑马程序员"成立以来,教学研发团队一直致力于打造精品课程资源,不断在产、学、研 3 个层面创新自己的执教理念与教学方针,并集中"黑马程序员"的优势力量,有针对性地出版了计算机系列教材百余种,制作教学视频数百套,发表各类技术文章数千篇。

二、院校邦——院校服务品牌

院校邦以"协万千名校育人、助天下英才圆梦"为核心理念,立足于中国职业教育改革,为高校提供健全的校企合作解决方案,其中包括原创教材、高校教辅平台、师资培训、院校公开课、实习实训、协同育人、专业共建、传智杯大赛等,形成了系统的高校合作模式。院校邦旨在帮助高校深化教学改革,实现高校人才培养与企业发展的合作共赢。

(一)为大学生提供的配套服务

1. 请同学们登录"高校学习平台",免费获取海量学习资源。平台可以帮助高校学生解决各类学习问题。

高校学习平台

2. 针对高校学生在学习过程中的压力等问题，院校邦面向大学生量身打造了 IT 学习小助手——"邦小苑"，可提供教材配套学习资源。同学们快来关注"邦小苑"微信公众号。

"邦小苑"微信公众号

（二）为教师提供的配套服务

1. 院校邦为所有教材精心设计了"教案＋授课资源＋考试系统＋题库＋教学辅助案例"的系列教学资源。高校老师可登录"高校教辅平台"免费使用。

高校教辅平台

2. 针对高校教师在教学过程中存在的授课压力等问题，院校邦为教师打造了教学好帮手——"传智教育院校邦"，可搜索公众号"传智教育院校邦"，也可扫描"码大牛"老师微信（或 QQ：2770814393），获取最新的教学辅助资源。

码大牛老师微信号

三、意见与反馈

为了让教师和同学们有更好的教材使用体验，您如有任何关于教材的意见或建议请扫码下方二维码进行反馈，感谢对我们工作的支持。

前　言

党的二十大报告指出:"青年强,则国家强。当代中国青年生逢其时,施展才干的舞台无比广阔,实现前景的梦想无比光明。"国家为当代青年的发展提供了广阔的空间和助力。如何培养当代青年,已成为各大院校殊为关心的问题。在人才培养过程中,尤其是工科类、艺术类人才的培养,大多侧重技术灌输,缺少思想道德建设。面对每天不绝于眼耳的各类媒体输出。在提高当代青年技术能力的同时,加强思想政治教育,树立良好的文化价值观已成为亟待解决的问题。针对上述问题,本书设立两条学习线路——技能学习线路和思政学习线路。

1. 技能学习线路:掌握淘宝店铺的开店、装修、运营和推广

近年来,随着经济全球化和信息时代的到来,电子商务得到了迅猛发展。无论是网络购物用户规模,还是网络零售的增长速度,都达到一个巨大的体量。电商行业的迅猛发展离不开电子商务人才的供给。掌握淘宝店铺的开店、装修、运营和推广已经是电商从业人员的必修技能。

2. 思政学习线路:立德树人,树立良好的文化价值观

本书将思政教育内容的责任感、审美情趣、服务意识、创新精神、遵纪守法、认真、守信、文化传承等通过国内典型事迹以故事形式呈现在每一章中,增加了知识的趣味性,提高学生的学习兴趣。在学习过程中,也能引导学生树立正确的文化价值观,塑造有思想、有能力的当代青年。

为什么要学习本书

目前,国内许多高校开设了电子商务专业,甚至一些经济管理类、信息类专业也开设了电子商务相关课程。但是,从电子商务课程内容来看,已开设的课程内容倾向于电子商务基础理论知识,在电子商务实践应用技能方面相对较弱;而经验和技术的缺乏并不利于电子商务专业人才的全面发展。

此外,近几年电商行业的爆发式增长使企业对于电子商务应用型人才需求很大,因此为满足广大电商企业越发紧缺的电商人才需求,以及解决高等院校电子商务专业在教材和教育实践过程中遇到的问题,我们专门编写了这本书。本书以淘宝开店流程为线索,结合淘宝网最新运营规则,系统而全面地讲解了淘宝网上开店的方法与准备工作、网店推广与营销的业务流程以及网店运营思路与操作技巧等内容,目的都是为了培养更多适应市场需求的既懂理论知识又有实操技术的电子商务专业应用型人才。

如何使用本书

本书共12章,详细介绍了开店前期规划、商品上架、店铺装修、客服管理、物流仓储、运营推广及数据分析等店铺运营管理的相关知识。下面分别介绍各章的核心内容,以帮助读者更好地了解本书的知识架构。

- 第1章：主要介绍了电子商务概述、电子商务运营模式及平台、网络零售业发展概况及认识淘宝网等电子商务基础理论知识。
- 第2章：主要介绍了淘宝网开店前期规划的相关知识，包括店铺定位、店铺货源准备以及店铺产品规划等。
- 第3章：主要介绍了淘宝、天猫开店流程以及宝贝发布的流程。
- 第4章：主要介绍了淘宝店铺装修的相关知识，包括店铺装修前准备、PC端店铺装修以及无线端店铺装修。
- 第5章：主要介绍了网店客服管理的相关知识，包括网店客服理论知识、网店客服工作技能及绩效管理以及网店客服工作流程等内容。
- 第6章：主要介绍了网店物流和仓储管理的相关知识，包括电子商务物流概述、网店物流的选择和设置以及网店仓储管理。
- 第7章：主要介绍了淘宝搜索优化的相关知识，其中淘宝SEO基础理论为本章基础知识，淘宝搜索核心因素分析、宝贝标题优化、上下架时间、宝贝主图优化为本章节的重点内容。
- 第8章：主要介绍了商品详情页策划的相关知识，其中认识商品详情页和如何策划详情页属于详情页策划的基础知识，详情页基础框架和详情页文案写作属于本章的重点知识内容。
- 第9章：主要介绍了店铺运营推广的相关内容，包括认识店铺促销管理、直通车推广、钻石展位推广、淘宝客推广及淘宝达人推广。
- 第10章：主要介绍了打造爆款的相关内容，包括爆款基础知识、打造爆款的思路、打造爆款的准备工作及打造爆款的流程等。
- 第11章：主要介绍了店铺诊断与分析的相关知识，包括店铺数据分析基础、数据分析工具"生意参谋"及店铺诊断。
- 第12章：主要介绍了淘宝营销活动的相关知识，包括淘宝日常营销活动和淘宝节日营销活动。

通过本书的系统学习，读者可以对网店运营管理有全面的认识，了解电子商务基础理论知识和网店运营人员的工作内容，具备店铺运营管理的相关应用能力，成为市场所需的既懂理论又懂技术的应用型电子商务专业人才。

致谢

本教材的编写和整理工作由传智播客教育科技股份有限公司完成，主要参与人员有陈卫栋、张鑫、高美云、王德春、王秋莎、徐斌。全体人员在这近一年的编写过程中付出了很多辛勤的汗水，在此一并表示衷心的感谢。

意见反馈

尽管我们尽了最大的努力，但本教材中难免会有不妥之处，欢迎各界专家和读者朋友们来信来函给予宝贵意见，我们将不胜感激。您在阅读本书时，如发现任何问题或有不认同之处可以通过电子邮件与我们取得联系。

请发送电子邮件至：itcast_book@vip.sina.com。

黑马程序员
2023年2月2日于北京

目 录

第1章 电子商务基础理论 ··· 1
1.1 电子商务概述 ·· 2
1.1.1 什么是电子商务 ·· 2
1.1.2 电子商务的特点 ·· 4
1.1.3 电子商务的发展趋势 ··· 5
1.2 电子商务运营模式及平台 ··· 5
1.3 网络零售业发展概况 ··· 6
1.3.1 网络零售业基础 ·· 7
1.3.2 网络零售市场结构 ·· 8
1.4 认识淘宝网 ··· 9
1.4.1 淘宝网首页介绍 ·· 9
1.4.2 淘宝网的店铺类型 ·· 11
1.5 本章小结 ·· 12
1.6 课后练习 ·· 12

第2章 淘宝/天猫开店前期规划 ·· 14
2.1 店铺定位 ·· 15
2.2 店铺货源准备 ·· 17
2.2.1 批发网站进货 ··· 17
2.2.2 批发市场进货 ··· 18
2.2.3 厂家进货 ·· 18
2.3 店铺产品规划 ·· 19
2.4 本章小结 ·· 20
2.5 课后练习 ·· 20

第3章 淘宝/天猫开店及宝贝发布 ··· 22
3.1 淘宝/天猫开店流程 ·· 23
3.1.1 淘宝店铺开店流程 ·· 23
3.1.2 天猫店铺开店流程 ·· 35

3.2 宝贝发布 47
    3.2.1 宝贝发布流程 47
    3.2.2 淘宝助理批量发布宝贝 55
3.3 本章小结 62
3.4 课后练习 63

第 4 章 店铺装修 64

4.1 店铺装修前期准备 65
4.2 认识店铺装修工具——旺铺 67
4.3 PC 端店铺装修 70
    4.3.1 店招模块装修 71
    4.3.2 导航区装修 80
    4.3.3 图片轮播模块装修 84
    4.3.4 店铺页尾装修 91
4.4 无线端店铺装修 97
    4.4.1 无线端店铺首页结构 97
    4.4.2 无线端店铺装修 98
4.5 本章小结 103
4.6 课后练习 103

第 5 章 网店客服管理 104

5.1 认识网店客服 105
    5.1.1 网店客服的基本工作 105
    5.1.2 网店客服工作的意义 106
5.2 网店客服工作技能及绩效管理 106
    5.2.1 网店客服岗位知识储备 107
    5.2.2 千牛工作台 108
    5.2.3 子账号设置 116
    5.2.4 交易管理 121
    5.2.5 客户关系管理 123
    5.2.6 客服绩效管理 127
5.3 网店客服工作流程 131
    5.3.1 售前服务 131
    5.3.2 售中服务 131
    5.3.3 售后服务 132
5.4 本章小结 133
5.5 课后练习 133

第6章 物流与仓储管理 … 135

6.1 电子商务物流概述 … 136
6.1.1 电子商务物流的概念 … 136
6.1.2 电子商务和物流的关系 … 136
6.1.3 国内电子商务物流发展概况 … 137

6.2 网店物流模式的选择 … 139
6.2.1 网店物流模式 … 139
6.2.2 影响网店物流选择的因素 … 141
6.2.3 网店物流设置 … 141

6.3 网店仓储管理 … 147
6.3.1 仓储与仓储管理 … 147
6.3.2 网店仓储体系 … 149
6.3.3 仓储人员基本要求 … 150

6.4 本章小结 … 151
6.5 课后练习 … 151

第7章 搜索优化 … 153

7.1 淘宝搜索基础理论 … 154
7.1.1 淘宝 SEO 的概念 … 154
7.1.2 淘宝搜索引擎与其他搜索引擎的区别 … 154
7.1.3 为什么要做好淘宝 SEO … 155
7.1.4 淘宝搜索的核心因素分析 … 156
7.1.5 淘宝搜索处罚重点 … 160

7.2 商品标题优化 … 162
7.2.1 商品标题分析 … 162
7.2.2 商品标题优化方法 … 166

7.3 宝贝上下架时间的规划 … 169
7.3.1 什么是宝贝上下架时间 … 169
7.3.2 宝贝上下架时间的规划方法 … 169
7.3.3 宝贝上下架时间的设置技巧 … 171

7.4 打造高点击率主图 … 177
7.4.1 宝贝主图的定义及重要性 … 177
7.4.2 优化主图的注意事项 … 178
7.4.3 主图优化的方法 … 178

7.5 本章小结 … 180
7.6 课后练习 … 180

第 8 章　详情页策划 ·· 182

8.1　认识商品详情页 ·· 184
8.1.1　什么是商品详情页 ·· 184
8.1.2　详情页的作用 ·· 184
8.2　如何策划详情页 ·· 185
8.2.1　买家购物需求 ·· 185
8.2.2　卖点挖掘 ·· 186
8.2.3　商品详情页的策划思路 ··· 187
8.3　详情页基础框架 ·· 188
8.3.1　关联营销 ·· 188
8.3.2　商品信息介绍 ·· 195
8.3.3　宝贝评价和问大家 ·· 201
8.4　详情页文案写作 ·· 205
8.4.1　商品详情页文案的写作要求 ······································· 205
8.4.2　商品详情页文案的写作方法 ······································· 205
8.4.3　商品详情页文案的写作技巧 ······································· 207
8.5　本章小结 ·· 208
8.6　课后练习 ·· 208

第 9 章　店铺促销与推广 ·· 210

9.1　店铺促销管理 ··· 211
9.1.1　营销中心 ·· 211
9.1.2　第三方营销工具 ··· 218
9.2　直通车推广 ·· 218
9.2.1　直通车基础知识 ··· 218
9.2.2　如何开通直通车 ··· 224
9.2.3　直通车推广流程 ··· 225
9.2.4　直通车推广的设置技巧 ··· 231
9.2.5　定向推广 ·· 232
9.2.6　店铺推广 ·· 234
9.3　钻石展位广告投放 ··· 238
9.3.1　钻石展位基础知识 ·· 238
9.3.2　钻石展位的推广方式 ·· 240
9.3.3　钻石展位投放的操作步骤 ·· 241
9.3.4　钻石展位投放策略 ·· 245
9.4　淘宝客推广 ·· 246
9.4.1　认识淘宝客 ··· 246
9.4.2　淘宝客推广流程 ··· 247

9.5	淘宝达人推广	251
	9.5.1 认识淘宝达人	251
	9.5.2 如何找达人推广	251
9.6	本章小结	254
9.7	课后练习	254

第 10 章 打造爆款 256

10.1	认识爆款	257
	10.1.1 什么是爆款	258
	10.1.2 打造爆款的意义	258
10.2	打造爆款的思路	258
	10.2.1 打造爆款的核心要素	259
	10.2.2 打造爆款的操作思路	260
10.3	打造爆款的准备工作	261
	10.3.1 行业市场分析	261
	10.3.2 市场定价分析	262
	10.3.3 爆款的参考数据指标	263
	10.3.4 爆款的销售周期	263
10.4	打造爆款的流程	264
	10.4.1 导入期：确定主推款，做好基础销量	265
	10.4.2 爆发期：提升人气，快速冲量	268
	10.4.3 成熟期：稳定价格，提升服务	269
	10.4.4 衰退期：资金回流，爆款衔接	270
10.5	本章小结	270
10.6	课后练习	270

第 11 章 店铺诊断与分析 272

11.1	店铺数据分析基础	273
11.2	数据分析工具——生意参谋	274
	11.2.1 实时直播	274
	11.2.2 流量分析	277
	11.2.3 商品分析	285
	11.2.4 交易分析	290
11.3	店铺诊断	291
	11.3.1 店铺诊断思路	292
	11.3.2 竞品分析	294
11.4	本章小结	299
11.5	课后练习	300

第 12 章　淘宝营销活动 ·· 301

12.1　淘宝日常营销活动 ·· 303
12.1.1　聚划算 ··· 303
12.1.2　天天特价 ··· 306
12.1.3　淘抢购 ··· 310

12.2　淘宝节日营销活动 ·· 313
12.2.1　传统节日营销活动 ··· 313
12.2.2　官方节日营销活动 ··· 316

12.3　本章小结 ·· 318
12.4　课后练习 ·· 319

第 1 章
电子商务基础理论

【学习目标】

思政阅读

知识目标	• 了解电子商务的概念、特点及发展趋势 • 熟悉电子商务的运营模式及主流电商平台 • 了解网络零售的概念及主要形式 • 熟悉淘宝网首页及淘宝网的店铺类型
技能目标	• 熟悉淘宝网PC端与无线端首页各区域的功能

【引导案例】

七格格：从分销代销到淘品牌

七格格是一个以"时尚、独立、女性"为主题的服饰品牌，它专注于小众市场，通过多个小众品牌叠加成为一个快时尚品牌池，领跑中国潮流时装成为行业时尚风向标。七格格成立于2006年，公司总部位于"上有天堂，下有苏杭"的中国"品质休闲之城，创意设计之都"——杭州市。2011年它被评为"中国女装最佳投资企业"，目前已被拉夏贝尔收购。

1. 创业初期

七格格的创始人曹青是大学生创业的代表，她最初的经营方式是蚂蚁搬家式，从当地的服装市场进货到网店出售，这样一个人坚持了两年。两位同伴加入店铺后，店铺发展加快了步伐，2009年4月，网店升级到双皇冠，团队扩充到20人。

2009年7月，曹青对公司进行了全面改革，设立了客服部、设计部、采购部、数据分析部、仓储物流部等多个部门，在实现岗位分工细化的同时，逐步实行现代化企业管理。此外，七格格还在淘宝网投入了近200万元硬广告，强势推出OTHERMIX和IAIZO两大自主品牌，2009年11月，日销售额第一次突破53万。通过这种自主品牌、自主设计的方式，七格格从此走上了品牌快速发展的轨道。

2. 创业低谷期

人生总不能一帆风顺。从2013年到2015年，七格格遭遇了创立以来最艰难的三年。先是2013年，公司子品牌持续亏损，公司整体利润不断下滑，大部分资金变成库存。接着2014年，七格格回到杭州余杭，但是快速扩张带来的弊端仍然存在。到2014年8月，七格格只剩下 7000 万元库存和 1000 万元现金。最糟糕的是在"双十一"备货期间,设计总监突然离职,结果七格格当年的"双十一"销售额只有 3500 万元。这对七格格来说无疑是一个噩耗,如果"双十二"仍不能挽回局面,七格格将面临解散的风险。曹青决定背水一战,亲自参与服装设计,重新定位七格格的视觉包装,专心研究未接触过的款式和 CRM。利用这次"双十二",曹青成功实现了"咸鱼翻身"。在这次活动中有三个款式销售额位列类目第一,单款突破几百万元,现金流一下子回来数十万元。

3. 东山再起

2015 年,七格格被拉夏贝尔收购。有了拉夏贝尔的强力支持,曹青开始对团队进一步优化,带领团队再次回归舞台。首先调整团队结构,提高组织效率,团队由 500 人缩减为 200 人,分成产品、运营和支撑线三个板块,从财务数据角度分析部门人员工作效率,缩短工作流程。

七格格曾经的"大跃进"一度把品牌逼向生死线,所以对于品牌扩张,七格格不再操之过急,而是运用稳中求进的打法。现在的七格格还是以"潮"为设计方向,但是相对之前的暗黑风,温柔了许多,受众群体也比以前更广泛。在备货方面,如今的七格格相对保守,卖完了就采用预售,长期不打折反倒让客户对价格不再持观望态度,每次上新老客户占到 85%。

【案例思考】

经历了过山车式崛起、跌落与再次飞跃的七格格并没有被汹涌的电商潮流所打败。创始人曹青更是在风口浪尖上积极护卫自己的公司,扭转了局面,是一位真正成功的创业人。从七格格的崛起可以看到电子商务为创业者们带来的商机,以及电子商务在互联网时代的发展趋势。本章将围绕电子商务、电子商务运营模式及平台、网络零售业发展以及淘宝网等知识进行介绍。

1.1 电子商务概述

互联网的快速发展,使其早已经深入社会生活的各个领域,成为人们所依赖的工具。互联网为传统的经济活动提供了更加便捷的形式,加快了商务沟通及信息流动的速度,从而催生了电子商务行业。本节将针对电子商务的基础知识进行介绍。

1.1.1 什么是电子商务

电子商务(Electronic Commerce,EC)通常是指在因特网开放的网络环境下,全球各地基于浏览器/服务器的应用方式,在买卖双方不谋面的情况下进行的各种商贸活动,以实现消费者的网上购物、企业间的网上交易和在线电子支付,以及完成各种商务活动、交易活动、金融活动和相关综合服务活动的一种新型的商业运营模式。

电子商务有广义和狭义之分,具体如下。

- 广义的电子商务概念是指使用各种电子工具在全球范围内进行的商务活动,这些工具除了包括初级电子工具,如电报、电话、广播、电视、传真、计算机和计算机网络,还包括 NII(国家信息基础结构——信息高速公路)、GII(全球信息基础结构)和 Internet 等现代系统。
- 狭义的电子商务概念指的是利用互联网从事的商务或活动,将电子工具的内容锁定在互联网这种表现媒介和形式上。网上开店就是一种典型的狭义电子商务模式,因为其门槛低、操作简便、易接受和推广等特性,在国内反而比广义的电子商务模式拥有更高的认知度,逐渐成为我国电子商务的一种主导形式。本书主要介绍的是网上开店这种狭义的电子商务形式。

根据电子商务的概念,可以整理出一个电子商务概念模型。电子商务概念模型是对现实世界中电子商务活动的一般抽象描述,它由 EC 实体、电子市场、贸易活动和信息流、资金流、物资流等基本要素构成,如图 1-1 所示。

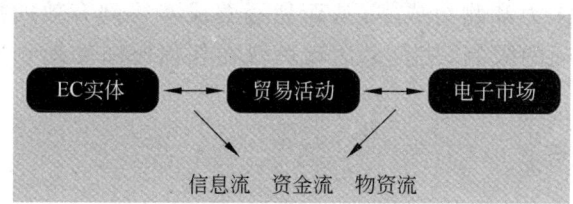

图 1-1 电子商务概念模型

(1) EC 实体。在电子商务概念模型中,EC 实体又称为电子商务交易主体,是指能够从事电子商务活动的客观对象。它可以是企业、银行、商店、政府机构、科研教育机构和个人等。

(2) 电子市场。电子市场是指电子商务交易主体从事商品和服务交换的场所,它由各种各样的商务活动参与者利用各种通信装置,通过网络连接成一个统一的经济整体。

(3) 贸易活动。贸易活动是指电子商务交易主体之间所从事的具体商务活动的内容,例如询价、报价、转账支付、广告宣传、商品运输等。

(4) 信息流、资金流、物资流。电子商务的任何一笔交易都包含着物资流、资金流和信息流,具体介绍如下。

- 信息流既包括商品信息的提供、促销营销、技术支持、售后服务等内容,也包括诸如询价单、报价单、付款通知单、转账通知单等商业贸易单证,还包括交易方的支付能力、支付信誉、中介信誉等。
- 资金流主要是指资金的转移过程,包括付款、转账、兑换等过程。
- 物资流主要是指商品和服务的配送和传输渠道,对于大多数商品和服务来说,物流可能仍然经由传统的经销渠道;然而对有些商品和服务来说,可以直接以网络传输的方式进行配送,如各种电子出版物、信息咨询服务、有价信息等。

对于每个电子商务交易主体来说,它所面对的是一个电子市场,必须通过电子市场来选择交易的内容和对象。因此,电子商务的概念模型可以抽象地描述为每个电子商务交易主体和电子市场之间的交易事务关系。

1.1.2 电子商务的特点

互联网本身所具有的开放性、全球性、低成本和高效率的特点也成为电子商务的内在特质,基于这些特质,可以总结出电子商务的以下几个特点。

1. 不受时间和空间的限制

互联网改变了传统的空间概念,出现了区别于实际地理空间的虚拟空间和虚拟社区。不同于传统的购物,人们不受时间、空间的限制,能够随时随地通过互联网的虚拟商场来完成贸易活动,甚至可以远程建立虚拟社区、虚拟空间、虚拟大学或虚拟研究所来实现信息、资源和智力的共享。

2. 成本低、效率高

电子商务将传统的商务流程电子化、数字化,以电子的方式替代了实物的方式,大大降低了传统经营中的人力和物力成本,从而使经营成本得到有效的控制。同时,由于电子商务不受时间和空间的限制,使贸易活动可以在任何时间和地点进行,从而大大提高工作效率。

3. 交易的中间环节少

电子商务使生产者可以直接面对消费者,重新定义了传统的商业流通模式。这不仅减少了交易的中间环节,还大大降低了交易成本,在一定程度上改变了整个社会经济运行的方式。

4. 公平享用信息资源

在传统的商务模式中,中小企业与大企业相比信息资源比较少,而电子商务使中小企业能够以相近的成本进入全球电子化市场,这就使得中小企业有可能拥有和大企业一样的信息资源。这不仅提高了中小企业的竞争能力,而且电子商务所具有的开放性和全球性特点能为中小企业创造更多的贸易机会。

5. 买卖双方的互动性强

通过互联网,企业和企业之间可以直接进行交流和谈判,甚至直接签署合作协议;消费者也可以通过互联网把自己对商品与服务的意见和建议直接反馈给企业或商家,使企业和商家根据消费者的反馈及时调整产品及服务。这一特点可以使买卖双方形成一种良性的互动。

6. 信息传递更快捷

在快速发展的 21 世纪,时间就是金钱,信息就是财富,所以信息传递的速度对于商家而言就更为重要;通过互联网,可以使地球这边发生的事情或提出的需求在几分钟甚至更短的时间内传到地球的另一边。由于商机稍纵即逝,因此互联网快捷的信息传递速度备受商家的青睐,也使得电子商务的发展如虎添翼。

综上所述,电子商务作为21世纪飞速发展的一种商业模式,与传统的贸易模式相比,它可以轻松地为企业找到一个新的利润增长点,相同的产品可以采用不同的渠道进行销售。由于电子商务可以打破空间限制的特点,因此商品的流通变得更加广泛和便捷,它的快捷、自由和交换的低成本为企业带去更多的商业机会和利润,也为创业和就业提供了更为广阔的发展空间。

1.1.3 电子商务的发展趋势

中国电子商务保持快速的增长状态,并继续引领全球电子商务市场。据智研咨询发布,2020年中国电子商务交易额达到37.21万亿元,同比增长6.9%;2021年中国电子商务交易额约达到42.3万亿元,同比增长13.7%,2011—2021年中国电子商务交易额及增长情况如图1-2所示。

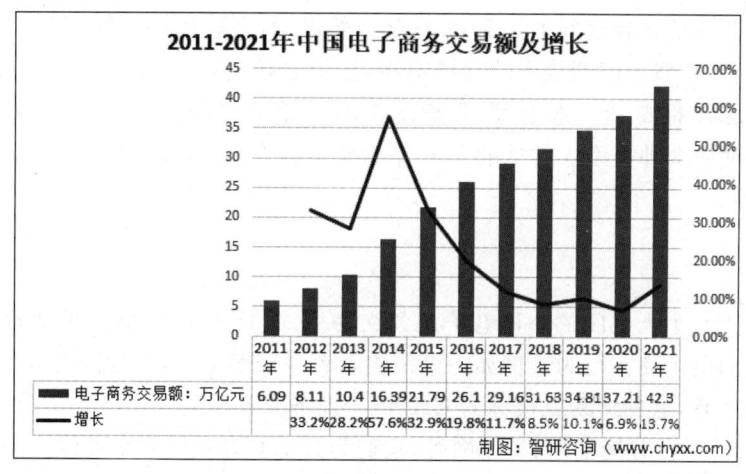

图1-2 2011—2021年中国电子商务交易额及增长

从图1-2可以看出,我国电子商务发展保持较快的增长速度,由于政府继续鼓励扶持,体系已经较为完备。随着中国经济转型发展正跨入"消费升级"的全新时代,电商不断创造着新的消费需求,引发了新一轮的投资热潮,开辟了就业增收新渠道,为大众创业、万众创新提供了新的空间与舞台。同时,B2B也迎来发展期,B2B将持续助力于传统制造业,尤其是传统产业上下游生态链。2017年以来,国内新零售风行,电商巨头开始向传统零售行业大举扩张,试图通过打通线上线下渠道,整合用户数据的方式,给传统零售注入活力。

1.2 电子商务运营模式及平台

电子商务涵盖的范围很广,根据电子商务平台经营性质的不同,可以将电子商务划分为B2B、B2C、C2C、O2O这几种运营模式。下面针对各种运营模式以及主要电商平台进行介绍。

1. B2B

B2B是指企业（包括商家）与企业之间的一种电子商务模式，即企业与企业之间通过互联网进行产品、服务及信息的交换。换句话说，就是进行电子商务交易的供需双方都是企业，它将企业内部网和企业的产品及服务通过B2B网站或移动客户端与客户紧密结合起来，通过网络的快速反应为客户提供更好的服务，从而促进企业的业务发展。

国内常见的B2B平台有阿里巴巴、中国供应商、中国制造商、慧聪网等。按服务对象可以分为外贸B2B和内贸B2B，如中国供应商是外贸B2B，而敦煌网是内贸B2B平台。按行业性质可以分为综合类B2B和垂直类B2B，如阿里巴巴、慧聪网属于综合类B2B平台，而中国化工网、工控网则是垂直类B2B平台。

2. B2C

B2C是企业与消费者之间的一种电子商务模式，即企业通过互联网将产品、服务及信息销售给消费者，类似人们到线下的商场购物，供货方是企业，而消费者则是个人。在此之下可以细分为综合商城、专一整合型、百货商店、垂直商店、复合品牌店、轻型品牌店、衔接通道型和服务型网店8种类型。常见的B2C平台有天猫商城、京东商城、1号店、当当网、聚美优品、唯品会等。

3. C2C

C2C是个人与个人之间的一种电子商务交易模式，这里的C指的是消费者，也就是消费者个人之间的电子商务行为。例如一个消费者有一部旧手机，通过网络进行交易，把它出售给另一个消费者，这种交易就被称为C2C电子商务交易模式。

常见的C2C平台有淘宝网、易趣网等，它们为买卖双方提供一个在线交易平台，使买卖双方可以主动提供商品在网络上拍卖，而买卖双方可以自己选择商品进行竞价。这就像人们在商场的一些店铺中购物，买卖双方的身份都是个人，而这些C2C平台就像为这些店铺提供摊位的主管部门。

4. O2O

O2O即Online to Offline（在线离线/线上到线下），是指将线下的商务活动与互联网结合，让互联网成为线下交易的平台。例如商家通过免费开网店将商家信息、商品信息等展现给消费者，消费者在线上进行筛选服务并支付，到线下进行消费验证和消费体验。

常见的O2O平台有饿了么、大众点评、美团、淘票票、京东到家等。这些平台都可以为商家提供一个线上交易平台，然后消费者通过这些平台进行交易，并在线下进行消费验证和消费体验。

1.3 网络零售业发展概况

互联网的发展催生了网络零售业，越来越多的网民选择网上购物。这种新经营模式对传统批发商、零售商、代理商的地位产生了重大的影响，并引发了从百货商场、超级市场、连锁商店演进而来的以"网上商店"为标志的新零售革命。本节将针对网络零售业相关基础知识进行介绍。

1.3.1 网络零售业基础

网络零售是指交易双方以互联网为媒介进行的商品交易活动,这些产品包括有形商品和无形商品,即商品与服务。网络零售包括两种类型:一种是新兴的网上商店,另一种是传统商店转到线上模式,前者多是个人创业的成果,后者则是传统企业向电子商务方向发展的"前奏"。

据统计,2011—2021年中国网上零售额及增长情况如图1-3所示。

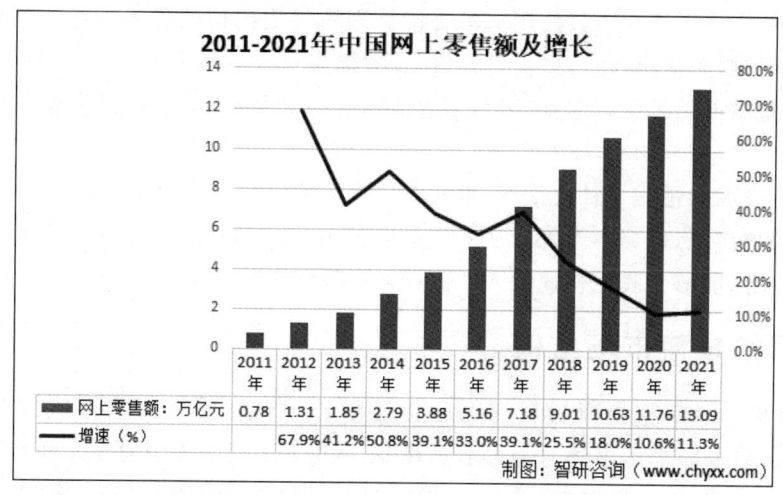

图1-3　2011—2021年中国网上零售额及增长

网络零售与传统零售方式相比有其优势,但也有不可回避的劣势,在没有最佳方法弥补的时候,充分发挥优势就是提高竞争力最好的方法。网络零售的优势主要有以下几点。

1. 口碑优势

与传统零售相比,网络零售多了一件辅助销售的利器——产品评价。对于每一笔交易,买卖双方都有一次评价对方的机会,这相当于给商家一个做口碑广告的机会,无论顾客对商家的商品质量、服务态度、物流速度哪一方面感到满意,都会对后续顾客的购买决定产生影响。而在传统的零售方式下,顾客无法了解前面顾客的满意程度,因而无法产生后面的影响力,建立口碑的难度较大。

2. 信息优势

传统零售是面对面选购,所以没有理由请顾客留下他们的联系方式,而网络零售因为有物流配送环节,所以在顾客购买商品之后,就可以合法地获取这些顾客的收货地址和联系方式,为后续的新品通知和服务跟进提供条件。同时,还可以利用网络信息的特点进行营销策划,从而达到爆炸性的营销效果。

3．沟通优势

传统零售业的商家在和顾客面对面交流时需要掌握好自己的情绪、表情以及说话的语气，如果遇到交流困难的顾客很容易发生争执，然而网络零售则是使用在线聊天工具与顾客进行交流。因此，遇到交流困难的情况时可以给自己一个缓冲时间，以便一边调节情绪一边打字交流，甚至可以更换其他人继续交流，从而避免因争执带来的纠纷隐患。

4．工具优势

从即时交流工具到网店管理工具，从在线支付工具到数据统计工具，从店内营销工具到站内推广工具，网络零售在工具使用上具有传统零售无法比拟的优势。这些工具不仅可以提高工作效率和服务质量，还可以促进销售，有效提高点击量和成交量。随着网络技术的更新，还可以通过数据工具深入洞察客户，了解他们的行为特点，为我们的营销方向和方式提供指引。

电子商务发展的过程是社会生产、生活方式变革的过程。从传统商业社会电子商务化，到商业模式质的飞跃，都离不开每个从业人员的努力思考和探索。了解电子商务大环境的发展轨迹和趋势，能够为我们快速融入电商行业打下坚实的基础。

1.3.2　网络零售市场结构

近年来，我国网络零售市场规模保持快速增长，直播、短视频等形式的业务大幅增加，天猫、京东等头部平台市场份额都有所增加。由于淘宝的先发优势，淘宝当前仍然占据我国零售电商平台主要地位，图 1-4 展示的是 2021 年中国电商网络零售平台市场份额。

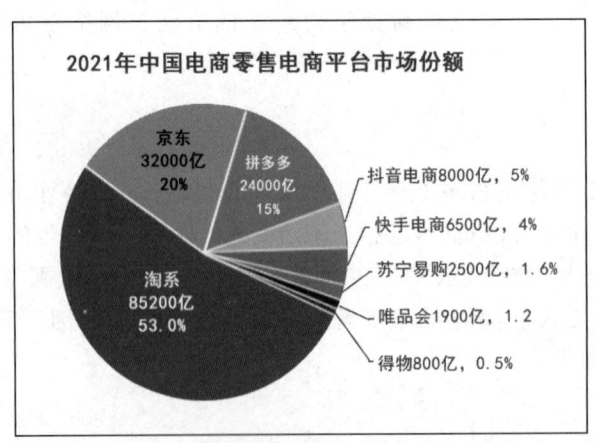

图 1-4　2021 年中国电商零售平台市场份额

从图 1-4 中可以看出，淘系和京东仍然占据最大份额，但是与往年相比，随着短视频平台的兴起，抖音、快手等平台都开始做电商，而且似乎发展得也非常快。

1.4 认识淘宝网

目前使用率较高的零售平台有淘宝网、天猫商城、亚马逊中国、京东商城等,但销售市场份额较大的还是淘宝交易平台。接下来,本节将针对淘宝的基础知识进行介绍。

1.4.1 淘宝网首页介绍

淘宝网由阿里巴巴集团在 2003 年 5 月创立,是亚太地区较大的网络零售平台。淘宝网为淘宝会员打造了非常全面和完善的网上交易平台,包括 PC 端和无线端两个端口。下面对淘宝网的 PC 端首页和无线端首页进行介绍。

1. PC 端首页

商品信息在淘宝首页占据着最重要和醒目的位置。为方便用户使用,淘宝网的首页被划分成很多个区域,如搜索区域、选购区域、促销区域等。下面对淘宝网 PC 端首页的主要区域分别进行介绍,如图 1-5 所示。

图 1-5 淘宝 PC 端首页

下面简单介绍各个区域的功能,具体如下:

- 区域A为搜索区,买家可以通过关键字搜索快速找到需要的商品和店铺信息等。
- 区域B是自由选购区,淘宝网所有的商品都是按照这里的关键字设置,分别放进相应的属性类目,方便顾客进行选购。
- 区域C是促销活动区,中间的Flash海报是首页广告位,不仅是整个首页上最醒目的展示位置,也是最热门的广告区。这个广告位中共有5张轮播图,其中第1张与第5张广告图为官方主题活动的入口;淘宝网会定期推出一些主题营销活动,商家不需要支付费用,而一旦被入选到这里,能够带来很高的流量。第2~4张广告图则是钻展展示位置,商家需要支付一定的费用,才有机会进行展示。
- 区域D是买家交易提醒和"我的淘宝"快捷入口,会员一旦登录淘宝,就会立即看到醒目的交易提醒,快速进入"我的淘宝"进行交易管理。
- 区域E是天猫活动区,该区域是专门对天猫商家推出天猫主题营销活动,商家一旦入选能够获得较高的流量。

2. 无线端首页介绍

智能手机的普及使得越来越多的网民选择手机购物,手机淘宝无线端购物已经成为新的网络零售购物平台。无线淘宝客户端依托淘宝网强大的自身优势,将旗下团购产品聚划算、天猫整合为一体,给用户提供每日最新的购物信息,具有搜索比价、订单查询、购买、收藏、管理、导航等功能,为用户带来了方便快捷的购物体验。

无线端首页同PC端首页类似,也划分了不同的区域,如图1-6所示。

下面简单介绍各个区域的功能,具体如下:

- 区域A为自然搜索框,买家在搜索框直接输入要查找的宝贝或者店铺名称即可搜索自己需要购买的商品。
- 区域B中所示的轮播图为各种主题活动入口以及钻展广告展示位置。
- 区域C为导航区域,可以直接进入天猫商城、聚划算、天猫超市等,并且还放置了一个分类导航链接,方便用户根据分类查找商品。
- 区域D为淘宝头条,淘宝头条是阿里巴巴官方推出的生活资讯服务平台,也是目前商家内容营销的重要推广渠道。
- 区域E为有好货,通过千人千面系统向买家个性化展现各类单品。对于买家来说,具有导购的作用;对于商家来说,可以将自己的商品展现给意向人群,转化率很高,是商家流量必争之地。
- 区域F为必买清单,也是目前内容营销的重要引流渠道,由各个类目的达人推荐或淘宝达人分享宝贝,能够为商家带来精准流量,买家能够更直观地了解宝贝。

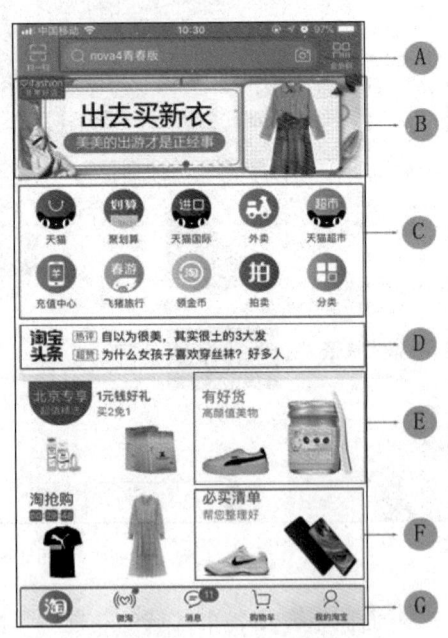

图1-6 淘宝无线端首页

- 区域 G 为底部菜单栏,包括首页、微淘、消息、购物车、我的淘宝,用来帮助买家更好地选购商品以及管理购买的商品。

1.4.2 淘宝网的店铺类型

淘宝网和天猫商城都是阿里巴巴旗下的电子商务网站,但是店铺经营方式却有很大的差异,按照商家经营性质、收费标准、入驻标准的不同,可将其划分为商城店铺和集市店铺。

1. 商城店铺——天猫商城

"天猫商城"原名"淘宝商城",是一个综合性购物网站。2012 年 1 月 11 日淘宝商城正式宣布更名为"天猫商城"。天猫商城是由淘宝网打造的 B2C 在线购物平台,相对于集市店铺而言,更容易让买家产生信任,但是对商家要求以及资质审核较严。天猫店铺的类型主要有三种,具体介绍如下。

(1) 旗舰店。旗舰店是商家以自有品牌(商标为 R 或 TM 状态)或由权利人独占性授权入驻天猫商城开设的品牌旗舰店,主要有以下几种形式:

- 经营一个自有品牌商品的旗舰店,如韩都衣舍旗舰店、优衣库官方旗舰店。
- 经营多个自有品牌商品且各品牌归同一实际控制人,如 ONLY 官方旗舰店、VERO MODA 官方旗舰店。
- 卖场型品牌所有者开设的旗舰店,如银泰百货旗舰店、屈臣氏官方旗舰店。

(2) 专卖店。专卖店是商家持他人品牌(商标为 R 或 TM 状态)授权文件在天猫商城开设的店铺。品牌专卖店有以下几种情形:

- 经营一个授权销售品牌商品的专卖店。
- 经营多个授权销售品牌商品且各品牌归同一实际控制人的专卖店。

(3) 专营店。专营店指同一天猫经营大类下经营两个及以上品牌的店铺,一个招商大类下专营店只能申请一家。专营店主要有以下几种类型:

- 经营两个及以上他人品牌商品的专营店。
- 既经营他人品牌商品又经营自有品牌商品的专营店。
- 经营两个及以上自有品牌商品的专营店。

无论是品牌旗舰店还是品牌专卖店和品牌专营店,开设这些店铺都需要有相应的资质。具体资质要求可根据所选类目,到天猫商家后台详细了解。

2. 集市店铺

集市店俗称淘宝 C 店。C 店是淘宝网中的主体经营模式,所收费用较少、门槛较低。无论是公司经营还是个人经营,只需要进行身份认证就可以创建自己的店铺,因而成为众多传统中小企业和青年创业者们尝试电子商务的重要载体。集市店分为个人店铺和企业店铺,两种店铺的具体区别如表 1-1 所示。

表 1-1　个人店铺与企业店铺的区别

比较内容	企业店铺	个人店铺
注册方式	企业营业执照	公民身份证
显示标签	淘宝企业标签	支付宝个人认证
发布商品数量	企业店铺 1 冠及以下发布商品数量为个人店铺 1 冠以上数量标准。以服装为例,企业店铺最少发布 5000 起	个人店铺每个类目每个等级不一样,1 冠以下最多 1000 起,1 冠至 5 冠为 5000 起
橱窗推荐数量	企业店铺可在原来的基础上再奖励 10 个橱窗位。也就是说,企业店铺比个人店铺要多 10 个橱窗位	个人店铺奖励的橱窗位数与店铺信用等级、开店时长、是否加入消保、是否是金牌卖家、违规扣分、周交易额息息相关
子账号数量	企业店铺在个人店铺子账号基础上再增加 18 个子账号。以 1 钻以下为例,企业店铺可获得 21 个子账号,最多的红冠企业店铺可获得 79 个子账号	个人店铺子账号数量跟信息等级息息相关,1 钻以下个人店铺可获得 3 个免费子账号
店铺名称用词	企业店铺可以使用企业、集团、公司、官方、经销等关键词	个人店铺不能用企业、公司、集团、官方、经销商等关键词
直通车报名	信用大于零,其他条件满足即可	报名条件与消保保证金情况、信用等级、店铺动态评分、处罚违规等相关
信息的展示	淘宝企业店铺在店铺搜索、宝贝搜索、下单页、购物车等页面上都会有一个明显的企业店铺的标签,使消费者可以一目了然地了解企业店铺和个人店铺的区别	
纳税	企业店铺目前不需要交税,后续按照国家规定出台公告,随时关注淘宝动态信息	

1.5　本章小结

　　本章主要介绍了电子商务基础理论的相关知识,包括电子商务概述、电子商务运营模式及平台、网络零售业发展概况以及认识淘宝网。

　　通过本章内容的学习,读者应该了解电子商务、网络零售的概念,熟悉电子商务的运营模式和主要电商平台,对淘宝网有一个基础认识。

1.6　课后练习

一、判断题

1. 网上开店是一种典型的狭义电子商务模式。　　　　　　　　　　　　　　（　　）
2. C2C 是企业与企业之间的一种电子商务交易模式。　　　　　　　　　　　（　　）

3. 专营店是指商家持他人品牌（商标为 R 或 TM 状态）授权文件在天猫商城开设的店铺。（ ）

4. 网络零售是指交易双方以互联网为媒介进行的商品交易活动。（ ）

5. 集市店铺俗称 C 店。C 店是京东网中的主体经营模式。（ ）

二、选择题

1. 下列选项中，不属于天猫店铺类型的是（　　）。
   A. 旗舰店　　　　B. 专卖店　　　　C. 专营店　　　　D. 传统店

2. 下列选项中，构成电子商务概念模型的基本要素包含（　　）。
   A. EC 实体　　　　　　　　B. 贸易活动
   C. 电子市场　　　　　　　D. 信息流、资金流、物资流

3. 下列选项中，属于网络零售优势的是（　　）。
   A. 口碑优势　　　B. 信息优势　　　C. 沟通优势　　　D. 工具优势

4. 根据电子商务平台经营性质的不同，可以将电子商务的运营模式划分为（　　）。
   A. B2B　　　　　B. B2C　　　　　C. C2C　　　　　D. O2O

5. 下列选项中，属于电子商务特点的是（　　）。
   A. 不受时间和空间的限制　　　　B. 成本低、效率高
   C. 交易的中间环节多　　　　　　D. 信息传递更快捷

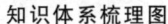
知识体系梳理图

实践案例

第 2 章
淘宝/天猫开店前期规划

【学习目标】

知识目标	• 了解店铺货源选取途径 • 了解店铺产品规划分类
技能目标	• 掌握店铺定位的相关技巧

【引导案例】

"三只松鼠"的定位营销

三只松鼠是2012年成立的一家互联网食品品牌企业,产品的小清新代表着天然、新鲜而非过度加工。三只松鼠天猫店铺上线仅仅65天,销售量就跃居淘宝天猫坚果行业的第一名。在近几年的天猫"双十一"购物节中,三只松鼠更是取得了惊人的销售业绩。2015年用时2小时53分钟销售额突破1亿元,2016年用时28分钟41秒销售额突破1亿元,2017年仅用时12分钟52秒销售额便突破1亿元(如图2-1所示),创下6年"双十一"销售额破亿速度之最,稳居行业第一。那么,是什么促成了三只松鼠今日的成就?与传统农产品的营销相比,三只松鼠有哪些特别之处?

1. 目标人群定位

做营销,首先要确定目标消费者,紧接着投其所好。三只松鼠的目标人群定位非常明确,它的客户群体定位是80后、90后互联网用户群体——他们个性张扬、追求时尚、享受生活、善待自己,并且对细节挑剔、习惯网购和注重全方位的消费体验。三只松鼠从命名开始,就注重契合目标消费者的特点。据三只松鼠的CEO章燎原介绍,互联网的主流群体是85后,非常年轻,所以互联网化的品牌名称除了要好记忆,也要好玩些,而当这两者合为一体时,就很容易联想到动物,于是有了"三只松鼠"名称的由来。

2. 产品形象定位

三只松鼠的形象和包装也是根据消费者的需求定位,如图2-2所示。三只小松鼠色彩鲜丽、活泼可爱,而且每个还有自己的名字,代表着一种性格。松鼠小贱,又萌又贱;松鼠小酷,技术宅一枚,喜欢发明创作,对一切新奇的事情充满了兴趣,符合大多数宅男的状

图 2-1　2017 年天猫"双十一"销售额

图 2-2　三只松鼠品牌 logo

态;松鼠小美,温柔美丽,是年轻女性的典型代表。如今,这三只松鼠正逐步笼络 80 后、90 后互联网用户群体,尤其是针对女性设有品茶、赏花、看书、写作等专区,吸引了年轻一代女性的注意力,拉动了产品消费。

不仅如此,三只松鼠还基于 80 后、90 后互联网用户群体的定位,适应顾客的各种口味,特意将销售链前端的售前客服进行分组——分组的标准是按客服的性格与个人偏好决定。想听高端大气上档次、奔放洋气有内涵的话题,可以找小清新文艺组松鼠接待;而对于热衷各种段子,重口味、无底线和无下限的人,则由丧心病狂组负责招待。这些定位于目标消费群体的营销方式极大地满足了顾客的消费体验。如此一来,增加了很多回头客,二次购买率不断提升。

【案例思考】

三只松鼠能有今日的成功,离不开前期的产品规划和定位,因此在开一家店铺之前需要进行一个整体的规划。那么该如何选择并规划店铺?本章将从店铺定位、店铺货源准备及店铺产品规划三方面对淘宝网开店前期规划进行讲解。

2.1　店铺定位

店铺定位是指对店铺所要经营的产品类型、市场环境、用户群体等因素进行分析,让经营者更加熟悉和了解当前行业情况,从而制定出有效的店铺发展策略。本节将从市场定位步骤、市场定位策略及用户人群定位三方面对店铺定位进行详细讲解。

1. 市场定位步骤

对网店进行市场定位的过程就是寻找网店差别化的过程，即如何寻找差别、识别差别和显示差别的过程。网店市场定位主要有以下几个步骤。

（1）**了解店铺优势**。寻找自己店铺拥有哪些别人没有的优势，例如店铺有价格低廉、供应稳定的货源，能够以比竞争者更低的价格销售相同质量的产品，或者以相同的价格水平销售更高质量的产品，这就是优势；再如，店铺客服的沟通能力强，能够很快得到顾客的信任，在较短的时间达成更多的交易，这也是优势；此外，还有店铺资金充足，在与供货商交易时，能够有更强的议价能力，这也是一种优势。

（2）**了解产品优势**。通过市场调查和对店铺商品进行分析，确定商品的优势所在。一个商品通常是多个因素的综合反映，包括性能、结构、成分、包装、款式、质量、品牌、售后服务等。通过综合分析，了解自己经营商品的优势，并将其作为产品核心卖点进行重点推广。

（3）**分析竞争对手**。通过浏览竞争对手的店铺、查看网上竞争者的交易现状来分析竞争者，确定他们的商品卖点、价格、销售额等，把自己的网店与竞争对手综合比较分析，从而发掘自己的优势所在。

（4）**结合优势，选择定位**。综合分析各方面因素之后，便可以为自己的店铺确定一个最终的市场定位。例如，卖家有低价的进货渠道，经营的商品知名度较高，消费者对该商品的购买意向明确，而竞争者普遍交易量小；在这种情况下，卖家可以把自己的网店定位为品牌折扣店。

2. 市场定位策略

网店市场定位实际上是一种竞争策略，它表现了一种商品或一个网店与同类商品或同类网店之间的竞争关系。对网店的定位方式不同，它的竞争态势也不同，下面针对常见的网店市场定位策略进行详细讲解。

（1）**与竞争对手"迎头定位"**。"迎头定位"就是企业选择靠近于市场现有强者企业产品的附近或与其重合的市场位置，与强者企业采用大体相同的营销策略，争夺同一个市场。有时，与竞争对象迎头定位的方式是一种危险战术，很容易导致失败，但不少卖家认为，这是一种更能激励自己奋发上进的定位策略。虽然有风险，但一旦成功就会取得巨大的市场优势，产生高额利润和知名度。新手卖家如果要实行迎头定位，必须知己知彼，尤其要清楚自己的实力。如果选择的对手实力很强，那么在竞争中不一定非要压垮对手，能够与其平分秋色就已经是很大的成功。

（2）**避开竞争对手**。这是一种避开强有力的竞争对手的市场定位策略，卖家采用这种策略的好处是能够迅速在市场上站稳脚跟，并能在目标顾客群心目中快速树立起自己网店的形象。由于这种定位方式市场风险比较小，成功率较高，因此大多数新手卖家都会采用这种竞争策略。

（3）**卖不掉的商品可以二次定位**。通常来说，这种策略是对销路少、市场反应差的商品进行二次定位，旨在摆脱困境，重新获得增长与活力。困境的产生可能是决策失误引起的，也可能是竞争对手反击或出现新的竞争对手造成的，还有可能是因为商品意外地扩大了销售范围而引起的。例如,目标市场为青年人的某款服装却在中老年顾客中流行,这时就需要重新定位。

3. 用户人群定位

用户人群定位是店铺定位的基础,直接影响着店铺产品的款式、风格、价格以及商品描述等。可以从不同的维度对店铺用户人群进行细分定位,包括年龄段、男女比例、受教育程度、从事职业、兴趣爱好,甚至还包括地域、星座等。用户人群划分越细越好,因为卖家只有更加了解店铺的目标群体,后期才能更加清楚不同目标人群应该采取何种营销手段。

例如某女装店铺,产品的目标用户人群为年轻女性,定位时可以按照年龄段将店铺的用户人群进行细分——例如18~21岁的学生人群;22~27岁的打工族人群;28~33岁的白领人群。不同人群的特点爱好都会有区别,可以根据她们的兴趣爱好设定店铺风格、价格、款式等。例如学生人群喜欢新奇、个性张扬的服装并且价格中低端的(对价格比较敏感,品质要求一般),而白领人群却喜欢大方得体、知性简约的品牌服装并且价格中高端的(对价格不敏感,对品质要求高)。反之,如果这家女装店铺既有少女的学生装又有中老年装,那么就没有对店铺人群进行准确的定位,这样的店铺也很难做好。所以,店铺人群要精准,这样才能有一个好的发展基础。

2.2 店铺货源准备

思政阅读

寻找货源是淘宝开店的重要环节之一。对于毫无经验的卖家来说,筹划开店时,都会面临寻找货源的问题,找到合适的商品货源是网上开店成功的第一步。下面针对常见的店铺进货渠道进行详细介绍。

2.2.1 批发网站进货

批发网站上汇聚了行业内众多的商家,货品种类丰富全面,卖家可以快速找到自己需要的商品,而且厂家还可以向卖家提供商品相关的图片资料,卖家不用自己拍摄商品图片。国内常见的批发网站有阿里巴巴、慧聪网、天下商机网、中国供应商、中国制造网、敦煌网等,其中阿里巴巴批发网是目前国内较大的网上采购批发市场,许多淘宝卖家都会从阿里巴巴批发网站进货。下面以阿里巴巴为例,讲解在该网站进货时需要考虑的因素。

1. 店铺维度

店铺维度主要从"货描相符""响应速度""发货速度""回头率"四方面进行考察,如图2-3所示的店铺数据,该店铺的前三项数据均显示绿色(表示下降)且回头率较低,这样的店铺可以直接排除掉。除此之外,卖家在和厂家合作时,有些厂家会要求卖家交押金、首次订货起批量较高以及不支持7天退货服务等,这类店铺也可以直接排除掉。

2. 单品维度

单品维度主要看产品的成本价以及详情页内容,优先选择成本价较低且详情页图片效果比较好的产品;另外成本价并不是越低越好,价格太低的产品的质量和工艺会影响店铺口

图 2-3 某服装厂家店铺数据

碑和产品销售。初步了解之后可根据具体的产品去找客服咨询,正式咨询的时候就可以知道这家店铺客服的实际响应速度。如果首次响应时间超过10分钟未回复,除非产品或成本真的比较有优势,不然这种商家可以考虑排除掉。因为客服响应速度很慢的话,那么后续的合作也不会太顺利。

除上述提到的两方面外,卖家在阿里巴巴批发网站寻找货源时,还需要注意以下几点。

- 查看供货商的资质、联系方式、厂家信息等。
- 查看供货商的"诚信通"年份,诚信指数高的商家信任度更高。
- 查看商品的图片、销售量及评价,可尝试少量订货,了解其供货速度。

2.2.2 批发市场进货

批发市场也是常见的进货渠道。对于卖家来说,最好从自己周边的批发市场进货。选定批发市场后,一定要勤跑多问,与批发商面谈,争取拿到最便宜的批发价格,以保证网上销售的低价位。新店开设初期,店铺规模往往较小,销量也少,前期进货时可以选择少量货品试卖,严格把控商品库存;如果销售情况较好,可考虑增加进货量。

简单来说,卖家从批发市场进货有其优点和缺点,首先了解卖家从批发市场进货的优点。

- 批发市场价格比较便宜,卖家能够亲身接触到商品。
- 本地货源成本低,可以节约部分运输和仓储成本。
- 商品款式丰富,可选择范围更大。
- 进货时间和进货量自由,补货时间短。

卖家从批发市场进货的缺点主要表现在以下几方面。

- 商品定价不规范,需要有一定的砍价能力。
- 商品在质量和做工方面非常相似,需要有一定的鉴别能力。
- 有些批发商供货不稳定,对于店铺销售影响较大。

2.2.3 厂家进货

从厂家进货是最便宜的一种进货方式。如果能找到愿意合作的厂家,直接从正规的厂家进货,不仅可以省去很多进货成本,而且货源和产品质量也能得到保证。但是如果从厂家进货,厂家对于起批量要求较高,少则数十件多则上百件,这无疑增加了小卖家的经营风险,这种进货方式显然不适合新手卖家。如果卖家选定的商品本身具有一定品牌知名度,最好能得到厂家的支持,这样既可以提升网店专业形象,又可以顺利开展网店业务。但是,这种进货渠道需要卖家独具慧眼,避免出现压货的情况。

除从厂家直接进货外,还可以从外贸尾单市场进货。外贸尾单是指厂家在生产外贸订单时剩余的库存商品;例如服饰鞋包行业,商品在生产过程中,难免会出现次品,为了保证外贸货品的质量,厂家一般会多生产一些商品以备需要,而剩下的尾单就变成了网上店铺的重要货源。倘若有熟悉的外贸厂商,那么可以直接从工厂拿货。多多关注外贸产品,这些外贸厂家通常会有尾单,而这部分商品数量少,货源款式通常是当下最流行的,并且价格低廉、性价比非常高,这种商品更容易销售。当然,在外贸市场中选货时需要卖家仔细辨认外贸尾单货品的真伪,确保商品质量。

2.3 店铺产品规划

规划店铺产品就是确定店铺哪些商品具有市场潜质、哪些商品可以带动人气、哪些商品利润较高等,根据店铺产品的不同目的进行规划。通常一个店铺中的产品可以分为引流款、利润款、活动款、形象款四种类型,下面将从这四种产品类型详细讲解如何规划店铺产品。

1. 引流款

引流款就是网店的主推产品,将产品定位为引流款意味着这个产品是整个店铺最大的流量来源。一般来说,引流款产品多为大部分消费者都能接受的,而非小众的产品。引流款产品的转化率比较高,相对于同行业的竞争对手,有着价格或者其他方面的高性价比优势。对于中小卖家来说,店铺中的引流款产品占比为10%即可。

2. 利润款

利润款是能够为店铺带来主要利润和销量的产品,因此它也是店铺主要的利润来源。利润产品选择的目标人群应该是某一特定人群,例如追求个性潮流的年轻用户,然后设计出适合他们的款式、产品卖点、设计风格、价位区间的商品。通常利润款商品占比为60%。

3. 活动款

选择活动款的产品,首先要明确通过活动要达到什么目的(例如库存清仓、冲销量),然后根据活动的目的,选择不同的方式操作。通常活动款产品在整个店铺中的占比为20%。

- 库存清仓。以清库存为目的的活动款产品一般都是一些库存积压的旧款或者尺码不全的断码产品,这样会降低客户对品牌的体验,所以低价出售是弥补消费者心理的一个最好范式。例如在一些店铺会看到以特价、打折促销为字眼的产品栏目,其实就是利用了这个原理。
- 冲销量。网店想要获得更多的利润以及提高知名度,冲销量是一种不得不采取的方式。以冲销量为目的的产品,最好要选择一个大众喜欢的且当下流行的产品进行销售,才能达到冲销量的效果。

4. 形象款

店铺设立形象款的意义在于树立店铺的形象,提升品牌知名度,加深顾客对于店铺品牌的忠诚度,获得顾客对店铺的好感和信任。因此,形象款的选择应该是一些高品质、高客单价的极小众产品。但是形象款仅仅是产品销售的极小部分,一般情况下,形象款商品在店铺中的占比为10%。

2.4 本章小结

本章主要介绍了淘宝网开店前期规划的相关知识,包括店铺定位、店铺货源准备以及店铺产品规划等。

通过本章内容的学习,读者应该掌握店铺定位的方法,了解常见的进货渠道及店铺产品规划分类。

2.5 课后练习

一、判断题

1. 对网店进行市场定位的过程就是寻找网店差别化的过程,即如何寻找差别、识别差别和显示差别的过程。( )
2. 店铺在批发网站进货时,只需要对"货描相符""响应速度""发货速度""回头率"四方面进行考察即可。( )
3. 引流款就是网店的主推产品,因此它也是店铺主要的利润来源。( )
4. 形象款的选择应该是一些高品质、高客单价的极小众产品。( )
5. 批发市场也是常见的进货渠道,但有些批发商供货不稳定,对于店铺销售影响较大。

( )

二、选择题

1. 通常来说,一个店铺中的产品可以分为哪些类型?( )
   A. 引流款   B. 利润款
   C. 活动款   D. 形象款
2. 下列选项中,属于阿里巴巴批发网站的优势的是( )。
   A. 商品种类单一
   B. 平台技术欠缺
   C. 服务措施完善,交易过程标准化
   D. 评价体系不合理
3. 下列选项中,关于批发市场进货技巧的说法正确的是( )。
   A. 选择的每种商品都只进一小部分作为样品,通过样品去了解消费者的市场需求
   B. 资金分散投入,产品种类平均分配

C. 大量进新货,不去顾忌需求量

D. 为避免麻烦,进货一次进满,以后不补货

4. 网店进货过程中,对于同一价格区间的商品,首先考虑的商品因素是( )。

A. 品质　　　　　　　　　　　B. 价格

C. 售后服务　　　　　　　　　D. 运输成本

5. 下列选项中,关于店铺成功的基础前提的说法正确的是( )。

A. 商品　　　　　　　　　　　B. 店铺设计

C. 营销推广　　　　　　　　　D. 服务/物流

知识体系梳理图

实践案例

第 3 章
淘宝/天猫开店及宝贝发布

【学习目标】

知识目标	• 了解淘宝店铺开店流程及注意事项 • 了解天猫店铺开店流程及注意事项
技能目标	• 掌握商品发布流程,能够批量发布宝贝

【引导案例】

80后多肉达人创业,小小淘宝店月赚3万

多肉植物拥有迷你的身材、肉嘟嘟的感官,这种卖萌的造型让其在年轻人中持续受到追捧,并衍生出"多肉玩家""多肉粉""多肉QQ群"等一些群体,山东威海市的小伙王义波就是这一群体中的达人。

走进他的"多肉植物大棚",可以看到披着白色绒毛、尖端有红褐色凸起、形状极像刚出生的小熊掌的熊童子;叶子晶莹剔透的玉露;绿色玫瑰花球似的山地玫瑰等各种"肉肉"。品种琳琅满目,多达1000多种。

谈起经营多肉植物的历程,王义波表示他是从爱好中发现商机的。2009年,在日本定居的姐姐带了一盆多肉植物送给王义波,刚见到多肉的王义波一下子就被其呆萌呆萌的造型吸引住了。随着多肉的长大,原来的花盆已经容纳不下,为了让这棵小植物生长得更好,王义波掰下几片叶子分栽在一个个小盆里。过了几天,他惊喜地发现这些小家伙生根发芽了。后来,王义波只要去花市场看到多肉就会买几盆回家,家里的阳台变成了一个小型盆景园。在养殖过程中,王义波发现多肉植物在当地还是空缺,于是他辞去了工作,在网上经营起"肉肉"。经过一番苦心经营,王义波的淘宝网店目前每月能为他带来2~3万元的收入。面对供不应求的局面,他决定再投资200万元建造一座占地6亩的多肉植物自动养殖大棚,并拟开拓多肉植物婚庆市场。

虽然王义波的淘宝店铺越来越好,但是在淘宝开店之初以及淘宝后期运营中,他还是遇到了很多困难。他刚刚申请淘宝店时,因为不了解淘宝规则,导致开店前期的准备不足,花费了好长时间才将店铺开起来。网店开通后,王义波的摄影设备和技术总是略欠

一筹,拍出的图片很难吸引到顾客。为了改进照片技术,王义波买来了单反相机,苦学摄影技术。慢慢地,他的淘宝店多了各种小清新的肉肉照,为他带来不少订单,附近有些顾客还亲自开车到他的肉肉花棚采肉。

刚运营店铺时,宝贝发布、店铺装修等店铺运营知识都让王义波不知所措。面对这些问题,王义波通过坚持学习以及实践摸索终于将店铺运营走向正规。淘宝开店对于王义波来说虽然有很多困难,但是他都自己克服了并越做越好。

【案例思考】

新手开店需要进行充分的前期准备,尤其是开店之前,需要准备好开店申请的相关材料,了解开店流程以及宝贝发布流程,这样才不会在开店过程中浪费过多时间。那么该如何开设淘宝/天猫店铺呢?开设店铺后又该怎样发布宝贝呢?本章将从淘宝/天猫开店流程以及宝贝发布两方面对淘宝/天猫开店及宝贝发布的相关知识进行讲解。

3.1 淘宝/天猫开店流程

开店前期规划完成后,就可以申请开通店铺了。新手卖家开通淘宝/天猫店铺需要遵循一定的开通流程,以避免日后带来的麻烦。接下来,本节将针对淘宝/天猫店铺的开店流程进行介绍。

3.1.1 淘宝店铺开店流程

卖家开设淘宝店铺需要遵循一定的流程并通过淘宝官方的层层审核,才能注册成功店铺。开通店铺前首先要成为淘宝会员,然后申请成为卖家,开店流程大致可分为几个阶段。

1. 开店前期准备

申请淘宝店铺之前需要提前做一些准备工作,主要是一些开店材料的准备,包括以下几方面。

- 身份证:申请店铺时,需要进行支付宝和淘宝开店实名认证,这两项都需要使用用户本人的身份证。此外,如果开设的是企业店铺,则需要准备法人代表的身份证。
- 手机:开通淘宝店铺的申请流程中的很多操作需要手机号码注册并接收验证码。不仅如此,手机还必须具备可以扫描二维码和安装相关 APP 的功能,如安装手机支付宝和阿里钱盾等。
- 银行卡:开通淘宝店时必须办理一张开通了网银功能的银行卡。
- 营业执照:开通企业店铺时需要准备营业执照进行验证。

2. 注册淘宝会员

开通个人店铺的流程与开通企业店铺的流程基本相似,这里我们以注册个人淘宝账户的流程为例讲解淘宝店注册流程。开通淘宝店之前需要先注册淘宝会员,成为淘宝会员之后才能开通店铺。注册淘宝会员的具体操作如下。

Step1 打开淘宝官网 http://www.taobao.com，单击淘宝首页左上方的【免费注册】按钮，如图 3-1 所示。

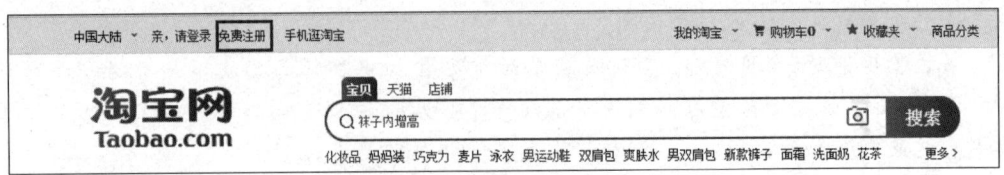

图 3-1 【免费注册】按钮

Step2 进入"免费注册"页面，注册系统会自动弹出一个"注册协议"对话框。必须同意该协议后才能注册，单击【同意协议】按钮，如图 3-2 所示。不同版本展现的界面可能不同。

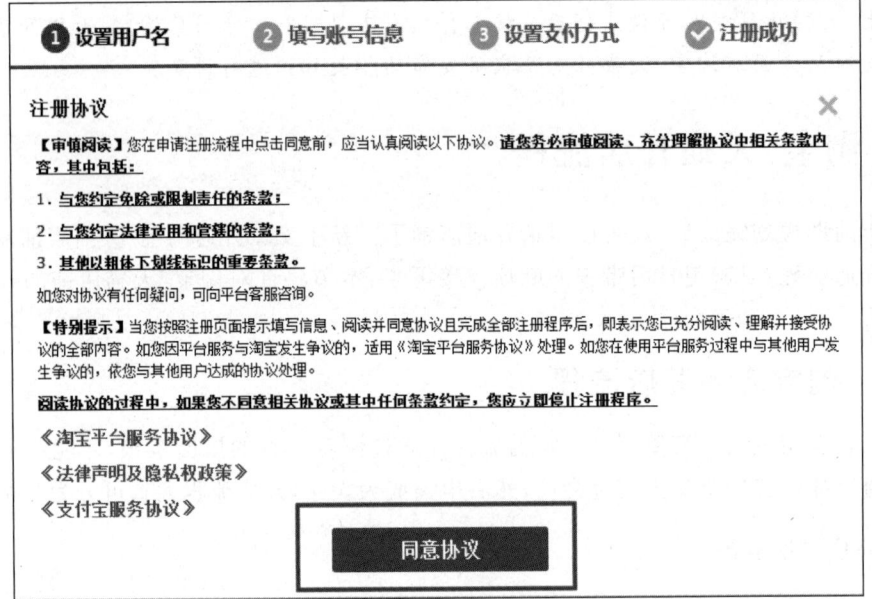

图 3-2 确定用户协议

Step3 注册个人账户时需要填写手机号码进行验证，验证通过后单击【下一步】按钮，如图 3-3 所示。

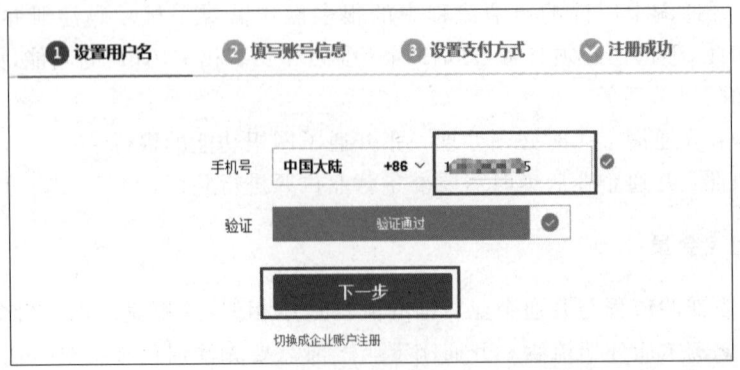

图 3-3 输入注册手机号

Step4 手机号验证通过后，淘宝注册系统会向注册手机号发送验证码。在【验证码】文本框中输入手机验证码，填写完成后单击【确定】按钮，如图 3-4 所示。

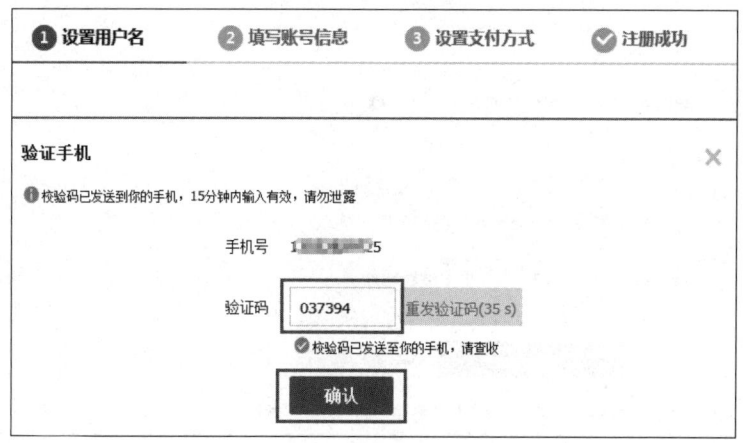

图 3-4　输入验证码

Step5 打开"填写账号信息"页面，分别在【登录密码】和【密码确认】文本框中输入信息，单击【提交】按钮，如图 3-5 所示。

图 3-5　输入注册信息

注意：淘宝会员名一经注册不能更改，卖家在设置会员名称时应选择与店铺定位相关且通俗易懂的名称，方便记忆。

Step6 进入"设置支付方式"页面，根据页面提示填写银行卡号、持卡人姓名、证件号码及手机号码等相应信息。单击【获取校验码】按钮进行验证，最后单击【同意协议并确定】按钮，如图 3-6 所示。

图 3-6 设置支付方式

上述操作完成后,即注册完成个人淘宝账户,图 3-7 所示为用户注册成功后显示的信息。

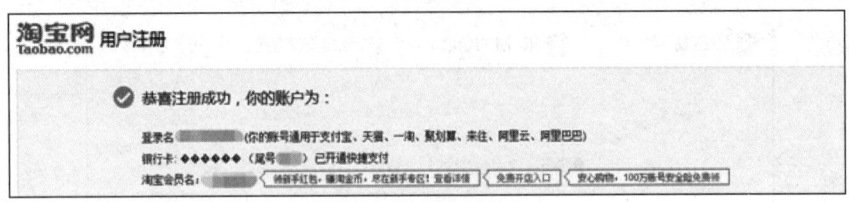

图 3-7 完成注册

3. 开通支付宝认证

开通淘宝店时,除了需要注册淘宝账户外,还需要开通并认证支付宝账户。无论是企业店铺还是个人店铺,都需要进行支付宝认证,用于保证交易双方的安全。开通支付宝认证流程的具体步骤如下。

Step1 登录支付宝账户(www.alipay.com),单击【立即注册】按钮,如图 3-8 所示。

图 3-8 支付宝官网首页

Step2 进入注册界面后,系统会自动弹出"服务协议及隐私权政策"对话框。用户必须同意该协议才可进行注册,单击【同意】按钮,如图 3-9 所示。

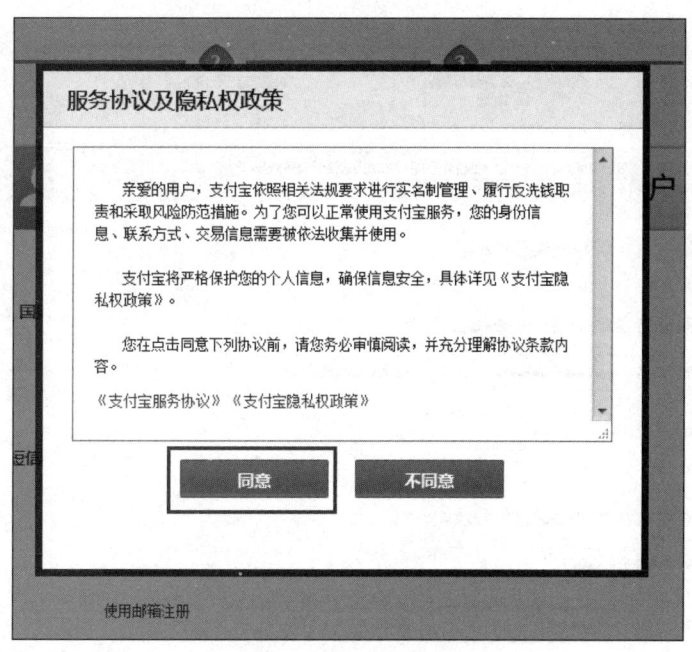

图 3-9 签署服务协议

Step3 注册账户时可以使用手机和邮箱两种方式进行,这里我们默认使用手机注册。单击【个人账户】选项卡,输入手机号码和验证码,然后单击【下一步】按钮,如图 3-10 所示。

图 3-10 创建账户

Step4 设置支付宝账户登录密码、支付密码以及用户身份信息,其中真实姓名、身份证号码属于必填项,要求信息真实准确,注册完成后不可修改,如图 3-11 所示。

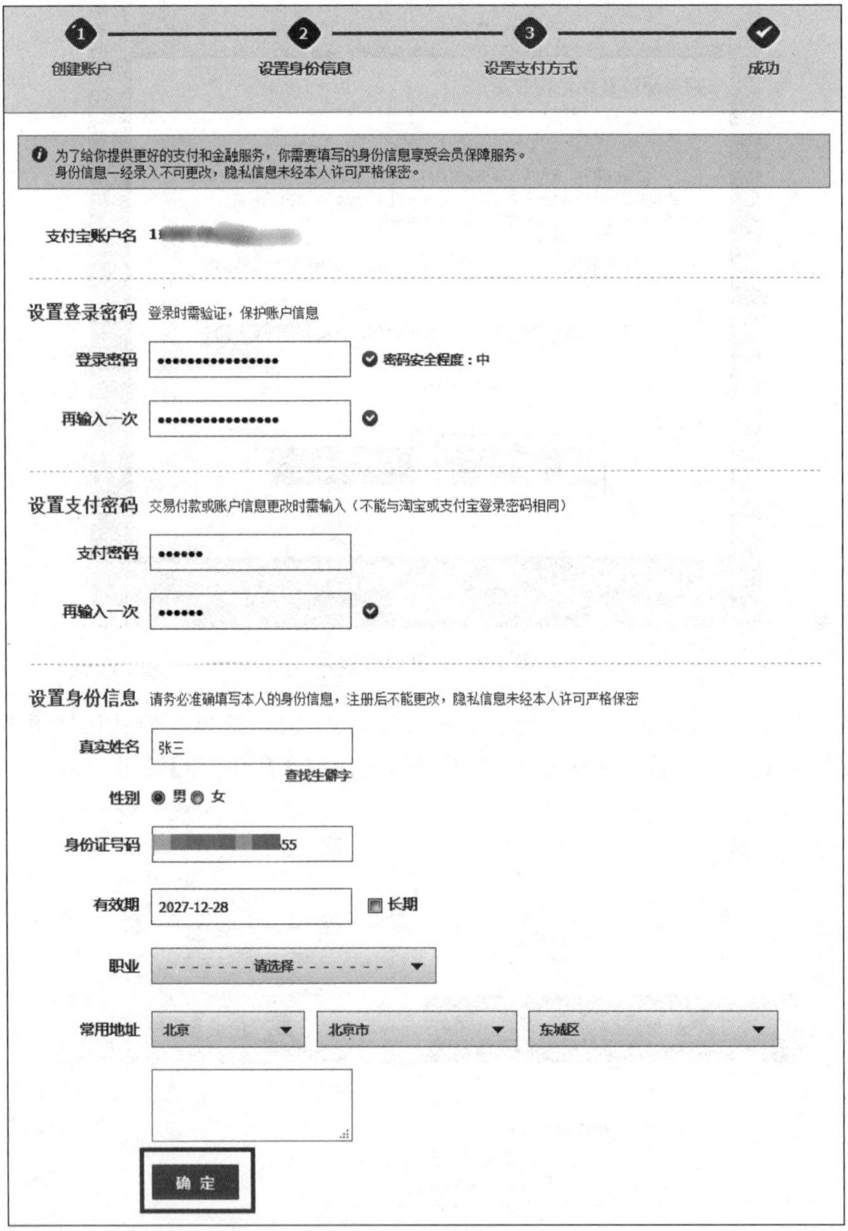

图 3-11 设置身份信息

Step5 验证通过用户姓名和身份证号码等身份信息后,根据页面提示设置支付方式,绑定个人银行卡,输入银行卡卡号及该卡银行预留的手机号码。单击【同意协议并确定】按钮,即注册完成个人支付宝账户,如图 3-12 所示。

Step6 支付宝个人账户开通成功后,需要对支付宝账户进行实名认证。登录支付宝账户(www.alipay.com),单击【账户设置】按钮,如图 3-13 所示。

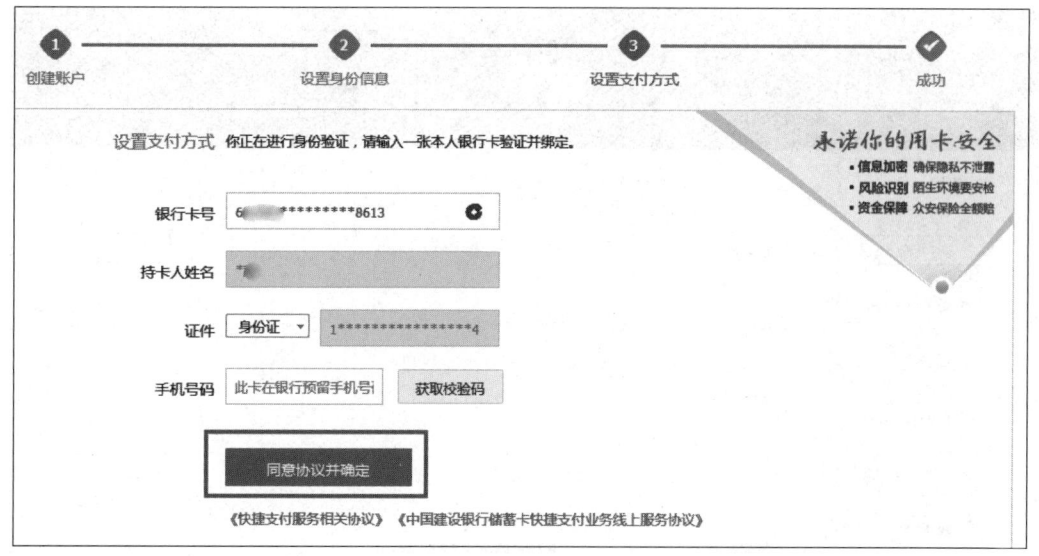

图 3-12　设置支付方式

图 3-13　支付宝账户首页

进入"账户设置"页面选择【基本信息】→【立即认证】选项，如图 3-14 所示。

Step7　进入认证页面，单击【立即认证】按钮，如图 3-15 所示。

Step8　填写本人银行卡信息，校验以后将以此卡开通快捷支付，如图 3-16 所示。

Step9　若无银行卡，可使用手机校验本人人脸，如图 3-17 所示。

Step10　使用手机支付宝钱包扫码进入如下页面（与钱包扫脸流程相同），如图 3-18 所示。

Step11　上传身份证正反面照片，提交成功后即进入证件审核流程。证件审核时间一般为 24 小时，如图 3-19 所示。

图 3-14 支付宝认证

图 3-15 立即认证

图 3-16 银行卡绑定页面

第 3 章　淘宝/天猫开店及宝贝发布

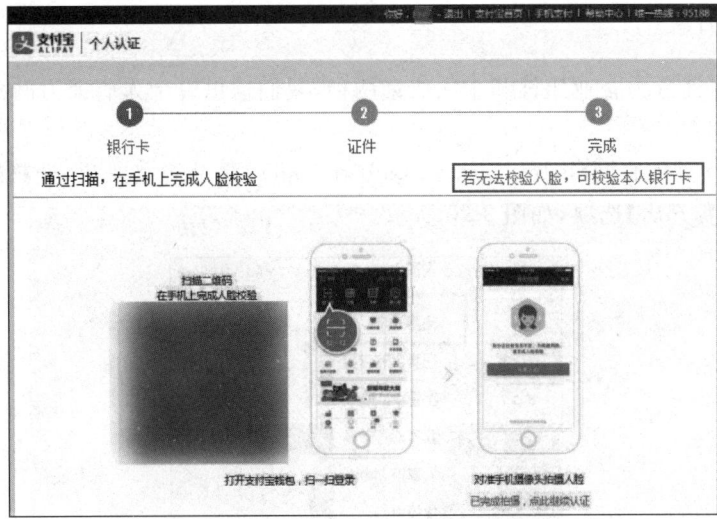

图 3-17　用手机校验人脸

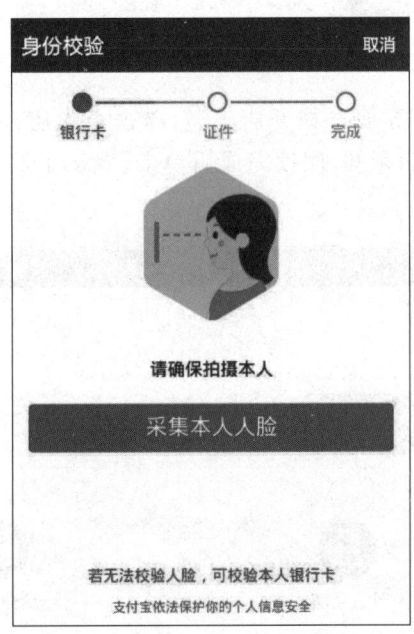

图 3-18　支付宝人脸认证页面

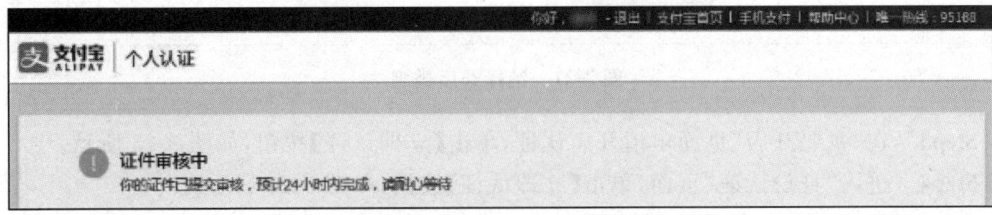

图 3-19　支付宝审核页面

4．开通店铺

淘宝集市店铺分为企业店铺和个人店铺两种，我们这里以个人店铺为例介绍开通流程，具体操作步骤如下。

Step1 打开淘宝官网（http：//www.taobao.com），登录淘宝账户，选择【卖家中心】下拉菜单中的【免费开店】选项，如图3-20所示。

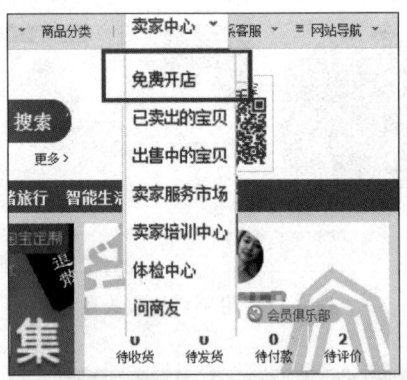

图3-20 淘宝网首页

Step2 进入"我要开店"界面选择开店类型，单击个人店铺下方的【创建个人店铺】按钮，如图3-21所示。阅读开店须知，阅读完成后单击【我已了解，继续开店】按钮，如图3-22所示。

图3-21 选择开店类型

Step3 在"我要开店"页面申请开店认证，单击【立即认证】按钮，如图3-23所示。

Step4 进入"身份认证"页面，单击【立即认证】按钮，如图3-24所示。

Step5 开通淘宝店时，除了需要注册淘宝账户外，还需要进行淘宝身份认证。按照提示步骤将验证信息上传并等待审核即可，如图3-25所示。

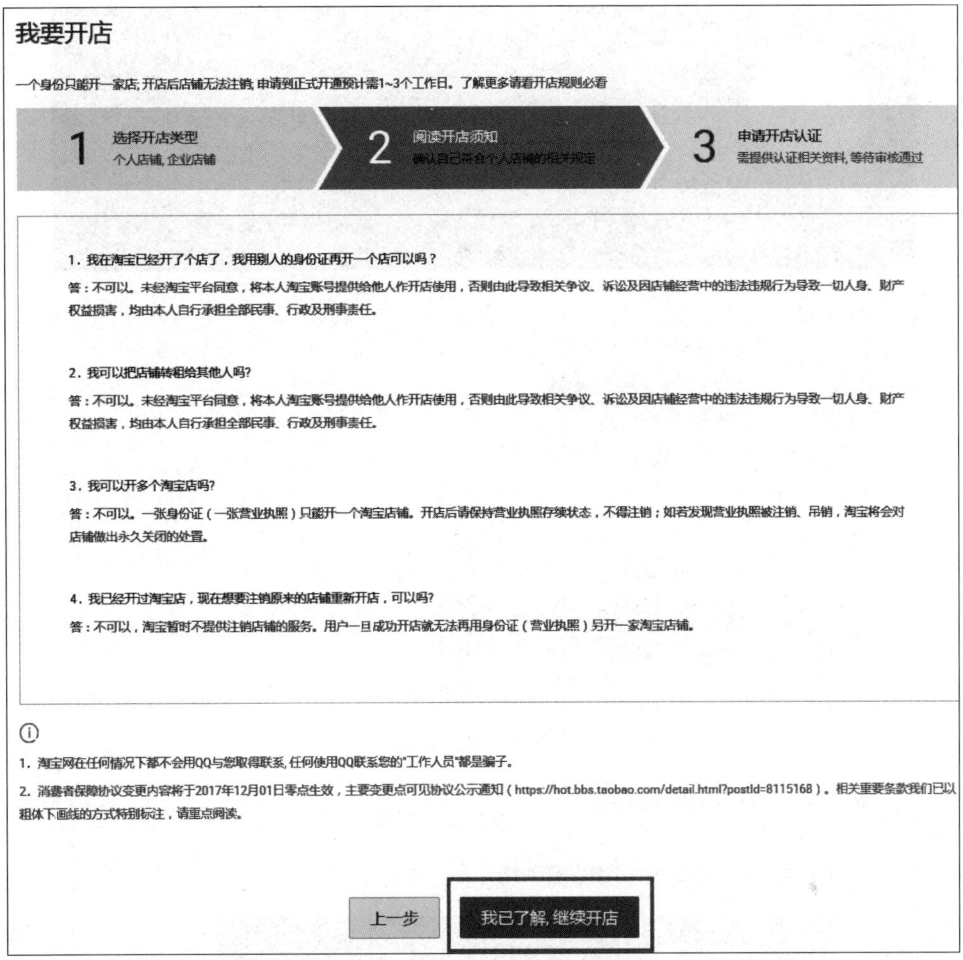

我要开店
一个身份只能开一家店; 开店后店铺无法注销; 申请到正式开通预计需1~3个工作日。了解更多请看开店规则必看
1 选择开店类型
个人店铺, 企业店铺
2 阅读开店须知
确认自己符合个人店铺的相关规定
3 申请开店认证
需提供认证相关资料, 等待审核通过
1. 我在淘宝已经开了个店了，我用别人的身份证再开一个店可以吗？
答：不可以。未经淘宝平台同意，将本人淘宝账号提供给他人作开店使用，否则由此导致相关争议、诉讼及因店铺经营中的违法违规行为导致一切人身、财产权益损害，均由本人自行承担全部民事、行政及刑事责任。
2. 我可以把店铺转租给其他人吗?
答：不可以。未经淘宝平台同意，将本人淘宝账号提供给他人作开店使用，否则由此导致相关争议、诉讼及因店铺经营中的违法违规行为导致一切人身、财产权益损害，均由本人自行承担全部民事、行政及刑事责任。
3. 我可以开多个淘宝店吗?
答：不可以。一张身份证（一张营业执照）只能开一个淘宝店铺。开店后请保持营业执照存续状态，不得注销；如若发现营业执照被注销、吊销，淘宝将会对店铺做出永久关闭的处置。
4. 我已经开过淘宝店，现在想要注销原来的店铺重新开店，可以吗?
答：不可以，淘宝暂时不提供注销店铺的服务。用户一旦成功开店就无法再用身份证（营业执照）另开一家淘宝店铺。
1. 淘宝网在任何情况下都不会用QQ与您取得联系, 任何使用QQ联系您的"工作人员"都是骗子。
2. 消费者保障协议变更内容将于2017年12月01日零点生效，主要变更点可见协议公示通知（https://hot.bbs.taobao.com/detail.html?postId=8115168）。相关重要条款我们已以粗体下画线的方式特别标注，请重点阅读。
上一步
我已了解, 继续开店

图 3-22　阅读开店须知

我要开店
一个身份只能开一家店; 开店后店铺无法注销; 申请到正式开通预计需1~3个工作日。了解更多请看开店规则必看
1 选择开店类型
个人店铺, 企业店铺
2 阅读开店须知
确认自己符合个人店铺的相关规定
3 申请开店认证
需提供认证相关资料, 等待审核通过
* 用户类型：中国大陆　香港/澳门用户　台湾用户　外籍用户
您已绑定了支付宝账户：@163.com 查看
开店类型必须与支付宝认证类型一致, 否则可能无法创建店铺。
认证名称　状态　提示　操作
支付宝实名认证　已通过　认证成功　查看
淘宝开店认证　未开始　立即认证
上一步
下一步

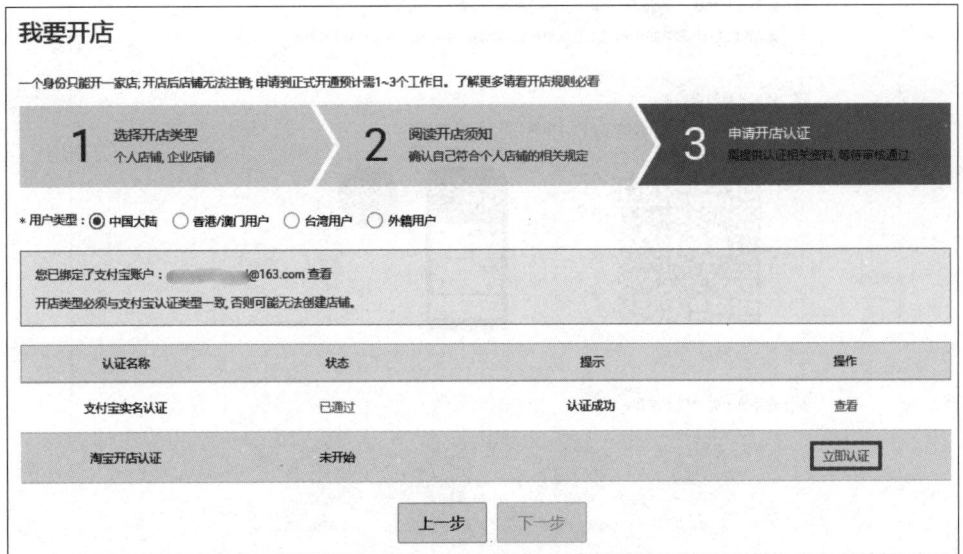

图 3-23　申请开店认证

图 3-24 身份认证

图 3-25 身份认证流程

Step6 认证通过后,用户将在认证页面看到淘宝状态栏显示"已通过",如图3-26所示。单击【下一步】按钮,完成个人店铺注册,如图3-27所示。

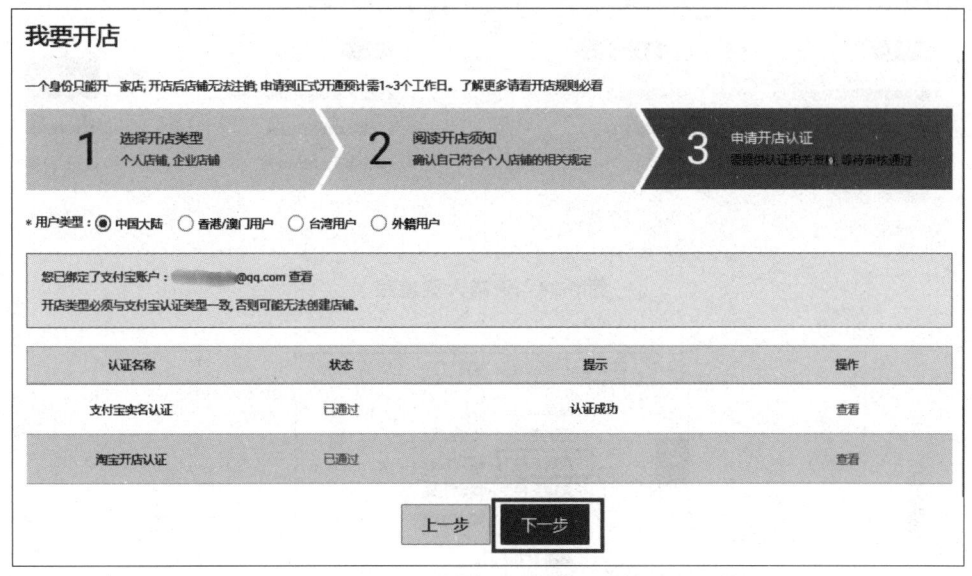

图 3-26 店铺认证通过

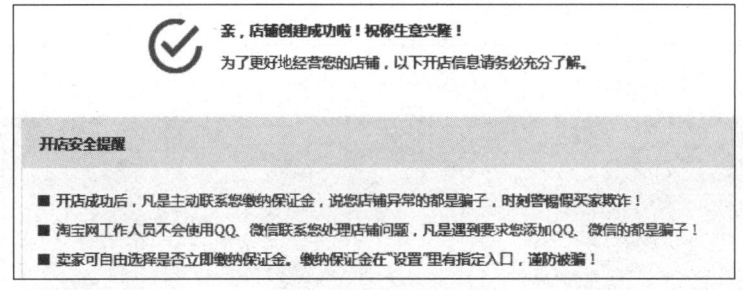

图 3-27 店铺创建成功

3.1.2 天猫店铺开店流程

与淘宝店铺开店流程相比,天猫店铺的开店流程显得略微复杂些。我们可以将其分为4个阶段,分别为提交入驻资料、商家等待审核、完善店铺信息以及店铺上线,如图3-28所示。

下面详细介绍天猫店铺的开店流程,具体如下:

阶段一:提交入驻资料

开通天猫店铺的第一个阶段主要是根据店铺情况填写一些基本信息,然后提交入驻资料,具体步骤如下。

Step1 进入天猫首页(https://www.tmall.com)并登录天猫账号。选择【商家支持】下拉菜单中的【商家入驻】选项,如图3-29所示,进入商家入驻页面。单击【立即入驻】按钮,如图3-30所示。

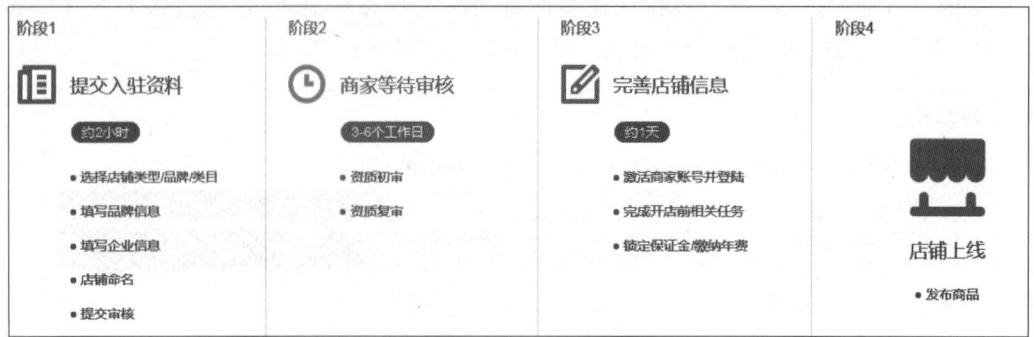

图 3-28　天猫入驻流程

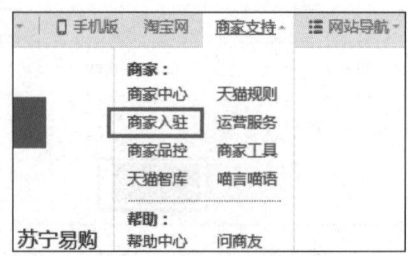

图 3-29　天猫首页导航栏

图 3-30　立即入驻

Step2　根据店铺资质情况，选择店铺类型并填写品牌商标注册号，如图 3-31 所示。若使用的商标注册号已被天猫录入，则直接选择对应的品牌即可。

注意：如果经营非图书音像大类，则选择【所有类目】选项；如果经营图书音像、网络及QQ、本地化生活服务等类目，则选择【特殊类目】选项。如果申请经营专营店，则需要至少提交两个品牌。

Step3　单击【选择类目】按钮，选择店铺品牌及经营类目，如图 3-32 所示。

选择好店铺经营类目后单击【确认】按钮，如图 3-33 所示。若企业商标未被天猫录入，则需要企业补充品牌信息。

图 3-31 选择店铺类型及品牌与类目

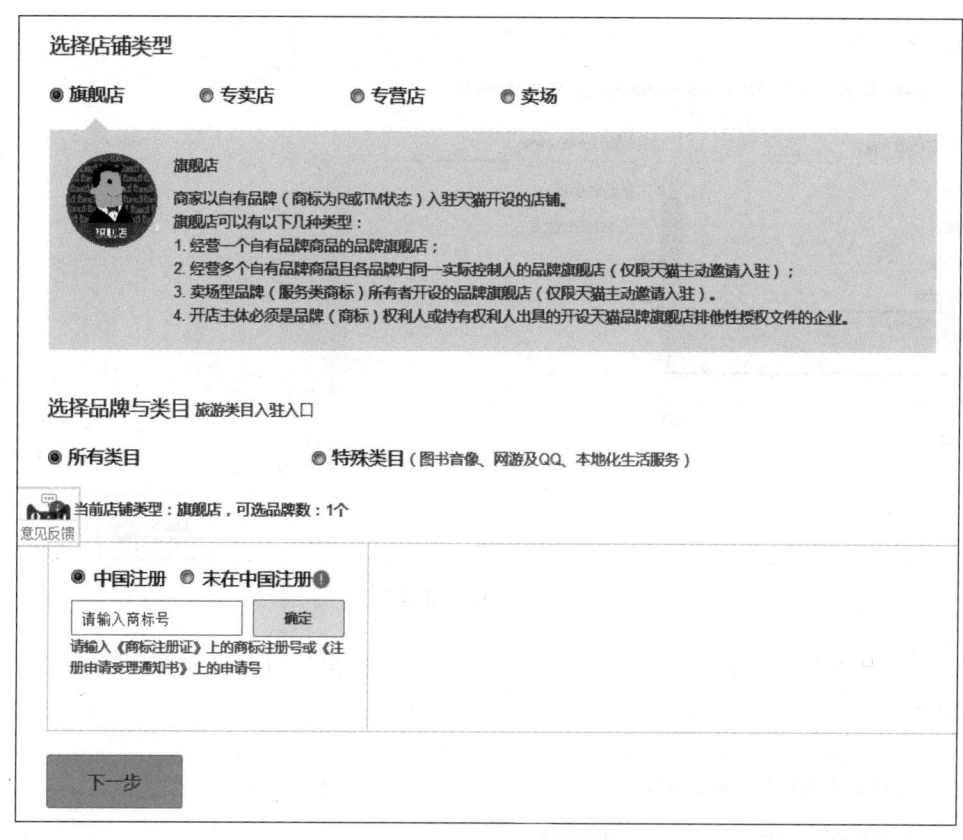

图 3-32 选择店铺品牌

注意：一个品牌只能选择一个主营大类，切换大类则会覆盖之前的操作，请谨慎操作。若搜索不到店铺经营的类目，则说明该类目天猫暂不招商。若一个品牌需要跨大类经营，可以在店铺上线后申请添加类目，添加新类目时按照当前招商标准执行。

图 3-33 选择经营类目

确认商家是否符合基本入驻要求,若未能符合,则提交后可能会被小二审核拒绝,如图 3-34 所示。

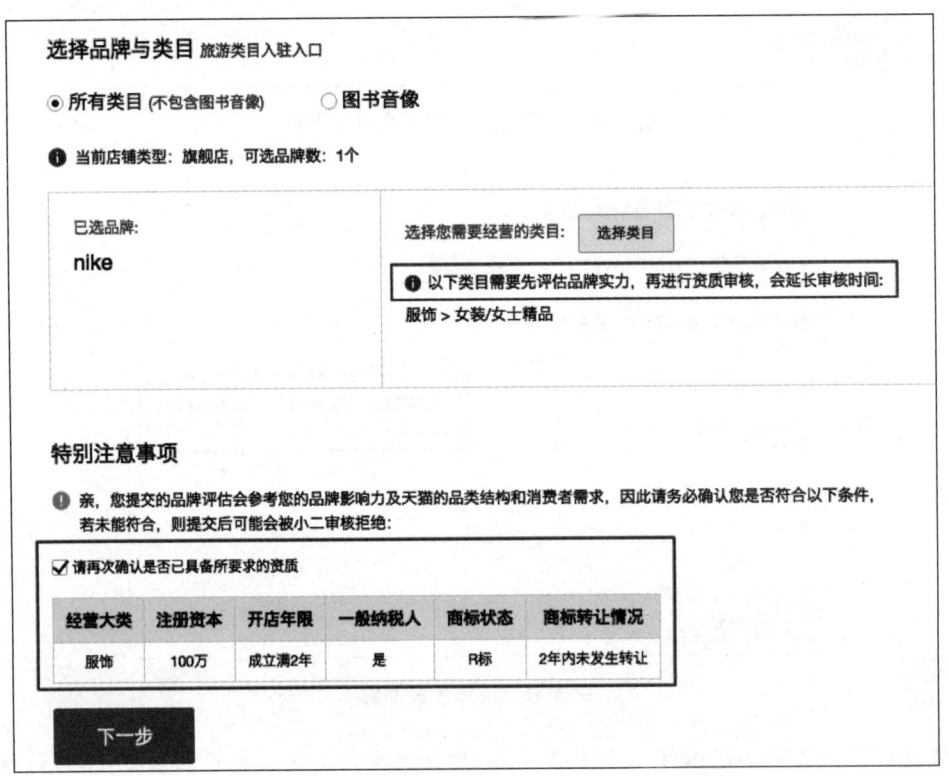

图 3-34 确认入驻资质

注意：如果商家品牌不在招商品牌池内，则需要先评估品牌实力，然后审核资质，因而会延长审核时间。

Step4 填写品牌信息。根据商家情况填写品牌信息，请注意左侧选项卡，每个选项卡下的内容均须填写完整。如果某选项卡内容未填写完整，标签会显示"待填写"，填写完成后将显示"已填写"。每个选项卡内容填写完成后，单击【保存『金六福』品牌信息】按钮。全部填写后单击【下一步】按钮，如图 3-35 所示。

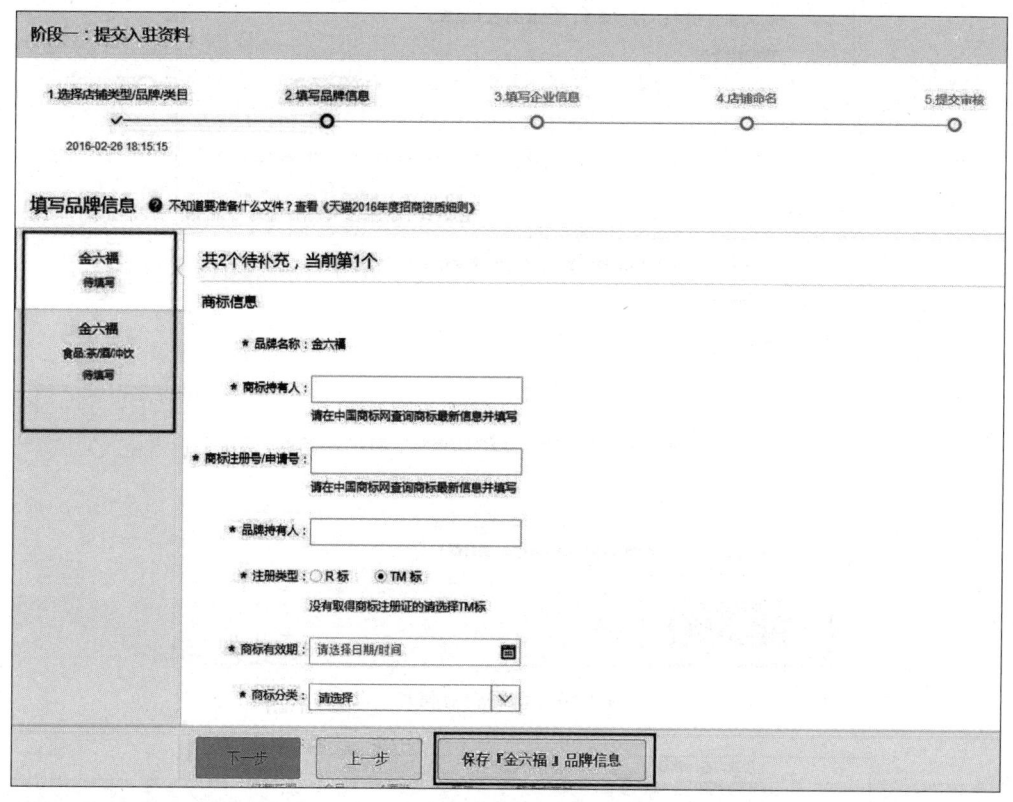

图 3-35　填写品牌信息

注意：如果商家品牌需要评估品牌实力，则需要在申请页面通过【更多详情信息上传】入口上传商家信息。当然，可以下载页面提供的 Excel 模板，按模板内容填入后上传，品牌评估会参考商家品牌影响力、天猫品类结构以及消费者需求综合评估商家品牌，从而使天猫更好地了解商家和品牌，有助于帮助商家更快入驻天猫。

Step5　填写企业信息。根据实际情况填写企业信息，填写完成后，单击【下一步】按钮，如图 3-36 所示。

注意：提交支付宝授权书时，需要先下载模板，按照模板内容填写/签章后，将授权书拍照上传。

Step6　店铺命名。选择填写店铺名称中展现的关键词，单击【选择店铺名】右侧下拉框选择店铺名称以及店铺域名，或者在【店铺命名建议】文本框中填写期望的店铺名称。选择完成后，单击【下一步】按钮，如图 3-37 所示。

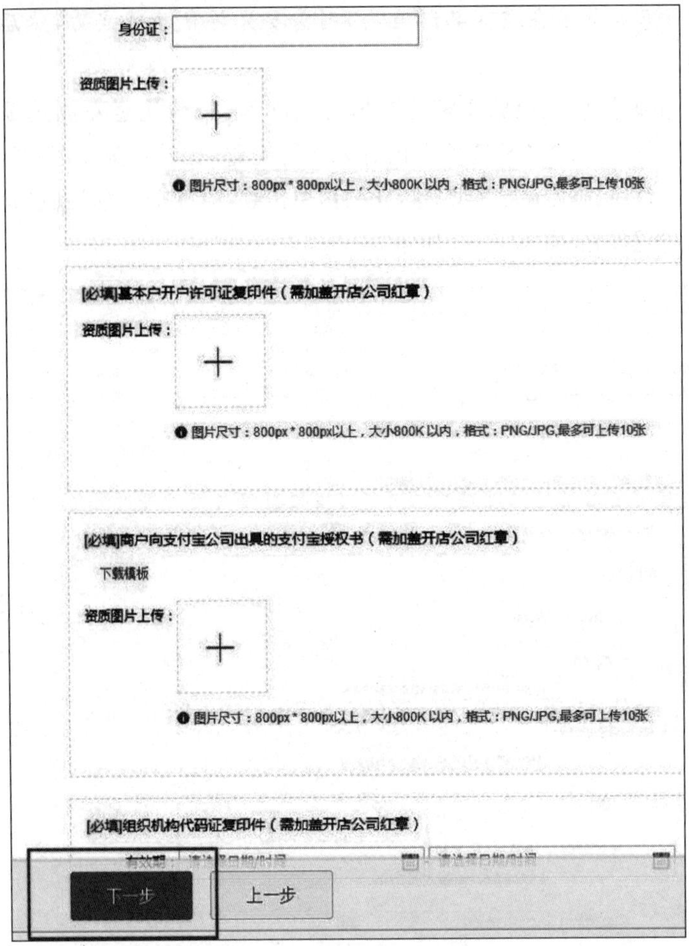

图 3-36　填写企业信息

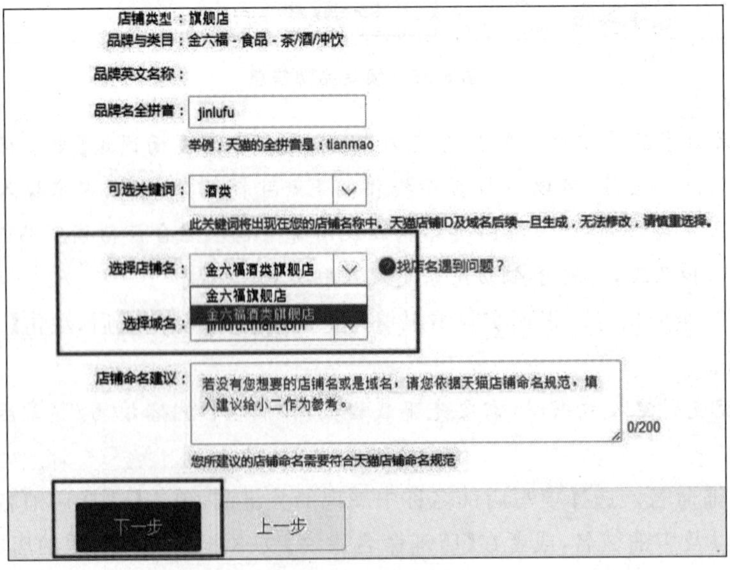

图 3-37　店铺命名

Step7 提交审核。再次确认填写信息是否正确,如需要修改,可单击【返回修改】按钮,返回填写页面修改信息。确认填写信息无误后,单击【确认无误提交】按钮,提交申请资料给天猫,如图 3-38 所示。

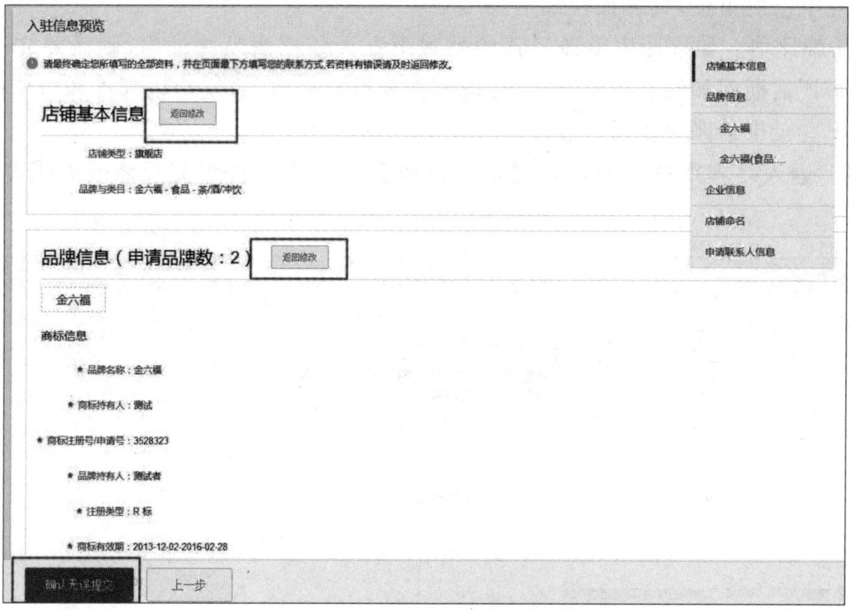

图 3-38 入驻信息预览确认

注意:资质一旦提交,将无法进行修改,请耐心等待审核结果。

Step8 提交审核。等待审核期间请保持电话畅通,并关注邮件、旺旺信息。如果联系方式发生变更,可单击页面下方联系方式的【修改】按钮,重新填写,如图 3-39 所示。

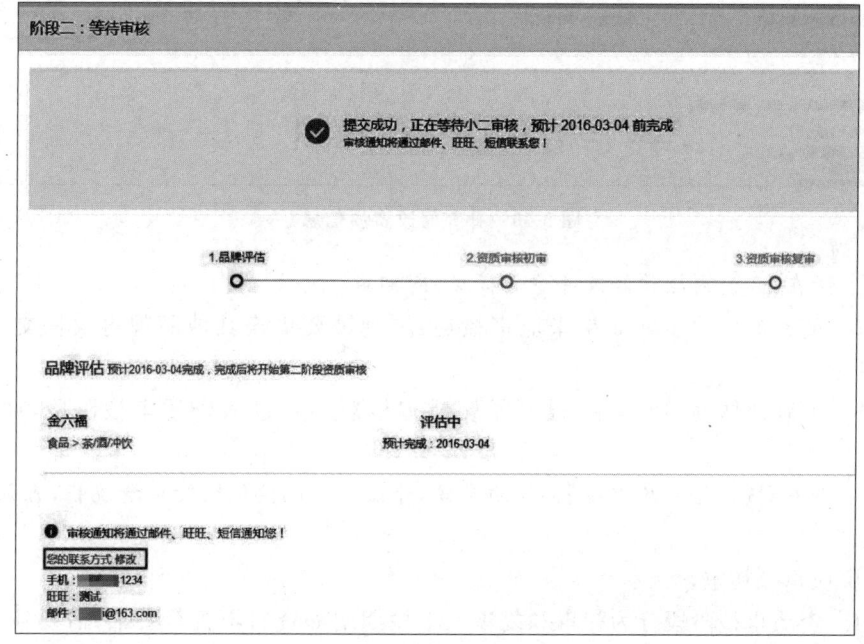

图 3-39 修改联系方式

阶段二：等待审核

申请资料提交成功后，请耐心等待小二审核。审核阶段包括品牌评估、资质审核初审及资质审核复审三次审核，具体操作如下。

（1）品牌评估。如果商家申请经营的品牌不在天猫招商品牌池内，则需要先通过品牌评估。品牌评估期间如资料不符合要求，商家需要补充修改，系统会以邮件和短信的方式通知申请用户登录申请账号查看信息并修改。

Step1　进入品牌审核页面，单击【前往修改】按钮，根据提示完成修改并重新提交，如图 3-40 所示。

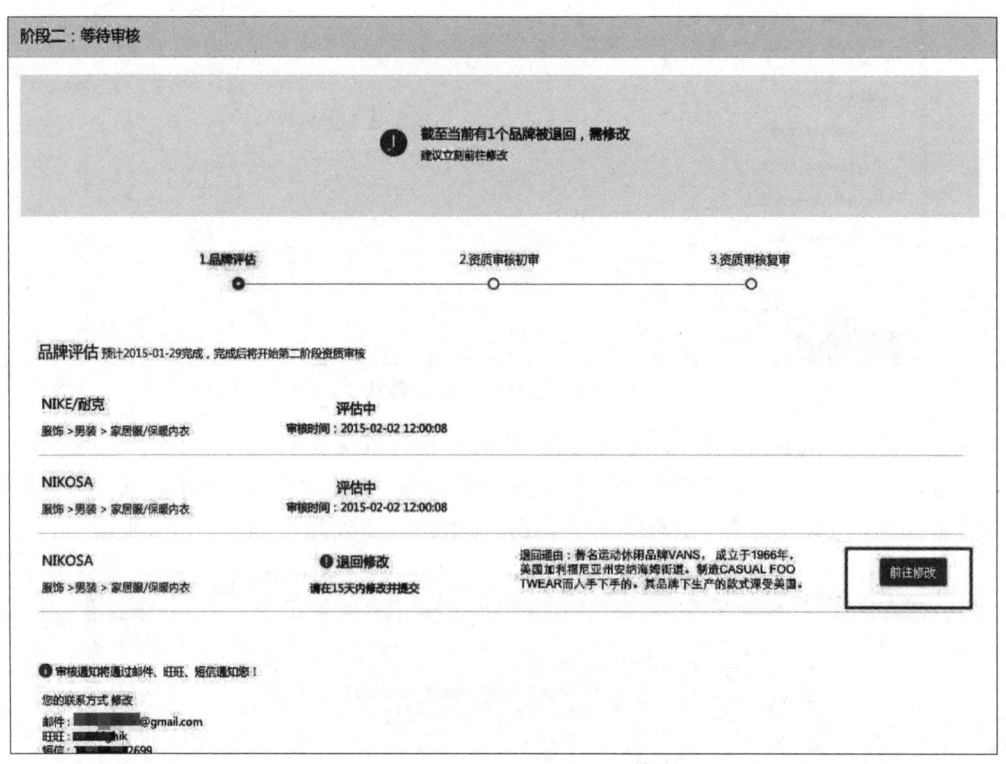

图 3-40　补充修改资质信息

注意：请在 15 天内操作修改并重新提交，逾期申请将失效。

Step2　商家提交的品牌如果未能审核通过，则需要更换其他品牌再次提交申请，如图 3-41 所示。

Step3　品牌评估通过后，单击【开始资质审核】按钮，进入资质审核阶段，如图 3-42 所示。

注意：当看到【开始资质审核】按钮的时候，建议单击此按钮继续申请流程，否则流程将无法继续。

（2）资质审核初审。

Step1　资质审核阶段分为初审和复审。审核期间如资料不符合要求，需要补充修改，系统会以邮件和短信的方式通知登录申请账号查看修改。单击【前往修改】按钮，根据页面

图 3-41 重新入驻

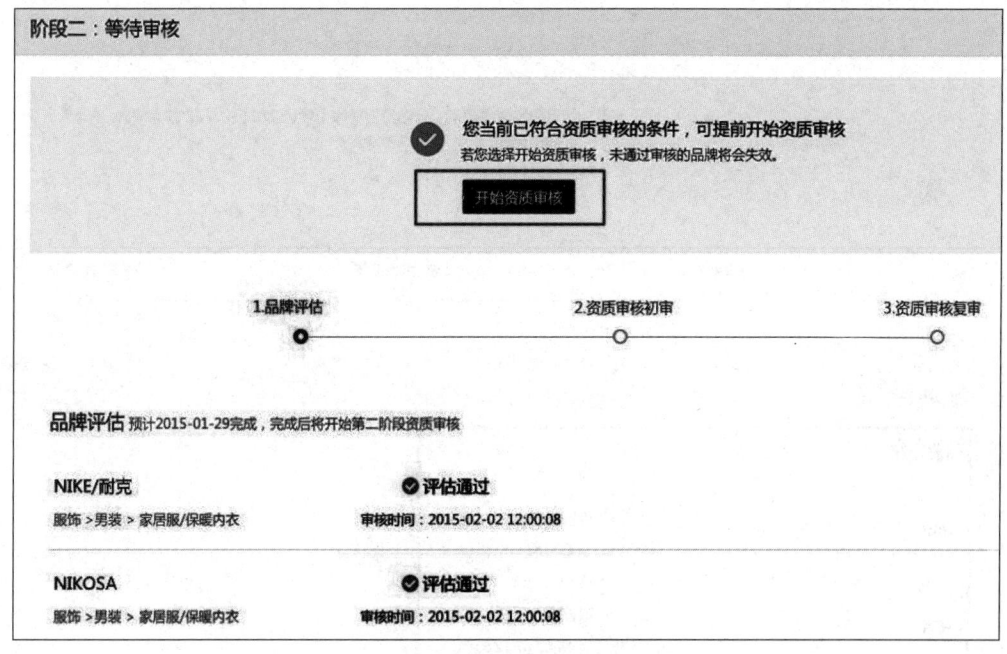

图 3-42 开始资质审核

提示信息完成修改并提交,如图 3-43 所示。

Step2 资质审核期间,可以在页面下方查看目前的审核状态和预计完成时间,如图 3-44 所示。

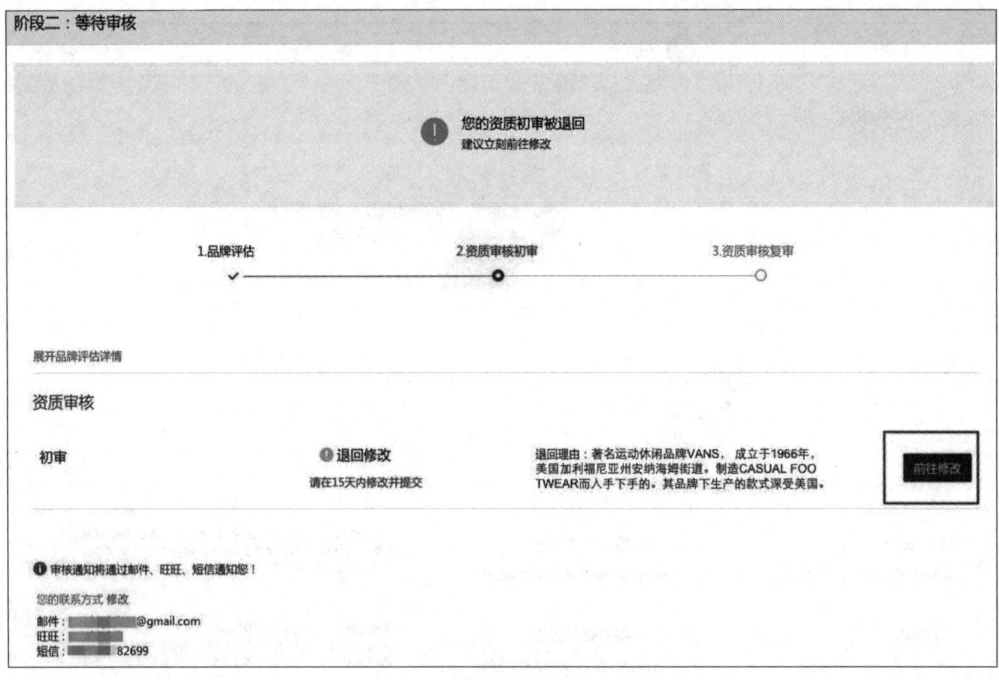

图 3-43　资质初审修改

图 3-44　资质审核进度

（3）资质审核复审。初审和复审均审核通过后，证明入驻申请已通过审核，申请用户即可继续完善店铺信息、发布商品、操作店铺上线。

阶段三：完善店铺信息

全部审核通过后，卖家即可登录商家账号完善店铺信息。具体操作步骤如下。

Step1 激活并登录商家账号。设置商家基本信息，包括账号密码、联系人手机号码、企业邮箱以及企业支付宝账号。填写完成后单击【激活账号】按钮，激活商家账号，如图 3-45 所示。

图 3-45 激活商家账号

注意：
- 此处填写的支付宝账号为商家店铺后期收款、资费结算账号，请谨慎选择。
- 请勿将该支付宝账号与任何淘宝账号绑定。
- 请勿将支付宝邮箱设置为任何淘宝账号的登录邮箱，并确保该支付宝账号的企业认证信息与商家在天猫入驻时提交的企业信息一致。

Step2 完成开店前相关任务。登录商家账号，单击每个任务下方的【前去完成】按钮，并前往相关页面进行操作,操作完成后单击【刷新状态】按钮查看进度,如图 3-46 所示。每一项任务完成后,操作页面会显示"已完成"状态。

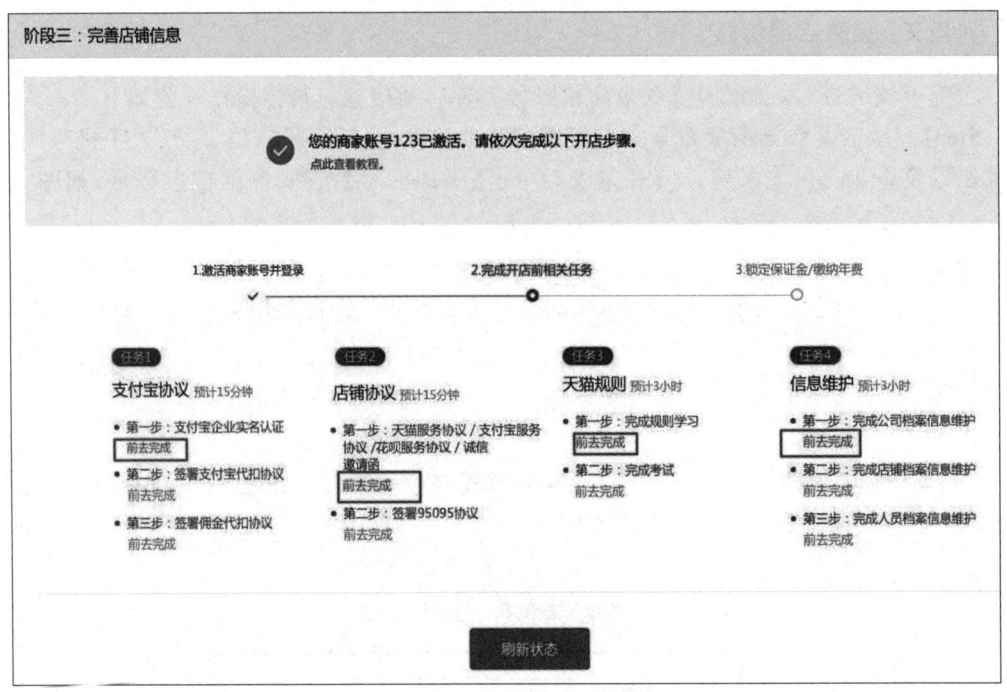

图 3-46　店铺任务

Step3　锁定保证金/缴纳年费。开店相关任务完成后,需要缴纳一定金额的保证金,单击【马上锁定/缴纳】按钮锁定保证金/缴纳年费,如图 3-47 所示。

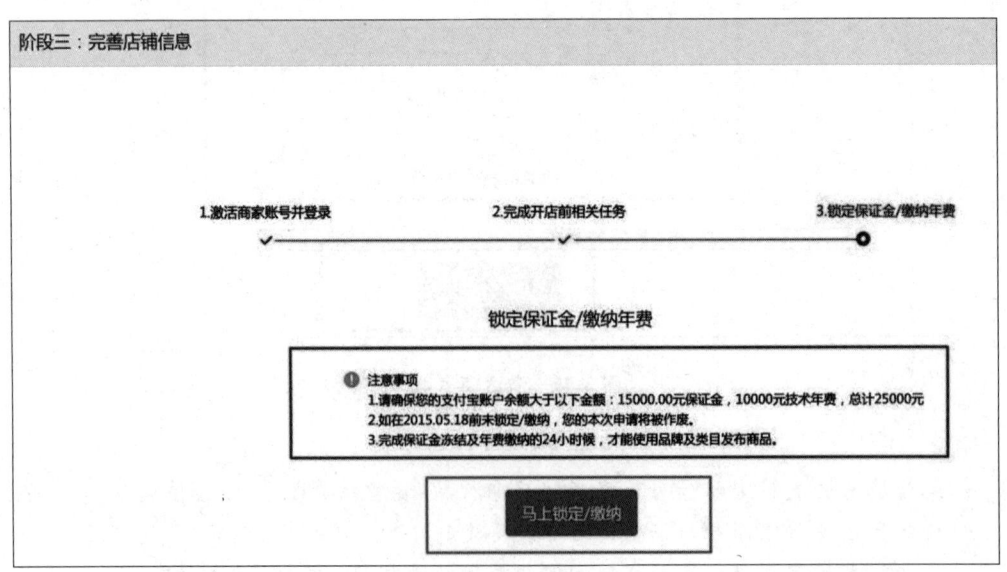

图 3-47　锁定保证金/缴纳年费

注意：

- 缴纳保证金时，请确保商家支付宝账户内余额充足。
- 店铺开通后，商家需要在 15 天内完成锁定/缴纳保证金操作，如未能按时完成，此次申请将失效。
- 完成锁定保证金/缴纳年费操作 24 小时后，店铺才能发布商品。

阶段四：店铺上线

完成锁定保证金/缴纳年费操作 24 小时后，即可发布商品和装修店铺。经营不同类目的天猫店铺刚上线时需要发布规定数量的商品，完成后可以单击【立即店铺上线】按钮，如图 3-48 所示。

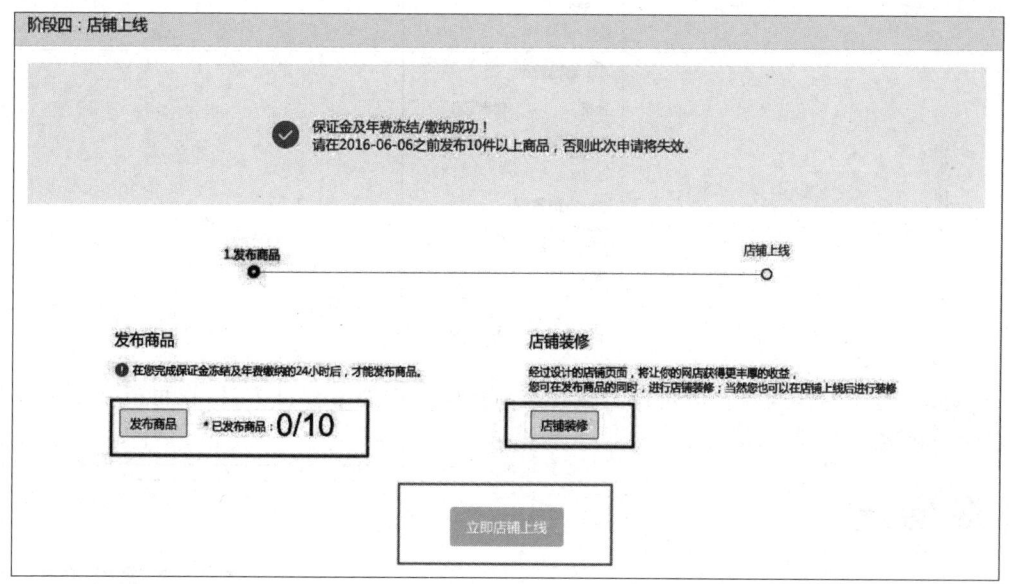

图 3-48　店铺上线

3.2　宝贝发布

思政阅读

宝贝发布是指将商品信息上传至网上商店。网店开通后，就可以发布宝贝了。发布宝贝时需要按照相应的操作流程，因为宝贝一旦发布上架，就不能随意修改商品信息，否则容易遭致系统惩罚。本节主要针对宝贝发布的相关内容进行介绍。

3.2.1　宝贝发布流程

在网上商店发布商品的流程基本是类似的，发布商品之前需要熟悉商品信息，整理好商品素材。下面以淘宝店铺发布一款半身裙宝贝为例，详细讲解宝贝发布操作流程，具体步骤如下：

Step1　打开淘宝网，登录卖家中心。在卖家中心页面，单击左侧导航栏中【宝贝管理】下方的【发布宝贝】选项，如图 3-49 所示。

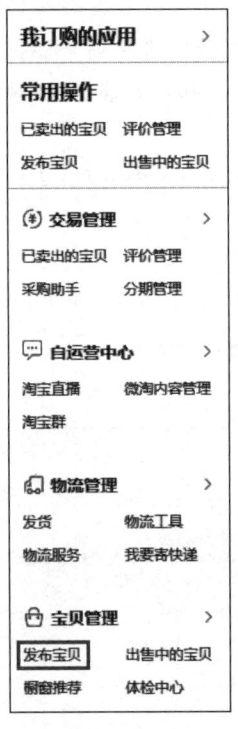

图 3-49　宝贝管理

Step2　选择商品类目。既可以直接在类目搜索框中搜索宝贝类目，也可以在下方类目列表中查找宝贝类目，如图 3-50 所示。

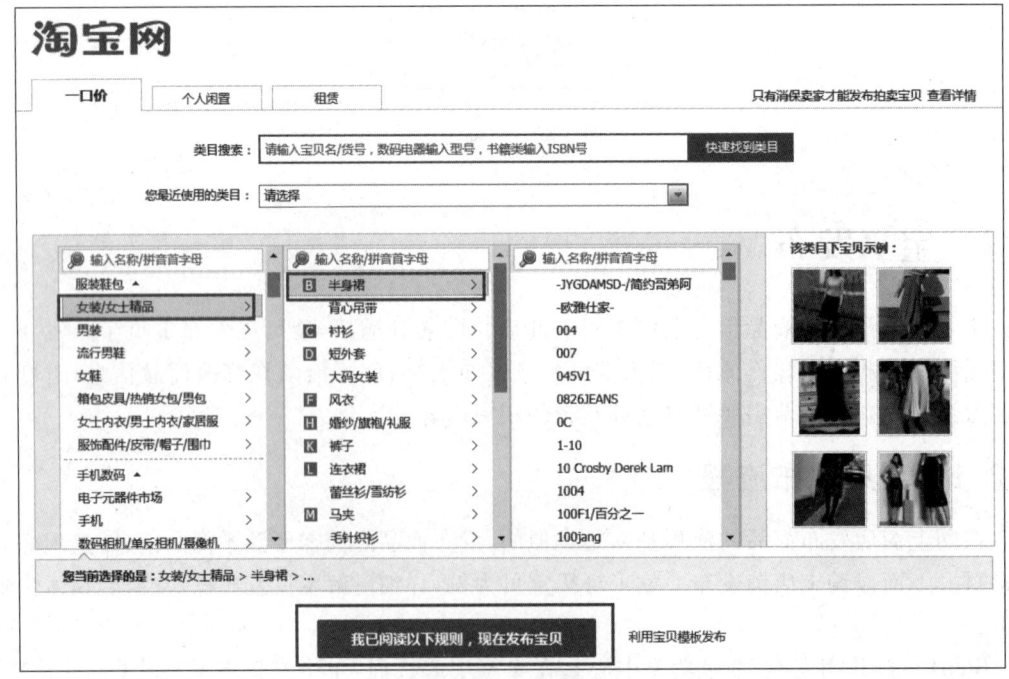

图 3-50　选择商品类目

Step3 选择好宝贝类目后,进入一口价宝贝发布页面。根据页面提示要求填写宝贝相关信息,包括宝贝标题、宝贝卖点、宝贝属性等,如图 3-51 所示。

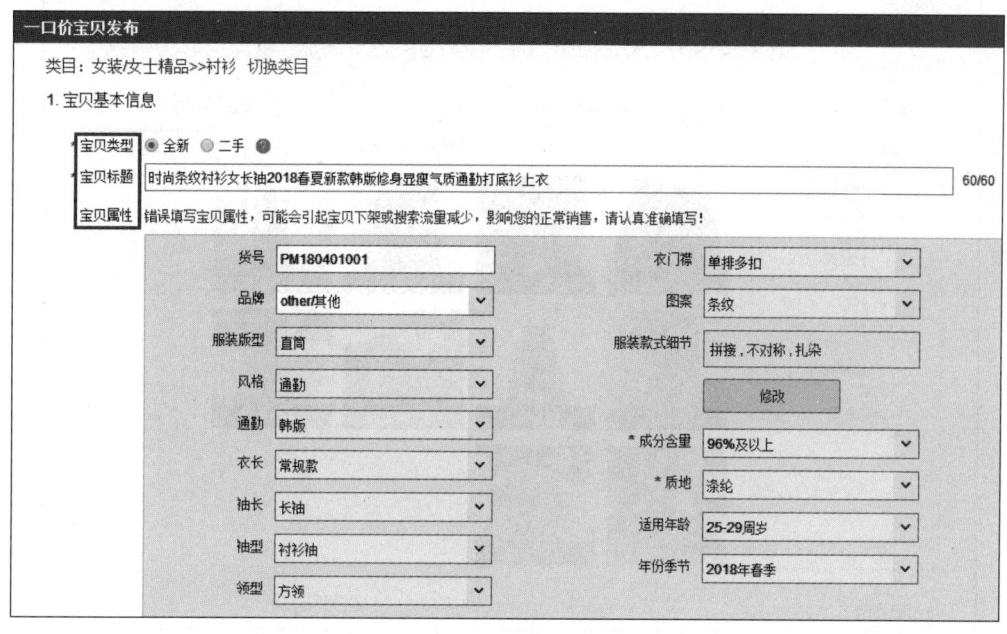

图 3-51 填写商品信息

注意：填写宝贝基本信息时,"＊"后的内容为必填项。编写宝贝标题时不要少于 30 个汉字,同时要仔细斟酌宝贝标题中关键字的选择。淘宝收录的品牌名称已经有成千上万种,一般的大众品牌都能找到。如果要发布的是自创品牌,就需要填写品牌信息,进行品牌申请。

Step4 上传商品主图,单击【宝贝主图】图片框,如图 3-52 所示。打开"图片空间"对话框,单击【上传图片】按钮,如图 3-53 所示。

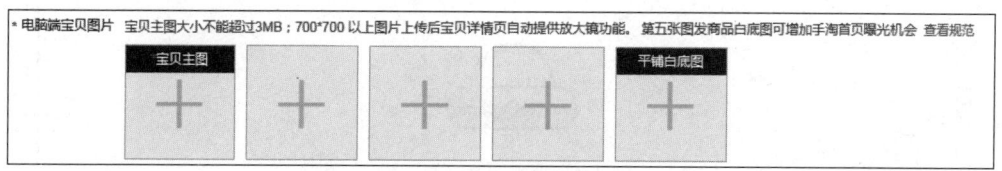

图 3-52 上传商品图片

注意：对于上传的 5 张宝贝主图,建议图片尺寸为 700px×700px 以上,这样在买家查看主图时系统会提供放大镜功能。第 5 张图片须为白底图,这有助于增加宝贝曝光率。

Step5 进入上传图片页面,选择图片上传位置,单击【上传】按钮,上传宝贝图片,如图 3-54 所示。

Step6 在【宝贝规格】的【颜色分类】一栏中选中文本框前的复选框,将鼠标光标定位到文本框中,在打开的下拉菜单中选择商品颜色,如图 3-55 所示。颜色选择完成后单击文本框后的【上传图片】按钮。在打开的【图片空间】文本框中设置当前颜色的商品图片,然后依次设置商品的其他颜色并上传图片,如图 3-56 所示。

图 3-53 进入图片管理

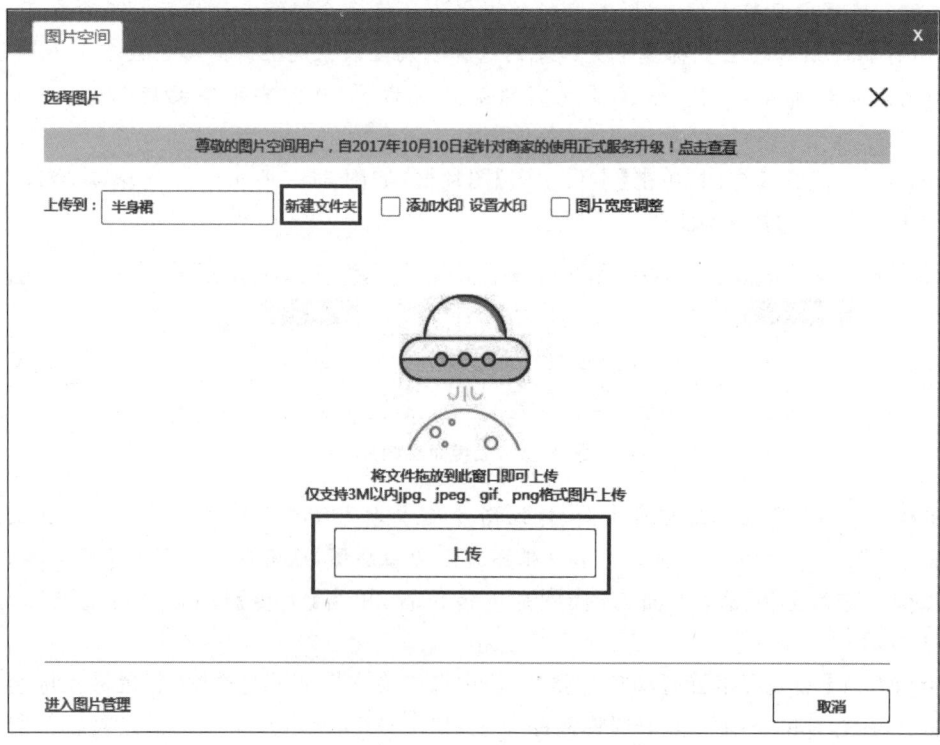

图 3-54 上传本地图片

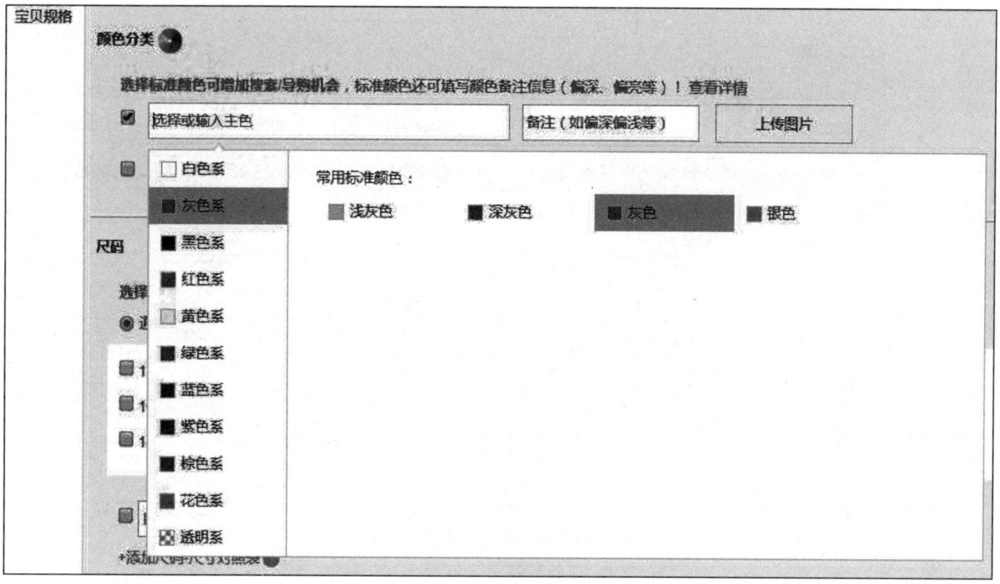

图 3-55 设置商品颜色

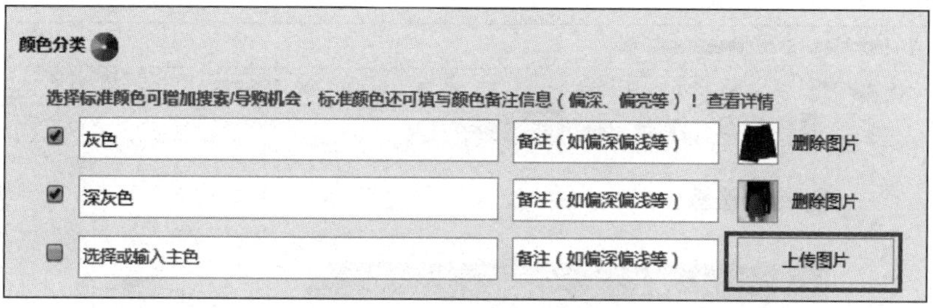

图 3-56 上传不同颜色商品图片

Step7 在【尺码】栏中设置商品的尺码,如图 3-57 所示。

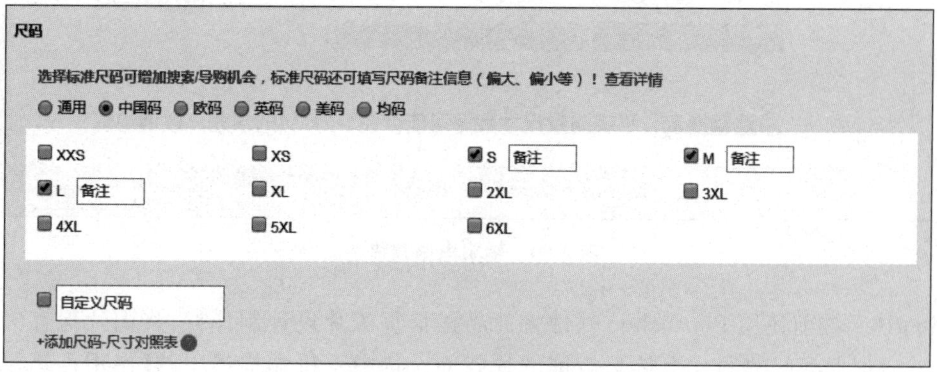

图 3-57 设置商品尺码

Step8 在【宝贝销售规格】一栏中,输入商品价格和库存数量,如图 3-58 所示。如果不同规格的商品价格和数量是一样的,可在【批量填充】文本框中输入统一价格和数量。

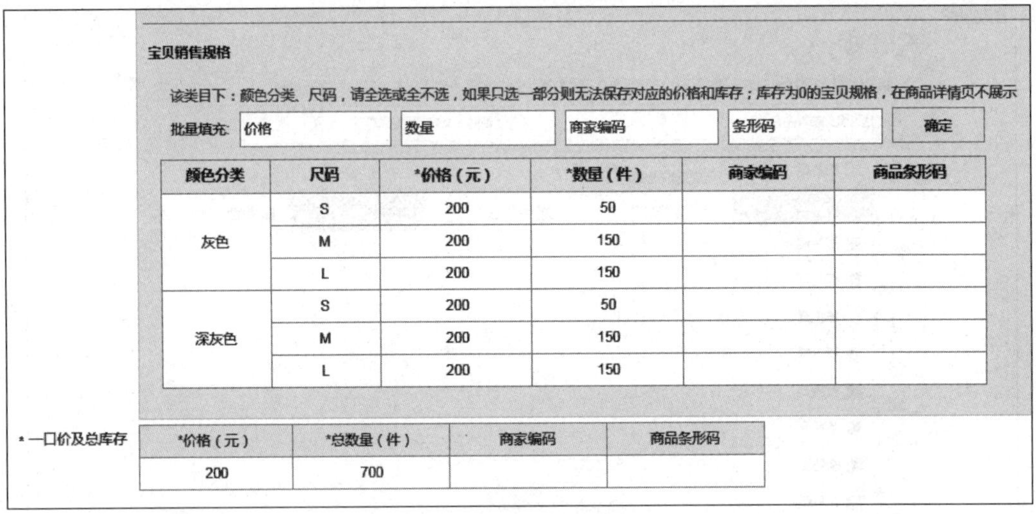

图 3-58 设置宝贝销售规格

Step9 设置商品详情页。单击■将美工人员提前设计好的商品详情页图片上传，如图 3-59 所示。

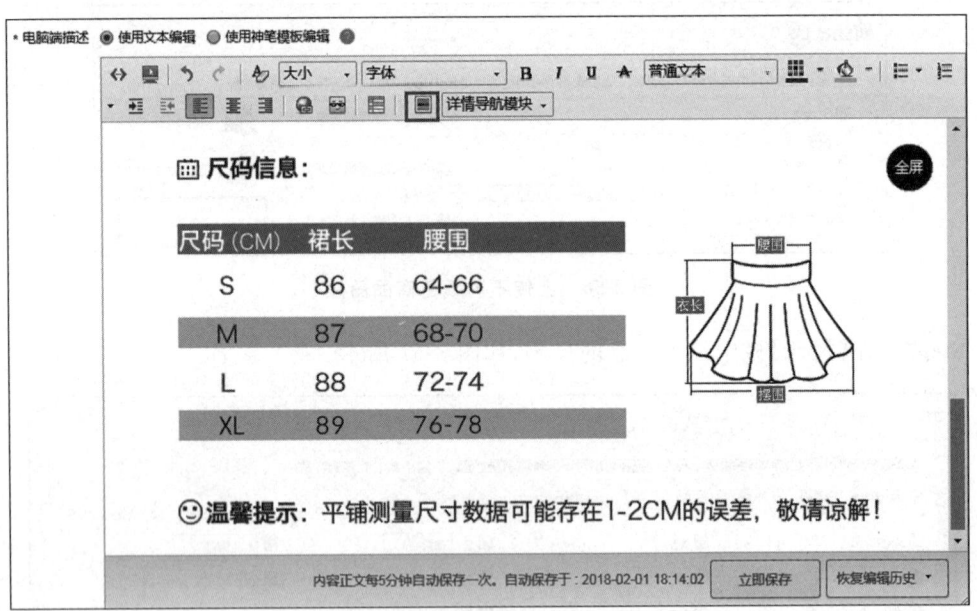

图 3-59 编辑电脑端描述

Step10 提前使用 Photoshop 软件将商品详情页图片设计制作好，将图片保存为 JPG 格式，然后把保存好的图片上传至店铺图片空间。选中手机端描述中的【使用神笔模板编辑】选项，进入神笔页面，如图 3-60 所示。

Step11 单击图 3-60 中的【修改】按钮，进入模板编辑页面。单击左侧工具栏中的【图片添加】按钮，按顺序将详情页图片按顺序添加进去，然后单击【保存】和【完成编辑】按钮，如图 3-61 所示。

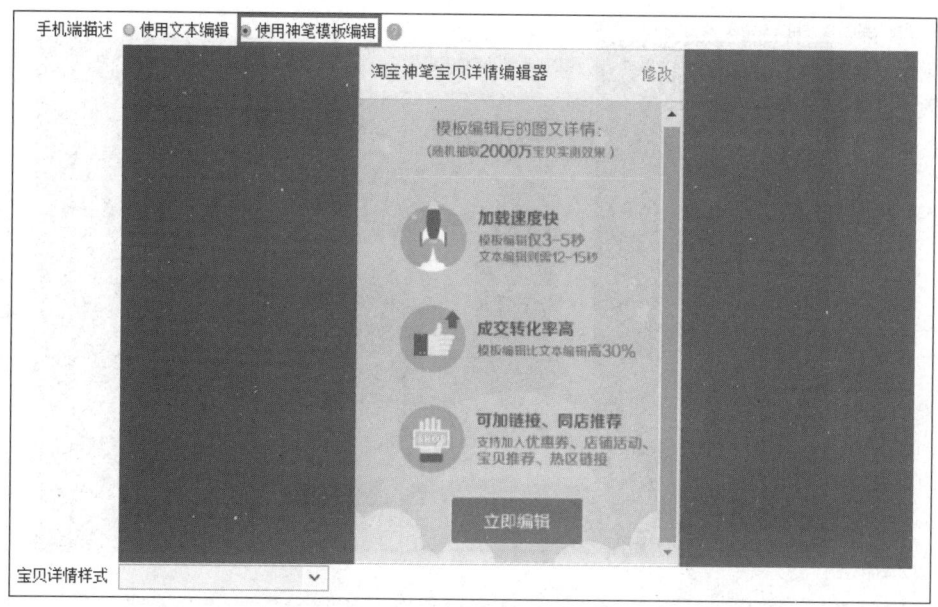

图 3-60　使用神笔模板编辑

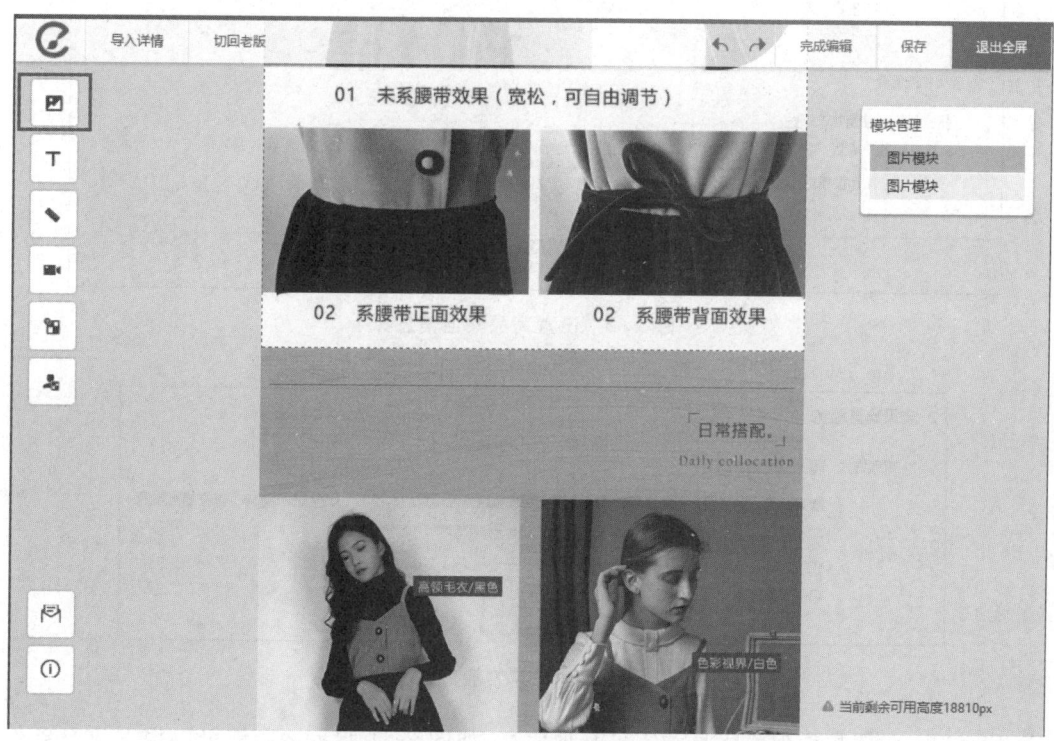

图 3-61　添加图片

Step12　单击【完成编辑】按钮后回到宝贝发布页面设置店铺中分类,如图 3-62 所示。

Step13　设置宝贝物流服务,包括提取方式和运费模板,如图 3-63 所示。如果没有运费模板,则需要单击【新建运费模板】按钮,新建运费模板。

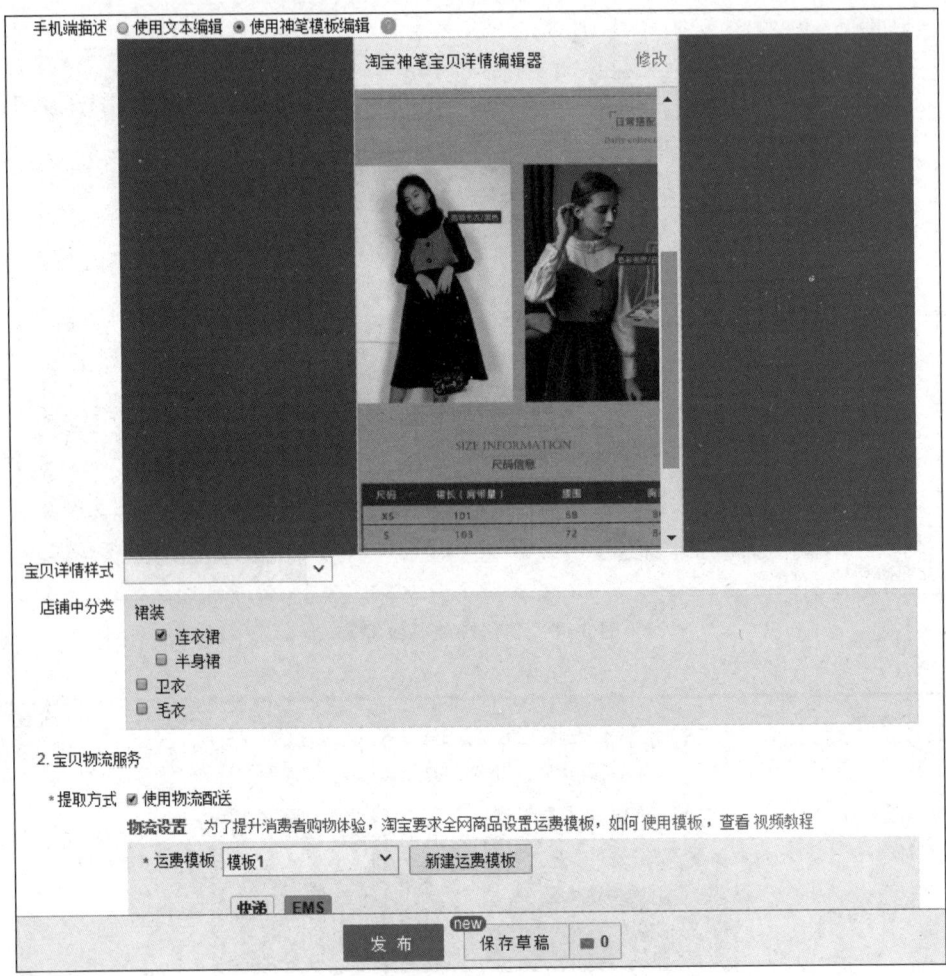

图 3-62 设置商品其他信息

图 3-63 设置物流方式

Step14 设置售后保障信息和宝贝其他信息,如图 3-64 所示。店铺可以根据自身条件选择售后保障服务。设置库存计数时建议选择【买家拍下减库存】单选按钮,以方便日后修改商品库存量,另外选中橱窗推荐有助于增大商品曝光率。编辑完成后单击【发布】按钮,即完成新品上架。发布后的 PC 端商品展示如图 3-65 所示。

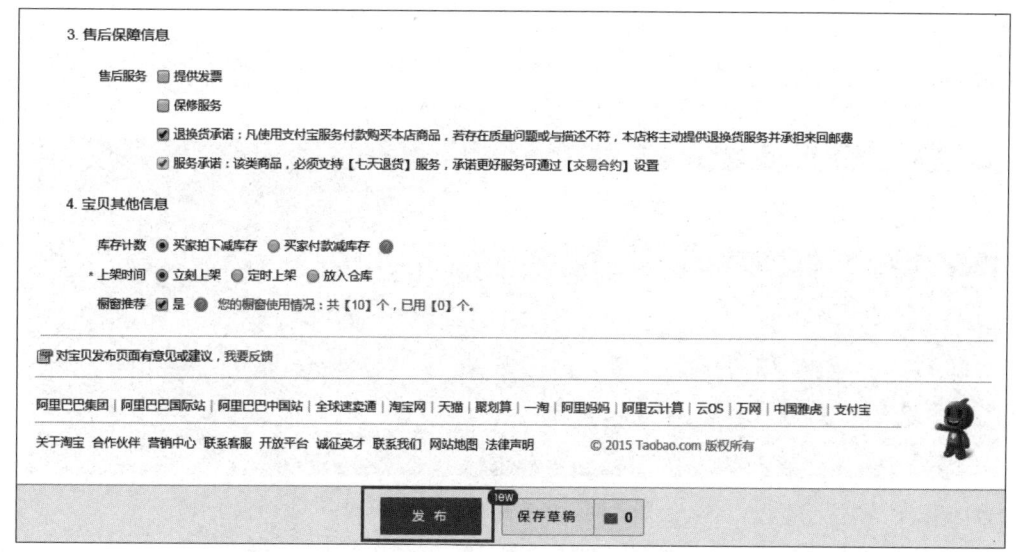

图 3-64　设置其他信息

图 3-65　发布后的商品

3.2.2　淘宝助理批量发布宝贝

淘宝助理是一款免费的客户端工具软件,通过它可以快速完成很多商品的管理操作,如快速创建商品、上传商品、批量编辑商品、编辑交易、下载订单、管理订单等。下面介绍如何使用淘宝助理进行创建并上传商品、批量编辑商品等操作。

1. 创建并上传商品

使用淘宝助理前需要先下载并安装该软件,可以直接进入淘宝助理官网(http://zhuli.

taobao.com/)下载,如图 3-66 所示。

图 3-66 淘宝助理官网首页

下载完成后登录淘宝账户即可开始创建和上传商品,通过淘宝助理创建商品的操作步骤具体如下:

Step1 登录淘宝助理,单击图 3-67 中的【宝贝管理】选项卡,在打开的界面中单击【创建宝贝】按钮。

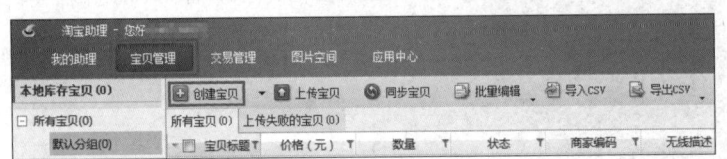

图 3-67 创建宝贝

Step2 打开"创建宝贝"对话框,在【基本信息】选项卡下单击【类目】右侧的【选类目】按钮,进入"选择类目"对话框。选择上传商品的类目,然后单击【确定】按钮,如图 3-68 所示。

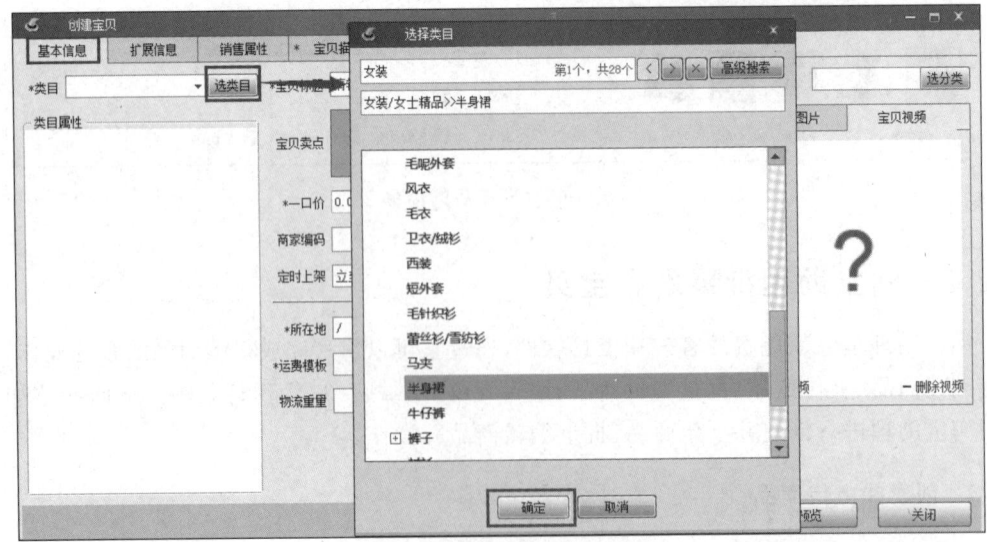

图 3-68 设置商品类目

Step3 在【类目属性】栏中设置商品货号、品牌、廓形、风格等属性信息,然后在页面右侧的【宝贝标题】【宝贝卖点】【一口价】【数量】等文本框中输入相关信息,并设置所在地和运费模板,如图 3-69 所示。

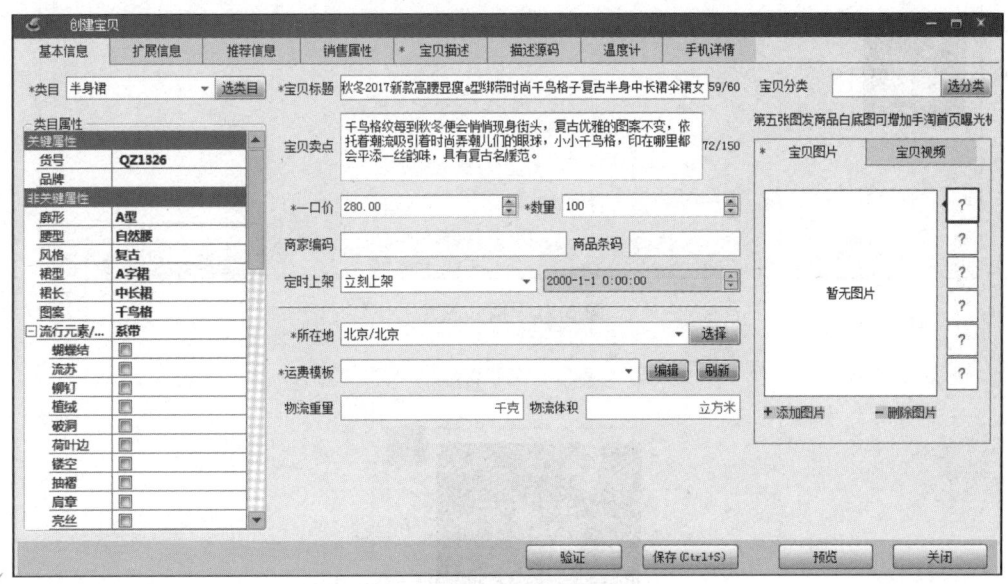

图 3-69 设置商品属性

注意:设置商品的类目属性、标题、主题和详情页时,应尽可能全面、准确和真实,不可以随意设置。对于虚假不实的商品信息,淘宝网会对店铺进行惩罚,这样会影响店铺的正常运营。

Step4 单击图 3-69 所示对话框右侧的【宝贝图片】选项卡,运营人员可以单击【添加图片】按钮,打开"选择要上传的图片"对话框。选择要上传的商品图片,单击【插入】按钮,确认上传商品主图,如图 3-70~图 3-72 所示。

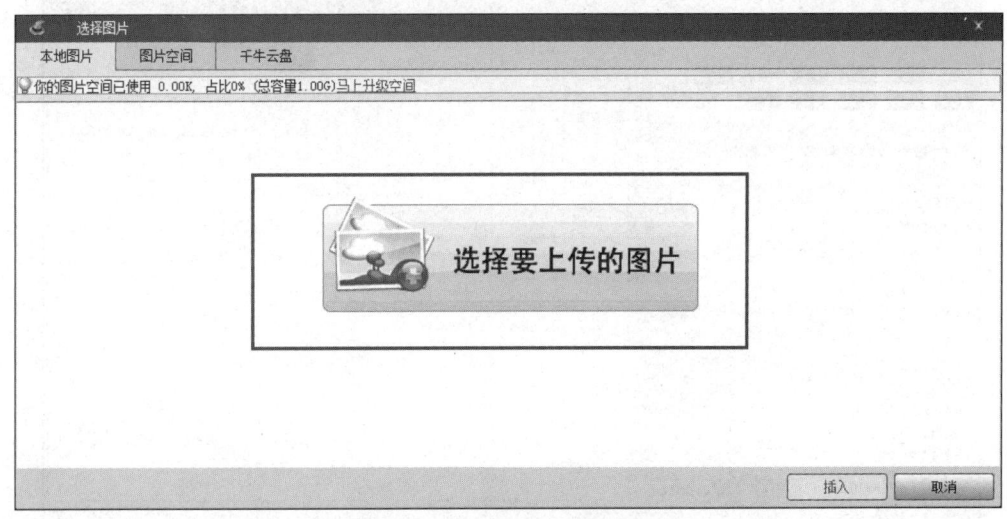

图 3-70 选择要上传的图片

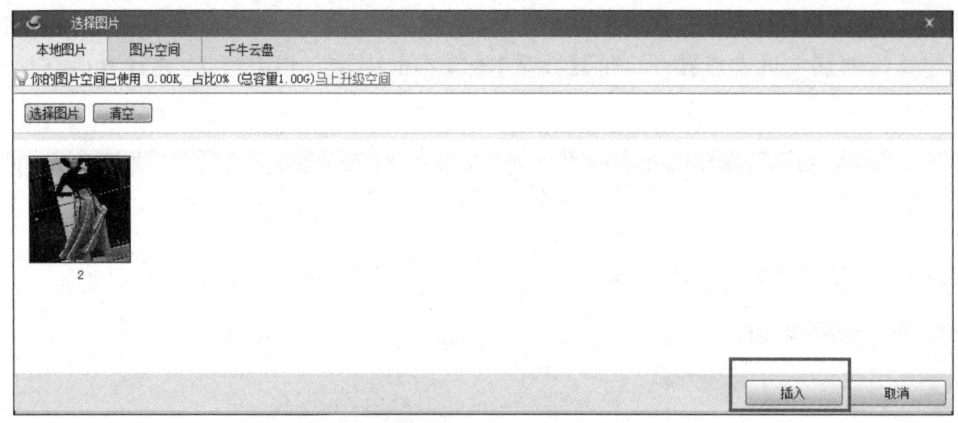

图 3-71 插入图片

图 3-72 图片添加成功

Step5 在"创建宝贝"对话框中单击【销售属性】选项卡,在左侧列表框中设置商品的颜色和尺码,在右侧设置商品的价格和数量,如图 3-73 所示。

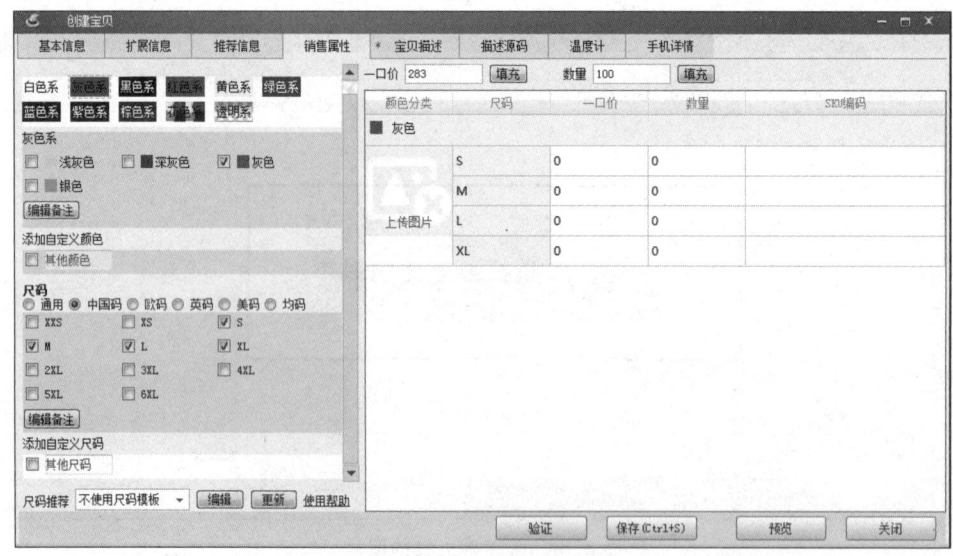

图 3-73 设置销售属性

Step6 在"创建宝贝"对话框中单击【宝贝描述】选项卡,或者直接在商品描述页面单击【插入本地图片】按钮 或 ,打开"选择图片"对话框,选择需要上传的宝贝描述图片,如图 3-74 所示。

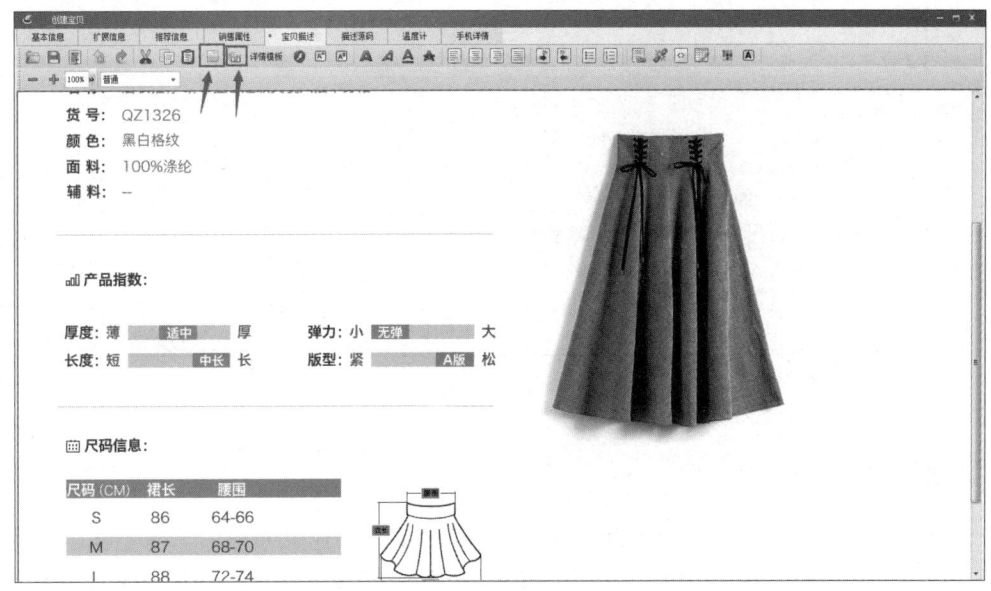

图 3-74 设置宝贝描述

Step7 设置完成后,返回"宝贝管理"页面,单击【保存并上传】按钮,完成宝贝的创建和发布,如图 3-75 所示。上传时,会打开一个提示对话框,单击【上传】按钮即可,如图 3-76 所示。

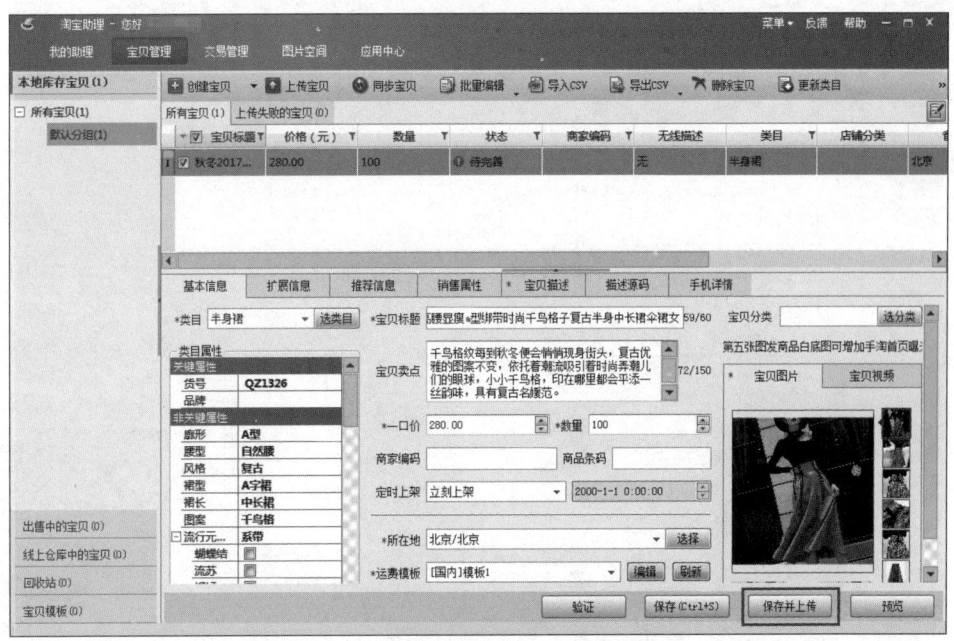

图 3-75 保存并上传宝贝

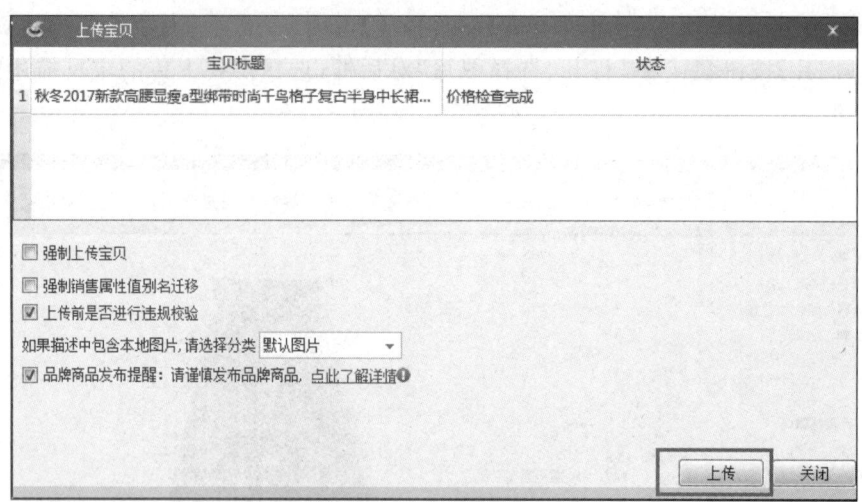

图 3-76　确定上传

2. 批量创建商品

淘宝助理提供了批量发布宝贝的功能,可以帮助卖家快速发布商品。对于同一类型的商品,可以创建和应用统一的模板,省去发布商品过程中的重复操作。使用淘宝助理批量发布商品的具体步骤如下所示。

Step1　在淘宝助理工作界面中单击【宝贝管理】选项卡,选择左侧列表框中的【宝贝模板】选项,然后单击右侧的【创建模板】按钮,如图 3-77 所示。

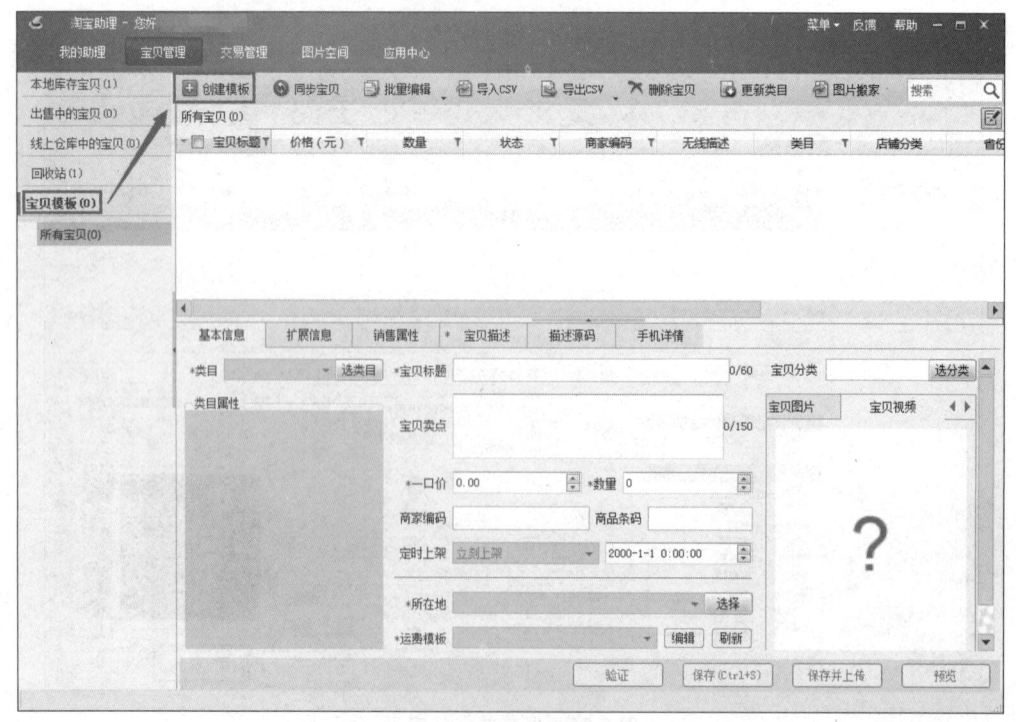

图 3-77　创建模板

Step2 打开"创建模板"对话框,在左侧列表框中设置商品类目和属性信息,在右侧列表框中设置宝贝标题、宝贝卖点、一口价、数量等,如图 3-78 所示。

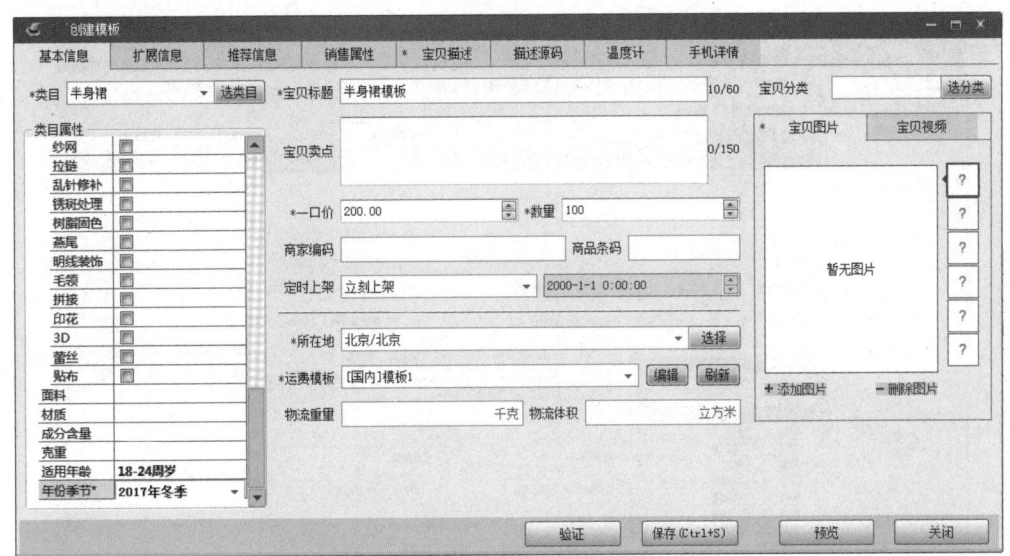

图 3-78 填写商品基本信息

Step3 单击图 3-78 中的【销售属性】选项卡,设置商品颜色和尺码信息。单击【宝贝描述】选项卡,编辑商品描述,设置完成后单击【保存(Ctrl+S)】按钮,如图 3-79 所示。

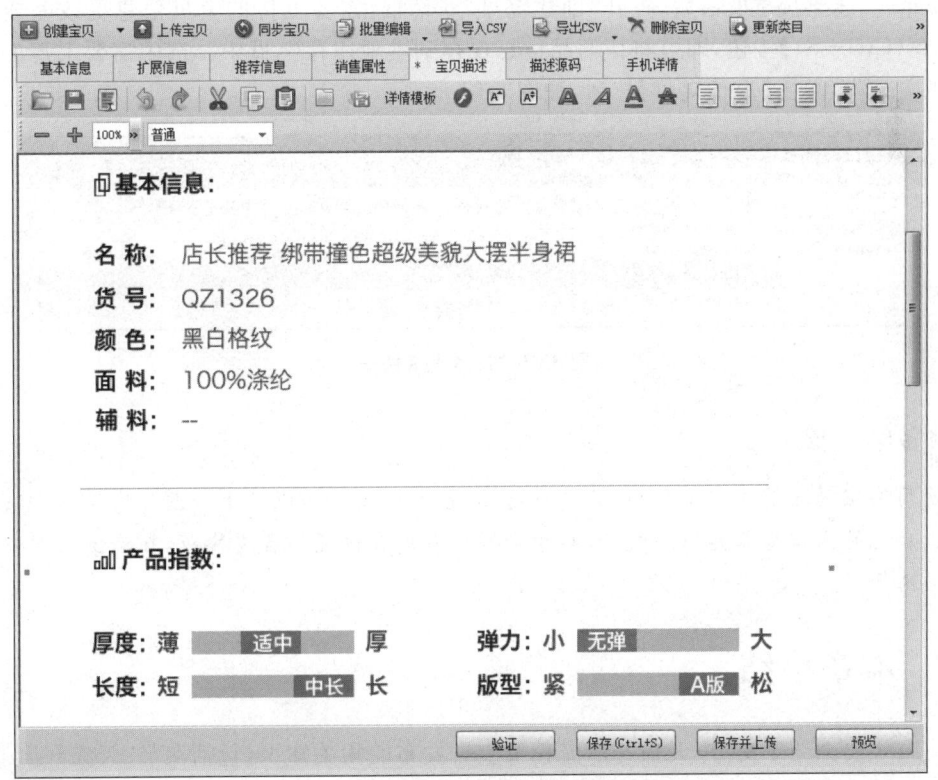

图 3-79 编辑商品描述

Step4 返回淘宝助理工作界面,选择【宝贝管理】下方的【本地库存宝贝】选项,单击【创建宝贝】下拉按钮,在打开的下拉列表中选择新建的"半身裙模板",如图3-80所示。

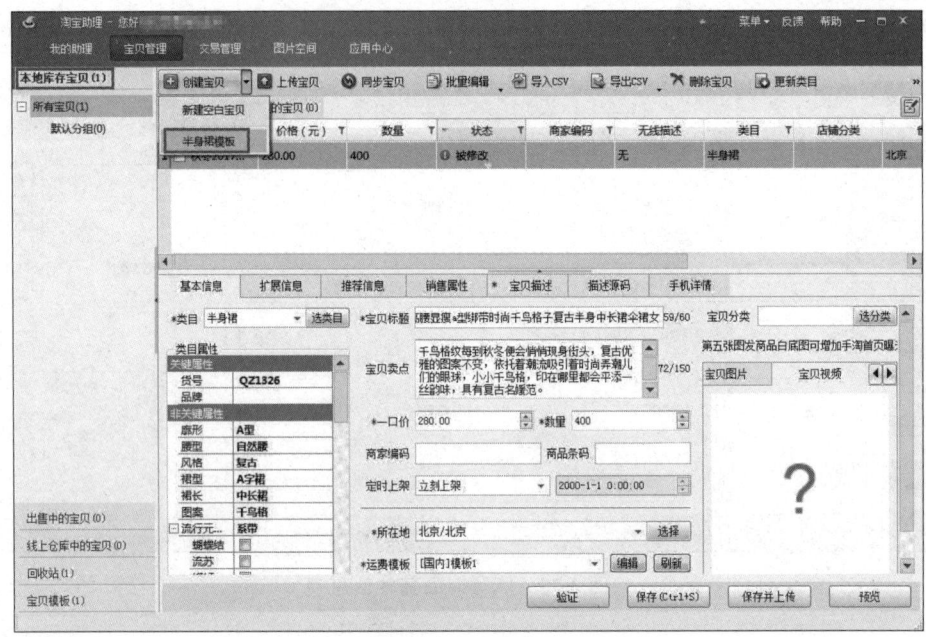

图 3-80 查看模板

Step5 选择新建模板后,打开"创建宝贝"对话框,需要上传的宝贝信息更改完成后单击【保存(Ctrl+S)】按钮,即可将该商品信息保存到本地库存宝贝中。选中需要上传的商品前面的复选框,单击【上传宝贝】按钮,如图3-81所示。

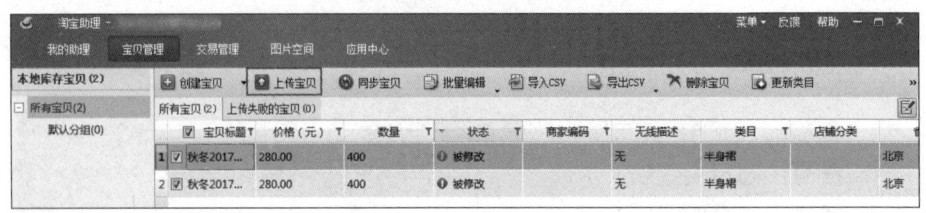

图 3-81 批量上传商品

📖 多学一招

使用淘宝助理创建宝贝时,商品类目选择、基本信息填写以及上传图片的操作方法同卖家中心后台的操作基本类似。此外,对于卖家中心后台设置的各类模板,在淘宝助理中也可以直接选择。

3.3 本章小结

本章主要介绍了淘宝/天猫开店流程及宝贝发布的相关知识,包括淘宝/天猫开店流程、宝贝发布两方面知识。

通过本章内容的学习,读者应当熟悉淘宝/天猫开店流程及注意事项,掌握商品发布流程,学会使用淘宝助理批量发布宝贝。

3.4 课后练习

一、判断题

1. 淘宝会员名在注册后仍然可以修改,卖家在设置会员名称时可以选择与店铺定位相关且通俗易懂的名称,方便记忆。( )
2. 开通个人淘宝店铺并不需要开通支付宝认证。( )
3. 开通天猫店铺时需要进行资质审核。( )
4. 天猫店铺开通后,商家需要在 10 天内完成锁定/缴纳保证金操作。( )
5. 发布宝贝过程中编写宝贝标题时不要少于 30 个汉字。( )

二、选择题

1. 申请淘宝店铺之前需要提前做一些准备工作,主要是一些开店材料的准备,下列选项中哪些属于需要准备的材料?( )
   A. 身份证　　　B. 手机　　　C. 银行卡　　　D. 营业执照
2. 入驻天猫店铺时有一些注意事项,下列选项中描述错误的是( )。
   A. 选择店铺类型/品牌/类目时,如申请的是专营店,则需要至少提交两个品牌
   B. 如果商家品牌不在招商品牌池内,需要先评估品牌实力,然后审核资质
   C. 天猫店铺品牌资质提交后,如果后期有更改需求,仍然可以更改
   D. 完成锁定保证金/缴纳年费操作 24 小时后,店铺才能发布商品
3. 下列选项中,对宝贝发布的相关描述正确的是( )。
   A. 发布宝贝时,如果发布的是自创品牌,需要填写品牌信息,进行品牌申请
   B. 如需要批量发布宝贝,可以通过淘宝助理进行批量发布
   C. 设置商品的类目属性、标题、主题和详情页时,应尽可能全面,可以随意设置
   D. 发布宝贝时可先简单设置相关信息,后期进行修改
4. 支付宝的注册方法有哪些?( )
   A. 手机号码注册　　　　　　B. QQ 号码注册
   C. 邮箱注册　　　　　　　　D. 微信号码注册
5. 对于女装/女士精品类目,以下商品发布在正确的二三类目下的是( )。
   A. 带帽套头卫衣发布在开衫下　　　B. 披肩发布在短外套下
   C. 休闲女士中裤发布在七分裤下　　D. 抹胸型礼服发布在一字肩下

知识体系梳理图

实践案例

第 4 章 店铺装修

思政阅读

【学习目标】

知识目标	• 了解店铺装修工具——旺铺 • 熟悉 PC 端装修基础设置 • 熟悉无线端装修基础设置
技能目标	• 掌握 PC 端店铺装修的流程及操作方式 • 掌握无线端店铺装修的流程及操作方式

【引导案例】

大学生创业帮人"装修"网店，一年赚 20 万

现如今开网店、做电商似乎已成为当下年轻人创业的潮流，而当许多人掘金电商时，湖北文理学院理工学院的大三学生戴鹏程却另辟蹊径，帮别人"装修"网店，年收入 20 万。

1. 大一进军 O2O，一年赔了 6 万

身为理工男的戴鹏程和班里其他同学有些不同，别人埋头研究工程图纸，而他却走出校门做起了生意。早在大一时，戴鹏程看到许多同学喜欢吃零食，就专门从新疆贩卖大枣等干果，在校园里销售，半年就赚了 3 万，掘到了人生的第一桶金。

在做生意的过程中，戴鹏程发现 O2O 很火，即将线下商务的机会与互联网结合在一起。于是他拿出自己的全部积蓄，又从父母那里借了几万元钱，创办了一家分类信息网站。然而，预期中广告接踵而来的情形并没有出现，原想大赚一笔，谁知苦心经营一年后，最终以赔了 6 万元而尴尬收场。戴鹏程说，因为要搭建网站、交房租、发工资，所以眼看着钱只出不进，当时非常痛苦焦虑。这次经历也让他终生难忘。

2. 开网店做装修，年收入 20 万元

惨痛的创业失败经历并没有打垮戴鹏程，反而让他越挫越勇，并更加潜心研究新商机。在校园里，他发现很多开淘宝店的学生因为不懂店铺装修，导致店铺不美观，营业额也一直不高。"要是为网店、微店提供装修，那不就能实现双赢。"戴鹏程眼睛一亮，他感觉自己找到了新商机。

刚开始做店铺装修生意时，由于戴鹏程的网店装修效果并不理想，许多卖家们都不愿花这份装修钱。戴鹏程就带着合伙人分头游说，提出先试用装修效果，盈利后按销售额抽一定比例佣金作为劳务费用的合作模式，这使他很快在圈子里站稳了脚跟。戴鹏程逐步拓展业务，从帮商家建立淘宝店铺，再到装修推广店铺，慢慢地找戴鹏程装修网店的客户越来越多。

戴鹏程说，目前他为20多家网店、微店提供装修服务，每家店铺每季度收取八九千元。"我们现在除了负责店铺装修、设计主图外，还帮助商家推广店铺，类似于代运营商家。"他笑着说，"这种模式很能吸引人，年收入20万元没有问题"。

3. 众筹干果项目，两天卖两万元

装修网店业务稳定下来后，戴鹏程又把眼光瞄准了众筹营销，众筹营销就是让消费者可以提出自己的需求，实现有针对性的生产。这改变了过去按照批次生产的方式，而由订单来驱动生产。

戴鹏程发起的"干果众筹项目"计划一周时间实现销售额1.5万，结果仅用两天就实现两万元的销售额。"说得通俗点就是，我们不存在缺货的情况，只要有顾客需要，就一定能有货。"戴鹏程说，众筹营销有点类似于团购，但是和团购相比，该营销模式能够让卖家和买家的利益最大化，所以对于未来，他充满信心。

【案例思考】

店铺装修是网店的"门面"，在店铺装修上落后于其他店铺，很难吸引更多的顾客浏览店铺，也就会影响销量，所以店铺装修也是运营店铺中的重要一环。那么该如何装修店铺呢？本章将从店铺装修前期准备、PC端店铺装修和无线端店铺装修三个方面对淘宝店铺装修的相关知识进行讲解。

4.1 店铺装修前期准备

为了打造出具有自身特色的淘宝店铺，在装修店铺前，一定要提前做好准备，例如需要根据店铺商品确定店铺装修风格、收集与店铺风格相关的素材和提交设计需求等。下面详细介绍各方面的主要内容。

1. 确定装修风格

与传统实体店一样，店铺装修能够直接表现店铺的风格。除此之外，网店的风格还与网店消费群体、主营商品、网店商品发布的季节、商品价位、网店促销活动等相关。目标消费群体对网店风格认同感越强，则越容易把他们吸引过来，成为店铺的顾客。

以某时尚女装店铺为例，首先，其主要消费群体是20～35岁的年轻女性，该店铺装修就要符合年轻女性的审美习惯，色彩搭配要鲜活亮丽。其次，店铺商品定位中高端，所以商品图片一定要精美、有档次。最后，商品详情页描述信息不但要详细全面，语言风格也要活泼大胆。图4-1所示为一家女装店铺首页的部分截图，从图中可以看出这家店铺从商品到模特到店铺装修都是统一的欧美风，更容易吸引那些喜欢欧美风的时尚女性。

图 4-1 中国风女装店铺

同样是购买商品,不同的装修风格会给顾客不同的心理暗示。例如某顾客准备购买几件日常穿着的休闲服饰,却进入了一家装修高档的店铺,顾客会有一种"进错门"的不适,或者产生商品价格昂贵的错觉。网上店铺在确定自己的装修风格时一定要贴近自己的消费群体,了解他们的喜好和顾虑,经过综合分析后形成自己店铺的装修风格。

2. 收集素材

收集素材也是店铺装修的一项重要工作,可以为装修流程节省很多时间。明确了店铺的类型和装修风格之后,运营人员可以从各种素材网寻找适合自己店铺的素材。装修店铺时,店铺招牌、店铺背景、轮播图片、分类导航等各个模块都需要装修素材。因此,提前收集一些店铺装修使用的素材,以方便后续的装修。常用的素材网站包括千图网、素材中国、昵图网、花瓣网等。

3. 提交设计需求

提交设计需求即运营人员将店铺的定位、装修风格、广告文案等内容提交给设计人员，然后由店铺设计人员根据整体的策划内容以及策划需求设计店铺装修使用的素材图片。例如设计人员设计店招时需要根据店铺的定位进行设计，而设计 banner 图时则需要考虑店铺的风格，这样才能使整个店铺保持统一风格。

4.2 认识店铺装修工具——旺铺

淘宝旺铺是淘宝官方推出的一项增值服务，它既可以使店铺界面更加个性化，也可以帮助卖家更好地经营店铺。为了满足不同卖家店铺装修的需求，淘宝旺铺为卖家提供了 3 种版本，分别为基础版、专业版及智能版。不同版本具有不同的功能和特点，具体介绍如下。

1. 基础版

新店刚创建时，店铺装修后台的默认模板为基础版，可以免费使用，当然店铺装修的效果也比较简单。进入"卖家中心"，如图 4-2 所示。

图 4-2 卖家中心

单击【店铺管理】左侧导航栏中的【店铺装修】选项,即可进入淘宝装修后台。在淘宝装修后台页面,选中【PC端】并单击【首页】后方的【装修页面】按钮,如图4-3所示。

图4-3 旺铺后台

进入装修后台便可以在左侧工具栏上看到【基础版】这个标识,如图4-4所示。

图4-4 店铺装修工具栏

工具栏右侧即为基础版装修界面,基础版装修布局多为两栏结构,如图4-5所示,也就是190px和750px两栏布局。在190px和750px之间有一条分割线,把整个画面一分为二。因为基础版无法设置背景色,所以两边一般都是白色。

2. 专业版

卖家使用旺铺专业版需要付费,但是对于新店来说只要店铺信誉没有超过一个钻,就可

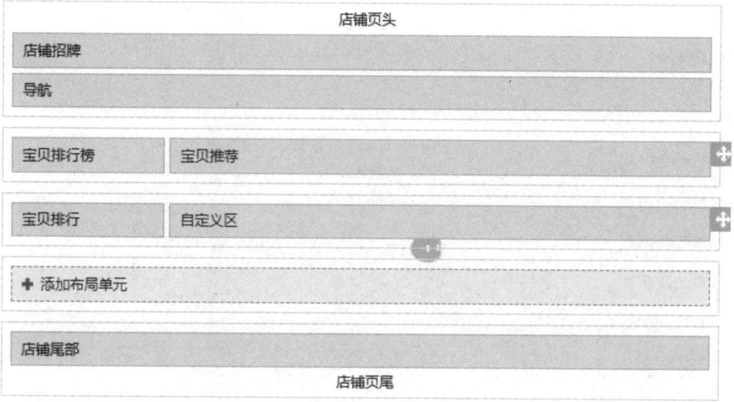

图 4-5　旺铺基础版布局

以免费使用专业版；店铺信誉在一钻以上的店铺，需要每个月支付 50 元的费用。新店如果要升级为专业版，只需要进入店铺装修后台，并将鼠标放置在【基础版】标识上，单击【免费升级专业版】按钮，如图 4-6 所示。

图 4-6　免费升级专业版

旺铺专业版模板结构多为 950px 通栏布局，拥有图片轮播和背景图，能够实现全屏效果，如图 4-7 所示。旺铺专业版还可以更换自己的店招图片以及 950px 的广告轮播图。

3．智能版

旺铺智能版于 2016 年 6 月上线，它是在专业版旺铺基础上升级而来的，提供了更多丰富的无线装修功能和营销玩法，为店铺提供更优质的用户体验，拉近买卖关系。同专业版一样，一钻以下的店铺可以免费使用智能版，一钻以上店铺需要每个月支付 99 元，专业版的商家补齐差价后可升级为智能版。新店若要升级为智能版，只需要进入店铺装修后台，单击店铺装修页面左上角的【升级到智能版】按钮即可，如图 4-8 所示。

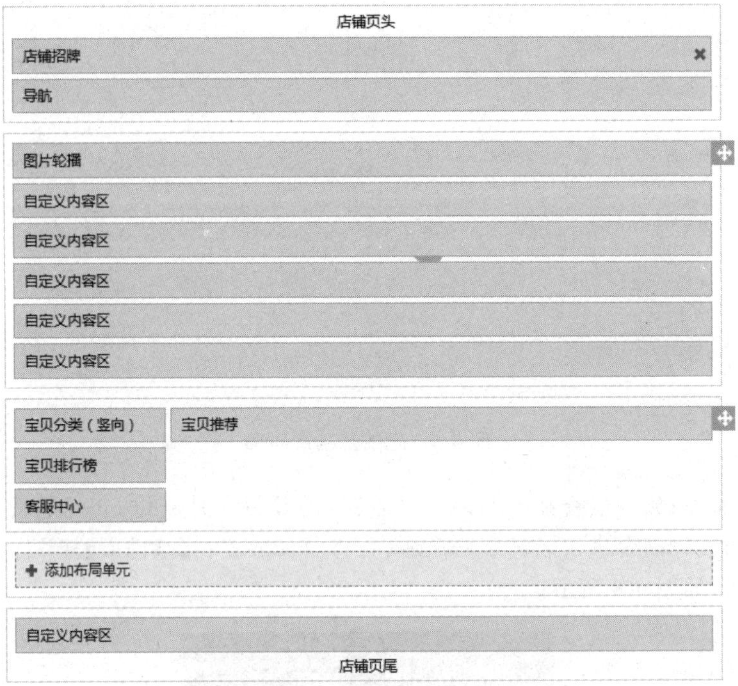

图 4-7　旺铺专业版布局

图 4-8　升级到智能版

4.3　PC 端店铺装修

淘宝网分为 PC 端和无线端，同样一个店铺对应两个展示端口，即 PC 端店铺和无线端店铺。因此，店铺装修既包括 PC 端店铺装修也包括无线端店铺装修，本节我们主要介绍

PC端店铺装修的相关知识。

PC端店铺装修主要对店铺首页的不同模块进行装修,主要包括店招、导航区、图片轮播模块、页尾设计等几个方面,图4-9所示为旺铺专业版店铺首页布局图。

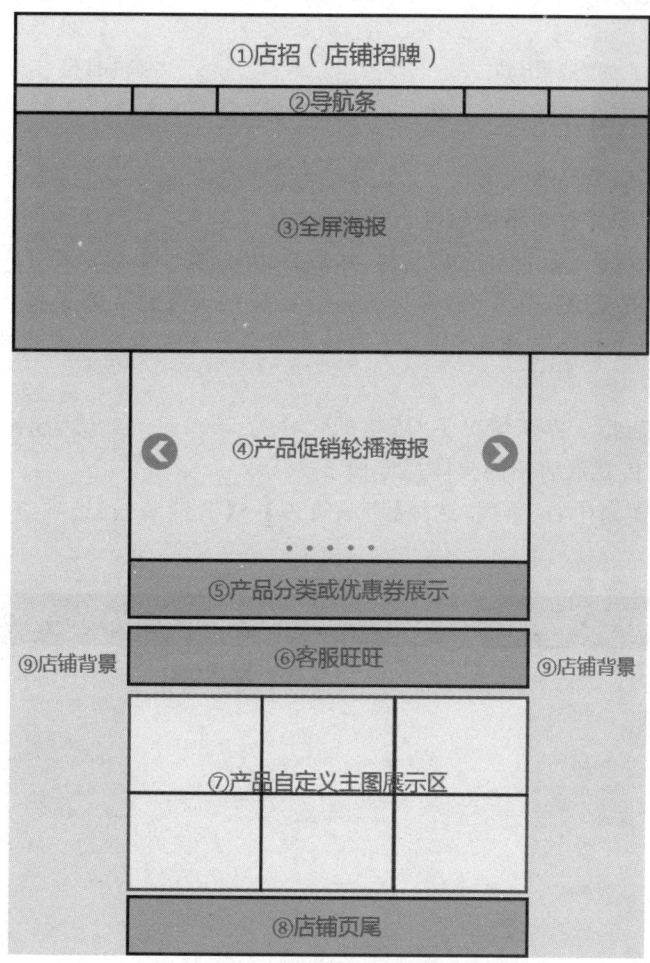

图4-9 店铺首页布局图

4.3.1 店招模块装修

店招就是店铺的招牌,它位于店铺中最醒目的位置,由此可见其重要性。许多新手卖家很少重视店招的作用,导致错失了一个引导买家关注店铺的重要渠道。下面就从店招的定义、设计尺寸以及装修等三方面详细介绍店招装修的相关内容。

网店店招是放在店铺首页最上面的标志,主要由店铺名称、店铺口号以及店铺logo组成。如图4-10所示为好利来旗舰店的店招,从图中可以看到店铺logo、店铺收藏按钮以及商品推荐。店招代表的是整个店铺的形象和风格,所以店铺装修时首先装修店招。

装修店招并不是随心所欲的,需要遵循一定的规则,主要有以下几点。

- 淘宝支持的店招图片格式为GIF、JPG、PNG。
- 店招图片的默认尺寸为950px×120px,大于该尺寸的部分将被裁减掉。自定义尺

图 4-10 淘宝店铺店招

寸可以制作成全屏通栏的尺寸,即 1920px×150px。
- 淘宝店招的图片大小不能超过 100KB。

通常先由店铺美工人员设计完成店招,然后再由运营人员上传来完成店招装修。上传店招是店铺装修中的基础操作部分,常见的店招装修方式有默认方式和自定义方式。不同的店招装修方式,其上传方式也不相同,下面针对默认方式和自定义方式的上传店招进行详细讲解。

(1)上传默认店招。默认情况下,店招的尺寸为 950px×120px,超出该尺寸的店招部分将无法显示。上传默认店招的具体操作如下。

Step1　进入"卖家中心"页面,选择【店铺管理】→【店铺装修】选项进入旺铺装修后台,如图 4-11 所示。

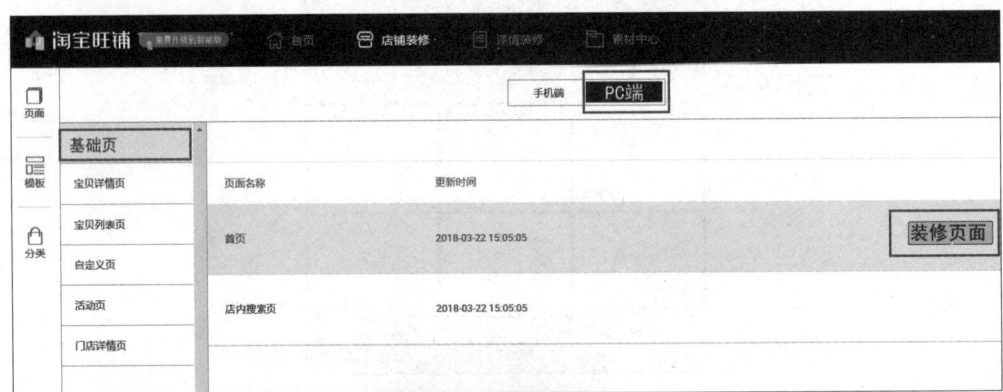

图 4-11 店铺装修后台

Step2　在图 4-11 所示的店铺装修后台中,单击【PC 端】→【基础页】选项卡。然后将鼠标放置在【首页】后方,单击【装修页面】按钮进入店铺首页装修页面,如图 4-12 所示。

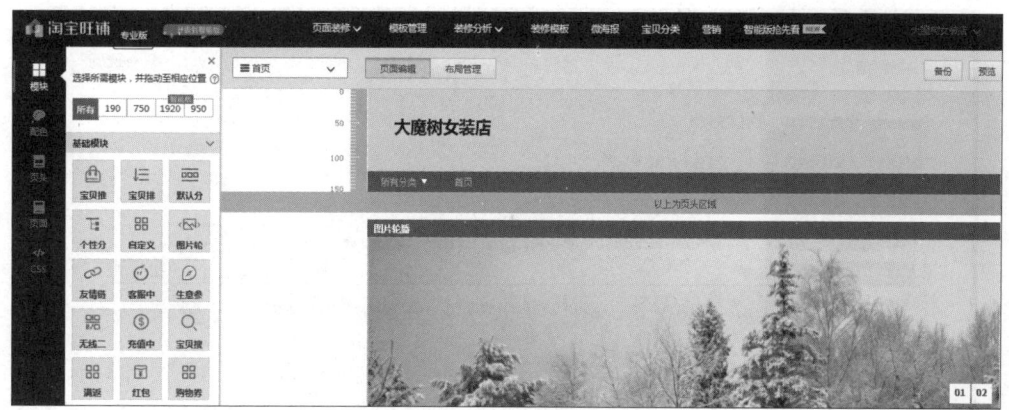

图 4-12　页面编辑

Step3　单击店招右侧的【编辑】按钮,如图 4-13 所示。在打开的"店铺招牌"对话框中,单击【背景图】一栏中的【选择文件】按钮上传店招图片,如图 4-14 所示。

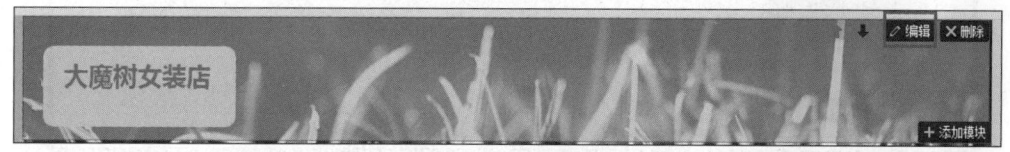

图 4-13　编辑店招

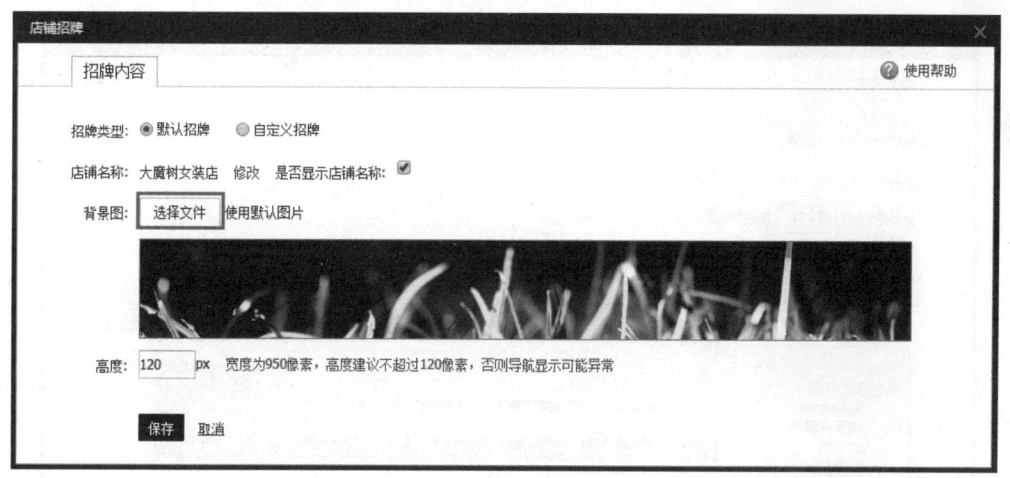

图 4-14　选择图片

Step4　单击【上传新图片】选项卡,在打开的页面中单击【添加图片】按钮,将店招图片上传至图片空间,如图 4-15 所示。

Step5　从淘盘中选择刚刚上传的店招图片,如图 4-16 所示。

Step6　单击图 4-16 下方的【保存】按钮,返回"店铺招牌"对话框。查看插入的店招图片,撤销选中【是否显示店铺名称】一栏后的复选框,单击【保存】按钮,如图 4-17 所示。

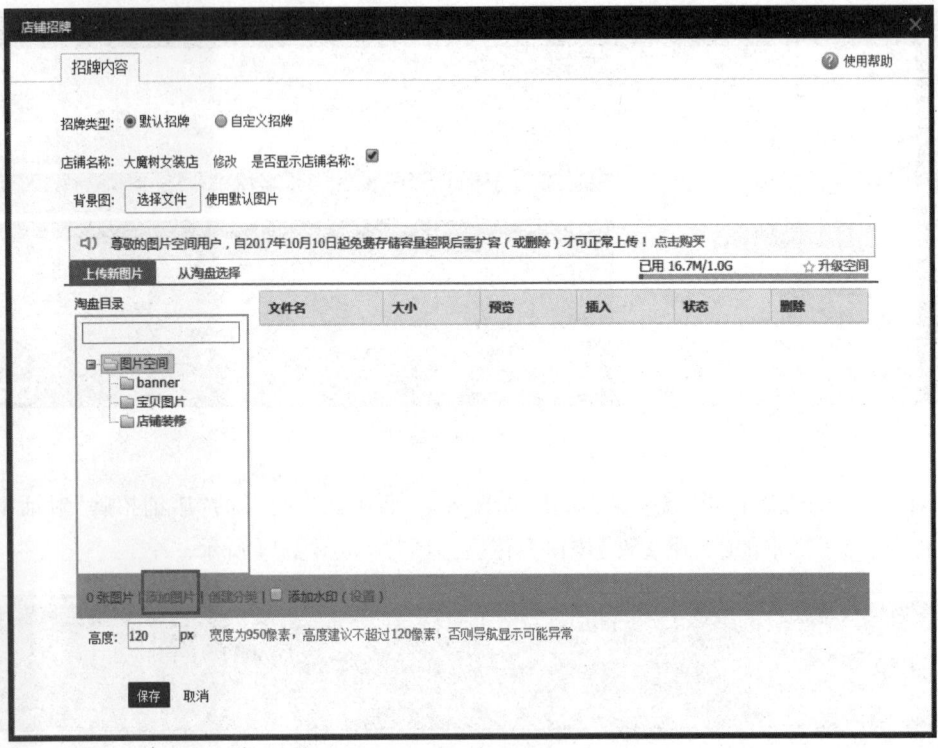

图 4-15 上传新图片

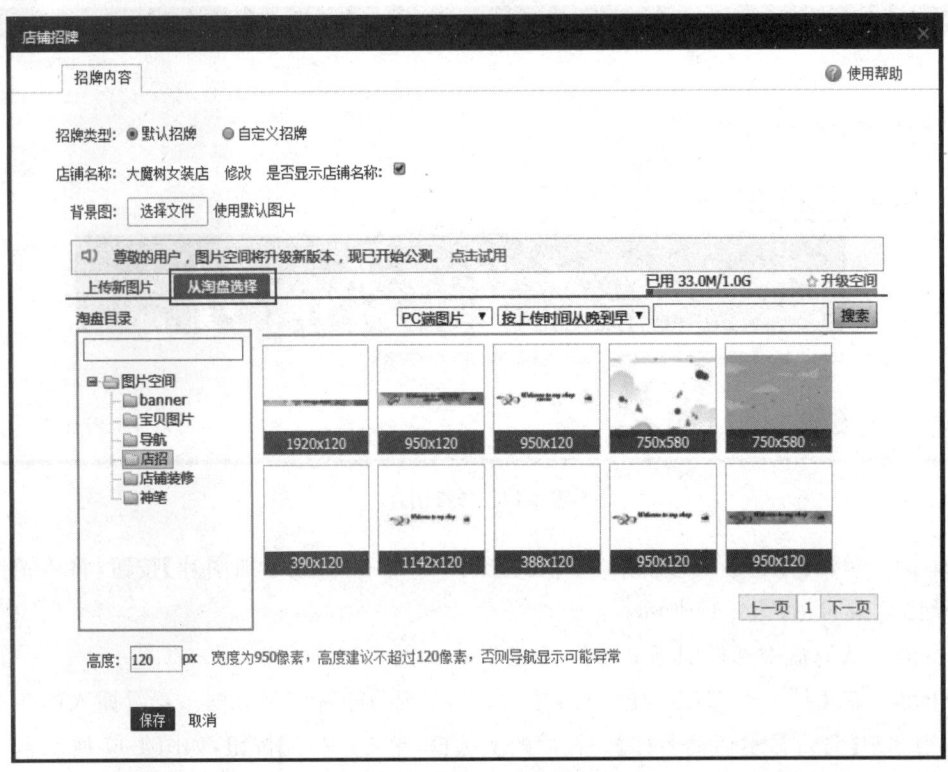

图 4-16 在淘盘中选择图片

图 4-17 设置招牌内容

因为店招默认的图片宽度为 950px,无法实现全屏覆盖店铺页面的效果,所以运营人员上传默认店招后,为了使店招和背景相融合,还需要对背景颜色进行设置。

Step7 保存上传的店招后,返回到店铺装修首页。单击该页面左侧导航栏中的【页头】选项卡,根据店铺装修需求对【页头背景色】【页头背景图】等进行设置,如图 4-18 所示。

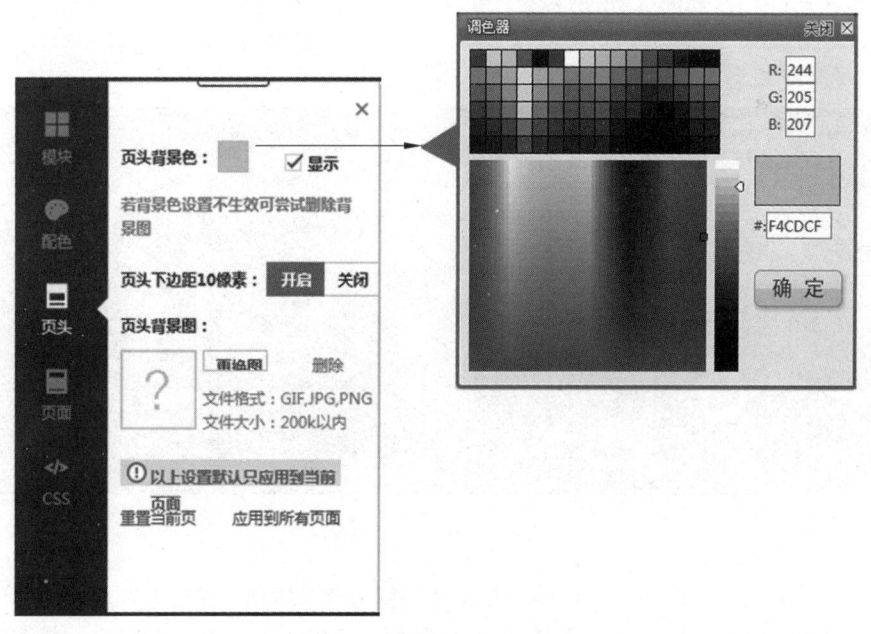

图 4-18 设置页头背景颜色

完成上述操作之后,即装修完成默认店招,图 4-19 所示为 PC 端店铺店招部分的装修效果。

(2) 上传自定义通栏店招。一般来说,自定义店招的尺寸为 1920px×120px 或 1920px×150xp。当店招的高设置为 150px 时,店招图片将覆盖店铺原有的导航区域,并且需要设置

图 4-19　设置完成的默认店招

自定义导航条。上传自定义通栏店招的步骤如下：

Step1　首先将店招图片上传至图片空间并复制图片超链接，如图 4-20 所示。

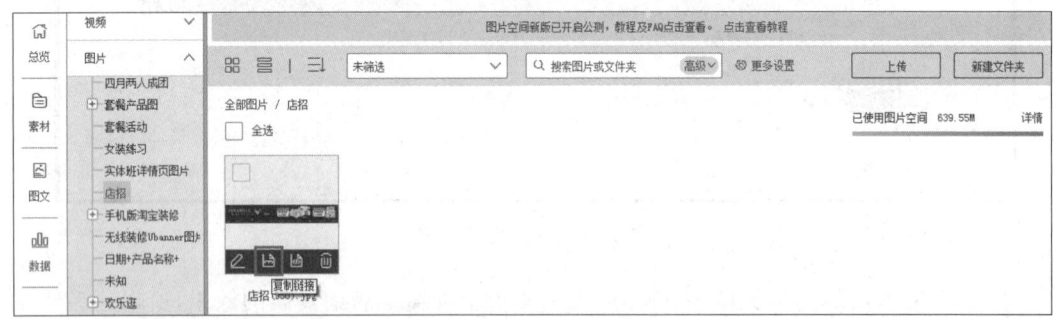

图 4-20　图片空间

Step2　使用浏览器搜索并打开"寻访百店网"，注册账号并登录。单击网站首页导航区的【图片热区】选项卡，如图 4-21 所示。

图 4-21　打开图片热区

Step3　进入"图片热区"页面，单击【新建热区方案】按钮，如图 4-22 所示。在打开的"新建热区方案"页面中设置基本信息，包括填写图片名称、粘贴图片空间店招链接，设置图片宽度和高度为 950px 和 120px，设置完成后单击【确定】按钮，如图 4-23 所示。

Step4　此时，全屏店招中间部分的图片将显示在新建热区方案中。选定要创建热区的区域，单击该热区，进入"编辑热区链接"对话框。然后在【链接地址】文本框中输入跳转链接地址，设置完成后单击【保存】按钮，如图 4-24 所示。

第 4 章 店铺装修 77

图 4-22 新建热区方案

图 4-23 填写热区方案信息

图 4-24 设置热区和跳转

Step5 单击【完成编辑并保存】按钮,如图 4-25 所示。回到"新建热区方案"页面,单击【获取代码】按钮,复制设置好的店招代码,如图 4-26 所示。

图 4-25 完成编辑并保存

图 4-26 获取代码

Step6 切换到图 4-13 所示的店铺装修页面,单击店招右侧的【编辑】按钮,打开"店铺招牌"对话框。单击【自定义招牌】下方的 按钮,并将复制的店招代码粘贴至文本框,然后在【高度】数值框中输入 120,单击【保存】按钮,如图 4-27 所示。

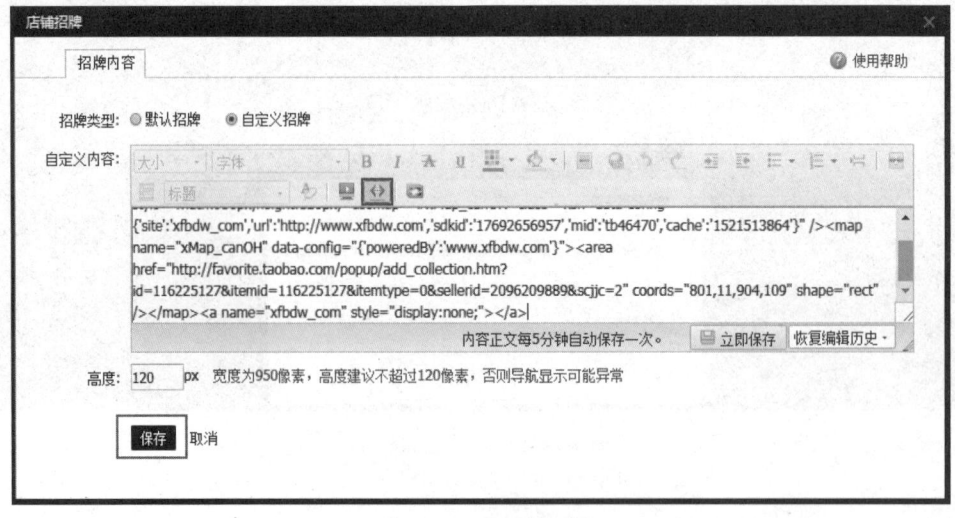

图 4-27 粘贴代码

Step7 单击图 4-27 中的【保存】按钮，进入店铺装修页面。选中页面左侧的【页头】选项卡，单击【页头背景图】下方的【更换图片】按钮更换店铺背景图片，将通栏店招上传至该区域，如图 4-28 所示。

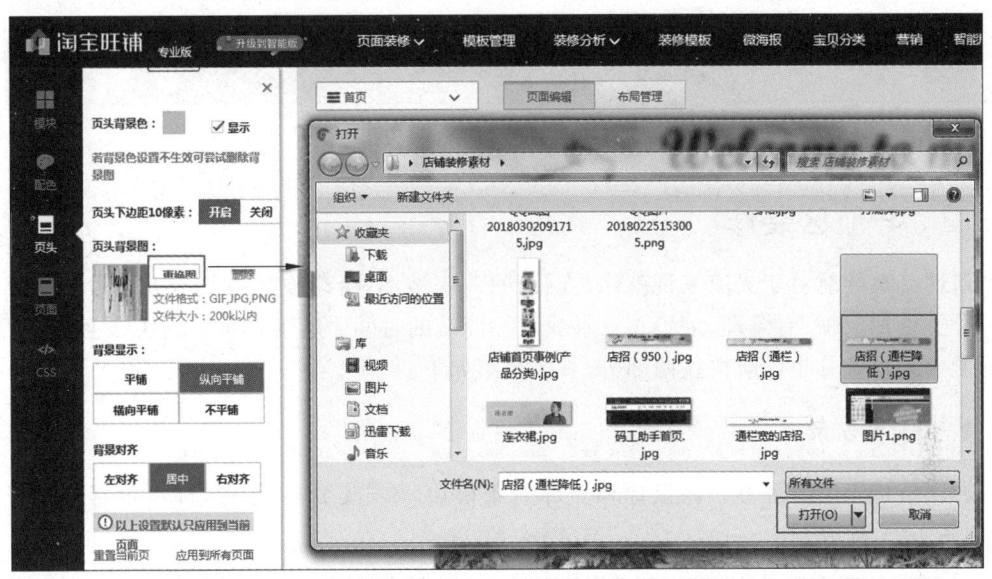

图 4-28 选择图片

Step8 图片上传成功后，分别将【页头】选项卡中"背景显示"和"背景对齐"设置为"不平铺"和"居中"，如图 4-29 所示。

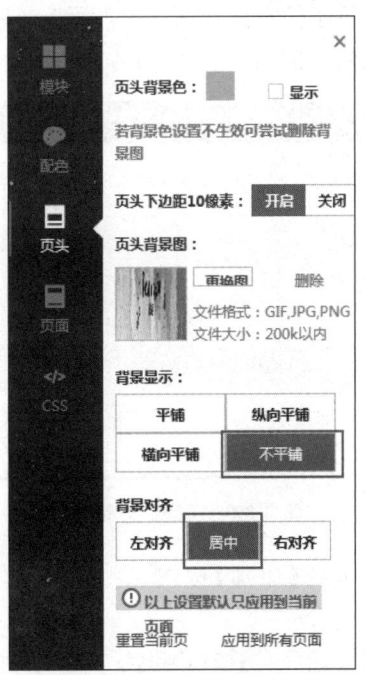

图 4-29 设置页头背景图

Step9 店招设置完成后,可以单击【预览】按钮,查看店招设置效果,如图 4-30 所示。当我们点击店招的【收藏】热区时,即可跳转到店铺收藏页面。

图 4-30 设置后的通栏店招

4.3.2 导航区装修

店铺首页导航对于买家来说就像是网店的一幅地图,合理设置首页导航可以使网店商品的分类更加清晰、有条理,缩短买家寻找目标商品的时间。店铺首页导航装修主要包括设置导航条和设置分类导航按钮两部分,具体介绍如下。

1. 设置导航条

导航条位于店招下方。将鼠标移至导航条模块,单击【编辑】按钮,即可设置店铺导航条,如图 4-31 所示。

图 4-31 编辑导航条

设置导航条时除了使用前面介绍的自定义通栏的方法外,淘宝官方也提供了一些导航模板供卖家直接使用。设置导航条的具体步骤如下所示。

Step1 单击图 4-31 中的【编辑】按钮,打开"导航"对话框,如图 4-32 所示。

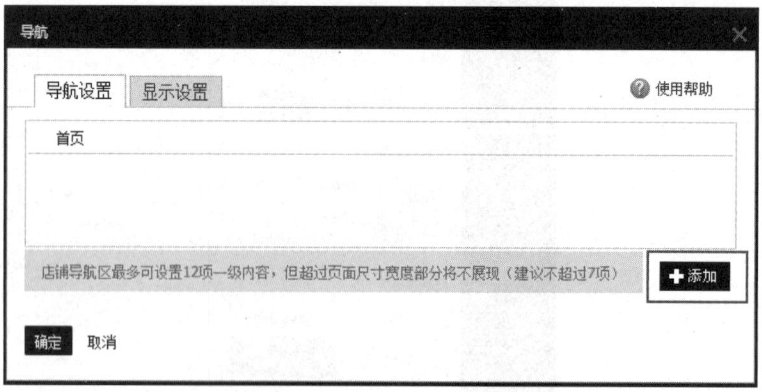

图 4-32 "导航"对话框

Step2 单击图 4-32 右下方的【添加】按钮,进入"添加导航内容"对话框,如图 4-33 所示。

Step3 单击图 4-33 中的【管理分类】按钮,进入"分类管理"页面,如图 4-34 所示。

Step4 单击图 4-34 中的【添加手工分类】按钮,将店铺中的产品进行分类设置,如图 4-35 所示,然后单击右上角的【保存更改】按钮。

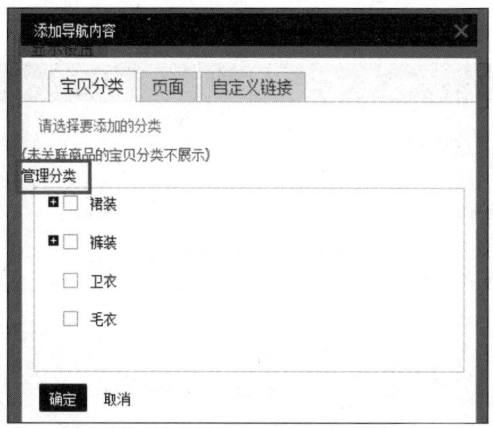

图 4-33　添加导航内容——宝贝分类

图 4-34　"分类管理"页面

图 4-35　添加手工分类

Step5　切换到"添加导航内容"对话框,单击【页面】选项卡,选中需要在导航栏中显示的分类页面,如图 4-36 所示。

图 4-36　添加导航内容——页面

Step6 单击图4-36中的【确定】按钮,回到"导航"对话框,如图4-37所示。

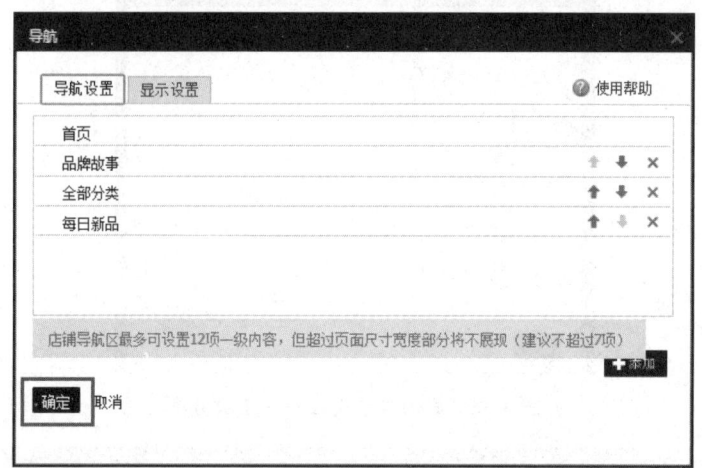

图4-37 导航设置

Step7 单击图4-37中的【确定】按钮完成导航条设置。单击【预览】按钮查看导航条设置效果,我们可以看到已添加的分类,如图4-38所示。

图4-38 查看导航效果

2. 设置分类导航按钮

为了满足卖家分类设置不同商品的要求,同时方便买家更好地查找商品,淘宝系统还提供了分类导航的功能,卖家可以根据商品的类型设置不同的分类。分类导航所需要的图片或图标须提前制作好,也可以在网络上收集相关素材,这里不作过多讲解。设置分类导航按钮的具体步骤如下:

Step1 将设计好的导航图片上传至店铺图片空间。单击卖家中心【店铺管理】下的【宝贝分类管理】选项,进入"宝贝分类管理"页面,如图 4-39 所示。

图 4-39 宝贝分类管理

Step2 切换至"分类管理"页面,单击图 4-35 中的【裙装】分类后面的【添加图片】按钮。在打开的对话框中选中【插入图片空间图片】选项,从图片空间中选择要添加的图片,如图 4-40 所示。

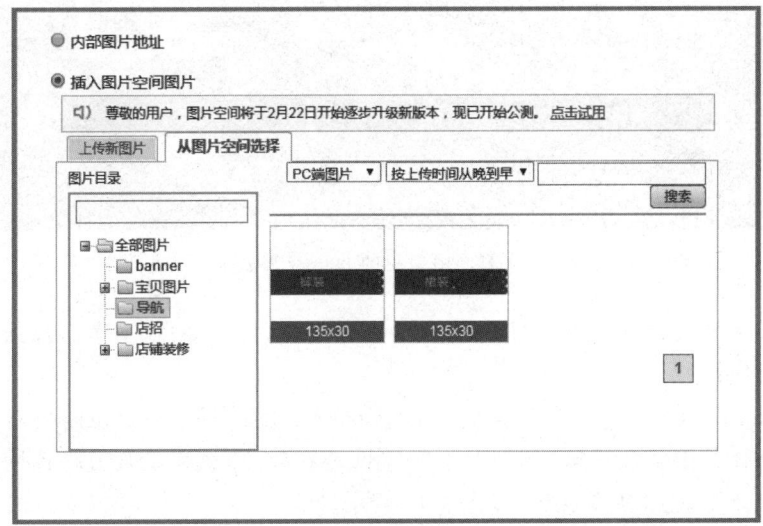

图 4-40 选择图片

Step3 按照上述操作方法依次添加其他分类导航图片,设置完成后单击图 4-35 所示页面右上角的【保存更改】按钮。返回店铺装修页面即可预览分类导航效果,如图 4-41 所示。

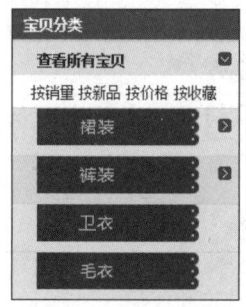

图 4-41 预览分类导航效果

4.3.3 图片轮播模块装修

图片轮播模块作为店铺首页中的重要组成部分,一般设置在店铺导航栏的下方,用于宣传和展示店铺促销活动和主推宝贝,对于提升店铺流量和促成交易有重要影响。图片轮播模块装修主要包括 banner 图策划和图片轮播效果设置。

1. banner 图策划

淘宝网中的 banner 是页头,一般进入店铺首页就可以看到。如图 4-42 所示,banner 图中展示的宝贝主要为店铺活动或者店铺爆款产品。

图 4-42 最常见的 banner 形式

banner 图策划大致可以分为四步,分别为风格定位、构图、写作文案以及制作并提交策划图,具体介绍如下。

(1) banner 图风格定位。运营人员对店铺 banner 图进行风格定位时要对需要展示的宝贝有一个整体的了解和认知,例如展示的宝贝是春装,那么在设置海报色调和装饰元素时,就要紧扣"春装"这个主题氛围,如图 4-43 所示。

(2) banner 图布局规划。常见的 banner 图布局形式有三种,分别是右图左字构图、左

图 4-43 春装主题轮播图

图右字构图和两边图中间字构图,如图 4-44~图 4-46 所示。具体的构图方式选择可以根据宝贝特点以及文案决定。

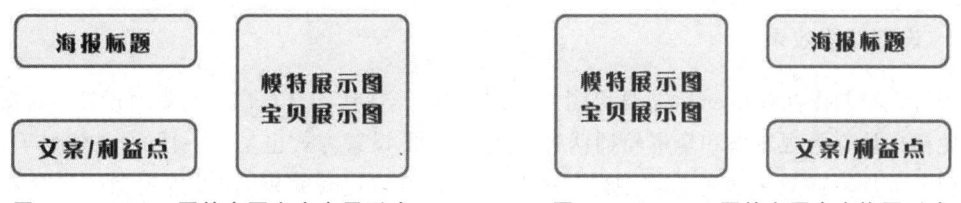

图 4-44　banner 图的右图左字布局形式　　图 4-45　banner 图的左图右字构图形式

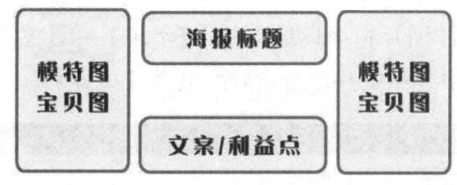

图 4-46　banner 图的两边图中间字构图形式

(3) banner 图文案策划。撰写轮播图中的文案时首先要提炼出宝贝卖点,其次要凸显品牌气质和明星代言等,最后要展现店铺的折扣力度(预售折扣、促销折扣)、优惠信息、满减、爆款、搭配赠送等优惠信息,这样才能引起消费者的注意和点击。例如,图 4-47 展示的是三只松鼠店铺的 banner,从图中可以看到"满 199 减 100"的优惠力度,容易吸引消费者点击。

图 4-47　三只松鼠旗舰店的 banner 图

(4) 制作并提交 banner 策划图。将 banner 图的风格、构图、文案确定后,即可通过 Visio 软件或 Excel 软件制作出 banner 策划图,如图 4-48 所示。然后将策划图提交给设计人员并与设计人员沟通,设计人员即可根据策划图去设计 banner 中的图片位置以及文案的字体、颜色和位置等。

图 4-48　banner 策划图

2．设置轮播效果

设计人员制作好 banner 后需要将图片上传到图片空间。上传成功后，需要设置轮播效果。图片轮播模块有常规轮播和全屏轮播两种样式，它们的设置方式也是不一样的，具体如下：

（1）常规轮播效果设置。常规轮播模块的设置方法比较简单，在设置轮播图片之前，首先需要确定是否已将做好的 banner 图上传至图片空间。下面介绍设置常规图片轮播模块的方法，具体操作如下。

Step1　在图 4-49 所示的图片轮播模块上单击【编辑】→ 按钮，在打开的列表中选择轮播图片；也可以在图片空间中复制图片地址，粘贴到【图片地址】文本框中，如图 4-49 所示。

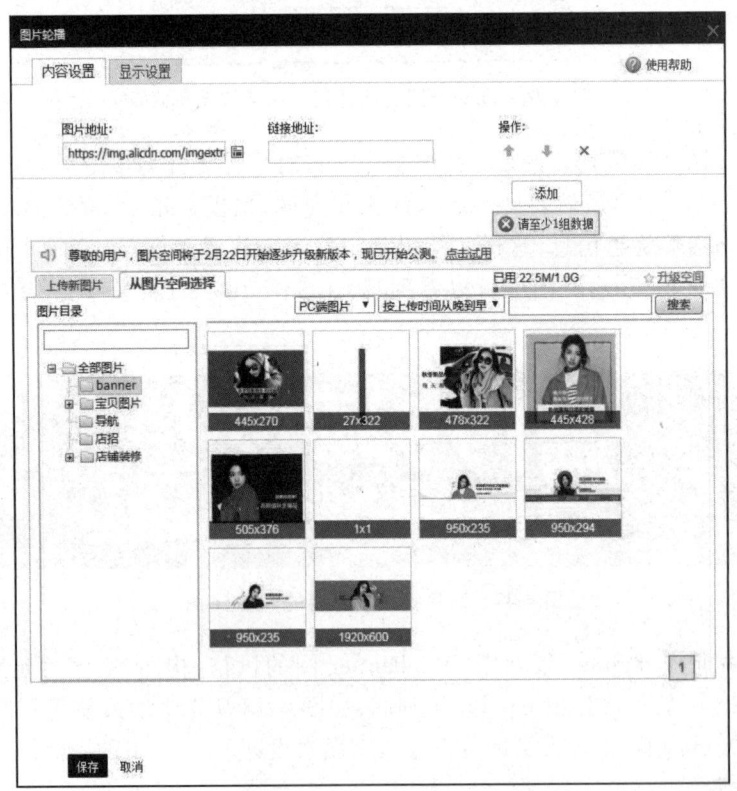

图 4-49　选择轮播 banner 图

Step2 单击【添加】按钮,继续添加其他轮播图片,然后将每一张轮播图对应的宝贝链接粘贴至【链接地址】文本框内,如图 4-50 所示。

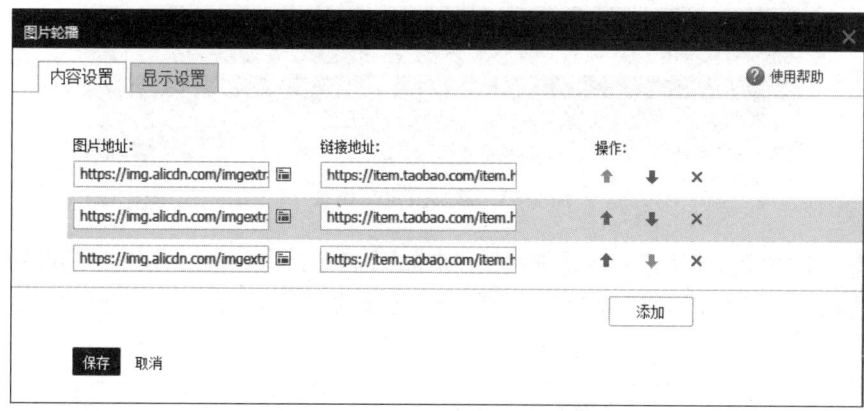

图 4-50　添加其他图片及链接地址

Step3 单击【显示设置】选项卡,单击选项中的【不显示】单选项,在【切换效果】下列菜单列表中选择【渐变滚动】选项,如图 4-51 所示。

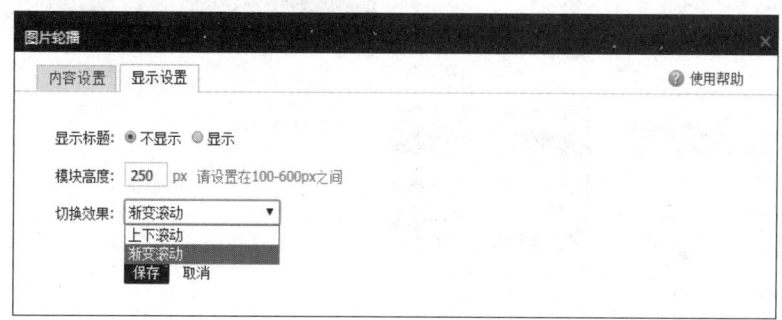

图 4-51　设置轮播切换效果

Step4 单击图 4-51 中的【保存】按钮后,即完成轮播图设置,返回店铺装修页面即可预览图片轮播效果,如图 4-52 所示。

图 4-52　预览图片轮播效果

(2)设置全屏轮播图片。全屏轮播图片的设置与通栏店招的设置一样,也需要通过代码完成。下面在淘宝装修页面中添加自定义模块,然后通过代码制作全屏轮播效果,其具体操作如下。

Step1 进入店铺装修页面,在左侧列表中拖动"自定义模块"至右侧页面中,如图 4-53 所示。

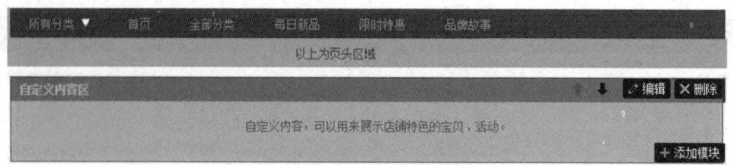

图 4-53 添加自定义模块

Step2 打开"码工在线"网站并进行登录,单击【店铺类型】下方的【淘宝天猫】按钮以及【效果分类】下方的【全屏轮播】按钮,选择一个适合的全屏轮播效果进行操作,如图 4-54 所示。

图 4-54 选择店铺类型及轮播效果

Step3 打开"全屏轮播"页面,在【店铺类型选择】后方单击选中【淘宝专业版】选项,设置轮播类型和轮播图,如图 4-55 所示。

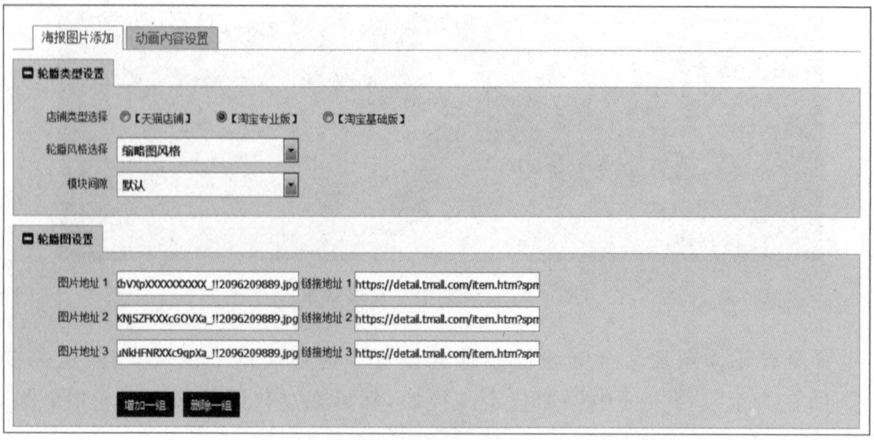

图 4-55 设置图片地址

Step4 切换到【动画内容设置】选项卡,设置轮播图的动画效果,如图4-56所示。

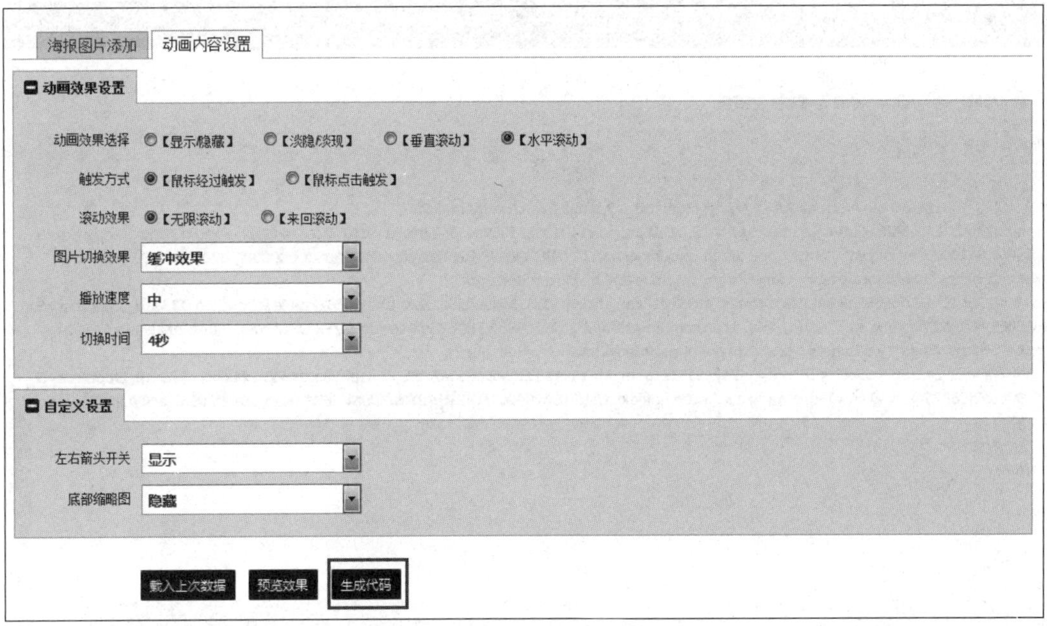

图 4-56 设置动画效果

Step5 设置好轮播图动画效果后,单击图4-56下方的【生成代码】按钮。在下方的文本框中会自动生成代码,单击【复制内容】按钮复制生成的代码,如图4-57所示。

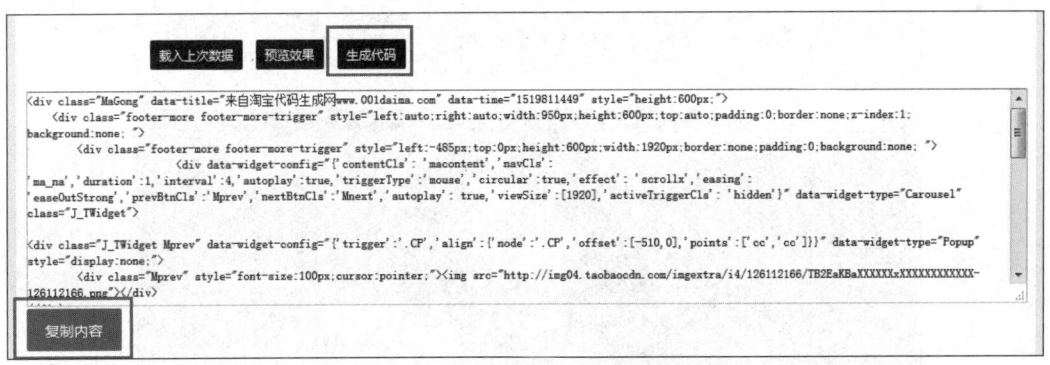

图 4-57 复制代码

Step6 返回淘宝装修页面,单击自定义模块右上角的 编辑 按钮,进入"自定义内容区"对话框。我们将显示标题设置为"不显示",再单击 <> 按钮,将复制的代码粘贴至下方文本框中,如图4-58所示。

Step7 单击【确定】按钮,完成自定义轮播图设置。运营人员可通过单击店铺装修操作界面右上角的【预览】按钮,查看店铺轮播图装修效果,如图4-59所示。

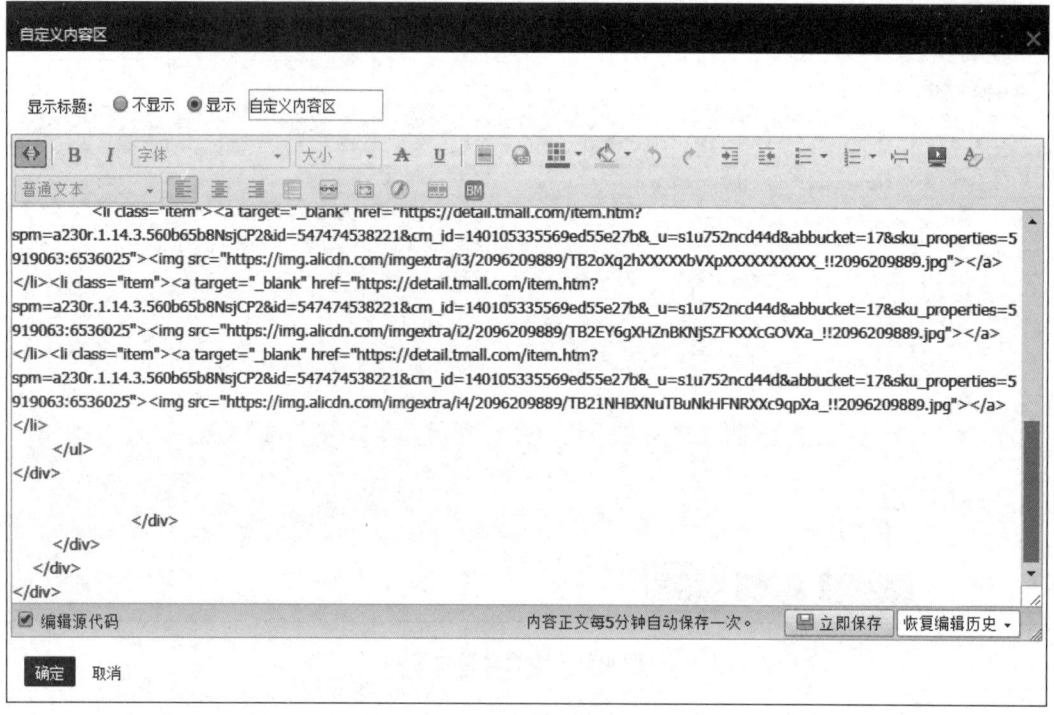

图 4-58 粘贴代码

图 4-59 效果图

4.3.4 店铺页尾装修

虽然许多买家在购物过程中并不会查看店铺页尾展示的内容,但是页尾部分作为店铺首页的组成部分,其传递的信息对于树立店铺形象及获取买家信任有重要作用。店铺页尾的装修包括页尾内容设计和设置页尾模块两部分,下面介绍店铺页尾装修的相关知识。

1. 页尾内容设计

店铺页尾是一个不可忽视的地方,页尾模块可以在所有页面显示。页尾部分可以添加的内容有很多,如发货/物流/售后须知、微博/微信链接(二维码)、收藏按钮、店铺活动等。

- 在页尾模块中添加发货/物流/售后须知等内容后,当买家看到页尾部分提示的内容时,会给买家一种专业、有保障的感觉,容易获取买家的信任,如图 4-60 所示。

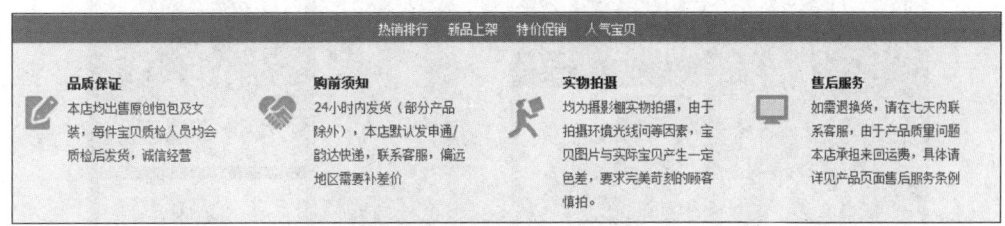

图 4-60　页尾放置发货/物流/售后须知的示例

- 在页尾模块中添加微信/微博链接(二维码)可以方便商家和顾客互动,拉近与顾客之间的距离,扩大店铺老客户群体,如图 4-61 所示。

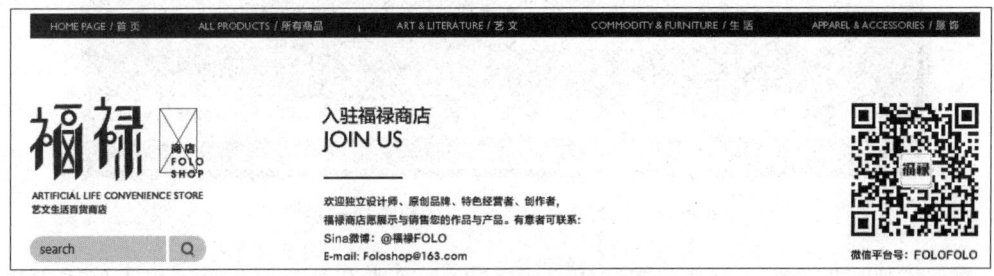

图 4-61　页尾放置二维码的示例

- 在页尾模块中增加"返回顶部/返回首页"按钮可方便顾客浏览,给顾客带来更好的用户体验,如图 4-62 所示。

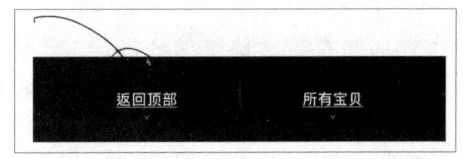

图 4-62　页尾放置"返回顶部/返回首页"按钮的示例

- 在页尾模块中放置"收藏"按钮可起到再次提醒顾客收藏店铺的作用,如图 4-63 所示。

图 4-63　页尾放置"收藏"按钮的示例

- 在页尾模块中放置店铺产品活动模块可以增加店铺活动的曝光量,方便顾客直接到达活动区选购商品,如图 4-64 所示。

图 4-64　页尾放置店铺产品活动模块的示例

页尾模块可以作为买家访问店铺的快速通道,合理地设置页尾信息可以方便买家从页尾模块跳至首页分类信息页面,查看店铺的其他产品及信息。因此,提供清晰的页尾模块能够保证更多的店铺页面被访问,使更多的商品被发现,极大地影响店铺的转化率。

2. 设置页尾模块

淘宝店铺页尾模块是 PC 端店铺首页装修页面的最后一个自定义内容区,卖家可以根据店铺营销需求自行设计或者直接使用第三方提供的软件(如码工在线)制作页尾内容,放置在店铺首页页尾模块中,具体操作步骤如下。

Step1　进入淘宝店铺装修后台,按住鼠标左键拖动滚动条至页面最下方,从左侧列表中拖动"自定义模块"至右侧页面中,如图 4-65 所示。

Step2　打开"码工在线"网站并登录,单击【店铺类型】下方的【淘宝天猫】按钮以及【效果分类】下方的【尾页模块】按钮,选择一个合适的页尾样式进行编辑,如图 4-66 所示。

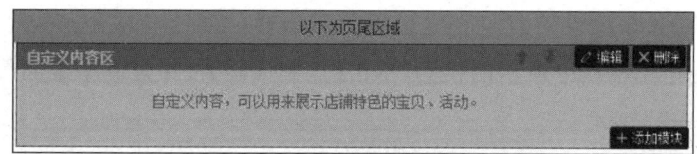

图 4-65　设置页尾自定义区域

图 4-66　选择店铺类型及页尾样式

Step3　单击【基础设置】选项卡，设置店铺类型、导航设置和栏目设置，如图 4-67 所示。

图 4-67　基础设置

Step4　切换到【颜色设置】选项卡,设置导航和栏目颜色,如图 4-68 所示。单击【生成代码】按钮,会生成如图 4-69 所示的代码,单击【复制代码】按钮复制生成的代码。

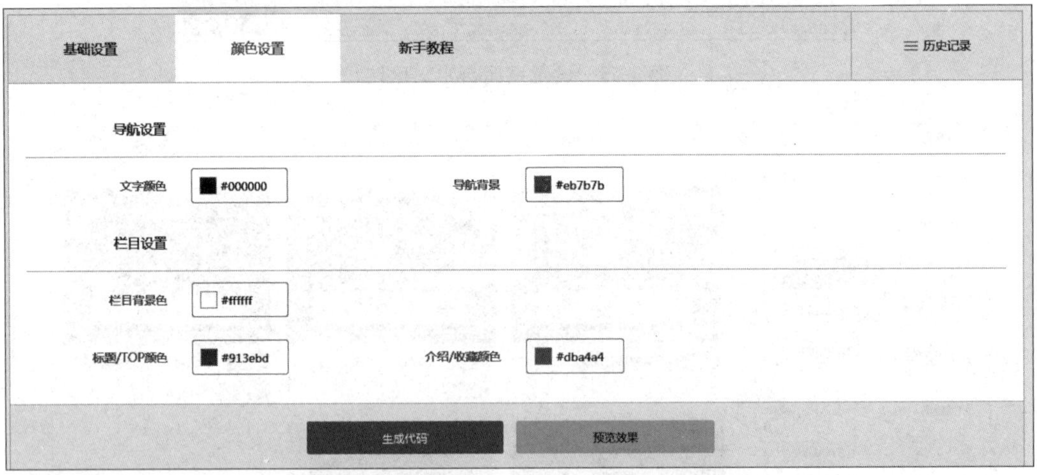

图 4-68　进行颜色设置

图 4-69　复制代码

Step5 返回淘宝装修页面，单击自定义模块右上角的 编辑 按钮，进入"自定义内容区"对话框。将显示标题设置为"不显示"。再单击 按钮，将复制的代码粘贴至下方文本框中，如图 4-70 所示。

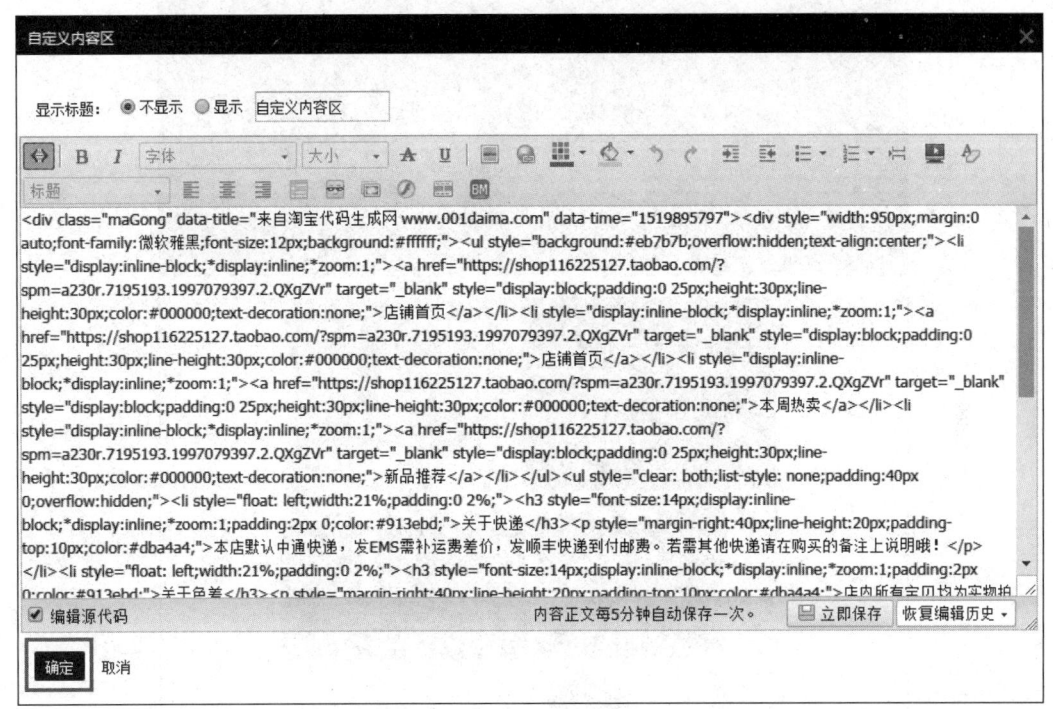

图 4-70　粘贴代码

Step6 单击图 4-70 中的【确定】按钮，完成页尾模块的装修。单击装修页面右上角的【预览】按钮，可以查看店铺页尾装修效果，如图 4-71 所示。

图 4-71　店铺页尾效果

店铺的所有模块装修完之后，就可以发布了。店铺发布前，运营人员一定要提前预览下，查看店铺首页装修的各部分是否存在问题，如无误可以单击装修页面右上角的【发布站点】按钮，发布装修后的新店铺。这里需要注意的是，发布装修页面之前记得对店铺装修模板进行备份，以方便后面店铺装修改版。图 4-72 所示为 PC 端店铺装修后的整体效果。

图 4-72 店铺装修整体效果

4.4 无线端店铺装修

随着移动互联网的快速发展以及智能手机的普及,越来越多的网民喜欢用手机上网购物,网络购物向移动端转移的趋势进一步加剧。无线端无论在店铺流量还是成交额等方面都占据着非常重要的位置。因此,在这种趋势下,无线端店铺装修就显得十分重要。本节主要介绍无线端店铺装修的相关内容。

4.4.1 无线端店铺首页结构

如今的手机淘宝承载着店铺的主要流量来源,装修好无线端店铺首页同样非常重要。图4-73为某天猫店铺无线端首页,从图中可以看到无线端店铺首页分为三部分,顶部主要包括店铺招牌、搜索栏、导航栏,中间部分为产品展示区,页面底部包括店铺logo、全部宝贝、店铺微淘、宝贝分类以及联系客服。

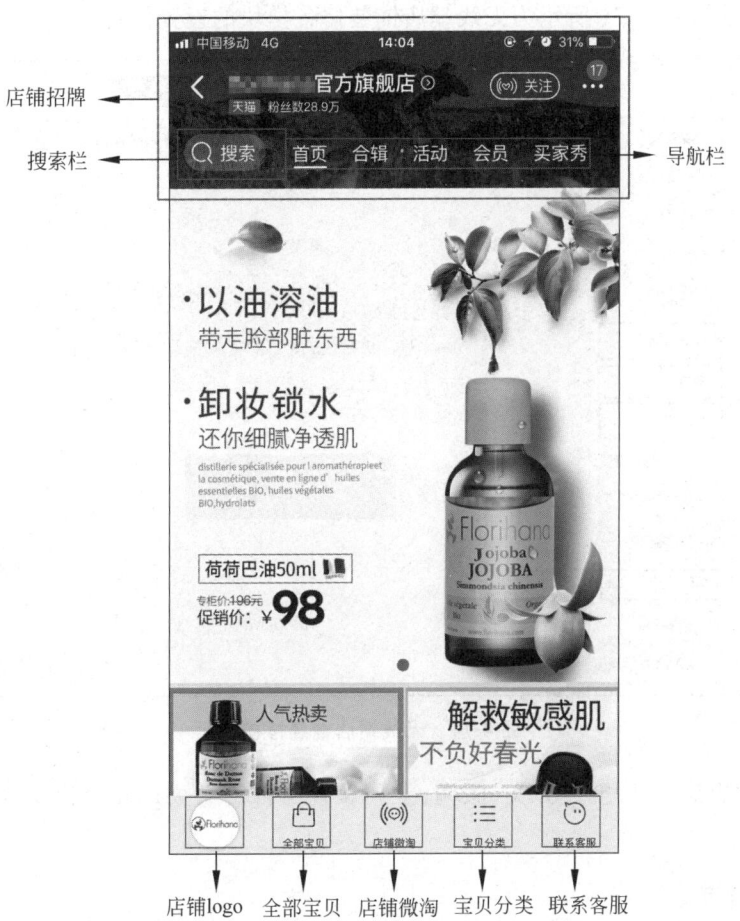

图4-73 某旗舰店无线端首页

- 店铺招牌:无线端店招与PC端不同,它无法展示过多信息,所以选择一张符合店铺风格的简单图片即可,店招中不需要包含文字。

- 搜索栏：搜索栏主要提供店铺宝贝搜索功能，如顾客不想通过导航查找商品，可以直接在搜索栏中输入关键字搜索相关商品。
- 导航栏：导航栏主要包括首页、合辑、活动、会员以及买家秀等。
- 店铺 logo：不同于 PC 端店铺的首页 logo 位置，无线端 logo 放置在首页左下角。
- 全部宝贝：买家可通过单击【全部宝贝】链接，查看店铺中的所有商品。
- 店铺微淘：微淘是在现有的店铺和宝贝之上构建的一个信息层，用户可订阅和分享，而不是只能看到推荐的内容。简单地说就是卖家在微淘上面开通账号，通过发送信息让自己的粉丝看到。粉丝会关注自己喜欢的账号，看到卖家发送的信息。
- 宝贝分类：宝贝分类就是对店铺内的商品进行分类，方便买家进行查找。
- 联系客服：买家对商品有疑问时，可通过该链接与客服在线即时沟通。

4.4.2 无线端店铺装修

无线端店铺装修模块较多，一般来说，主要包括店铺首页、宝贝分类、微淘、全局设置、自定义页等几方面。图 4-74 所示为无线端店铺装修各模块的设置位置。

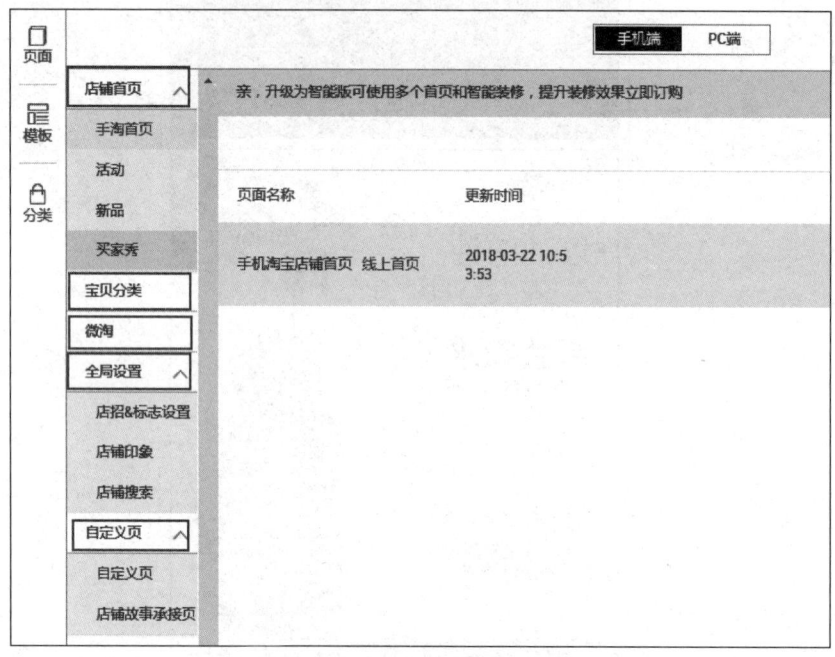

图 4-74 无线端店铺装修模块

下面针对店铺首页、宝贝分类、微淘、全局设置与自定义页这几个模块进行介绍，具体如下。

1. 店铺首页

无线端店铺首页装修包括手淘首页、活动、新品、买家秀，其中"新品"页面会在店铺发布新品后自动展示，无须进行设置。下面以手淘首页为例讲解店铺首页装修，具体操作步骤如下。

Step1 进入旺铺装修后台,选择页面顶端的【手机端】选项卡,单击左侧导航栏中的【店铺首页】→【手淘首页】选项。单击【手机淘宝店铺首页】后方的【装修页面】按钮,进入手淘首页装修页面,如图 4-75 所示。

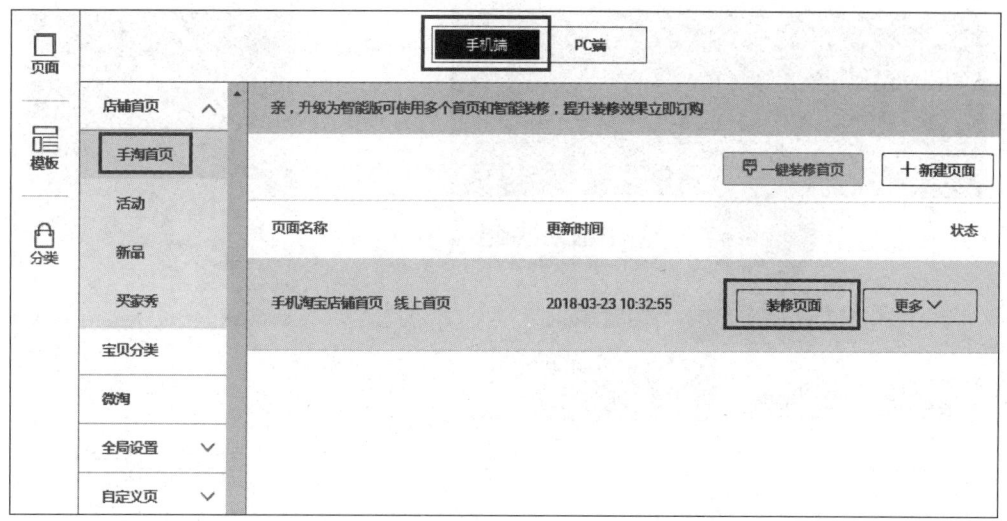

图 4-75 无线端运营中心

Step2 选中店铺招牌部分页面,右侧自动出现"店招模块"弹框,如图 4-76 所示。

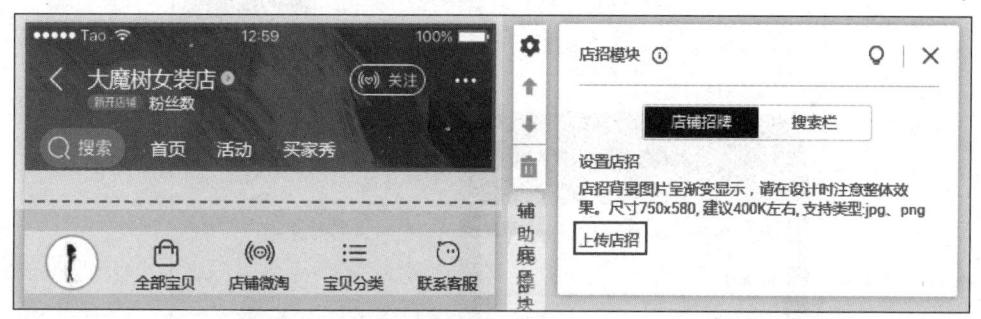

图 4-76 上传店招

Step3 单击【店铺招牌】→【上传店招】按钮,进入图片空间,选中提前准备好的无线端店招图片上传至店招。单击【发布】按钮,即设置完成店招模块,如图 4-77 所示。

Step4 单击店招模块中的【搜索栏】→【设置店铺搜索】按钮,进入"店铺搜索"页面。单击【热门关键词】选项卡,设置与本店商品相关的关键词,设置完成后单击右上角的【发布】按钮,完成搜索框设置,如图 4-78 所示。

Step5 店招模块设置完成后,下面对店招下方的部分进行设置。中间部分用于展示店铺产品,将手淘首页装修页面左侧导航栏中的"宝贝类""图文类""营销互动类"装修模块拖至店招下方,例如拖曳"轮播图模块"和"双列图片模块"至该区域,如图 4-79 所示。

Step6 选中轮播图模块,在右侧弹框中对该模块进行设置。单击 + 按钮,选择并上传设计好的轮播图,然后将轮播图片对应的宝贝链接或页面链接(无线端链接)粘贴至无线端

图 4-77　发布店招

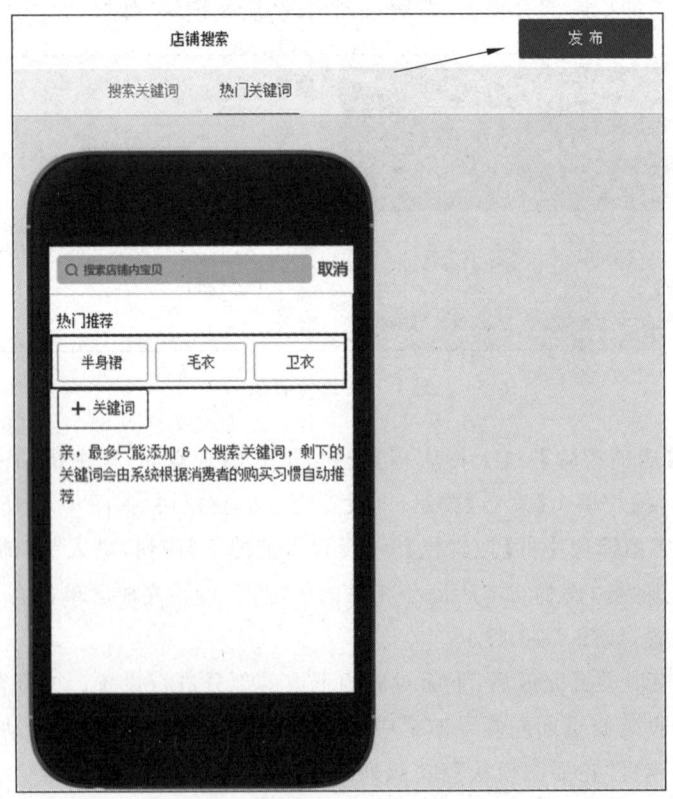

图 4-78　设置店铺搜索关键词

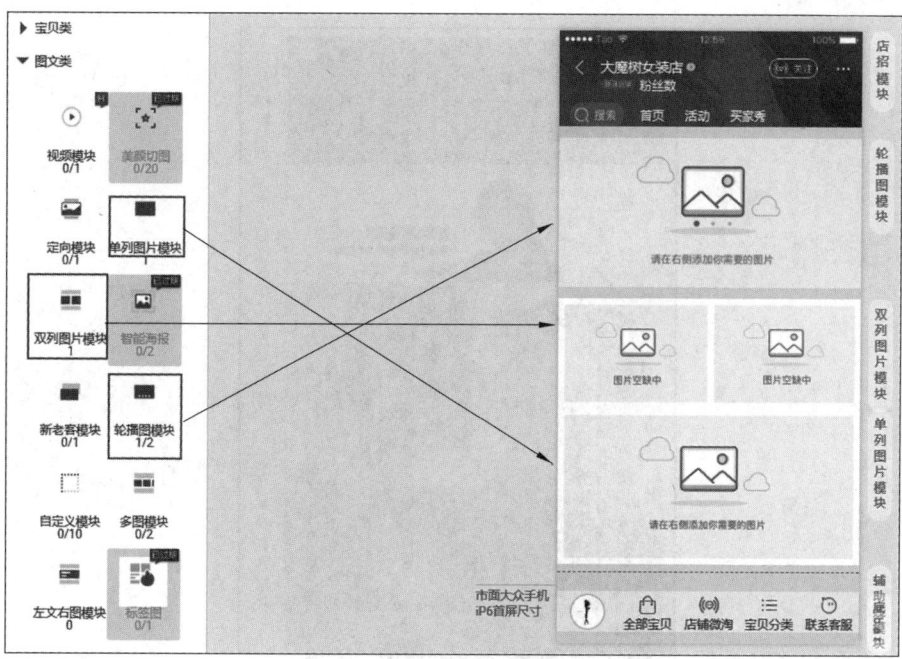

图 4-79 模块拖曳

链接框,如图 4-80 所示。单击【保存】按钮,即设置完成轮播图模块,其他模块的设置方式与轮播图的设置方式基本相同,这里不再赘述。设置完成的效果如图 4-81 所示。

图 4-80 上传轮播图片及链接

图 4-81 设置完成的效果

2. 宝贝分类

宝贝分类即展现在无线端首页底部的宝贝分类导航。无线端宝贝分类的设置位置和方法与 PC 端宝贝分类相同,若需要修改,直接进入宝贝分类装修页面重新进行设置,这里不再赘述。

3. 微淘

微淘是宣传店铺品牌文化、发布促销活动、管理新老客户、定向推送优秀内容的平台,在微淘上发布的内容可以被粉丝即时收到。该部分内容主要属于后期营销运营的内容,这里不作过多赘述。

4. 全局设置与自定义页

全局设置主要设置"店招 & 标志设置""店铺印象"和"店铺搜索",该部分内容与手淘首页的设置内容相同,所以不再进行介绍。自定义页主要是一些二级页面的添加,可根据需求自行进行设置。

4.5 本章小结

本章主要介绍了淘宝店铺装修的相关知识,其中包括店铺装修前期准备、PC端店铺装修以及无线端店铺装修。

通过本章内容的学习,读者应当了解旺铺的功能,熟悉PC端与无线端装修的基础设置,掌握PC端与无线端店铺装修的流程及操作方式,学会对店铺PC端和无线端进行装修。

4.6 课后练习

一、判断题

1. 新店刚创建时,店铺装修后台的默认模板为基础版,可以免费使用。　　　　(　　)
2. 卖家在任何时期使用旺铺专业版都需要付费。　　　　　　　　　　　　　(　　)
3. 店招图片的默认尺寸为950px×120px。　　　　　　　　　　　　　　　　(　　)
4. 如果店铺信誉在一钻以上的店铺使用旺铺专业版,则需要每个月支付50元的费用。

(　　)

5. 装修淘宝店铺主要是对PC端进行装修,无线端页面只需要进行简单装修。(　　)

二、选择题

1. 如果未购买淘宝的基础模板的话,那么使用的模板是(　　)。
   A. 左右分栏　　　　B. 上下分栏　　　　C. 前后分栏　　　　D. 高低分栏
2. 如果要设计淘宝店招的logo,需要的尺寸是多少?(　　)
   A. 50px×80px　　B. 60px×60px　　C. 80px×30px　　D. 80px×80px
3. 下列选项中,属于网店店招组成部分的是(　　)。
   A. 店铺名称　　　　B. 店铺口号　　　　C. 店铺logo　　　　D. 促销活动
4. 装修店招并不是随心所欲的,需要遵循一定的规则,下列描述正确的是(　　)。
   A. 淘宝支持的店招图片格式为GIF、JPG、PNG。
   B. 店招图片的默认尺寸为950px×120px,大于该尺寸的部分将被裁减掉
   C. 自定义尺寸可以制作成全屏通栏的尺寸,即1920px×150px
   D. 淘宝店招的图片大小不能超过100KB
5. 下列选项中,属于常见的banner图布局形式的是(　　)。
   A. 右图左字构图　　　　　　　　　　B. 左图右字构图
   C. 两边图中间字构图　　　　　　　　D. 中间字两边图构图

知识体系梳理图　　　　　　　　　　实践案例

第 5 章
网店客服管理

思政阅读

【学习目标】

知识目标	· 了解网店客服的工作内容和岗位知识 · 了解网店客服绩效管理的方法和原则 · 掌握网店客服售前、售中、售后工作的流程和内容
技能目标	· 熟悉千牛平台的基础操作知识 · 掌握客服子账号的设置方法 · 掌握客服交易管理内容和客户关系管理操作方法

【引导案例】

金牌客服：会聊天才会卖东西

开门做生意时，客服人员会遇到各种类型的买家——有的买家温文尔雅、有的买家脾气暴躁，那么如何和买家拉近关系，处理好和买家的交易以及留住买家成为店铺的老客户，这对客服人员来说是一项巨大的挑战。金牌客服莎莎就有自己卖东西的妙招——聊天。

1992 年出生的莎莎是长沙某天猫旗舰店的一名金牌客服。每当身边新来的同事向莎莎"取经"时，莎莎都会很随意地说一句"客服，不就是聊天嘛"。没错，身为金牌客服，会聊天就是莎莎的"秘密武器"。

当然，会聊天并不是指纯粹的"胡扯"，而是可以通过网上聊天来判断买家的性格和心理。有一次，一个女生咨询一双男鞋的款式布料，莎莎立刻想到这位买家可能是给男朋友买鞋。"要什么码数呢？""39 码的。"这时莎莎通过码数可以大致判断她男朋友的身高，并从侧面了解到她男朋友比较瘦。通过判断这名女生网上聊天的语气，莎莎认定她是开朗且很有主见的女生，所以猜测她男朋友应该比较听女朋友的话。

"我猜你男朋友是戴眼镜的。""你怎么知道呢？"这名女生还给莎莎发了一张照片，里面有 5 个穿着一模一样的伴娘装的同龄女生，让莎莎猜哪个是她。莎莎想，一个开朗、喜欢做主的女生应该是站在显眼位置而且穿着时尚、惹人注意的，于是立即猜出了这个女

> 孩。这么一来,这个女孩便觉得她和莎莎"太有缘分"了,一下子拉近了店家与顾客的距离。后来,这位顾客不但在店里给男朋友买了双鞋子,还买了一条裤子。
> "会聊天才会卖东西。"莎莎说。把顾客当成自己的朋友,这样在聊天时就会亲切自然许多,拉近与顾客的距离,顾客才更愿意下单买东西。

【案例思考】

会聊天才会卖东西,看似简单的客服工作,实则是网店运营中一个重要的环节。客服的服务质量直接影响着消费者的体验和消费行为,与店铺的产品销售和长远发展息息相关。本章主要围绕网店客服工作内容、工作技能、服务流程、客户关系管理等网店运营中常见的客服知识进行介绍。

5.1 认识网店客服

网店客服工作是网店运营过程中的一个重要环节,对于提升店铺商品销量和树立店铺形象有着重要的作用。因此,运营人员在经营店铺过程中,必须充分了解网店客服的工作内容和工作意义。

5.1.1 网店客服的基本工作

网店客服的工作内容非常多,主要包括销售接待、订单处理、售后服务、销售统计等,具体介绍如下。

1. 销售接待

网店客服的主要工作就是接待客户,与买家在线沟通,解决买家在网店购物过程中遇到的问题,帮助买家进一步了解企业产品和服务,促成买家下单转化为店铺客户。例如帮助买家选择产品尺码、型号,介绍店铺优惠信息、产品包装和售后承诺等。可以说,销售接待工作占据了网店客服大部分的工作时间,是网店客服工作的核心工作。

2. 订单处理

订单处理即客服人员解决买家在下单过程中产生的问题以及买家下单后对于订单的处理。例如买家在下单时拍错了产品颜色、尺码,以及出现收货地址填错等问题,都需要客服人员及时进行解决。换句话说,客服在处理订单时一定要仔细核对用户填写的信息是否完整、准确,以免给买家造成不必要的麻烦。

3. 售后服务

售后服务指的是买家签收商品后,客服对客户的产品使用情况、合作关系等进行维护。售后服务的质量是店铺服务质量中非常重要的一个方面,好的售后客服不仅可以提高店铺的动态评分,还可以留住老买家,提高用户对于店铺产品的忠诚度。客服售后服务的内容非常多,主要有产品使用解答、退换货处理、中差评处理等。此外,完善的售后服务还包括客户关系管理,拉近与买家之间的距离,提高买家复购率。

4．销售统计

销售统计是衡量网店客服工作效益的重要指标,通过对网店客服的销售量进行统计考核,可以了解网店客服的工作业绩情况。对于网店客服的薪酬绩效考核来说,销售统计具有重要的参考价值。此外,销售统计还有利于公司财务管理,方便网店运营人员掌握企业产品库存以及目标消费群体的购买喜好,从而及时调整店铺库存和产品信息。

5.1.2 网店客服工作的意义

网店客服是买家了解商品信息和店铺信息的主要途径之一,优秀的网店客服不仅可以促成买家下单交易,还能留住买家将其转变为店铺老顾客,提升顾客对店铺的忠诚度。具体来说,网店客服工作的意义主要有以下几方面。

1．提高转化率

买家在网购过程中,可能会产生各种各样的问题,而网店客服的工作内容就是及时地解决好买家问题,消除买家在购物过程中的疑虑,促成买家下单交易,从而提升店铺商品的转化率,提高商品的销量。因此,网店客服工作的重要价值在于提高店铺的转化率。

2．维系老顾客

随着淘宝流量红利的逐渐消失,卖家开发新客户的成本越来越高,因此维系好老顾客成为网店长期占领市场的重要营销策略之一。网店客服通过与买家沟通,给买家带来高质量的购物体验,让买家收藏店铺,进而成为店铺会员或老顾客。买家以后再购买商品时会优先选择自己收藏过的店铺,从而降低网店推广成本。同时还能带动店铺其他商品的销售,增加店铺总体销售额。

3．塑造店铺形象

淘宝网作为综合类电子商务交易平台,产品类目非常全面,这意味着产品同质化现象比较严重。那么,店铺如何才能在如此激烈的竞争中突围呢?答案是打造小而精美的店铺,适应淘宝千人千面的个性化系统,树立店铺的形象。网店客服在树立店铺形象方面扮演了重要的角色,例如三只松鼠天猫店铺的客服,那句独有的"主人,请问你有什么具体问题呢"成为店铺特有的标识。

5.2 网店客服工作技能及绩效管理

网店客服作为网店运营过程中的一个重要岗位,必须具备较高的岗位技能和专业知识,才能引导更多的买家下单。本节将针对网店客服工作的基础技能和绩效管理等内容进行介绍。

5.2.1 网店客服岗位知识储备

网店客服工作看似简单,但要成为一名称职的优秀客服,需要掌握的专业技能和储备知识非常多,主要包括基本素质、产品知识、店铺活动、支付流程和规则、物流快递以及在线工具的使用等相关内容,具体介绍如下。

1. 基本素质

网店客服人员属于一种销售接待工作,每天都会遇到各种各样的买家咨询问题。作为一名网店客服,处理好基本的人际之间沟通关系是客服展开工作的基本前提,主要包括以下几方面。

- 具备良好的语言组织能力、表达能力、应变能力及沟通能力。
- 具备良好的心理素质。客服工作过程中会遇到各种类型的买家,需要客服拥有同理心和耐心,洞察客户心理,用心服务和解答客户的问题和疑惑。
- 具备一定的计算机基础技能,例如快速的文字录入能力和熟练的Office办公软件操作能力。

2. 产品知识

一个合格的网店客服必须对店铺的商品了如指掌,这样才能做到胸有成竹,向买家解释时才更有说服力。在做咨询前,网店客服应当对店铺商品的材质、尺寸、使用方法以及注意事项等基本信息有所了解。除此之外,网店客服还应当了解店铺内的产品布局结构,熟悉店铺热销款、引流款、利润款、清仓款等商品的整体分布情况。

3. 店铺活动

为了促成买家下单,提高店铺产品销量,店铺常会策划一些促销活动。网店客服需要掌握店铺的活动类型、活动条件、活动话术等相关信息,具体介绍如下。

- 店铺活动类型包括店铺促销活动、淘宝官方营销活动等,客服人员应了解这些活动类型和活动规则。
- 活动条件即店铺参加活动的产品、活动时间、活动形式以及活动对象等,这些也是客服人员需要了解和掌握的内容。
- 活动话术即网店客服在各类活动中和买家沟通时应使用的沟通话术,在解答买家各类疑问时应遵循的沟通原则。

4. 支付流程与规则

买家在淘宝网购物时,可以使用余额宝、蚂蚁花呗、信用卡以及快捷支付等多种支付方式。网店客服人员应当了解支付宝交易的基本规则,以及不同支付方式的区别,指导买家通过支付宝完成交易,并且查看支付宝交易的状况、更改交易状况等。

5. 物流快递

网店客服应当熟悉和了解不同物流快递的价格、服务质量、联系方式以及查件方式。有些快递公司的物流不完善，时常会出现丢件或破损问题，所以网店客服人员一定要知道如何查询快递，及时跟进物流进度并及时安抚买家，保证货物及时达到买家手中，让买家给予5分好评，提升宝贝排名。

6. 在线咨询工具的使用

除了极少数的买家投诉或有问题的快递需要电话沟通外，网店客服绝大部分通过在线聊天工具与买家进行沟通，例如千牛工作台、阿里旺旺等，所以需要网店客服熟练掌握这些咨询工具的使用方法和基础操作设置。

5.2.2 千牛工作台

千牛工作台是淘宝官方推出的供淘宝卖家、天猫商家使用的咨询工具，是卖家版旺旺基础上的升级产品，分为电脑版和手机版。网店客服与买家在线沟通主要通过千牛工作台，所以熟练操作千牛工作台的不同模块是每个客服必须掌握的一项技能。下面针对千牛工作台的主要功能及设置方法进行详细介绍。

1. 认识千牛客户端

网店运营人员通过千牛软件可以更加快捷地管理店铺，例如订单处理、商品管理、数据统计分析等都可以通过千牛客户端完成。图 5-1 所示为千牛工作台官网。

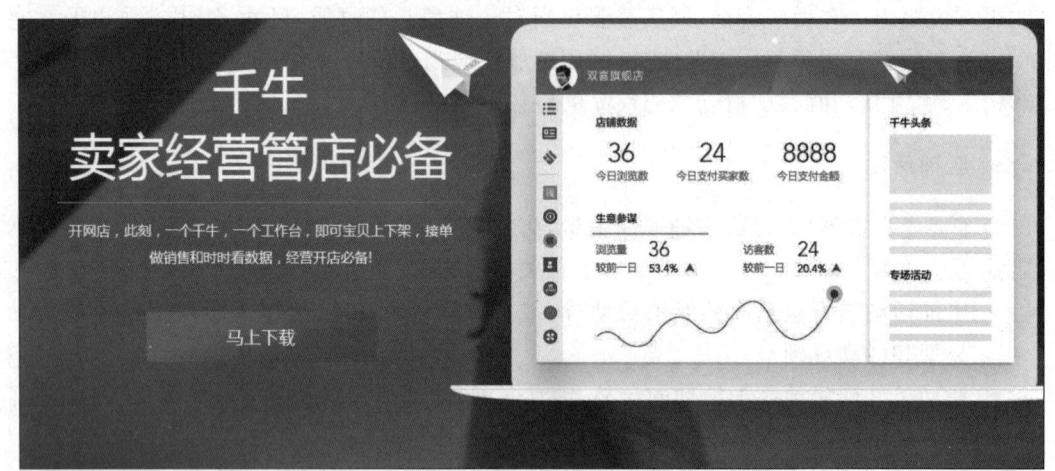

图 5-1 千牛工作台官网

千牛软件的功能虽然非常丰富，但对网店客服来说，应用最多的是千牛接待中心，这也是客服和买家沟通的主要信息渠道。单击千牛客户端首页右上角的旺旺图标，即可进入接待中心，如图 5-2 和图 5-3 所示。

2. 账号信息设置

客服首次登录千牛工作台时，首先要做的工作是设置账号基本信息，包括用户头像、签名、姓名、联系方式等。设置用户头像时通常将店铺 logo 设为头像，传递企业品牌形象，用户姓名一般设置为店铺名字或者符合店铺形象的名字，如图 5-4 所示。

第 5 章 网店客服管理

图 5-2　千牛工作台首页

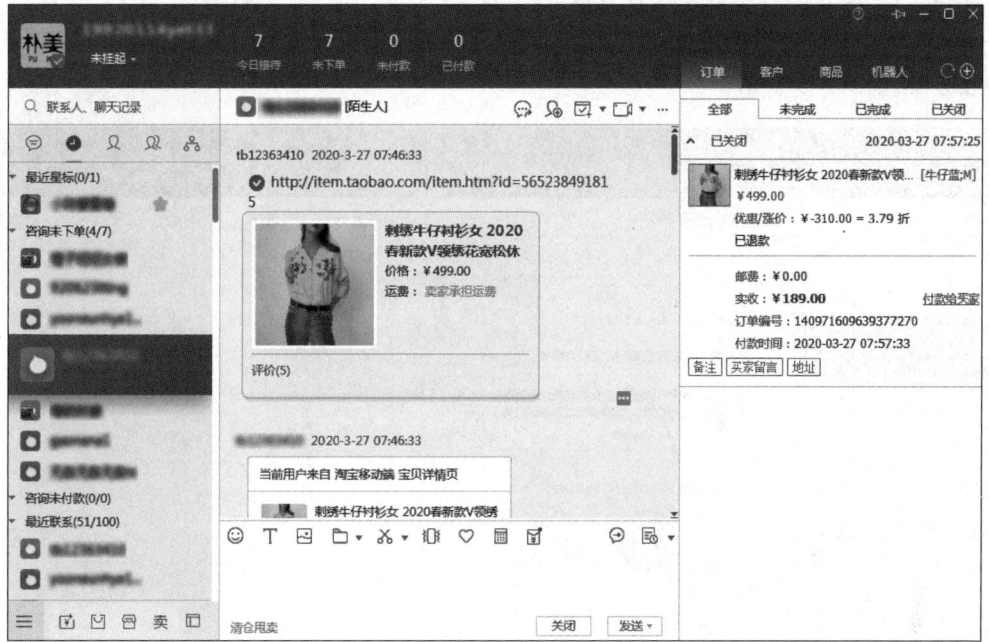

图 5-3　千牛工作台接待中心

图 5-4　账号资料设置

3. 快捷回复设置

对于规模较大的店铺，客服每日需要接待大量的买家咨询，因此对于客服的文字快速录入能力要求较强，因为买家等待时间稍长，便会导致买家的流失，给店铺带来销售损失。快捷回复功能正好解决了让买家久等的难题。快捷回复设置包括自动回复设置、快捷短语、机器人回复几方面。

（1）自动回复设置。自动回复设置即根据旺旺在线状态及接待买家情况自动回复设置好的短语。下面介绍自动回复设置方法。

Step1 打开千牛接待中心的任意一个聊天对话框，单击左下角的 图标，选择【系统设置】选项，如图 5-5 所示。

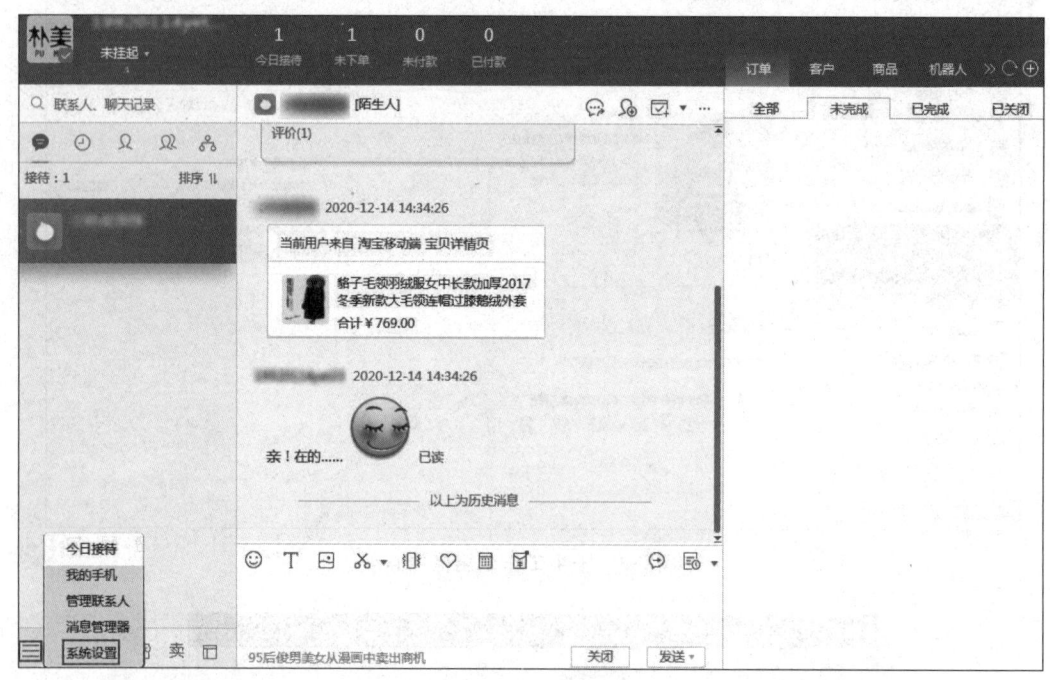

图 5-5　选择【系统设置】选项

Step2 进入系统设置页面，选择【自动回复】→【个性回复】按钮，如图 5-6 所示。

Step3 进入自动回复设置框，增加需要设置的自动回复短语。单击【新增】按钮，进行添加，编辑完成后，单击【保存】按钮即可，如图 5-7 所示。

Step4 在"自动回复"对话框中单击【设置自动回复】选项卡，根据需求对不同状态下的自动回复语进行增加或修改，如图 5-8 所示。

设置自动回复时需要注意的是，账号自动回复设置完成后，客服人员需要使用淘宝买家号测试账号自动回复设置是否成功；如存在问题，则需要及时调整，以免给买家造成误解。

（2）快捷短语。快捷短语功能是客服人员在跟买家沟通过程中，预先设置好买家常问的一些问题，从而有效提高客服人员的工作效率。快捷短语的具体设置方法如下。

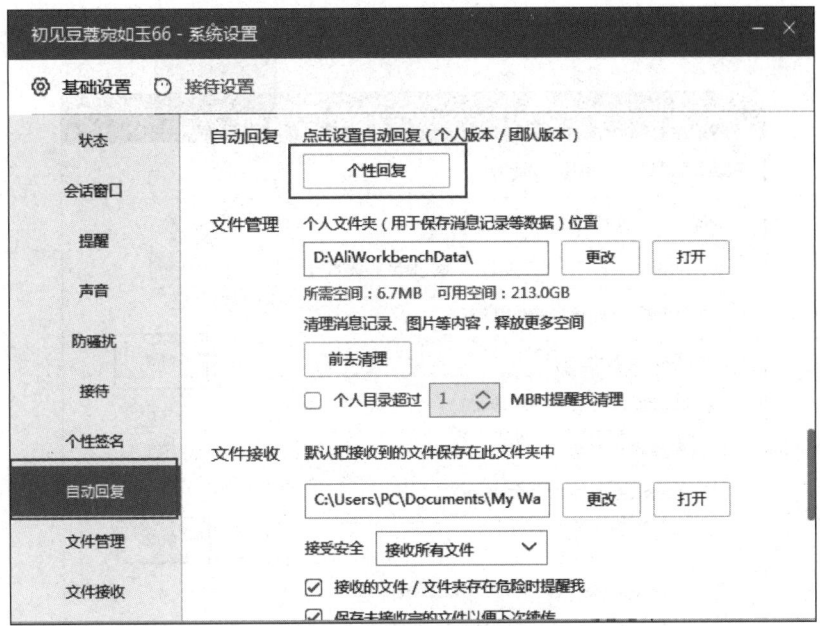

图 5-6　选择【个性回复】按钮

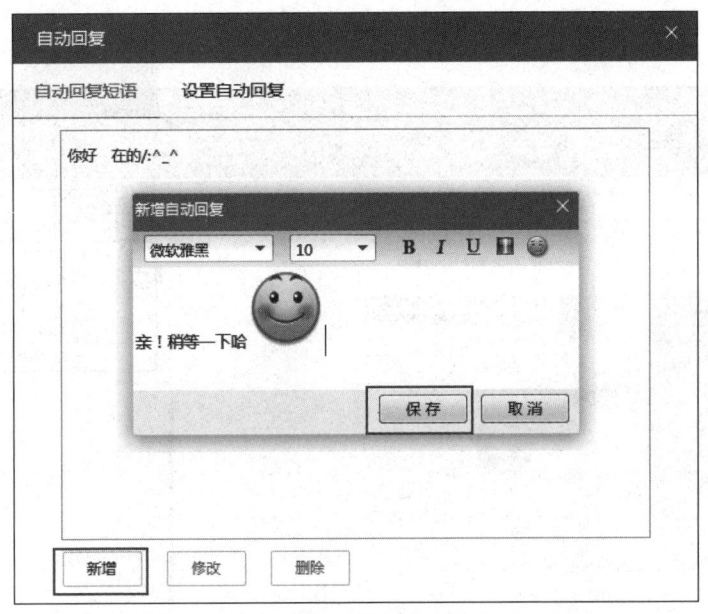

图 5-7　添加自动回复短语

Step1　打开测试使用的聊天对话框,单击对话框下方的 图标,如图 5-9 所示。对话框右侧弹出的内容即为账号设定的快捷短语。

Step2　单击图 5-10 对话框页面下方的【新建】按钮,进入图 5-11 所示的快捷短语设置页面。针对买家经常提出的一些问题,例如发什么快递、怎么退换货等,分组设定各个问题的回复话术。这样既便于管理快捷短语内容,又方便客服人员快速地调用快捷短语。

图 5-8 设置自动回复

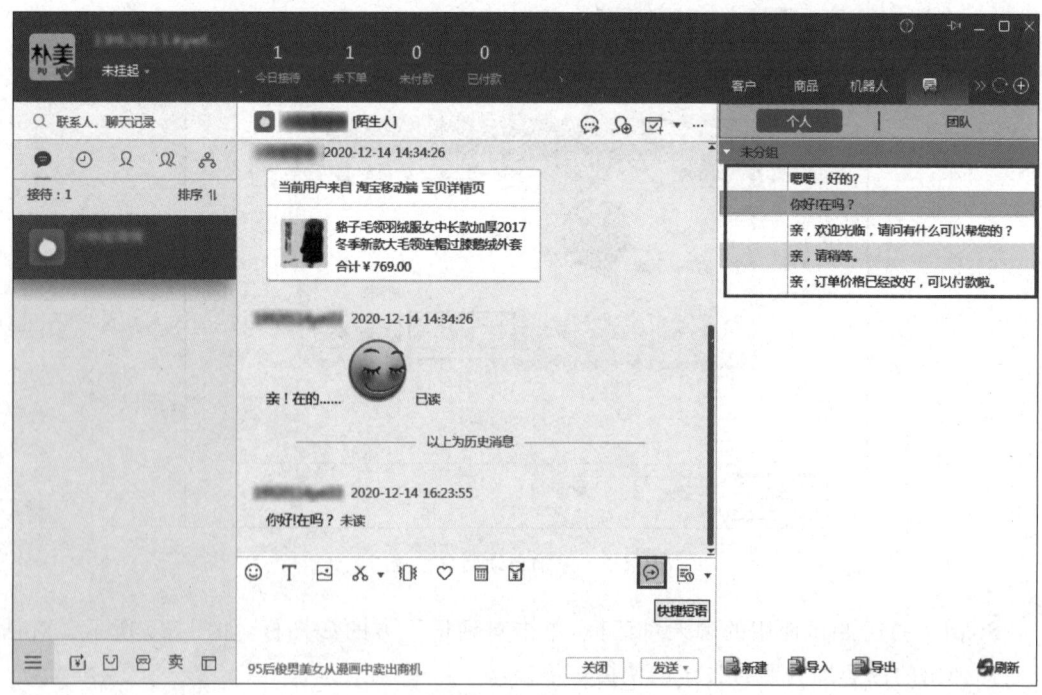

图 5-9 选择快捷短语图标

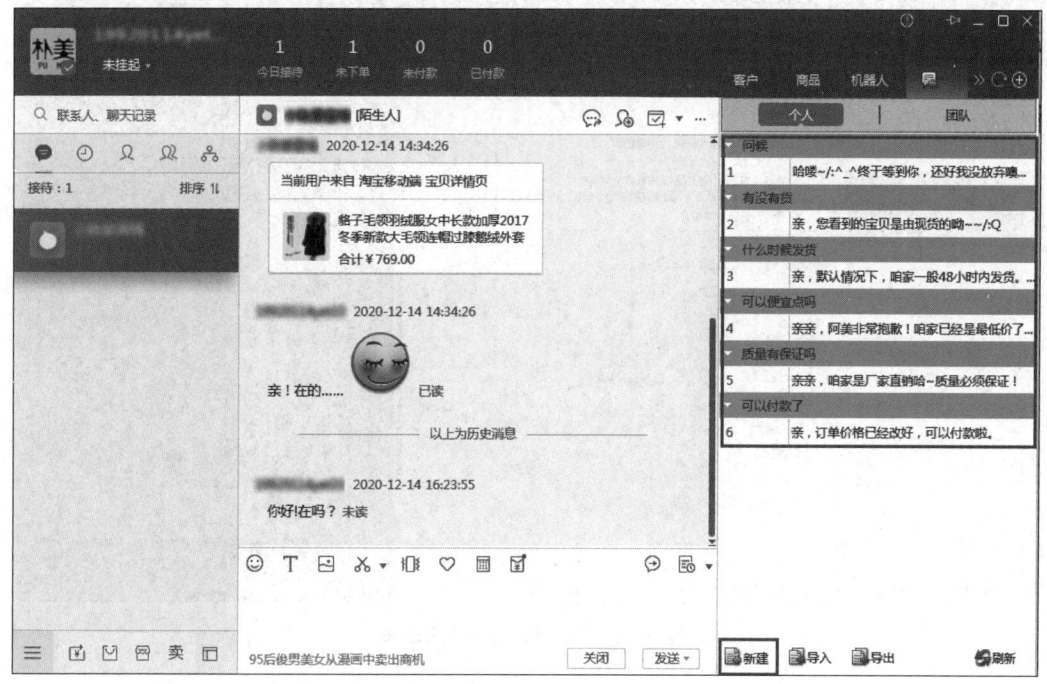

图 5-10　单击【新建】按钮

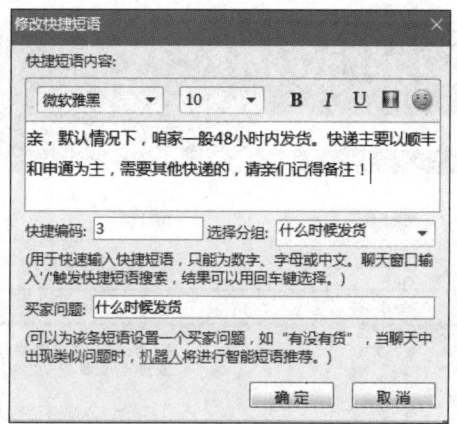

图 5-11　设置快捷短语

（3）机器人回复。如果卖家生意非常好，而客服人员忙不过来，那么可以把千牛接待中心设置为机器人半自动回复状态。这样能够节省客服文字录入的时间，从而提高客服旺旺的回复速度。下面分步骤介绍机器人回复的设置方法，具体如下。

Step1　打开任意一个聊天对话框，单击对话框右侧的【机器人】选项卡，如图 5-12 所示。对话框显示的内容即为机器人回复开启页面。机器人回复分为半自动回复和全自动回复。半自动回复即当客服回复买家问题时可以按照设置好的快捷短语回复买家；而全自动回复则会智能回复买家的问题，对于无法回答的问题则不予回答。

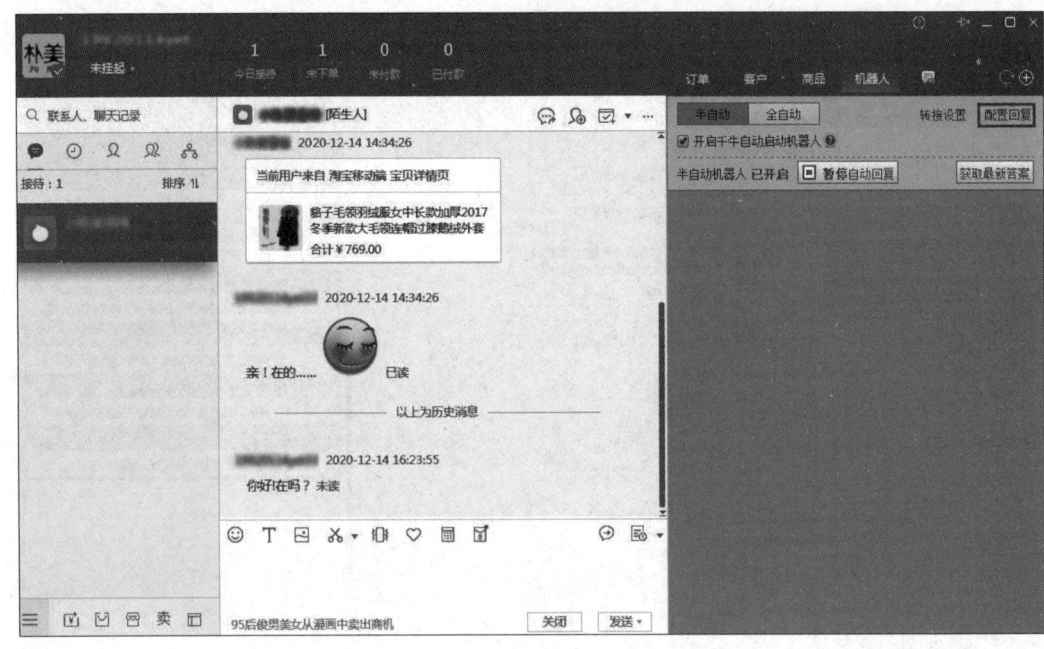

图 5-12 单击【机器人】选项卡

Step2 单击图 5-12 中右侧的【配置回复】按钮，进入配置回复页面，设置店铺数字问题或者自定义问题，如图 5-13 和图 5-14 所示。

图 5-13 店铺数字问题设置 1

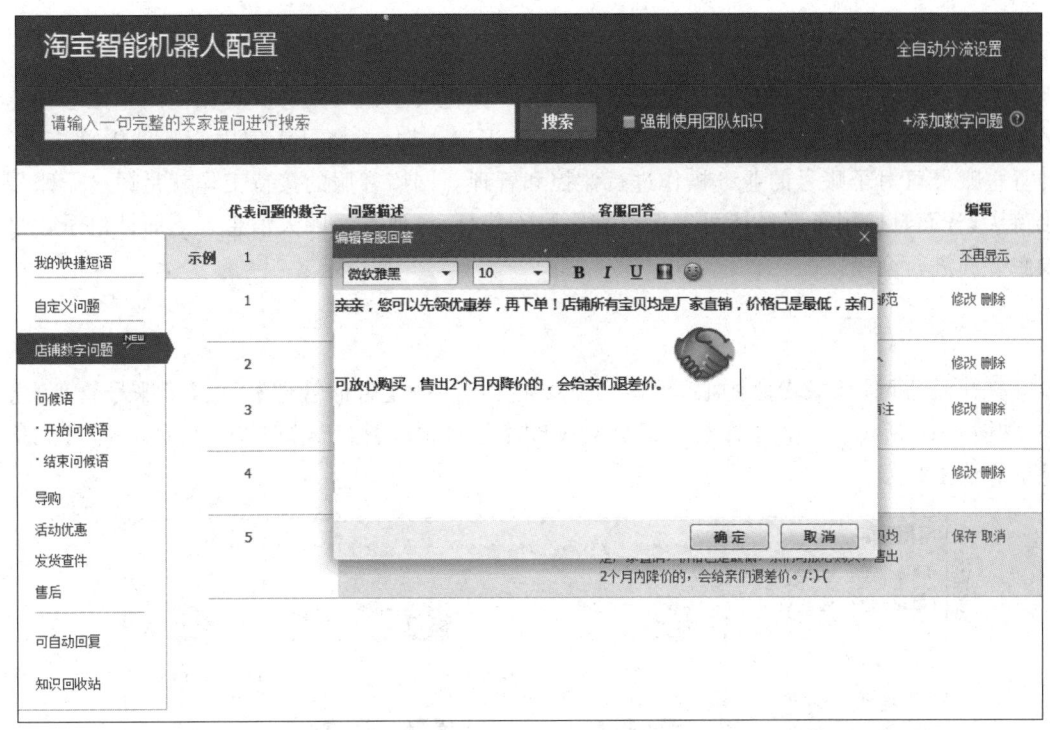

图 5-14　店铺数字问题设置 2

同自动回复设置一样,店铺数字问题设置完成后,网店客服人员需要使用买家账号检测店铺客服自动回复是否成功,如图 5-15 所示。如果存在问题,则需要及时的调整。

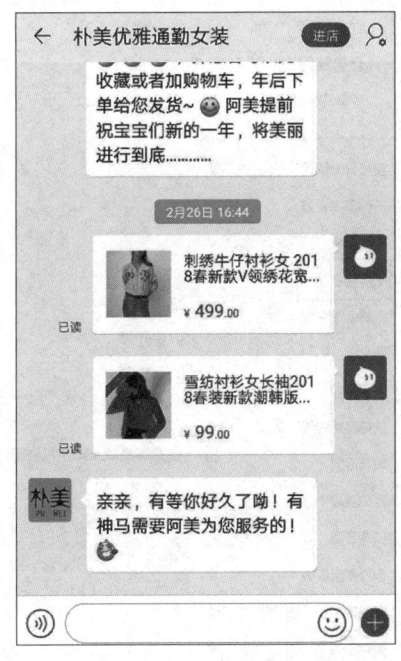

图 5-15　检测自动回复

5.2.3 子账号设置

子账号业务是淘宝网及天猫提供给卖家的一体化员工账号服务。卖家使用主账号创建员工子账号并授权后,子账号可以登录旺旺接待买家咨询,或登录卖家中心帮助管理店铺,并且主账号可对子账号的业务操作进行监控和管理。网店客服的接待工作就是通过子账号接待买家,而且使用子账号还可以保留客服聊天信息,方便查看聊天信息。下面针对子账号设置方法进行介绍。

1. 子账号领取

打开淘宝网,登录卖家中心,单击卖家中心页面左侧【店铺管理】下的【子账号管理】选项,如图 5-16 所示。进入子账号设置页面,单击【免费领取】按钮,如图 5-17 所示,即可免费领取店铺子账号。

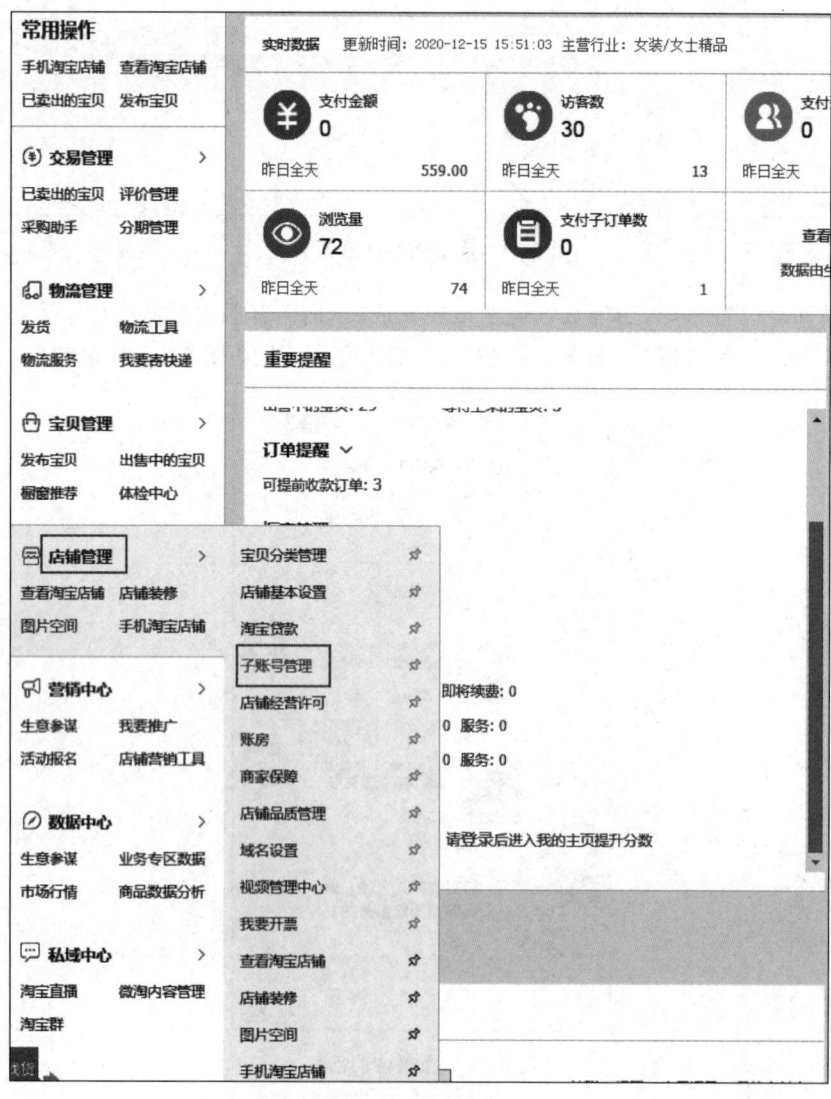

图 5-16 卖家中心

第 5 章 网店客服管理

图 5-17 免费领取子账号

当然,对于不同等级、不同类型的店铺,淘宝系统规定可以领取的子账号数量也不相同。具体规则如表 5-1 所示。

表 5-1 淘宝网卖家子账号领取数量

编号	身 份		判 定 标 准	赠 送 规 则	可 购 买	说 明
1	卖家(包括部分分销商)	0～5 心	主账号通过认证开店	赠送 3 个	10 个以下	赠送数量包括旺旺分流改版赠送 1 个;赠送的子账号可以一直使用,不用付费;若同时满足 1 和 2,则名额是最大值;若同时满足 2 和 3,则名额叠加,送 15 个;针对淘宝集市企业卖家,在原来赠送的数量基础上,额外赠送 18 个账号
		1～3 钻		赠送 11 个		
		3～5 钻		赠送 11 个	300 个以下	
		1～5 皇冠		赠送 21 个	800 个以下	
		1～5 金冠		赠送 61 个	可以	
		淘宝集市企业卖家		赠送 18 个	可以	
		天猫(非红冠)		最多赠送 31 个	可以	
		天猫(红冠)		最多赠送 61 个	可以	
2	品牌商/供应商		主账号有品牌商/供应商标记	赠送 10 个	可以	
3	摄影市场服务商		主账号通过开发者认证,并在摄影市场发布过服务	无赠送	可以	
4	其他服务商		主账号通过开发者认证	无赠送	可以	
5	买家		既没有店铺,也没有任何标志	无赠送	不可以	

2. 创建客服子账号

领取客服子账号后,即可进行子账号管理,也就是对子账号进行一些基础设置。设置客服子账号的操作方法比较简单,具体步骤如下:

Step1 打开淘宝网,使用主账号登录卖家中心,单击左侧【店铺管理】栏目下的【子账号管理】选项,如图 5-18 所示。

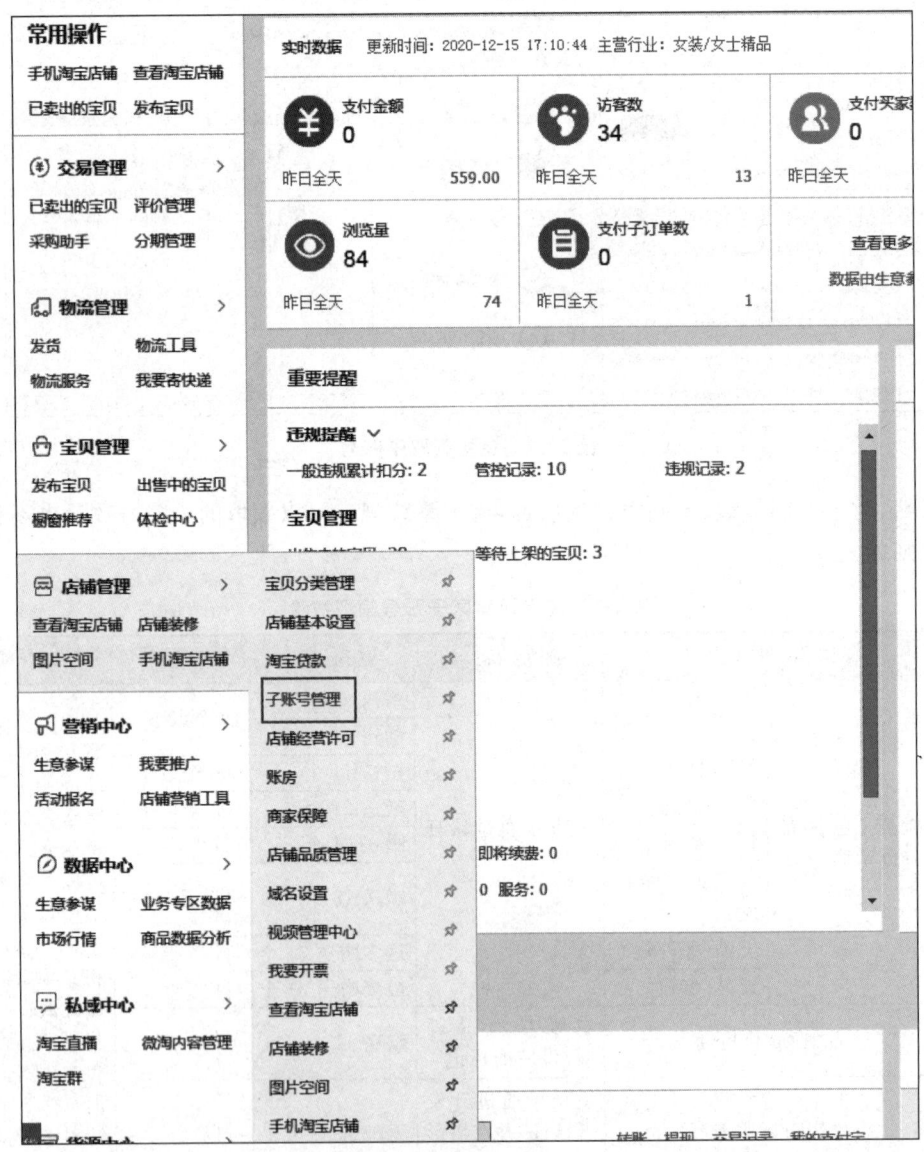

图 5-18 卖家中心

Step2 进入子账号管理页面,由主账号为店铺开启子账号服务,如图 5-19 所示。

Step3 进入子账号管理页面,单击顶部的【员工管理】选项卡。选择部门结构中的客服,然后单击【新建员工】按钮,如图 5-20 所示。

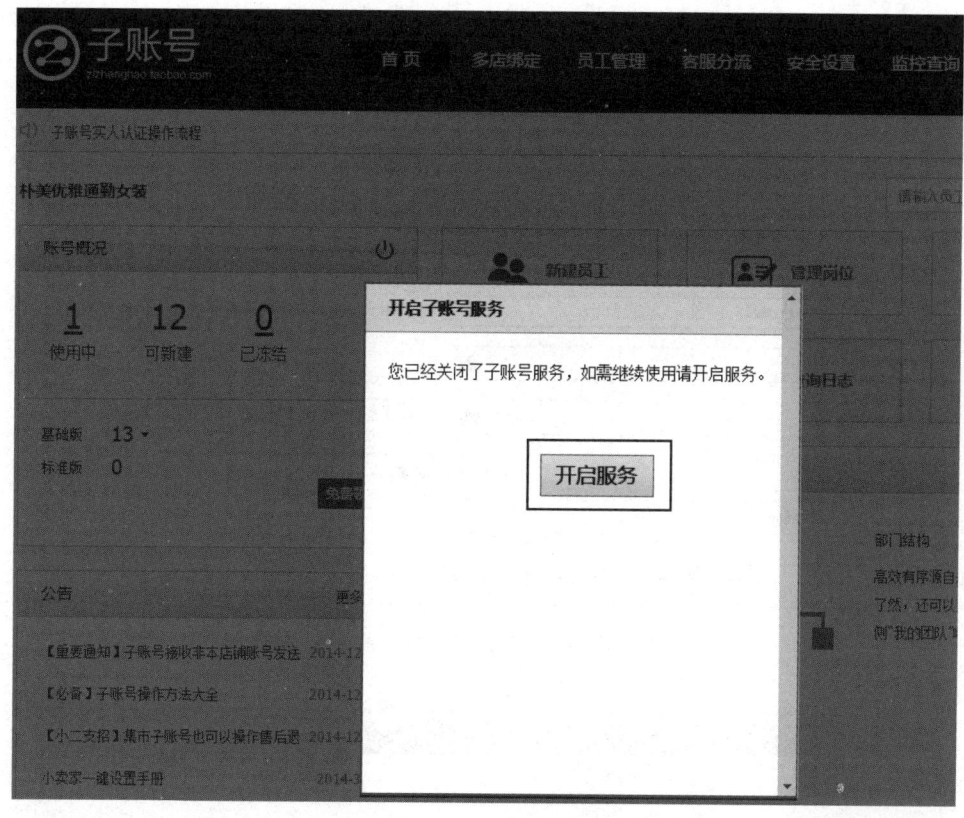

图 5-19　开启子账号服务

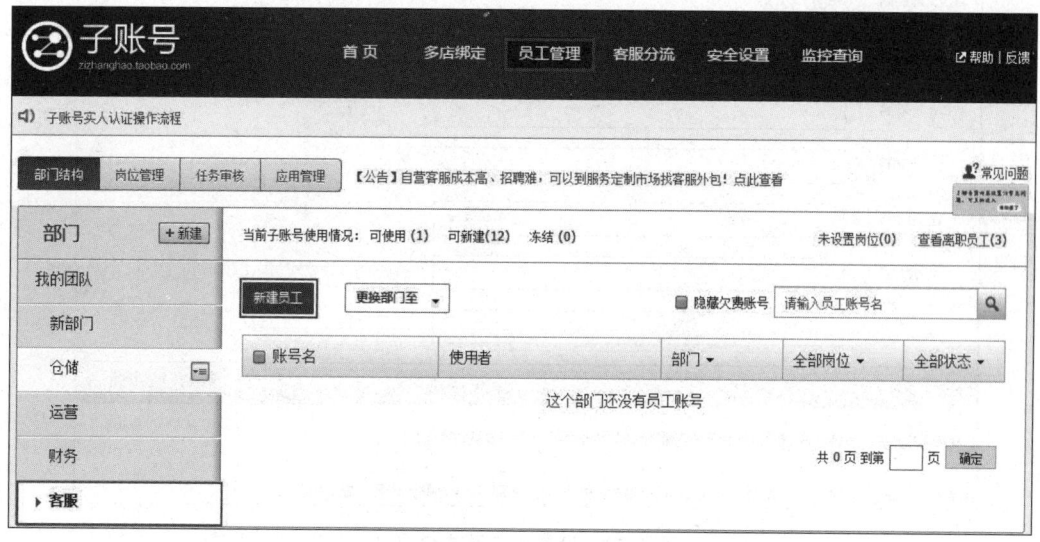

图 5-20　员工管理

Step4　进入新建员工页面，根据页面提示信息将员工和子账号信息录入。单击页面右上角的【确认新建】按钮，即可创建完成子账号，如图 5-21 和图 5-22 所示。

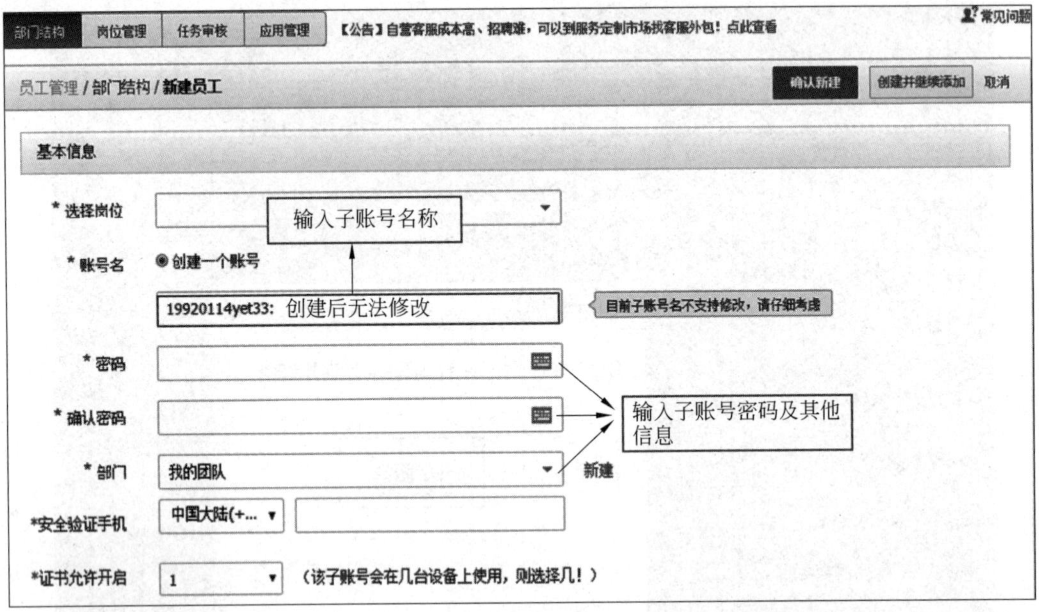

图 5-21　设置员工基本信息 1

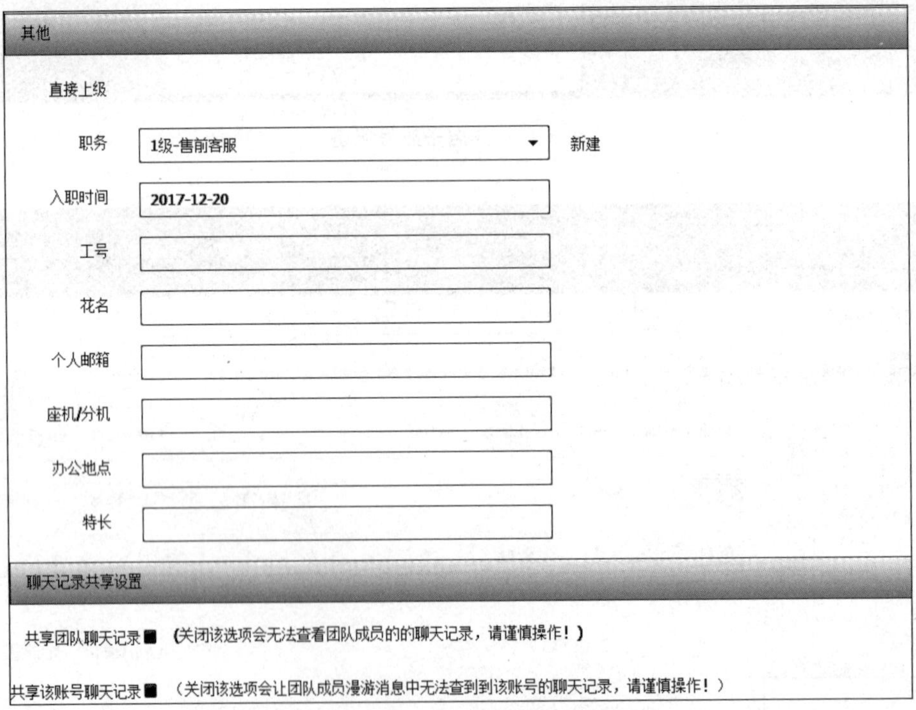

图 5-22　设置员工基本信息 2

Step5 设置子账号权限。在子账号页面选中刚创建的子账号并单击【修改权限】链接，如图 5-23 所示。进入子账号权限页面为该子账号设置相应的账号权限，单击【保存】按钮，该子账号就拥有了相应的权限，如图 5-24 所示。

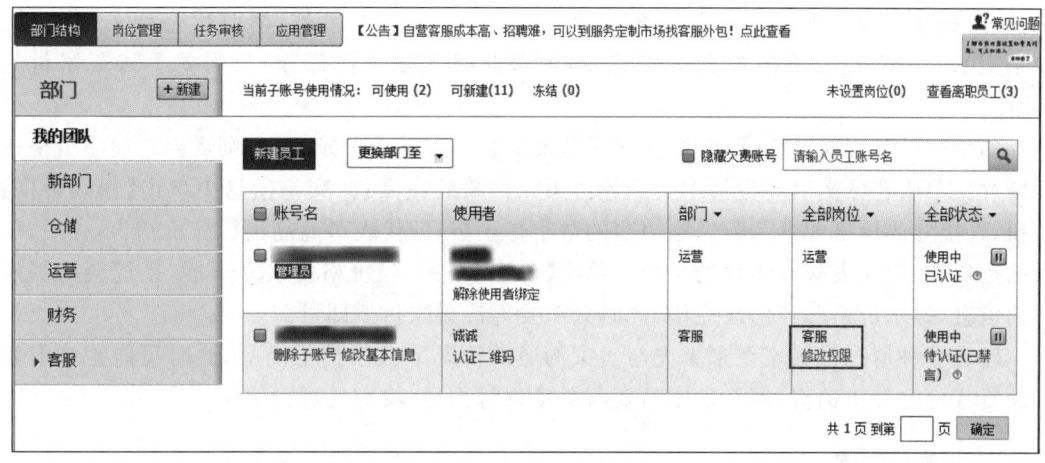

图 5-23　单击【修改权限】链接

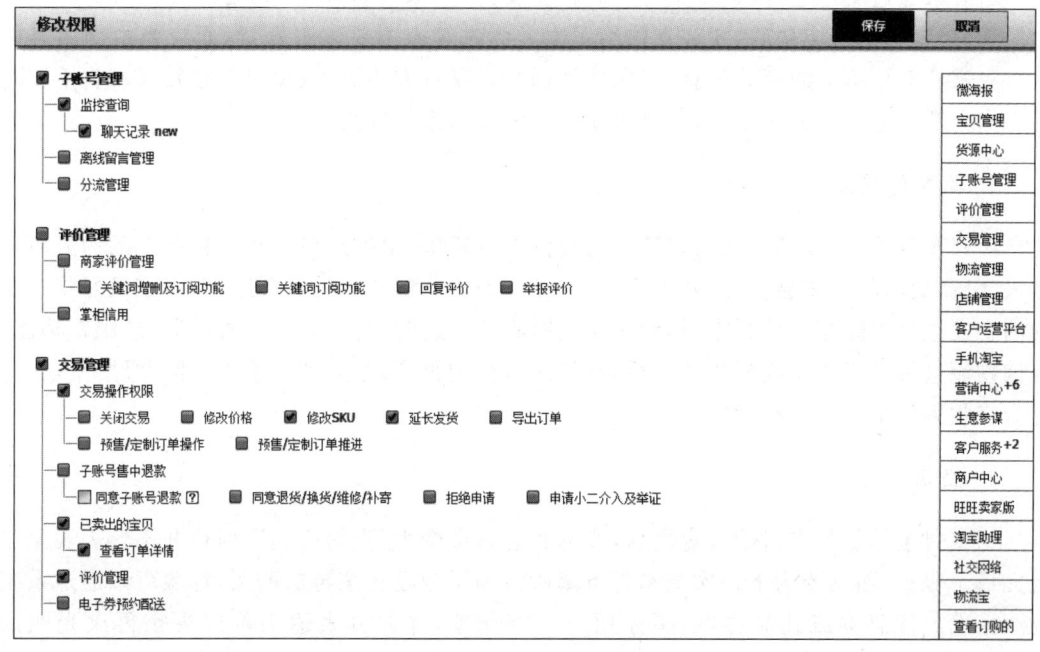

图 5-24　设置子账号权限

5.2.4　交易管理

当买家决定购买店铺中的某款商品而进行交易时，需要网店客服对交易流程进行操作和管理。交易管理不仅包括网店客服的单独操作，当买家不了解交易流程时，客服还需要给予指导和帮助。店铺交易管理的相关设置主要在卖家中心的【已卖出的宝贝】板块中，包含以下几方面内容。

1. 等待买家付款

等待买家付款即买家拍下某个商品后未付款之前，商品交易呈现"等待买家付款"状态。

这时，需要客服执行的操作包括三种类型，分别是等待买家付款、修改价格或关闭交易。如果交易双方对商品价格没有任何疑义，客服此时无须任何操作，只需要等待买家付款即可。

如果交易双方通过协商，客服同意降低商品价格或给予一定折扣，则需要对商品价格进行修改。客服在已卖出的宝贝中找到等待买家付款的商品，在交易信息中单击【修改价格】按钮，直接修改价格即可。若客服填写的数字是正数，即代表对商品进行涨价销售；相反，填写的是负数，则代表降价销售的金额。单击【确定】按钮，当价格修改完毕后，系统会向买家发出信息，提示价格已经修改完毕，此时只需要等待买家付款即可。

还有一种情况是买家在未事先与卖家沟通的情况下自己拍下商品，此时可能正赶上商品缺货或已经停止销售，那么卖家需要与买家进行沟通，将交易进行关闭。

2. 买家已付款

当买家通过支付宝付款后，交易状态就会变为"买家已付款"。此时的货款由支付宝代为保管，只有当交易成功后，才会支付给卖家。此时卖家不要急着发货，而应当由网店客服先与买家核对订单上的商品信息、买家地址、姓名、联系方式等，以免错发导致买家收不到商品。当全部信息确认无误之后，卖家再联系物流公司进行发货。

3. 卖家已发货

卖家发货后，会收到一张由快递公司提供的发货单（也称运单），将发货单上的物流单号输入之后，交易的状态会变更为"卖家已发货"。为了体现专业的服务态度，卖家最好将发货的消息通过阿里旺旺告诉买家，提醒买家及时收货。这时，交易双方就可以通过"跟踪物流"查询物流进展。当买家收到商品之后，确认没有任何疑义之后，单击【确认收货】按钮，支付宝会将收到的货款支付给卖家。

4. 交易成功

当支付宝将货款支付给卖家之后，交易状态就会变为"交易成功"，但这并不代表卖家已经完成了服务，而是要为下一次交易打下基础。为了激励买家再次购买，客服可以通过系统为买家发放优惠券或礼品券，给买家留下良好印象，并充分表达出希望买家再次光顾的诚意。

5. 退换货

在网购过程中，并不是每笔交易都能让买家完全满意，有时可能因为卖出的产品存在一些瑕疵，或者买家选错了尺码、颜色，甚至不喜欢商品等原因，都会出现退换货情况。而大部分卖家都会参加"七天无理由退换"活动，只要商品保持原样，不影响产品二次销售，买家可以在七天之内无理由退换货。

一旦买家提出退换货，网店客服应在第一时间回复。如果沟通之后，买家执意提出退货，网店客服应该向买家提供退货地址和说明发送快递时需要注意的问题。卖家在收到买家退回的商品后，确认商品完好无损并且不影响商品二次销售，应将退款及时返还给买家。

5.2.5 客户关系管理

网店客户关系管理也是客服人员的工作内容,需要客服人员掌握客服关系管理工具的使用方法。下面针对网店客户关系管理的相关知识进行介绍。

1. 客户关系管理工具

客户关系管理工具是专门用来管理店铺客户信息的工具,常用的有淘宝官方系统提供的会员关系管理工具以及服务市场第三方服务商提供的客户关系管理工具。为方便读者操作学习,本书以淘宝网后台的会员关系管理工具为例进行介绍。

淘宝网后台的会员关系管理工具是由淘宝官方推出的供淘宝卖家使用的客户管理系统,是通过会员分析来对客户进行精准营销的系统。图5-25所示为客户运营平台首页。

图 5-25 客户运营平台首页

2. 客户关系管理的内容

网店客户关系管理的内容一般包括收集客户数据、设置会员等级、会员分析等几方面,下面针对收集客户数据和会员等级的设置方法进行介绍。

(1)收集客户数据。客户数据是客户关系管理的基础,卖家通过店铺后台可以查看客户的性别、年龄、购物喜好、联系方式、地址等信息。当然,卖家在与客户交流过程中收集的其他信息也可以存放在会员管理系统中。淘宝后台客户关系管理系统收集和整理数据方法的具体步骤如下。

Step1 打开淘宝网,登录卖家中心后台,单击图5-26中卖家中心页面左侧的【营销中心】→【客户运营平台】选项,进入客户运营平台首页,如图5-27所示。

图 5-26 卖家中心

图 5-27 客户运营平台首页

Step2 单击左侧导航栏【客户管理】下方的【客户列表】按钮,进入客户列表页面,如图 5-28 所示。

图 5-28 客户管理页面

Step3 在图 5-29 所示的客户列表页面中,选中任意一个客户,单击右侧的【详情】按钮,进入客户信息页面。客服人员可以将买家信息收集起来,以便日后对买家进行分组,如图 5-30 所示。

图 5-29 客户列表页面

(2)设置会员等级。客户运营平台具有会员等级功能,可方便客服人员了解客户购物情况,根据不同的会员需求选择不同的营销方式,尽力满足用户的需求,形成自身店铺的特

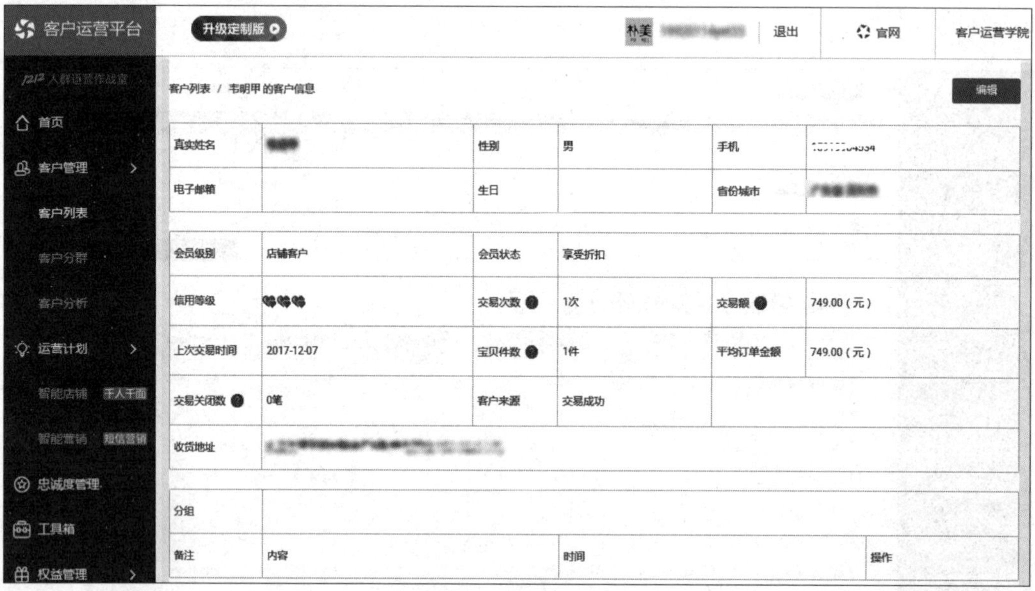

图 5-30 客户信息页面

色。下面分步骤介绍如何设置会员等级，具体如下。

Step1 设置客户会员等级也是在客户列表页面中，因此客服人员首先单击【客户列表】按钮进入客户列表页面。然后单击每个客户列表后的【详情】按钮，进入客户信息页面，如图 5-31 所示。

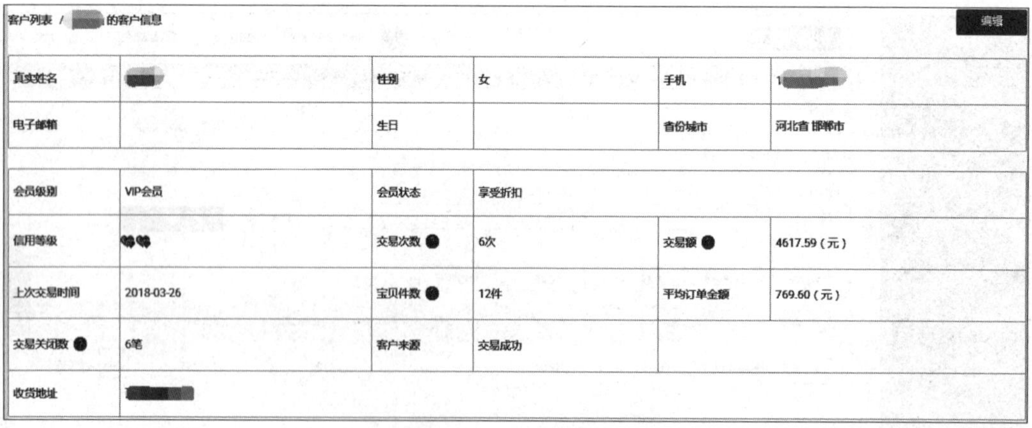

图 5-31 客户信息

Step2 单击客户信息页面右侧的【编辑】按钮，编辑该客户信息。选择会员级别，对该客户会员级别进行设置，如图 5-32 所示。设置完成后，单击【保存】按钮即可完成会员等级的设置。

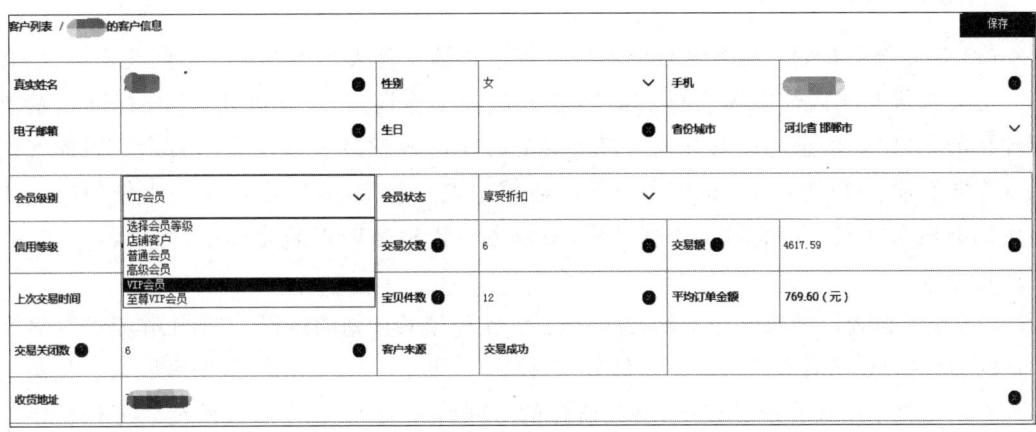

图 5-32 设置会员等级

5.2.6 客服绩效管理

客服绩效考核是卖家针对店铺客服岗位制定的相关工作方法和考核指标。加强店铺客服员工的绩效管理既是考核客服员工绩效和薪资管理的重要方式,也是提升店铺营销效果的重要举措。下面针对网店客服绩效管理的基本原则和绩效管理工作的相关内容进行介绍。

1. 绩效管理基本原则

(1) 一致性原则。一致性原则主要表现在两个方面:

- 绩效考核的内容应当与企业营销目标一致,能够体现出店铺运营对客服的行为导向。
- 绩效考核标准、内容和方法应当与客服工作岗位的特点相一致。如果不顾实际情况,采用与客服工作岗位特点不相关的内容和方法进行考核,就难以达到绩效管理的目的。

(2) 公开透明原则。在整个绩效管理过程中,要坚持公开、透明的原则。在制定绩效计划阶段,企业领导应当向客服人员公开绩效考核的目标、内容和方法等信息;在绩效监控和绩效评定阶段,应当向客服人员公开每人的绩效考核成绩,杜绝暗箱操作;在绩效反馈阶段,对于客服员工的评价信息应当及时迅速传达给客服人员,使他们了解自己的长处和看到自己的短处,在以后的工作中做到扬长避短。

(3) 沟通原则。绩效管理的目的在于保证客服人员的工作行为和表现结果与企业营销目标一致,而要保证这种一致性,必须保持店铺运营管理人员和客服人员之间的有效沟通。从制定绩效计划到绩效监控、绩效考核,直至绩效反馈,整个绩效管理过程的运转都依赖于店铺运营人员和客服人员之间的沟通。不管这种沟通是正式还是非正式的,都有利于双方达成一致,有利于实现绩效管理的目标。

2．绩效管理工作流程

（1）制定绩效计划。绩效计划的制定依赖于店铺管理人员和客服人员的沟通，店铺管理人员要提供关于店铺发展目标和对客服人员的工作期望、工作要求、考核标准及绩效管理目的、方法等信息。绩效计划中最重要的一项内容就是绩效标准的界定。店铺管理人员应向客服员工说明绩效的哪些方面对店铺来说是重要的，客服员工在工作中应该如何按标准做出绩效。例如对于售前客服，绩效考核指标是销售额完成量、咨询转化率、旺旺回复率等。

（2）绩效监控。绩效监控实际上就是贯彻、实施绩效计划的过程，主要工作是关注客服人员的绩效信息，与客服人员就工作绩效进行持续不断的沟通，指导、帮助客服人员提高工作效率。在整个绩效管理过程中，绩效监控的时间跨度最大，它为后续的绩效考核提供信息，并通过及时指导直接促使客服人员与店铺营销目标保持一致。

（3）绩效考核。绩效考核是绩效管理过程中最为关键的部分。为确保绩效考核的科学性，必须就考核人员和考核办法做出严格规定。客服绩效考核的具体实施者必须对绩效考核的目标、标准及被考核的客服人员有全面的了解，以便识别完成工作所必需的关键行为。

（4）绩效反馈。许多店铺的绩效管理工作进行到绩效考核就基本结束。事实上，绩效考核后的绩效反馈同样有着重要的意义。绩效考核只是手段，不是目的。网店客服绩效管理的真正目的在于了解网店客服工作的真实价值，采取有效措施促进客服人员的工作行为朝着店铺期望的方向改进。

具体来说，网店客服绩效考核的内容主要包括工作业绩、工作能力以及工作态度几方面。工作业绩主要从每月销售额和上级主管安排任务的完成情况来体现；工作能力则是从个人实际完成的工作成果以及各方面综合素质来评价其工作技能和水平，如专业知识掌握程度、学习新知识的能力、沟通技巧以及语言文字表达能力等几方面进行考核；最后工作态度主要对员工日常中的工作表现予以评价，包括客户纠纷、责任感以及信息反馈及时性等。

根据客服绩效考核结果，可以将客服员工的工作情况划分为不同的等级，这也是进行客服职位晋升、绩效提成发放、岗位工资调整等时参考的主要依据。当然，对于不同岗位、不同类型的客服，其考核的标准和方法各不相同，具体考核细则可参考表 5-2 所示的某天猫旗舰店客服绩效考核方法。

表 5-2 天猫旗舰店客服绩效考核表

姓名：　　　　分数：
说明：考核指标由工作业绩、工作态度、团队合作、日常检查四部分组成
考核关键点：1．工作质量；2．工作完成及时性；3．工作饱和度；4．工作任务完成率
工作绩效考核得分 $= \sum 1 - X$（考核指标得分）

续表

序号	指标	指标分解	考核指标		上级评分80%		自我评分20%	最后得分	总分
			指标定义	总分	经理	主管			
1	工作业绩	售前服务	1. 严格按照售前流程表引导买家完成咨询购买内容（介绍内容：5分；地址确认：5分；评价提醒：5分）	15分					
			2. 对于有特殊要求的买家，应及时与公司沟通，并给予买家回复，最后进行备注记录	5分					
			3. 整理和分析交易过程中发现商品的问题（如描述不符、邮费设置等），反馈给客服主管	5分					
		售中跟进	1. 协助发货，按要求进行包装、发送，并及时通知买家商品情况	5分					
			2. 遇到有问题的订单，根据问题情况，及时跟买家沟通协调，处理完问题后及时给买家回复，并进行备注记录	10分					
			3. 遇到买家不满意，应真诚道歉，并及时跟公司汇报和给买家回复并进行备注记录	5分					
		售后维护	1. 及时查看评价管理，遇到不良评价的2个工作日内做出应急管理	10分					
			2. 把已经购买的买家加入店铺买家微信群、旺旺群内	5分					
			3. 根据店铺活动定期发送促销消息给老买家，并以值班时间为准，对群内买家咨询做出处理	5分					
2	工作态度	工作表现	日常工作中的表现行为	5分					
		考勤	当月全勤满分，请假扣2分，迟到、未打卡一次扣1分，旷工计0分	10分					
3	团队合作	团队成员协作	团队其他成员对该同事工作的满意程度	5分					
4	日常检查	日常表现检查和考核	1. 工作计划和总结	5分					
			2. 会议、活动	5分					
			3. 现场纪律	5分					

续表

序号	指标	指标分解	考核指标			上级评分80%		自我评分20%	最后得分	总分
			指标定义	总分	经理	主管			
5	加减分项	投诉	1. 内部投诉：在工作过程中，凡因个人原因造成公司其他人员投诉的，一经查实一次扣5分		人力资源部				
			2. 外部投诉：出现客户对服务及态度不满意的现象，一次扣5分，当月累计发生3次以上客户投诉现象，当月绩效考核为0分		人力资源部				
		违纪	在工作过程中，凡是因为个人原因造成其他外部人员对公司有不好的评价，导致公司形象或声誉受损的行为属于个人违纪行为，一次扣10分；严重违纪者当月绩效计0分，公司有权解除劳动合同		人力资源部				
		奖励	月度内若员工在工作中有突出表现或做了额外工作，可由部门负责人根据实际情况酌情给予一定加分，此项加分不超过5分		电商部经理				
		特殊贡献	1. 为公司系统节约成本500元以上。2. 针对公司管理提出合理性工作建议和解决方案，被公司采纳被推广实施。3. 其他：员工在其他方面有突出表现，为公司赢得一定社会声誉，获得总经理嘉奖的，可酌情给予一定的奖励，此项加分上限为10分		人力资源部				

等级评定：
A：95分(含)以上优秀
B：85分(含)～95分(不含)良好
C：75分(含)～85分(不含)中等
D：60分(含)～75分(不含)及格
E：60分以下不及格

绩效工资核算：
当月绩效考核成绩为A的，可获得全额绩效工资；当月绩效考核成绩为BCDE的，根据实际绩效考核得分核算绩效工资，计算公式为：

实际所得绩效工资 = $\frac{绩效考核得分}{100}$ × 约定绩效工资

实际得分：

5.3 网店客服工作流程

网店客服服务体现在网购交易的整个过程中,商品交易的发生前、发生中以及发生后都可能需要客服,所以客服人员应根据商品交易过程遵循相应的工作流程。一般来说,网店客服的工作流程可以分为售前服务、售中服务、售后服务。

5.3.1 售前服务

网店客服的售前服务是一种引导性服务,当买家对产品抱有疑虑时,就需要客服人员提供售前服务。从买家进店到付款的整个流程都属于售前服务的范畴,包括买家咨询、疑难解答、促成下单、感谢买家光顾等内容。

1. 进店问候

进店问候即网店客服主动问候进店咨询的买家。网店客服与实体店铺客服服务对象一样,都是和消费者打交道。因此,网店客服在和买家正式沟通前,如何巧妙地拉近与买家的距离对于客服开展后续促销工作有重要影响。通常来说,网店客服首次与买家沟通时,一般会设置短语自动回复,这样不但可以提高旺旺的回复速度,而且不会因为让买家久等而造成顾客流失。需要注意的是,自动回复的短语应当符合店铺定位形象,给买家一种亲切、自然的感觉。

2. 介绍商品

作为一名合格的网店客服,熟悉店铺产品信息并向买家介绍商品的详细信息是基础工作。客服人员必须掌握商品的专业性知识和行业相关知识,了解同类产品信息和店铺促销活动信息。此外,还需要根据买家提出的要求,向买家推荐店铺的产品或者推荐搭配商品等。

3. 与买家沟通

网店客服在接待买家的过程中,会遇到各种类型的买家,他们会提问各式各样的问题。为了提高转化率,促成买家下单,网店客服需要掌握与不同类型买家打交道的沟通技巧,注意提炼自己的营销话术,针对不同类型的买家开展精准营销。

5.3.2 售中服务

售中服务是指商品交易过程中客服为买家提供的帮助,主要集中在买家付款到订单签收这个阶段,包括订单处理、物流配送以及订单跟踪等内容,具体介绍如下。

1. 订单处理

订单处理主要是指对买家订单信息进行核对,确认买家填写的订单信息准确无误,以免发生发错货物或者发错地址等问题。如果在核对信息时发现用户订单信息有误或者店铺里的产品库存不足,就需要及时处理订单,跟买家说明情况,减少不必要的误会和交易麻烦。

2. 物流配送

物流配送即网店客服联系快递公司揽件并将商品按买家填写的地址寄送给买家。需要注意的是，物流信息要填写正确和完整。

3. 订单跟踪

货物发出之后，网店客服还应及时地跟进物流信息，提醒买家早点签收货物，并引导买家给予好评，提升宝贝排名。此外，对于物流运输过程中出现的破损、丢件等问题，需要及时跟快递公司进行联系，协商解决类似问题，争取买家的谅解，树立店铺良好形象，减少由此带来的买家中差评。

5.3.3 售后服务

售后服务质量是衡量店铺服务质量的一个重要指标，好的售后服务不仅可以提高店铺动态得分，还能吸引更多新客户，维系好老顾客。网店售后的内容非常多，像商品使用解答、退换货处理、中差评处理等都属于售后服务的范畴，其中退换货处理和中差评处理是网店客服售后服务的主要内容，下面针对这两方面进行详细介绍。

1. 退换货处理

退换货是网店售后中较为常见的现象，当买家对购买的商品不满意或者尺码不合适时，都会申请退换货服务，网店客服应根据实际情况快速做出相应处理。通常来说，买家申请退换货时主要有退货、换货以及折价几种情况，每种情况的具体处理方式如下。

（1）退货。淘宝网通常是7天无理由退换货，有些商品甚至是15天退换货。当买家收到商品后，对商品不满意时，可以申请退换货服务。买家申请退货时，卖家首先要了解下买家退货的具体原因，以及是否符合退货的要求，确认之后再将卖家的退货地址发给用户。

（2）换货。当买家觉得商品的尺寸、颜色、款式等不合适时，会申请换货处理服务。这时客服需要先确定商品是否符合换货的要求，售出的商品、吊牌等是否完整，是否影响商品的二次销售。如果符合换货要求，需要提供给用户换货的地址，并请买家告知物流凭证，收到买家退还回的货物再换货发回去。

（3）折价。折价是指当买家签收货物后对商品不满意或者商品存在瑕疵时，会向卖家反映商品情况，此时客服需要和买家协商处理，买家可以发送照片或录制视频方式向客服详细反映商品问题，客服人员可以根据商品具体情况和买家协商是否折价、折价多少等，买家同意折价后客服需要向买家退还相应的费用。

2. 中差评处理

对于中大型的网店，特别是一些天猫旗舰店铺，每天都会有大量交易，因此交易过程中难免会在某些方面给买家带来不够好好的购物体验，那么店铺的中差评也随之而来。中差评对于店铺信用的影响非常严重，因此处理好中差评也是网店客服的重要工作内容。网店客服在处理中差评时需要遵循一定的流程和方法，这样才能有助于问题的解决。常见的流程和方法如下所示：

（1）耐心倾听，真诚道歉。当买家向客服反映商品问题时，客服首先应耐心倾听买家的抱怨，真诚地向买家道歉，并向买家详细地解释原因，解除买家对于店铺的误解。

（2）提出完善的解决方案。客服在遇到买家投诉时，应当立即着手处理，尽快提出合理的解决方案，如退换货、折价、送赠品等，尽量给买家一个满意的答复，有效化解同买家之间的误解，挽回企业的信用。同时，针对买家反馈的问题，主动向店铺负责人反映存在的问题，以避免日后事件的再次发生，降低买家的投诉率。

（3）引导买家修改中差评。在收到买家中差评之后，客服人员需要主动联系买家，向买家诚恳道歉并了解差评的原因。通过与买家协商沟通，客服向买家提出令双方都满意的解决方案，为买家退换货或者折价。其次，恳请买家修改中差评。当然，如果是买家责任的话，也需要客服人员真诚地和买家沟通，恳请其修改中差评。

5.4　本章小结

本章主要介绍了网店客服工作的相关知识，包括认识客服岗位、客服工作基础技能及绩效管理、客服工作流程等内容。

通过对本章内容的学习，读者应当了解客服工作的内容和意义，掌握千牛工作台、子账号设置、客户关系管理等必备技巧，熟悉客服工作的流程，能够胜任简单的客服工作。

5.5　课后练习

一、判断题

1. 网店客服的主要工作包括销售接待、订单处理及售后服务等。　　　　（　　）
2. 一个合格的网店客服必须对店铺的商品和促销活动了如指掌。　　　　（　　）
3. 设定网店客服绩效管理时需要满足一致性、公开透明性以及公平性原则。（　　）
4. 网店客服客户关系管理的内容一般包括收集客户数据和设置会员等级等几方面。
   　　　　　　　　　　　　　　　　　　　　　　　　　　　　　　　　（　　）
5. 不是店铺原因造成买家差评的，客服人员坚决不能接受，应想尽办法让买家修改差评。　　　　　　　　　　　　　　　　　　　　　　　　　　　　　（　　）

二、选择题

1. 下列选项中，关于网店客服工作意义的说法正确的是（　　）。
   A. 提高店铺转化率　　　　　　　　B. 维系老顾客
   C. 塑造店铺形象　　　　　　　　　D. 提高店铺排名
2. 下列选项中，属于网店客服应当掌握的岗位知识的是（　　）。
   A. 产品知识
   B. 具备良好的语言组织能力、表达能力和沟通能力
   C. 店铺活动
   D. 在线咨询工具的使用

3. 下列选项中,属于网店客服的工作流程内容的是(　　)。
   A. 售前服务　　　　　　　　　B. 售中服务
   C. 售后服务　　　　　　　　　D. 进店问候
4. 下列选项中,属于网店客服售中服务内容的是(　　)。
   A. 介绍商品　　　　　　　　　B. 订单处理
   C. 物流配送　　　　　　　　　D. 订单跟踪
5. 下列选项中,属于网店客服售后服务内容的是(　　)。
   A. 退换货处理　　　　　　　　B. 折价
   C. 订单跟踪　　　　　　　　　D. 中差评处理

知识体系梳理图

实践案例

第 6 章
物流与仓储管理

思政阅读

【学习目标】

知识目标	• 了解电子商务物流的概念和发展现状 • 了解主要的网店物流模式 • 熟悉仓储人员的工作要求
技能目标	• 掌握仓储管理的工作内容 • 掌握网店物流的选择以及物流设置

【引导案例】

三只松鼠：每年的"双十一"都是对企业的生死考验

三只松鼠的前身是安徽芜湖高新技术开发区的一家电子商务公司,成立于 2012 年 2 月,是一家定位于以坚果、干果、茶叶等食品的研发及品牌销售为主营业务的现代化新型企业,也是中国第一家定位于纯互联网的食品品牌。成立 5 年来,三只松鼠在创始人章燎原的带领下从 5 个人的团队做起,现已迅速发展成为休闲零食界的"网红",是国内休闲零食领域的领军企业之一,也是当前中国销售规模最大的食品电商企业。

"双十一"购物狂欢节作为电商界最重要的促销节日之一,既是公司积极筹备的重要促销活动,也是考验公司业务运营和应急处理的重要时期。三只松鼠成立以来,连续参加了 6 次"双十一"购物节活动,6 次均夺得零食坚果特产类目第一。表 6-1 所示为三只松鼠 2012 年至 2017 年的"双十一"购物节成交额。

三只松鼠 2012 年至 2017 年的"双十一"购物节成交额					
2012 年	2013 年	2014 年	2015 年	2016 年	2017 年
766 万元	3562 万元	1.02 亿元	2.51 亿元	4.35 亿元	5.22 亿元

在电商时代,卖家在市场竞争中拼的不止是价格,更重要的是物流服务。三只松鼠属于食品行业,对于物流仓储要求更高,因此每年"双十一"都是对三只松鼠的一次生死考

验。虽然三只松鼠现在的物流仓储体系非常完善,在芜湖、北京、成都等全国8个城市设立了专门的仓储基地,但公司CEO章燎原回想起6年前第一次参加"双十一"购物节活动时的情形,仍心有余悸。由于是第一年参加"双十一",因此对于仓储物流筹备不足。公司80多人,有9万多笔订单,"双十一"发货的第一天只发了6000单。阿里巴巴的总裁助理打电话给公司:"你们有没有搞错,9万笔订单只发了6000单?什么时候才发完货呢?"最后发了九天九夜。经历过那次"双十一"的人都是灰头土脸的,跟战场上吃了败仗的感觉一样。

正是有了那次经历,公司意识到物流仓储的重要性,开始加强仓储物流体系的建设。在2017年"双十一"大促活动中,共有4 281 943位消费者在线下单,500多万笔订单全部按时送达客户手中。

【案例思考】

许多运营人员只关注于如何将货卖出去,却很少关注店铺的仓储物流服务,殊不知店铺的仓储物流服务对于提高店铺服务水平和树立店铺形象也有重要影响。案例中"三只松鼠"店铺在成立之初,正是吃了这样的亏后,才意识到仓储物流对于店铺发展的重要性并加强店铺仓储物流建设,才能在今日的购物狂欢节中快速将货物发送到顾客手中。本章将针对电子商务物流概述、网店物流模式的选择以及网店仓储管理等相关知识进行介绍。

6.1 电子商务物流概述

随着电子商务的广泛应用,物流对电子商务活动的影响日益明显。物流作为电子商务活动的最后一个环节,是决定电子商务交易能否顺利进行的关键因素。接下来,本节将针对电子商务物流的基础知识进行介绍。

6.1.1 电子商务物流的概念

电子商务物流又称电商物流,它是伴随着电子商务的发展而衍生的相关产业,也有人认为电子商务物流是与电子商务发展相配套的物流或物流企业的电子商务化。电子商务物流是按照买卖双方的需要设置物流中转站,对商品进行保管、配送、发货、退货及信息服务的物流管理体系,由电子商务企业仓储部门和物流企业对整个物流过程的所有活动协同管理。电子商务的交易范围比较广泛,产品的销售量不容易控制,所以电子商务时代对物流技术水平及信息系统要求较高。

6.1.2 电子商务和物流的关系

电子商务和物流之间相互促进、相互影响,一方面在电子商务推动传统产业转型升级的同时,物流业也受到一定程度的影响;另一方面物流业是电子商务产业的重要组成部分,现代物流业的完善和发展将会进一步推动电子商务产业的发展。

1. 电子商务推动物流产业加速发展

电子商务是一次信息化的革命,它把商务、广告、订货、购买、支付等实物和事务处理虚拟化、信息化,使它们变成脱离实体而能在计算机网络上处理的信息,又将信息处理电子化,强化了信息处理,弱化了实体处理,这必然带来产业重组。物流业自然也难以避免受到影响。电子商务为物流创造了一个虚拟空间,可使物流实现电子化实时控制,促进了物流技术和物流管理水平的提高,从而改变了物流企业对物流的组织和管理。由此可见,电子商务把物流业提升到了前所未有的高度,为其提供了空前发展的机遇。

2. 物流是电子商务的重要组成部分

电子商务中的任何一笔交易都包含着几种基本的"流",即信息流、商流、资金流、物流,而物流作为其中的一部分,它是电子商务交易的重要环节和基本保证。物流过程的实质是商品或服务的流动过程,具体指运输、存储、配送、装卸和物流信息管理等活动。缺少了物流,电子商务的过程就不完整。正如海尔集团物流部门的一位负责人所说,"电子商务是信息传送保证,物流是执行保证。没有物流,电子商务只能是一张空头支票。"

6.1.3 国内电子商务物流发展概况

随着电子商务的快速发展,我国电子商务物流保持较快增长,企业主体多元化发展,经营模式不断创新,服务能力显著提升,已成为现代物流业的重要组成部分和推动国民经济发展的新动力。下面从物流的发展现状和面临的问题两方面介绍国内电商物流发展概况。

1. 发展现状

(1) 发展规模不断扩大。近年来,在我国电子商务快速发展的形势下,我国电商物流行业迎来发展黄金期,业务量持续高速增长,电商物流业务量占据全球首位。国家邮政局的统计数据显示,2021 年我国快递企业业务量累计完成 1083 亿件,比上年增长 29.9%,净增量 249.4 亿件;日均处理快件近 3 亿件。电商物流业的快速发展表明我国快递发展模式日趋成熟,市场规模持续扩大。

(2) 信息技术广泛应用。电商物流企业的信息化、智能化进程日益加快,智慧物流逐步落地。在物流技术领域,大数据、物联网等成为重点发展方向,无线射频识别(RFID)、自动分拣技术、可视化及货物跟踪系统、传感技术、全球定位系统等得到广泛应用,并覆盖物流运行的全过程,数据驱动下的物流作业运行效率和精准性显著提升。在物流装备领域,市场对智能化、自动化物流设备的需求逐渐加大,智能物流装备应用日益增多。除定位设备、传感设备、扫描设备、装卸设备等以外,仓储机器人、无人机等都在物流领域崭露头角。例如京东和阿里巴巴先后推出了由智能物流装备组成的"无人仓",实现全流程自动引导操作,效率超人工 6 倍以上。智能设备应用为企业优化流程操作和提升整体运行效率提供了重要的技术支持,有助于打造企业核心竞争力。

(3) 深度融入经济转型升级。电商物流企业深度融入经济转型升级,与经济的关联度不断增强。企业主体从快递、邮政、运输、仓储等向生产流通行业扩展,并加快与电子商务企业相互渗透融合。零售企业以传统的物流配送体系为基础,融入电子商务销售,加强线上线下融合,降低配送综合成本,强化电商物流配送时效性和末端服务水平,积极打造新零售模式。同时,快递行业的激烈竞争促使大中型企业聚集,如菜鸟网络联合国内外物流企业共同建设"菜鸟联盟",通过大数据等多维度的合作寻求物流资源优化配置。

(4) 跨境电商物流快速发展。随着国际货运价格保持低位和居民消费水平不断提高,国内对跨境电子商务的需求持续增长,跨境电商物流持续快速发展。首先在政策方面,国家对于跨境电商领域相关政策的实施更为灵活,不断向市场释放利好政策和信息,对促进跨境电商发展发挥了重要作用。在业务方面,全国有13个城市批准设立国家跨境电商综合试验区。中国邮政、顺丰速运、菜鸟物流等多家企业已通过自主或合作方式建设"海外仓",并覆盖到全球200多个国家和地区;利用"海外仓"对接当地直购,加快海外物流网络布局,实现跨境电商物流业务高速增长。

(5) 农村电商物流成为新热点。互联网和电子商务的普及带动了农村电商的发展,截至2016年年底,农村网店超过800万家,占全网25%,直接带动就业超过2000万人,农村电商向中西部辐射趋势明显,整体呈现蓬勃发展态势。依托飞速发展的农村电商,农村电商物流规模也显著增长。商务部数据显示,农村网络零售额与农产品网络零售额的差距已经从2017年的10012.2亿元,扩大到2021年的13787亿元。2021年,农村网络零售额与农产品网络零售额的差距更是扩大到超过1.6万亿元。据悉,农产品上行的难度要远大于工业品下行,需要投入更多的时间、更多的钱。

2. 面临的问题

电商物流在快速发展的同时,同样也面临着一些亟须解决的问题,主要有以下几方面。

(1) 电商物流发展不平衡影响电子商务业务深入开展。受区域性影响,物流业发展不平衡,电商物流发展呈现东、中、西部差异。东部地区电商企业云集,物流需求旺盛,企业开展重点领域模式创新,电商物流逐渐向智慧化、高效化迈进;中西部地区电商产业培育困难,难以为电商物流提供足够的需求支撑,企业物流投入相对不足,物流服务网络建设存在缺失。农村电商物流整体网点分布比较分散,服务设施较为陈旧,服务网络尚未形成。区域差异影响了商品流通规模,在一定程度上制约了社会化物流体系建设,不利于电商物流渠道的拓展。

(2) 物流企业竞争激烈,影响行业健康有序发展。电商物流业务迅速增长的同时,面临着企业经营模式单一、低价竞争、同质化发展等问题。以快递业为例,2021年前三季度全国快递单价收入是9.68元,同比下降10.9%,价格竞争较为激烈。低价竞争进一步压缩了行业利润空间,削弱了企业后续转型升级的能力。同时企业竞争还逐渐向物流数据共享、发展模式等方面转移并出现一些争端,给快递企业深入合作和共同推进物流资源优化配置蒙上了阴影。

(3) "最后一公里"落地难导致网络难以全面铺开。由于配送情境复杂、技术设备人员和相关标准缺失等因素,从物流分拣中心到客户手中的最后一公里物流需要大量临时物流决策,作业难以统一化、规模化管理,同时成本高、效果不佳。目前,快递自提柜、便利店自提等模式有效缓解了部分配送问题,但通行难、装卸难、收费多、罚款多等问题较为明显;农村最后一公里配送(包括代收模式、供销合作社模式、共同配送模式等方案)往往因距离过长而难以保证服务质量,无法兼顾成本控制与良好的顾客体验,造成电商物流企业进农村存在较多困难。

6.2 网店物流模式的选择

物流作为电子商务交易过程中非常重要的一环,连接着企业和客户,良好的物流服务是企业顺利完成交易的重要保证。因此,电子商务企业在经营网店时需要选择适合自己的物流服务商,加强网店物流方面的管理。本节就网店物流模式、物流选择的影响因素以及网店物流设置方法进行详细讲解。

6.2.1 网店物流模式

目前网店物流配送模式主要有以下 4 种,即 EMS 快递模式、网站自建物流模式、快递模式以及物流托运,具体介绍如下。

1. EMS 快递模式

EMS 快递即邮政特快专递服务,是中国邮政速递物流公司提供的一项物流服务。在 EMS 快递模式下,卖家从网店上获得消费者的购物订单和收货信息,然后到附近邮局办理 EMS 快递服务将货物寄出,买家在收到邮局的取货通知后,到当地邮局签收快递或包裹。图 6-1 所示为 EMS 快递模式。

EMS 快递是中国邮政速递物流公司推出的快递服务,作为开拓中国速递先河的国有企业,有着良好的信誉和形象。目前在全国建立了 2000 多个自营网点,覆盖了国内大部分农村地区,这也是 EMS 快递最明显的优势。但是近年来面对市场上日益崛起的民营快递物流公司,EMS 快递面临的竞争挑战也与日俱增。首先,EMS 快递费比普通民营快递高,定价灵活性不足,普通民营企业在这方面非常灵活,例如申通、韵达等快递在江浙沪地区推出的 5 元达服务非常受中小卖家的欢迎。其次,EMS 快递速度和其他第三方物流公司相比,物流运输速度难以满足消费者的要求。

2. 网站自建物流模式

企业在一些居民聚集地设立专门的物流配送点,在获得了消费者的购物信息后,将相关信息发送给离消费者最近的配送点,然后由公司设定的专职人员配送货物。图 6-2 所示为网站自建物流管理模式。

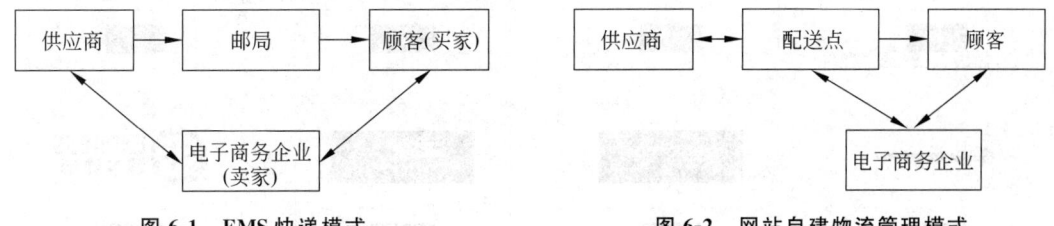

图 6-1 EMS 快递模式　　　　　图 6-2 网站自建物流管理模式

采用这种物流模式可以克服 EMS 物流模式不够快的缺点,企业可以主动把控产品的配送时间以及保证货物的安全运送。例如京东电商平台,就是采用自建物流模式配送货物,不但可以及时将货物送达客户指定收货地址,提高用户体验,还能保证货物运送的安全。但是它也存在一些问题,自建物流和仓储体系需要投入大量的人力、财力资源,后期的运营和维护也要一大笔费用。因此,只有实力雄厚的企业才会选择自建物流和仓储系统。还是以京东商城为例,京东商城从 2009 年开始自建物流体系,先后投入了上百亿用于布置全国的物流网络系统。但是,对于传统的中小企业来说,很少会选择自建物流系统。

3．快递模式

快递模式就是电子商务企业将公司的物流活动全部委托给外部第三方物流公司来完成。物流公司本身不拥有商品,而是与企业或商家签订合作协议,在特定时间内将商品送达给客户。图 6-3 所示为快递模式。

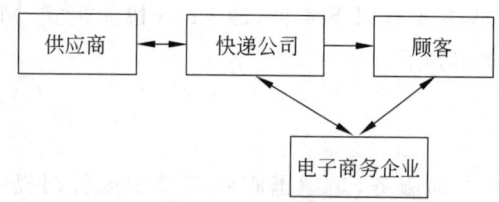

图 6-3　快递模式

快递模式是目前淘宝网、天猫商城等电商平台卖家使用最多的一种物流发货方式。快递的发货速度快,价格灵活,支持上门取货和送货上门服务,同时还可以通过网络跟踪商品物流信息,给买卖双方带来了便利。随着物流行业的快速发展,现在的民营快递公司越来越多,服务质量也有了很大提升。目前,国内民营快递公司主要有顺丰、申通、圆通、中通、韵达、天天等,其服务的模式基本相同,卖家可以根据自己的需求选择物流方式。图 6-4 所示为一些国内常见的快递公司。

图 6-4　国内常见的快递公司

4．物流托运

对于体积较大、重量高的货物，使用快递或者 EMS 快递发货的运费较高，这对买卖双方都是一笔不小的支出。物流托运正好解决了这一问题，它主要针对体积超大、超重的大物件产品，运输费用远低于快递费用。物流托运主要有汽车托运、铁路托运以及航空托运等。采用物流托运时，注意加强货物的包装以及商品信息登记，以免在运输过程中造成货物的破损和信息丢失，给买卖双方带来不必要的麻烦。

6.2.2 影响网店物流选择的因素

物流作为电子商务交易中重要的环节，也是目前电子商务交易中问题最多、最薄弱的环节，物流服务的好坏直接影响着商品交易。因此，卖家发货前，一定要谨慎选择快递公司，从快递价格、发货速度、服务质量以及快递安全等几方面综合考虑。

1．快递价格

快递价格与商品成本息息相关，为了降低商品成本，很多卖家都愿意选择价格更低的快递公司。这当然无可厚非，但也决不能一味盲目地以低价位的标准，如果低价的物流服务是以低质量的物流服务为代价，那么卖家将得不偿失。因此店铺仓储管理人员在发货前应当先了解下各个快递公司快递服务提供的报价，以及快递服务网点，综合考虑后选择适合自己的快递公司。

2．发货速度

买家在进行网购时都会在意物流速度，关心几天才能收到货物。快递运送时间太长的话，会严重影响买家的购物体验。因此，卖家在选择快递公司时，一定要注意快递的发货速度。首先自己的发货速度要快；其次快递公司揽件和发货的速度要快。此外，卖家还应当考虑发货地址与附近快递网点之间的距离。

3．服务质量

目前，国内许多民营快递公司多为加盟的方式，不同地区的网点一般都采用独立核算的方式，因此不同地区、不同快递服务商的快递服务质量也良莠不齐。卖家在选择快递公司时，最好亲自考察并对比所在区域的快递服务质量，选择服务质量比较高的快递公司。

4．快递安全

包裹破损、丢件是买家在购物过程中经常遇到的问题，直接影响买家的购物体验。为了保证商品完好无损地送达客户手中，卖家在选择快递服务时，可以为商品购买保险，对于贵重物品应当作报价处理。此外，卖家在包装货物时要加强安全防护措施，可以在箱子上标注轻拿轻放等字样，叮嘱快递公司注意保护货物等。

6.2.3 网店物流设置

为了提高电商平台的服务质量，目前主流电商平台都已将物流信息纳入网店服务评价体系中,卖家发完货后需要在网店后台及时填写物流信息以便用户能够及时地查看和跟踪。淘宝网店的物流信息在"卖家中心"的物流管理模块中进行设置,主要包括发货、物流工具、物流服务等内容,如图6-5所示。

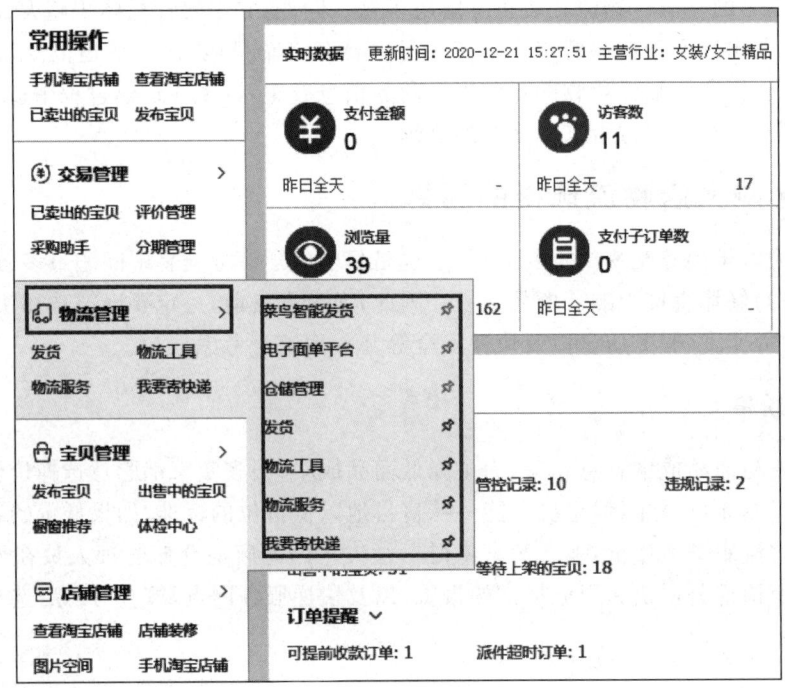

图 6-5　物流管理

1. 发货

发货即根据买家的订单提交给系统作发货处理,顾客下单后,卖家要尽早地为顾客安排发货。淘宝或天猫卖家后台的发货主要是将顾客物流信息录入系统,换句话说,就是把卖家发货的快递运单号输入对应的买家信息栏,这方便了买家和卖家及时跟踪货物物流信息。另外,将物流信息录入淘宝系统可以加强淘宝平台对卖家的管理,杜绝卖家的虚假交易。

2. 物流工具

物流工具即对卖家所选的物流服务商、运费模板以及地址库等进行设置,具体介绍如下。

(1) 服务商设置。目前和淘宝、天猫合作的快递服务商非常多,卖家可以选择自己常用的快递服务商并申请开通,如图6-6所示。如果卖家在设置服务商时,没有设置地址库,则需要先编辑好地址库,然后再设置快递服务商。

(2) 运费模板设置。电子商务属于线上交易方式,买家来自全国各地,而不同地区的快递运费也各不相同。因此卖家需要针对不同地区的买家设置不同的运费模板,对不同地区的买家运费进行区分。运费模板也是在物流工具部分进行设置,如图6-7所示。

下面分步骤介绍运费模板的设置方法,具体步骤如下:

第 6 章 物流与仓储管理

图 6-6 服务商设置

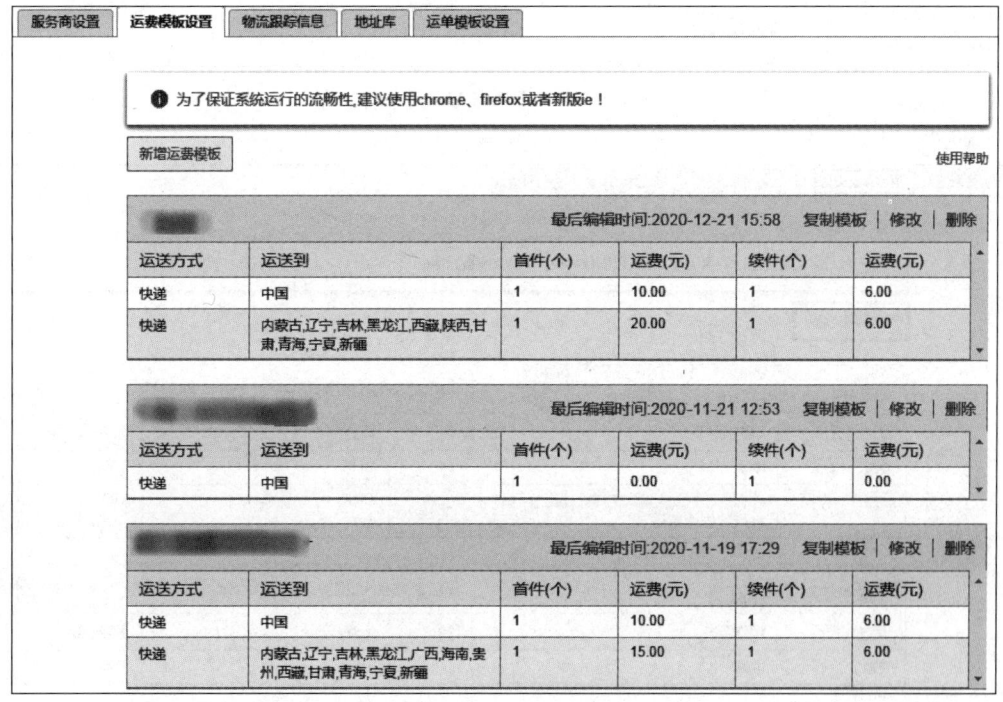

图 6-7 运费模板设置

  Step1 打开淘宝网，登录卖家中心后台。单击图 6-8 中卖家中心页面右侧【物流管理】下方的【物流工具】选项，进入物流工具页面。

  Step2 在图 6-9 所示的物流工具页面，单击页面顶部的【运费模板设置】选项卡。进入"运费模板设置"页面，单击页面顶部的【新增运费模板】按钮，如图 6-10 所示。按照页面提示信息依次设置运费模板名称、宝贝发货地址、发货时间、是否包邮、计价方式以及运送方式。

图 6-8 选择【物流工具】选项

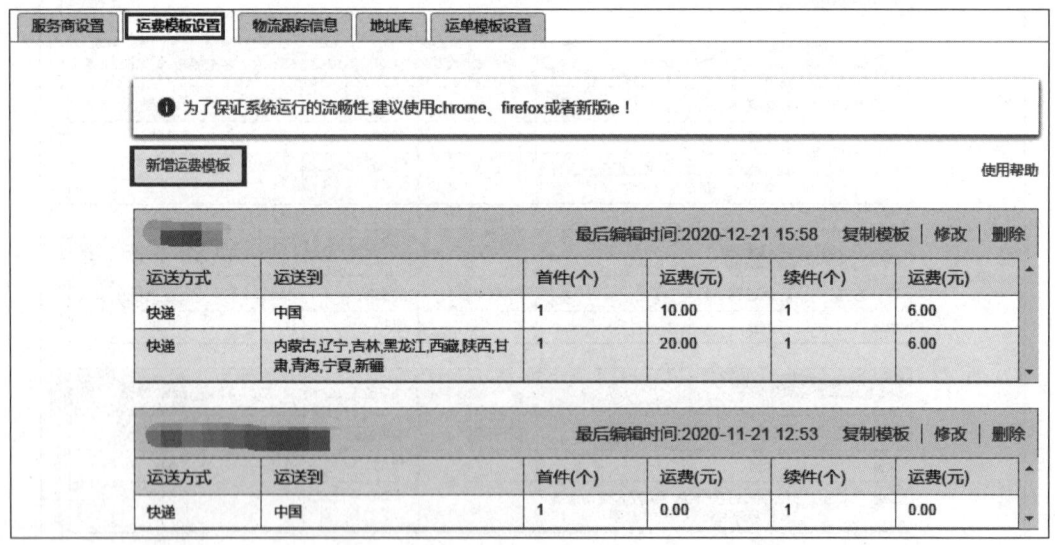

图 6-9 物流工具页面

Step3 设置完成后,单击【保存】按钮即可完成运费模板的设置。返回物流工具页面,可查看设置好的运费模板,如图 6-11 所示。卖家在发送货物时,可以选择应用该模板。需要注意的是,设置运费模板时,如果网店中商品的运费不随重量、数量或体积的增加而增加,那么可将运费设置为 0,然后单独设置指定地区的运费模板。

(3)地址库。地址库是指卖家的发货地址,卖家在发货时和买家在退货时都需要填写这个地址。下面介绍地址库的设置方法,具体操作如下:

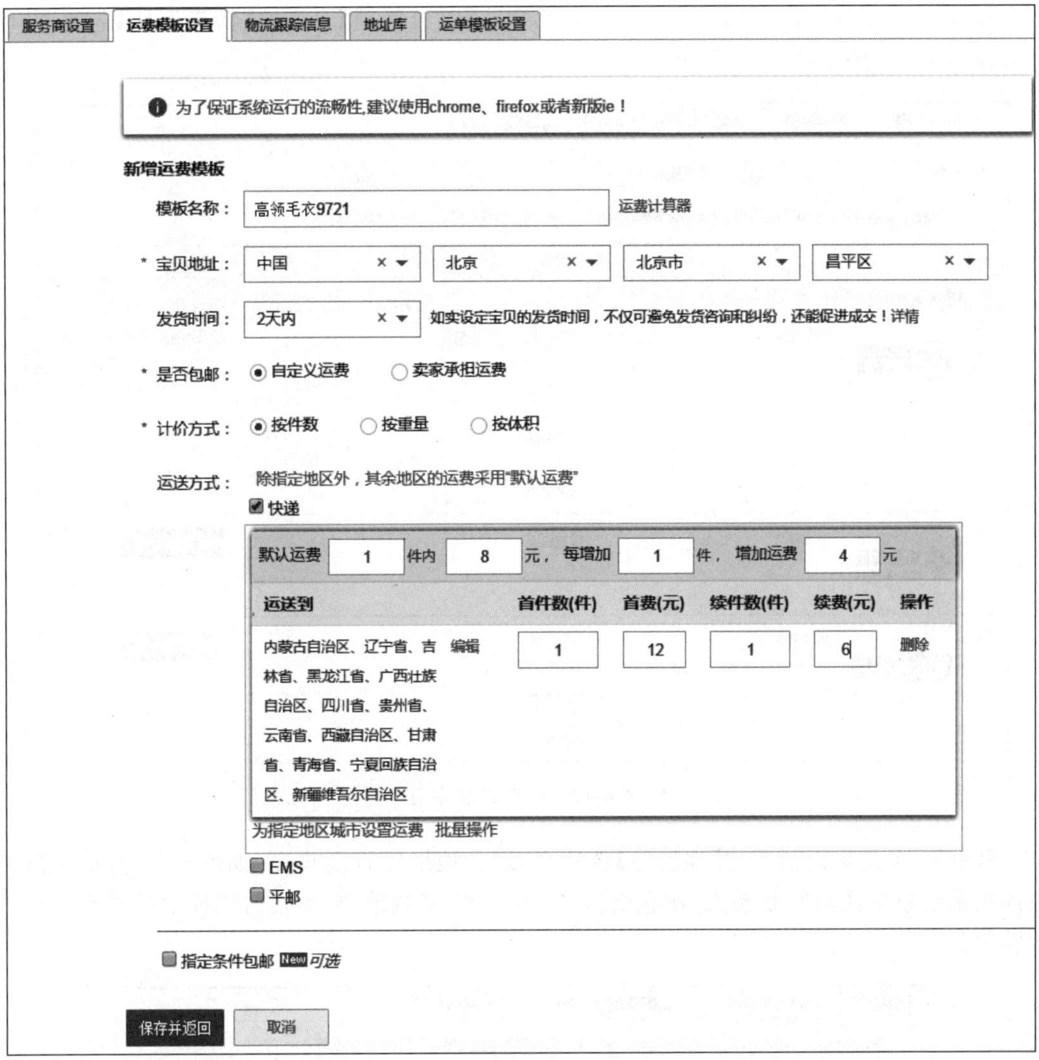

第 6 章 物流与仓储管理 145

图 6-10 设置运费模板信息

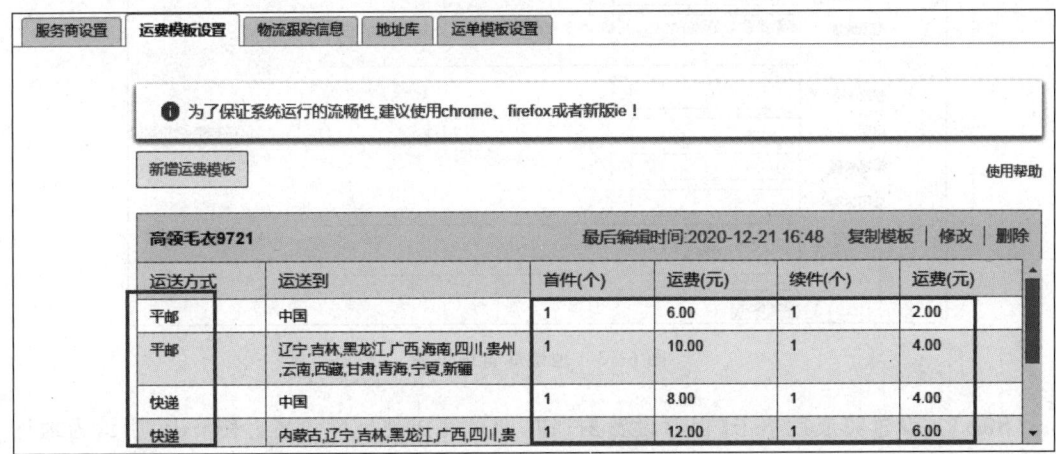

图 6-11 查看运费模板

Step1 打开淘宝网,登录卖家中心后台,单击【物流管理】下方的【物流工具】选项,即可进入物流工具页面,如图 6-12 所示。

图 6-12 物流管理中心

Step2 单击页面顶部的【地址库】选项卡,进入地址库管理页面,如图 6-13 所示。按照页面提示信息依次填写联系人、所在地区、街道地址、邮政编码、电话号码或手机号码以及其他相关备注。

图 6-13 地址库管理设置

Step3 设置完成后单击【保存设置】按钮,即可完成地址库设置。图 6-14 所示为地址库信息。

发货地址	退货地址	联系人	所在地区	街道地址	邮政编码	电话号码	手机号码	公司名称	操作
●默认	●默认		北京北京市昌平区	北京市昌平区北七家镇平西王府街修正大厦	100000		1551063		编辑 删除
●默认	●默认		浙江省嘉兴市桐乡市	桐乡濮院杰凯创业园区11幢2-3单元	314502		1800673		编辑 删除
●默认	●默认	唯	广东省广州市番禺区	广东省广州市番禺区大石街涌口村工业一路4号302	511400		1591443		编辑 删除
●默认	●默认	刘	浙江省金华市义乌市	义乌市苏溪镇塘里蒋村	322000	0579-85525322			编辑 删除

图 6-14 地址库信息

6.3 网店仓储管理

网店仓储管理就是对仓库和仓库中存储的货物资源进行管理。仓储管理是物流管理中非常重要的一部分,仓储不仅是对商品进行保管,还是仓库物资的流转中心。对于店铺的运营人员来说,掌握仓储管理的相关知识和学会调配仓库也是其工作内容。本节将对网店仓储管理的相关内容进行详细讲解。

6.3.1 仓储与仓储管理

一般的运营人员认为,仓储就是个放货的地方,仓储管理就是存货和发货。其实,这种认识只是对传统仓储的理解,在电子商务交易中,仓储管理的内容却不仅仅是存货和发货。下面从仓储的概念和仓储管理两方面进行介绍。

1. 仓储的概念

"仓"也称为仓库,是存放物品的建筑和场地,可以为房屋建筑、大型容器或者特大的场地等,具有存放和保护物品的功能。"储"表示收存以备使用,具有收存、保管、交付使用的意思,适用有形物品时也称储存。"仓储"则为利用仓库存放、储存未即时使用的物品的行为。简言之,仓储就是通过仓库对商品进行储存和保管。仓储首先是一项物流活动,其内容包括物品的进出、库存、分拣、包装、配送及其信息处理等几方面。仓储的目的是为了满足供应链上下游的需求。

2. 仓储管理

简单来说,仓储管理的内容主要包括商品入库、商品包装、出库管理、物流跟踪以及货物维护等一系列管理工作,具体介绍如下:

(1) 商品入库。商品入库是仓储管理的日常工作内容之一,主要是对店铺购买的用于销售的商品进行检查、货号编写以及入库登记等。入库检查的目的在于确保购买商品的质量、规格、型号等符合订货要求,并将货品按照卖家的货号编码系统登记入库,方便日后的拣货和配送。

(2) 商品包装。商品包装不仅方便物流运输,同时也是对商品在物流运输过程中的一种保护。商品包装一般需要根据实际情况而定,不同类型的商品,其包装要求也不一样。当然,卖家也可以对商品包装进行美化,提高物流质量,增加买家的购物体验。

(3)出库管理。出库管理是指仓库根据商品出库凭证,按所列商品的编号、名称、规格、型号数量等,准确及时、保质保量地发给收货方的一系列工作。对于卖家而言,商品出库主要包括选择物流公司、联系快递员揽件和打印物流信息等。

(4)物流跟踪。将商品包装好并交给物流公司负责运输后,卖家还应时刻关注和监督物流公司的发货和运输信息。对物流情况进行跟踪,保证商品可以在最短时间内到达买家手中,避免因物流速度过慢而引起买家的不满。通过淘宝后台的卖家中心即可对物流信息进行跟踪,具体方法是:打开淘宝网,登录卖家中心后台,单击卖家中心页面【物流管理】下方的【智选物流】选项,在打开的页面中即可查看当前所有订单的物流状态,如图6-15所示。

图6-15 物流跟踪

(5)货物维护。货物在运输过程中,可能会出现货物丢失、货物破损、货物滞留等情况。此时,卖家必须及时了解货物的物流情况,与物流方取得联系,并快速实施相应的解决方案。这里针对卖家发货后出现的问题该如何解决进行介绍。

- 货物丢失:货物丢失属于比较严重的问题。出现货物丢失情况时,卖家一定要及时与物流方进行沟通,了解货物丢失的详细情况。一般来说,货物丢失分为人为和非人为两种情况,如果是人为原因造成的货物丢失,则需要追究相关人员的责任。为了防止这种情况发生,卖家在进行包装时特别是包装电子商品等贵重商品时,一定要做好防拆措施,并提醒买家先验货后签收,将风险降至最低。如果是非人为原因造成的货物丢失,那么可以要求快递公司对商品的物流信息进行详细检查,检查是否遗漏在某个网点,如果确实找不到了,再追究快递公司责任。不管哪种原因造成的货物丢失,都会延长买家收货的时间。为了避免纠纷,在商品出现丢失情况时,卖家应该主动告知买家,并与之协商友好处理;如果买家不接受该情况,卖家则要尽快重新发货。
- 货物破损:货物破损是一种非常影响顾客购物体验的情况,商品包装不当、快递运输不当等都可能导致货物破损情况发生。为了预防这一情况,卖家在包装商品时,一定要仔细认真,选择合适的包装材料,保证货物在运输过程中的安全。如果是运输不当的问题,则需要追究快递公司的责任。对买家而言,收到破损货物是一件非常气愤的事情,可能直接给卖家差评,因此卖家一定要重视商品的包装。如果是易碎易坏的商品,则要告诉快递员小心寄送,并在包装箱上作相应的标识。

- 货物滞留:货物滞留是指货物长时间停留在某个地方,迟迟未能发货。货物滞留的原因可以分为人为或非人为两种情况,其中人为滞留多由派送遗漏、派送延误等问题引起。如果是人为原因造成的货物滞留,则需要卖家联系物流方了解滞留原因,催促快递员及时送货。如果是非人为原因造成的货物滞留,则卖家应该及时与买家进行联系,告知对方物流滞留的原因,并且请求买家的理解。

6.3.2 网店仓储体系

通常来说,网店的仓储体系包括四部分,分别为收货区、存储区、拣货区、发货区。每个部分拥有不同的功能和作用,具体介绍如下。

1. 收货区

收货区指商品到库时,暂时存放商品并等待入库或待检的区域。仓库管理员根据产品属性及到库数量等条件规划面积,紧挨储存区或零拣区,便于上架。有条件的话,可以与发货区分开,避免混乱。没有条件的话,建议做好区域划分标识。该区域需要安排一台配有扫描枪的电脑,主要用于处理制作商品进货单、扫描入库及仓库的日常业务操作。建议在收货时完成质检,如无条码,则需要打印条形码并在质检完成后在商品的销售包装上贴上条形码。

2. 存储区

因为销售季节变化或者货架有限,无须把所有商品都拆箱开架存放,所以可在仓库划出存储区域摆放整箱的商品。注意货箱上一定要标记商品的货号、规格、色号、尺码、数量,有条件的话可以制作装箱单或者箱码,便于查找。图6-16所示为仓库存储区。

图 6-16 仓库存储区

3. 拣货区

拣货区指商品的立体货架储存区,用于日常拣货。根据商品的属性、仓库高度,可以分为多层,一般可分 5 层。靠近中间、伸手可及的区域是最方便拣货的地方,所以一般用于摆放出库量较大的商品。最上层和最下层可储存整箱商品,中间层摆放零拣的商品。有条件的话,可以根据商品的属性及仓库的空间,采用不同规格、不同功能的拣货台车,以提高拣货效率及准确性。图 6-17 所示为仓库管理员正在拣货。

图 6-17　仓库管理员正在拣货

4. 发货区

发货区主要完成扫描出库、包装称重等职能,需要安放一台配扫描枪的电脑(可与收货区共用),主要处理扫描复核发货。图 6-18 所示为仓库管理员正在打包发货。

图 6-18　仓库管理员正在打包发货

6.3.3　仓储人员基本要求

仓储部是电商企业重要的财产保障部门,也是公司的成本控制部门,连接销售、采购、售后等各部门。仓储部门人员组织包括仓库主管、仓库管理员、包装及发货专员等,他们的工作职能和作用各不相同,具体介绍如下。

1. 仓库主管

仓库主管是仓储部门的主要负责人，其主要工作是定期计算库存商品数量及仓库存储状况，保持账目清楚。仓库主管定期对仓库产品进行盘点，做好库存监控，对于库存数量较少、生产日期临近或不生产的产品要及时告知运营部门，协商解决。此外，仓库主管要配合运营部门做好节日促销期间的发货，严格执行各仓库之间的调拨以及库位的维护工作。

2. 审单、发货专员

一般来说，对于中小卖家来说，仓库的工作人员较少，因此审单和发货工作多由一人或几人一起负责。审单员的主要职责是快速审单、整理并打印订单，及时地交给仓库管理员拣货配货。此外，审单员要配合售后、售前客服核对订单信息是否一致并打印订单。发货员的主要工作是根据订单信息，负责对来往货物的检查验收，确认产品名称、数量正确无误后入库。发货员要核对订单信息与包装实物是否对应，并且统计前一天未发货订单，做好补货准备，监控各产品的库存、缺货等，第一时间联系仓库主管并进行登记。此外空闲时配合仓库管理员整理货品。

3. 仓库管理员

仓库管理员是仓储部门的重要岗位之一，主要职责是管理仓库货品摆放以及对仓库库位的合理规划。具体来说，仓库管理员的工作内容包括整理发货订单并分类，核对订单信息，对订单进行配货。仓库管理员需要合理规划仓库产品的摆放以及库位管理，保持仓库的整齐、干净；同时注意仓库防火、防盗、防潮、防害，确保产品的安全。

6.4 本章小结

本章主要介绍了网店物流和仓储管理的相关内容，包括电子商务物流概述、网店物流的选择和设置、网店仓储管理等。

通过对本章内容的学习，读者应当了解电商物流的概念、电子商务和物流的关系以及国内电商物流发展概况等内容，熟悉网店仓储部门的日常管理工作，掌握网店物流设置的相关技巧，学会选择合适的物流发货。

6.5 课后练习

一、判断题

1. 电商和物流之间的关系是相互影响、相互促进。（　　）
2. 对于体积较大、重量高的货物，使用快递发货比较方便。（　　）
3. 影响网店物流选择的主要因素包括价格和发货速度。（　　）
4. 通常来说，网店的仓储体系包括收货区、存储区、拣货区、发货区四部分。（　　）
5. 仓库管理员的主要职责是管理仓库货品摆放以及拣货配货。（　　）

二、选择题

1. 下列选项中,关于电商物流发展现状的说法正确的是(　　)。
   A. 发展规模不断扩大　　　　　　B. 信息技术广泛应用
   C. 跨境电商物流快速发展　　　　D. 农村电商物流成为新热点
2. 下列选项中,属于目前网店物流配送模式的有(　　)。
   A. EMS 快递模式　　　　　　　　B. 自建物流模式
   C. 快递模式　　　　　　　　　　D. 邮政快递
3. 下列选项中,属于影响网店物流选择的因素有(　　)。
   A. 快递价格　　　　　　　　　　B. 发货速度
   C. 服务质量　　　　　　　　　　D. 顾客需求
4. 下列选项中,属于仓储管理员的工作内容的是(　　)。
   A. 商品入库　　　　　　　　　　B. 商品出库
   C. 物流跟踪　　　　　　　　　　D. 商品包装
5. 下列选项中,属于网店仓储体系组成部分的是(　　)。
   A. 收货区　　　　　　　　　　　B. 发货区
   C. 存储区　　　　　　　　　　　D. 包装区

知识体系梳理图

实践案例

第 7 章 搜索优化

【学习目标】

知识目标	• 了解淘宝 SEO 的概念与其他搜索引擎的区别 • 掌握淘宝搜索的核心因素 • 掌握淘宝搜索处罚的规则
技能目标	• 掌握宝贝标题优化的方法和技巧 • 掌握宝贝上下架时间的规划 • 掌握宝贝主图优化的方法和技巧

【引导案例】

剪纸致富路,带动家乡非物质文化重获新生

剪纸作为一种民间艺术,在中国具有广泛的群众基础,是各种民俗活动的重要组成部分,也是我国重要的非物质文化遗产。即便如此,那些拥有剪纸手艺的能人还是越来越少,了解剪纸文化的年轻人更是越来越少。

家住山西吕梁山区的王兰芝虽然已到了花甲之年,但总也闲不下来。她退休后和儿子一起住,平时帮儿子照看孩子,没事闲下来就开始剪纸。王兰芝 8 岁就开始学习剪纸,这剪子一拿就是 50 多年。就这样,她用自己灵巧的双手,将一张张简单的纸变为一个个有趣的故事。逢年过节时,村里许多亲戚朋友都会来找王兰芝给大家剪些喜庆的窗花。王兰芝的儿子王明是一名快递员,看到母亲的剪纸作品如此受人喜欢,想到母亲的剪纸发到网上卖一定有人喜欢,于是注册了一家专门销售剪纸的淘宝店。

不过,由于店铺推广资源少,知名度较低,而且也没有优化,因此很长一段时间,店铺的销量平平,没有什么起色。后来,儿子王明坐不住了,他每天在电脑前看一些在线课程,经过一些有经验的讲师们指导,终于找到了店铺问题的症结——店铺商品的标题、主图以及详情页描述都存在问题。

以前王明在撰写宝贝标题时只是注明"手工定制各种剪纸",而并没有说明到底可以剪哪些图案。通过对多家竞争对手进行分析之后,他开始根据剪纸的图案撰写标题,如

> "纯手工纸质剪纸中国传统十二生肖窗花贴纸全套幼儿园装饰画"。此外,宝贝主图重新进行拍摄,并在宝贝详情页中加入了王大妈剪纸的小视频。
>
> 　　店铺经过一段时间的优化,效果非常明显,短短半个月的时间,流量就涨了两倍,当月销量也涨了 50%。平时没什么事的王大妈也变得忙碌起来,整天拿把剪刀剪各种各样的剪纸作品。有时订单实在太多,王明干脆雇来了村子里其他剪纸的能人,按件付钱。这些平时赋闲在家里的老人有了新的"用武之地"。网店在快速发展的同时,也让王大妈全家走上了致富之路,家乡的剪纸传统文化也得以传承和弘扬。

【案例思考】

　　剪纸电商化不仅带动了村民们走上致富之路,还让传统剪纸文化重获新生,这对于传承和弘扬中华传统文化有着重要意义。然而,开好淘宝店却并不容易,尤其是对于不熟悉淘宝运营规则的新手来说,想要做好店铺,掌握店铺搜索优化是基础也是重点。本章将围绕淘宝搜索基础理论、商品标题优化、宝贝上下架时间的规划以及打造高点击率主图等几方面介绍店铺搜索优化的相关内容。

7.1　淘宝搜索基础理论

　　淘宝搜索是由淘宝官方推出的用于连接卖家、买家的纽带,帮助买家找到优质的商品,帮助卖家找到有需求的用户。因此,卖家在运营网店过程中,必须重视淘宝的搜索优化。本节主要介绍淘宝搜索的基础理论知识。

7.1.1　淘宝 SEO 的概念

　　淘宝 SEO 全称"淘宝搜索引擎优化",是指按照淘宝搜索引擎的规则,对店铺宝贝标题、主图、上下架等进行优化,从而使得在买家搜索宝贝时获得比较靠前的排名,进而获取更多流量的一种技术。广义的淘宝 SEO 除去淘宝搜索引擎优化外,还包括宝贝搜索排名优化、宝贝类目排名优化等内容。

7.1.2　淘宝搜索引擎与其他搜索引擎的区别

　　虽然淘宝搜索引擎和其他搜索引擎的基本功能一样,都是帮助用户快速地检索出其所需求的信息或商品服务,但是二者在搜索过程中还是存在一些区别,主要包括以下几点。

1. 搜索主体不同

　　首先,淘宝搜索引擎系统和百度、谷歌等搜索引擎搜索面向的主体不同。用户在使用百度或谷歌等搜索引擎的时候,通过浏览器在搜索框输入要查询的文本信息或关键词即可快速地找到需要的信息。因此,百度、谷歌等搜索引擎是基于"文本信息"进行信息搜索的,而淘宝搜索引擎旨在帮助用户快速找到自己想要购买的产品,所以淘宝搜索引擎系统是基于"商品"展开搜索的。

2. 时效性不同

淘宝搜索引擎系统以检索商品为主,卖家们常常会上架新产品,因此淘宝搜索系统每隔几个小时就会更新,买家检索商品的结果也是不断地变化。此外,用户在淘宝上搜索商品时,淘宝系统还会考虑用户消费水平、购买习惯、当前季节等多种因素,这些因素会随时间的推移而发生变化,所以搜索结果的更新比较频繁。相反,以文本信息为主的百度、谷歌等其他搜索引擎不同时段下的搜索结果更新较慢且相对固定;以百度快照为例,通常7天才会更新一次,而且用户搜索的答案也比较固定。

为了帮助读者有更好的了解,这里举两个例子。夏天,用户在淘宝上搜索商品"小脚裤",淘宝搜索系统会给用户展现薄款透气的产品,但是到了冬季,用户再次在淘宝搜索商品"小脚裤"时,淘宝搜索系统推荐给用户的就会成为加绒加厚的"小脚裤"。相反,用户在百度上查询"什么是勾股定理"这个问题时,其答案是相对固定不变的。

3. 检索维度不同

除了上述两点不同之外,二者的检索维度也不相同。用户在使用百度、谷歌等搜索引擎检索信息时,主要考察关键词与文本信息的匹配程度、当前页面的关键词密度以及当前页面的"外链"数量等因素来计算搜索结果页的排名权重。然而淘宝搜索是基于商品进行搜索,因此不但要考虑商品本身的属性(如款式、价格、评分等),还要考虑时间、销量、人气指数以及用户消费水平和购物习惯等许多因素。总的来说,淘宝搜索引擎考核的因素和维度比谷歌、百度等其他搜索引擎更多。

7.1.3 为什么要做好淘宝 SEO

随着淘宝系统的升级和卖家竞争的加剧,中小卖家如何获取搜索流量变得更加困难。此外,推广成本的增加更是加重了卖家的负担,产品利润进一步压缩,网店盈利变得日益艰难。因此,做好淘宝 SEO,通过免费渠道获取自然搜索流量就显得非常重要。

1. 挖掘更多潜在顾客

持续不断地优化店铺和宝贝可以挖掘更多的潜在客户。淘宝 SEO 不仅可以为店铺带来销量,还可以吸引许多的目标人群关注卖家的店铺,成为店铺粉丝或者老顾客。在获取新用户的成本日益增加的今天,维护好店铺的老顾客自然非常重要。

2. 提高店铺排名

淘宝系统按照销量、排名、服务等将各个类目的卖家划分为7个层级,如图7-1所示。

一般来说,层级越高,店铺权重也就越高,获得的流量扶持也就越大。中小卖家大多为一二层级,占据整个淘宝网卖家数量的70%,而自然搜索流量只占30%;三层到五层为腰部卖家,卖家数量大约占25%,自然搜索流量占40%;第六层至第七层为 KA 商家(大客户商家),卖家数量只占5%,却获得了30%的自然搜索流量。在激烈的竞争环境下,每家店铺能够分到的访客流量非常有限,中小卖家能够获取的流量更十分有限,俨然一副"僧多粥少"的局面。然而,通过持续不断地优化店铺,可以增加店铺的商品销量,进而提升店铺的层级和

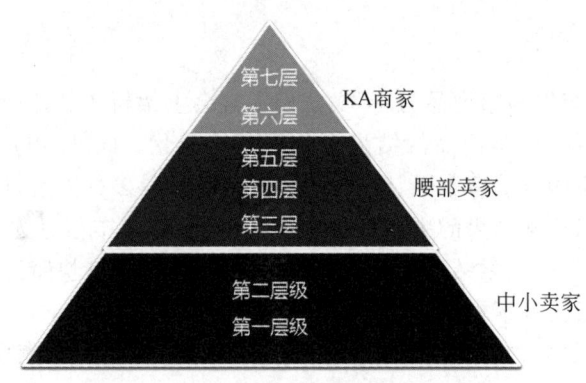

图 7-1 淘宝卖家层级

店铺权重,从而提高店铺的排名。

3. 降低广告推广费用

淘宝 SEO 不同于直通车、钻展等付费推广,它主要通过优化宝贝标题、主图以及详情页等方法提升宝贝权重和排名,从而获得更多的自然搜索访客和流量。因此,做淘宝 SEO 几乎没有其他额外的费用,或者说是一种免费推广方式,同样这也意味着可以减少店铺推广的广告费用。

7.1.4 淘宝搜索的核心因素分析

我们已经了解了淘宝 SEO 的概念、淘宝搜索引擎与其他搜索引擎的区别及其重要性,但是并不了解淘宝 SEO 主要包含哪些方面,或者说影响宝贝排名的因素具体包括哪些。下面介绍一下影响淘宝搜索的核心因素。

1. 标题关键词与商品信息的相关性

运营人员在撰写宝贝标题时,一定要坚持实事求是的原则,根据宝贝的真实属性选择相关关键词,切勿胡乱堆砌关键词。换句话说,就是宝贝标题描述的商品应当与产品属性具有一致性,不能为了吸引用户眼球或店铺流量而选择其他关键词。例如,宝贝标题中写有"纯棉"这个关键词,而实际商品却只有 30% 的含棉量,这就属于商品属性虚假描述现象,严重的会遭到淘宝系统的惩罚,如图 7-2 所示。宝贝标题中写有"纯棉"关键词,但真实商品却不是纯棉材质的衣服,尽管产品销量不错,但很容易招致用户的差评。关于宝贝标题优化的相关内容,会在后面章节进行介绍,这里不再赘述。

2. 商品销量

一般来说,消费者都有从众心理,即认为大家都买的商品就是好商品。因此,在淘宝搜索系统的早期,宝贝销量是影响宝贝搜索排名的核心因素。但是随着近年来淘宝网推出千人千面系统,商品搜索不再是以销量为主进行排名,特别是无线端(手机淘宝)的商品搜索是按照搜索人气以及用户购买行为进行排名的,商品的个性化展现成为手机淘宝未来发展的重要趋势,商品销量带来的权重影响正在逐渐弱化。例如,男性买家和女性买家同时搜索

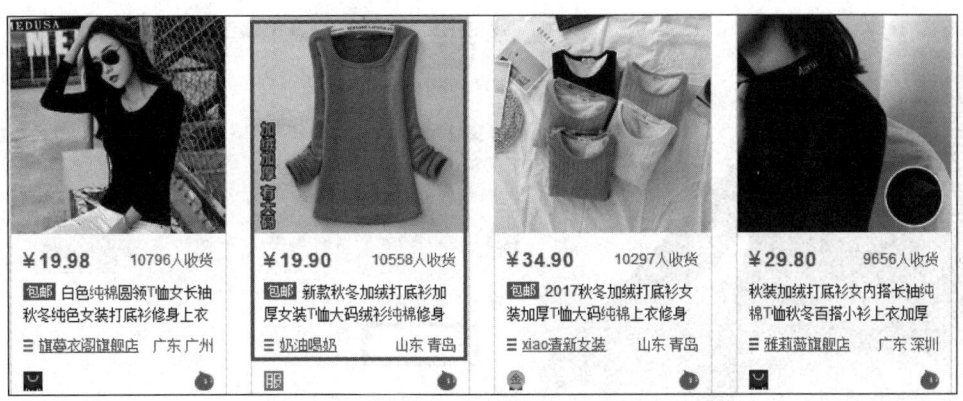

图 7-2　商品标题和商品信息不相符合

"连帽羽绒服"这个关键词时,得到的搜索结果是不相同的,这是因为淘宝系统会根据用户购买习惯判断用户性别,进而更细化商品流量。此外,用户在 PC 端和无线端搜索的结果也不相同。

3. 付款人数

付款人数与销量直接相关。我们经常会看到一些宝贝销量非常高但是付款人数却很少,一些卖家错误地认为销量多宝贝的排名就非常靠前,但却不知道用关键词搜索排名时,系统是按照"成交人数"来进行排名的。例如一个人买了 10 件,则算作 10 笔交易,但属于一个"成交人数",系统在排名的时候,按 1 算而不是 10。在搜索结果列表页,按照"综合排序"查看搜索结果,我们可以看到是按照"付款人数"来排序的,如图 7-3 所示。宝贝的销量则是按成交量计算,如图 7-4 所示。

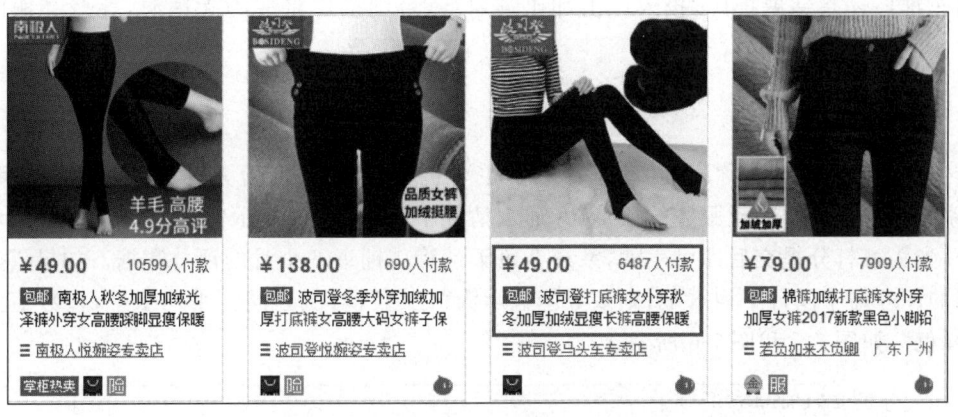

图 7-3　综合排序下按照"付款人数"展现

4. 商品转化率

商品转化率就是访问淘宝店铺并产生购买行为的人数与所有到达该店铺的访客人数的比率。换个容易理解的说法就是每 100 个访客(UV)当中购买访客的比例。例如进店访客为 100 人,其中有 5 位访客付款成交了,那么该商品的转化率就是 5%。宝贝有好的转化率

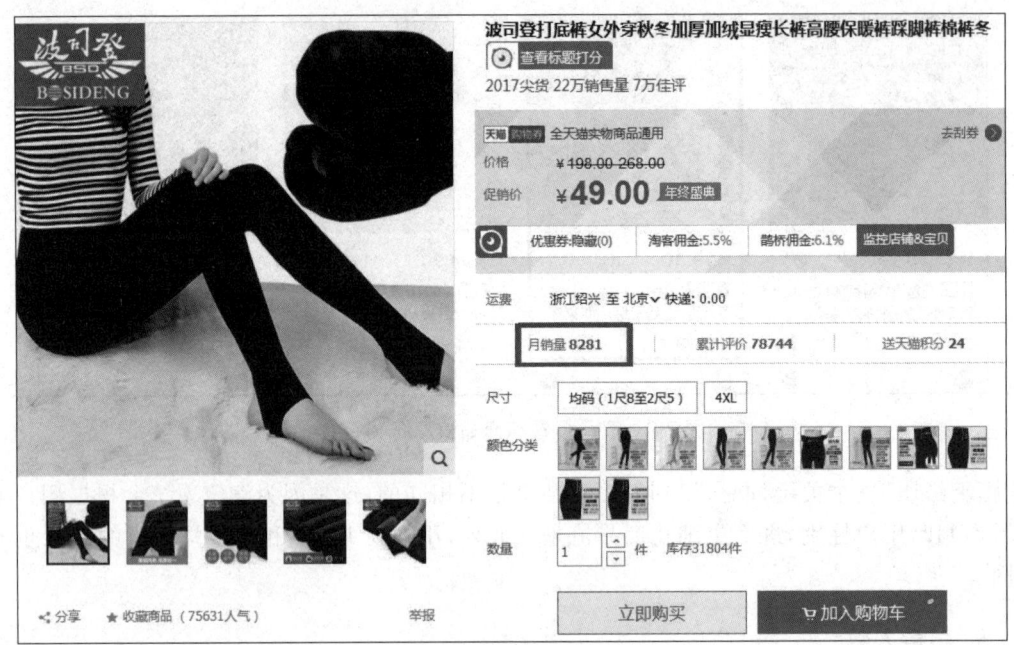

图 7-4　宝贝月销量

不仅可以带来更多的成交量，同时可以提升直通车或者钻展的投入产出比，减少平均成本。商品转化率的计算公式如下：

$$商品转化率 =（产生购买行为的访客数 / 所有到达店铺的访客数）\times 100\%$$

许多运营人员在研究如何进行店铺运营推广时，往往会忽略商品转化率。运营店铺时，一定要按照"先做转化，再做流量"的思路进行，争取最大化的转化效果。这样不管是直通车推广还是钻展推广，投入产出都比较划算，否则推广将成为无底洞，耗费高额的推广费。

5. DSR 评分

宝贝 DSR 评分，又称店铺"动态评分"，主要包含三项内容，分别是"宝贝与描述相符""卖家的服务态度""物流服务的质量"。通常情况下，动态评分显示的是店铺半年内的动态评分，当买家打分提交后即可生效，系统会每天计算店铺近 6 个月的评分数据。如果买家给店铺的评分高于同行平均水平，则该数值显示为"红色"；若低于同行平均水平，该数值显示为"绿色"，如图 7-5 和图 7-6 所示。

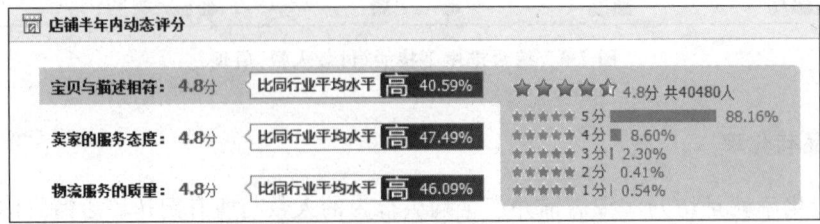

图 7-5　店铺动态评分高于同行业平均水平

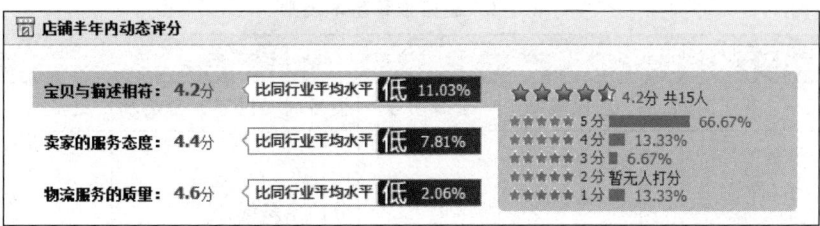

图 7-6　店铺动态评分低于同行业平均水平

　　动态评分能够直接反映店铺经营情况。试着从用户角度思考下,当我们在淘宝网购买商品时,一家店铺的 DSR 评分为 4.2 分,且全部低于同行平均水平,而另一家店铺的 DSR 评分为 4.9 分,且全部高于同行平均服务水平,那么大部分用户可能会选择动态评分高的那家店铺。而且,淘宝搜索系统也会判定这家动态评分低的店铺服务较差,自然会降低店铺权重,宝贝搜索排名也就自然靠后。

　　因此,当店铺的某项评分低于同行平均服务水平时或者变成绿色时,就需要运营人员加强对该项内容(描述、服务、物流)的优化,提升该项动态评分。如果这三项数据都是绿色数值,则意味着店铺整体服务水平都比较差,需要全面系统地进行优化。否则,影响的不仅仅是宝贝的自然搜索,而且在报名参加官方活动时也会受到相应的限制。

6. 宝贝上下架时间

　　淘宝为了尽可能公平地划分流量资源,照顾到每一个卖家,采用了一个宝贝上下架时间的规则。发布的宝贝从上架时开始计算,7 天为一个周期,宝贝越接近下架时间,排名越靠前。

　　在实际操作中,将店铺所有宝贝平均划分开,保证每天店铺都有上架下架的宝贝,这样就可以尽可能多地获取自然流量。宝贝上下架时间的设置可以借助一些第三方平台提供的工具来完成,如旺店宝、超级店长等。规划全店宝贝的上下架时间时可以根据店铺宝贝数量而定,将店铺爆款宝贝设置在流量高峰时段上下架。

7. 橱窗推荐

　　橱窗推荐类似于在线下实体店铺的橱窗里展示商品。经过橱窗展示的商品更容易吸引顾客的眼球和注意力。网店中橱窗推荐的宝贝会集中在宝贝列表中显示,当买家在搜索商品时会优先看到橱窗推荐的宝贝。根据店铺的信用等级以及店铺的类型,店铺获得的橱窗推荐展位也各不相同。橱窗推荐的基本规则如表 7-1 所示。

　　卖家把店铺内具有核心竞争力的优质宝贝设置成橱窗宝贝后,该宝贝可以优先展示在搜索结果中。如果不设置橱窗推荐,店铺宝贝被买家搜索到的概率会降低,并且如果橱窗位长期不使用,系统会收回,所以运营人员一定得充分利用店铺的橱窗位。

8. 宝贝主图

　　宝贝主图的优化是淘宝搜索优化中最容易被忽略的一点。网店宝贝在销售过程中,首先要获得展现机会,用户看到后点击主图才有机会进入详情页了解产品,从而转化为下单购

表 7-1 橱窗推荐基本规则

基础规则			动态奖励			减数规则
信用	开店时间	消保规则	金牌卖家	类目周支付宝成交奖励	更多	卖家违规
星级卖家奖励10个橱窗位；钻级卖家奖励20个橱窗位；冠级卖家奖励30个橱窗位	不满3个月奖励10个橱窗位；满1年奖励2个橱窗位；满2年奖励5个橱窗位；满3年奖励10个以上橱窗位	加入消保且缴纳保证金的卖家奖励5个橱窗位	有金牌卖家标记的奖励5个橱窗位，有效期与金牌卖家标记的有效期一致	分两条基线：达到第1条基线的卖家，星、钻、冠卖家分别奖励25个、35个、45个，有效期一周；星、钻、冠卖家的第1条基线金额不同；达到第2条基线的卖家，星、钻、冠卖家分别奖励10个、20个、30个，有效期一周；星、钻、冠卖家的第2条基线金额也各不相同。两条基线的奖励不累加，每周的基线金额将在卖家中心的"橱窗推荐"页面公布	可扩展更多奖励规则	一般违规扣分（A类扣分）满12分及以上：扣除5个橱窗；严重违规行为扣分（B类扣分）满12分及以上：扣除10个橱窗位；出售假冒商品被违规扣分（C类扣分）达24分及以上：扣除20个橱窗位。扣分情况参考当前自然年的扣分数

买。如果宝贝展现量较大，但是主图点击率不高，那么就需要优化宝贝主图了。另外，店铺美工制作宝贝主图时，一定要注意不同类型的店铺，其规范也不一样。淘宝集市店的主图是可带价格销量的促销文字，但是切记不要出现"牛皮癣"。天猫商家的主图必须是"干净"的，不能带价格销量等促销信息。

上面介绍了影响宝贝搜索的8大因素，这些因素对淘宝系统搜索结果的影响和作用各不相同。其中，标题关键词与商品信息的相关性、主图以及商品转化率对于淘宝搜索结果影响较大，其他因素的影响偏弱。因此，做淘宝SEO时一定要重视商品标题关键词、主图以及商品转化率，这也是淘宝SEO最为基础的内容。

7.1.5 淘宝搜索处罚重点

思政阅读

俗话说"工欲善其事，必先利其器"。卖家在淘宝、天猫平台上销售产品，首先要了解平台管理规则，才能高效地运营店铺，获得好的销量。相反，如果不了解平台规则，一不留神就可能导致违规而受到平台处罚。下面对常见的淘宝搜索处罚类型进行详细介绍。

1. 虚假交易

虚假交易，也就是人们常说的"刷单"，它指的是卖家通过虚构或隐瞒交易事实、规避或恶意利用信用记录规则、干扰或妨害信用记录秩序等不正当方式获取虚假的商品销量、店铺评分、信用积分、商品评论或成交金额等不当利益的行为。虚假交易是淘宝系统近年来打击最多、打击最严的违规行为。

2．偷换宝贝

卖家有时想换款，但是又舍不得自己现有的销量，于是偷偷把现在的宝贝改换成其他宝贝，将商品主图、信息全部替换成另一个宝贝继续销售。这是一种严重炒作销量的行为，会被淘宝搜索系统直接判定为偷换宝贝。

3．重复铺货

重复铺货就是同一个产品发布两个或多个以上的宝贝链接，目的是为了增加宝贝被展现的机会。因为淘宝不收取商品展示费用，所以很多店铺为了达到吸引更多流量的目的，在同一店铺内就同一款宝贝发布N多个。淘宝为了控制这种行为，将重复铺货也归入惩罚重点。

一般来说，重复铺货分两种方式：一种是单品的重复铺货，另一种是重复铺货式的开店。如果是单品重复铺货，想避开系统的检测，只有让系统判定这两个宝贝不一样才行。所以在发布宝贝的时候，宝贝标题切勿统一复制，如果标题都一样的话，即使不是重复铺货，也可能会引起系统误判。另外，宝贝的属性、一口价、主图最好也不要相同，这样不容易被系统判定为重复铺货。如果是重复铺货式开店，则要保证在不同IP局域网内，因为淘宝系统判定同一IP地址不能登录两家同类目的店铺。

重复铺货如果被检测到或者被举报，会直接受到搜索降权处罚，流量和访客都会减少。降权时间会根据作弊的严重程度有所不同，重复的商品删除后最短可在5天内结束降权。重复铺货的店铺被系统识别后，只保留其中一个主营店铺，其余店铺会被屏蔽。

4．放错类目与属性

放错类目属性是指卖家在发布宝贝的时候选错了宝贝的类目属性，因为淘宝的搜索规则是通过分析买家的搜索关键词锁定宝贝所在类目。例如，用户搜索"连衣裙"时，系统首先锁定在"女士/女士精品"类目，假设卖家却把宝贝放在童装或男装类目，那么不管用户如何搜索，宝贝都难以得到展现。宝贝被系统检测出放错类目会遭到降权的处罚，降权时间根据作弊的不同严重程度而不同。

5．SKU作弊

SKU即Stock Keeping Unit，指的是库存进出计量的单位，可以是件、箱、套等。SKU是大型连锁超市配送中心用于物流管理的一种方法，现在已经被引申为产品统一编号的简称。每种产品都有对应的唯一SKU编号。

对一种商品来说，当其品牌、型号、配置、颜色、容量、价格、用途等属性与其他商品存在不同时，可称为一个单品。假设某家居用品店铺发布了一款欧式的"四件套"宝贝，总共有3个颜色，分别是"红色""紫色""蓝色"。该款宝贝的规格同样有3种类型，分别是"1.5米""1.8米""2.0米"，那么这款产品共有多少个SKU呢？答案是9个，因为每个颜色都对应一个宝贝，该宝贝共有9个SKU型号。

SKU作弊是指利用商品属性以不符合市场实际情况的超低价格设置一口价，用低价方式吸引流量，淘宝搜索将这种商品判定为SKU作弊商品。

6．滥用标题和关键词

滥用标题关键词指的是使用与产品不相符的属性描述，尤其是一些小类目的产品名称，由于搜索的人并不多，不少买家为了能获得更多的搜索流量，在写宝贝标题时常会使用一些与宝贝属性不符合的关键词。例如一款安卓手机，标题却写着"大陆行货 iPhone 8"；明明卖的是普通的女士羽绒服，标题却写"波司登羽绒服"。

7．广告商品

所谓广告商品，通常是指多传几个宝贝，价格设置得超低，在描述中直接给某一款宝贝集中导流量。这种行为一旦发现，会受到降权的处罚，根据严重程度处罚也有所不同。

8．价格不符

价格不符指的是宝贝设置的一口价与同期市场的实际价格水平相差较大。例如一条牛仔裤标价 1 元，或者描述中写的价格与售价不一致，以超低价格吸引流量，这些做法同样会遭到系统的惩罚。

9．邮费不符

邮费不符是一种比较常见的作弊方法，例如一个标价为 5 元的宝贝，邮费却要 30 元或者更高。其实这种方法也是利用低价策略吸引流量，而其最终的销售价格却很高。这也属于比较严重的作弊，不过现在已经很少见。

10．商品信息不一致

关于商品信息不一致，其实是对前几条的总结：一方面是属性类目不符，另一方面是价格信息不符。如果所发布的宝贝存在这样的错误，系统会判断宝贝标题、图片、价格、描述信息是否一致。例如价格写 100 元，描述写最低 200 元，标题中写包邮，结果运费设置为 10 元，这些都是属于商品信息不一致。

7.2 商品标题优化

在淘宝 SEO 中，宝贝标题的作用是让店铺商品获得曝光，从而使店铺商品有机会被搜索用户看到，进而被点击，为店铺带来更多访客和流量。因此，在淘宝 SEO 过程中，首先是对宝贝标题进行优化，本节针对宝贝标题优化的相关知识进行详细介绍。

7.2.1 商品标题分析

宝贝标题分析是宝贝标题优化的前提，店铺运营人员在优化宝贝标题时需要先分析宝贝标题。只有通过对宝贝标题进行深入的分析，找到宝贝标题存在的问题，才能针对性地优化宝贝标题，为商品带来更多搜索流量。下面我们从商品属性分析和曝光关键词分析两方面来对商品标题进行分析。

1. 商品属性分析

宝贝标题的主要作用是使宝贝获得曝光,而主图的作用则是吸引用户点击该商品,进入商品详情页,从而带来访客和流量。宝贝标题是围绕商品属性撰写的,用户在搜索商品时也是围绕相关属性词搜索的,因此宝贝标题选择的关键词越精准,曝光带来的访客与目标群体越接近。

可以查看商品详情页内容来了解商品属性信息,然后将商品属性信息与商品标题中拆分的关键词进行对比,查看商品标题中的关键词是否与商品属性相匹配。为了帮助大家有更好的理解,下面以一款女式牛仔衬衫为例进行分析,具体介绍如下。

图 7-7 所示为一款女式牛仔衬衫,标题为"牛仔衬衫女长袖 2020 春装新款韩版宽松百搭时尚衬衫潮全棉打底上衣",我们从图 7-8 中也可以了解该商品的属性信息。

图 7-7 女式牛仔衬衫宝贝标题信息

图 7-8 女式牛仔衬衫的商品属性信息

将商品信息和宝贝标题进行对比可以发现,该款商品为通勤文艺风格,而商品标题中却写为韩版风格。因此,商品标题中所使用的"韩版"这个关键词并不精准,而搜索"韩版"这个关键词引来的买家在看到这款文艺风格的牛仔衬衫后自然会跳失离开。所以,商品标题中的"韩版"这个关键词需要替换为"文艺",这样才能引来更加精准的流量。

2. 曝光关键词分析

前面曾提到,商品标题的主要作用在于使商品获得曝光,主图的作用是吸引买家点击商品,获得商品点击量以及商品访客流量。因此,商品标题分析除了对商品属性信息进行对比分析外,更重要的是对商品曝光词进行分析。我们可以通过卖家中心后台的体检中心查看最近7日店铺商品获得的曝光词数据,具体操作方法如下。

Step1 打开淘宝网,登录卖家中心。单击图7-9卖家中心页面中【宝贝管理】下方的【体检中心】选项,进入体检中心页面,如图7-10所示。

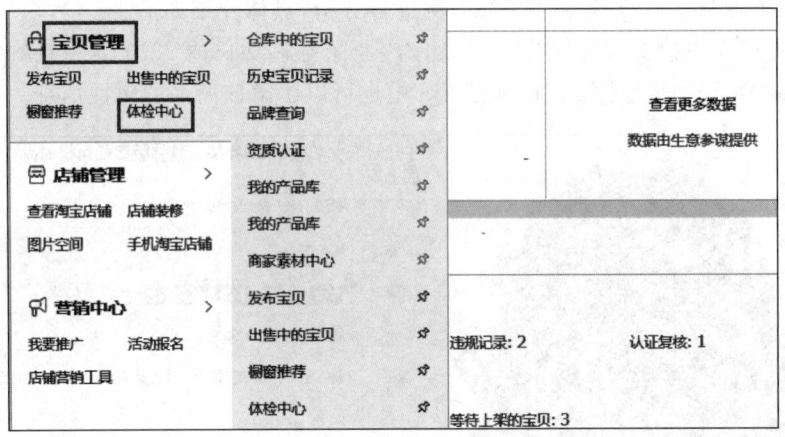

图 7-9 卖家中心后台

图 7-10 体检中心首页

Step2 单击图 7-10 中搜索页面下方的"搜索体检"后面的【立即查看】按钮。进入搜索来源页面,如图 7-11 所示。

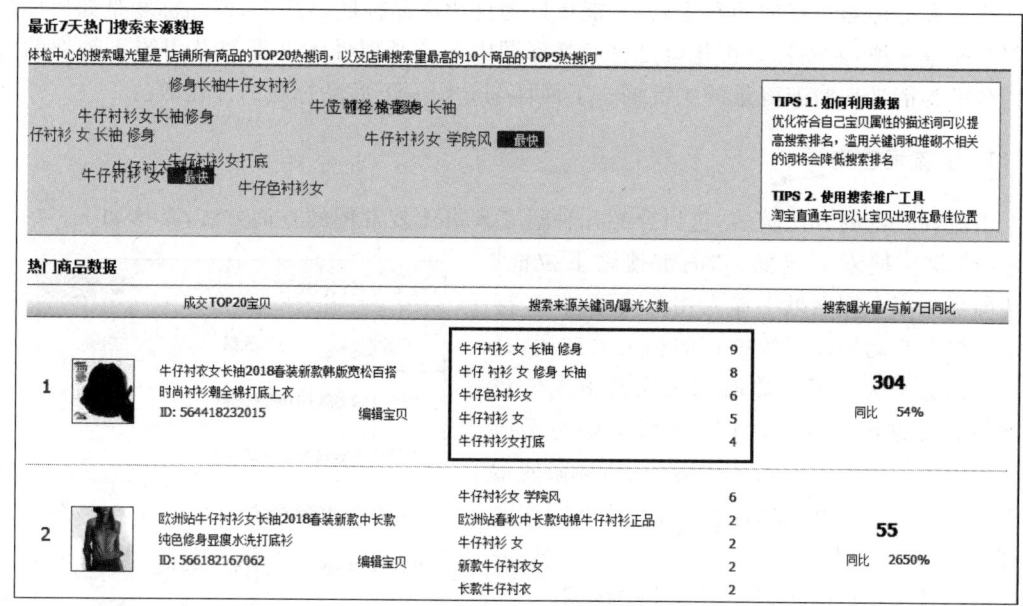

图 7-11 宝贝标题搜索来源

注意:在"搜索曝光量/与前 7 日同比"数据中,红色表示下降,绿色表示上升。

Step3 将最近 7 日内宝贝搜索来源的关键词进行统计,尤其是搜索量较大的主要关键词,如表 7-2 所示。

表 7-2 宝贝标题曝光词统计

序号	标题关键词	搜索词	次数
1	牛仔衬衣女长袖 2018 春装新款韩版宽松百搭时尚衬衫潮全棉打底上衣	牛仔衬衫 女 长袖 修身	9
		牛仔 衬衫 女 修身 长袖	8
		牛仔色衬衫女	6
		牛仔衬衫 女	5
		牛仔衬衫女打底	4
2	欧洲站牛仔衬衫女长袖 2018 春装新款中长款纯色修身显瘦水洗打底衫	牛仔衬衫女 学院风	6
		欧洲站春秋中长款纯棉牛仔衬衫正品	2
		牛仔衬衫 女	2
		新款牛仔衬衣女	2
		长款牛仔衬衣	2

通过对宝贝搜索来源关键词进行统计,我们可以发现该款商品许多曝光展示的关键词与该商品的真实属性明显不符。例如这款牛仔衬衫为宽松版型,而曝光展示的关键词为"修身",换位思考一下,喜欢修身版型的买家又怎么会购买宽松版型的衣服呢?所以曝光展现的关键词为商品引来的流量并不精准。因此,对于该款商品的标题需要进一步优化。

7.2.2 商品标题优化方法

找到商品标题存在的问题之后,才能更好地优化商品标题。那么,商品标题是如何优化的呢?简单来说,商品标题优化就是将商品标题中与商品属性不匹配以及引流不精准的关键词替换为能带来精准流量的关键词。下面详细介绍一下商品标题的优化方法。

1. 引流词查询

引流词查询的方法较多,这里介绍几种运营人员比较常用的查询方法,具体如下。

(1) 淘宝搜索下拉框。"淘宝搜索下拉框"方法即当买家在搜索框中输入相关关键词时,搜索下拉框会自动展现系统推荐的相关关键词,这类关键词通常为最近一段时间买家搜索人气较高的相关关键词。例如,图 7-12 所示即为手机淘宝搜索下拉框推荐的相关关键词,当买家搜索"雪纺衬衫女"的时候,系统会自动推荐下面这些关键词。这些关键词更加贴合买家搜索习惯,因此选择标题关键词时可以参考这类关键词。

(2) 市场行情。"市场行情"是淘宝官方推出的一项服务于卖家的数据分析功能,分为普通版和专业版两种版本,普通版每年服务费为 900 元,专业版每年服务费为 3600 元。市场行情所提供的搜索词分析功能为卖家只需要输入商品核心关键词或相关关键词,就可以快速查找出海量的搜索关键词。图 7-13 所示为市场行情功能下的搜索词查询窗口。

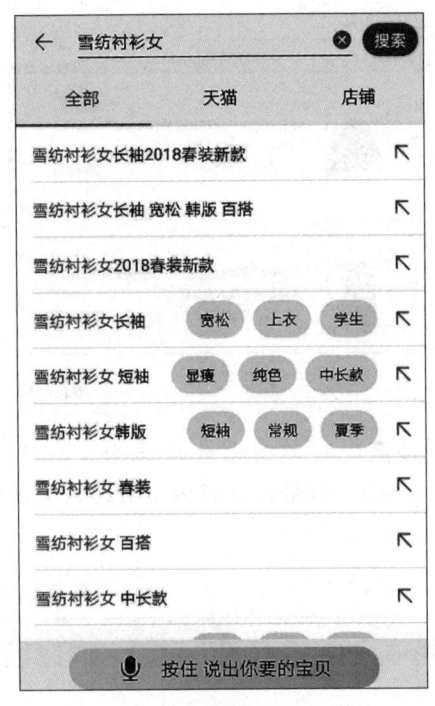

图 7-12 淘宝搜索下拉框推荐的相关关键词

运营人员使用搜索词查询关键词时,需要注意以下几点:

- 查询时,应当选择最近 7 天的搜索关键词。
- 查看搜索关键词数据时,主要关注搜索人气、点击率、商城点击占比、在线商品数以及支付转化率这几项指标。
- 对于大类目的商品(如服饰鞋包类目),应当选择前 200 个关键词,参考范围更广泛些。
- 卖家如果是淘宝店铺,筛选关键词时,需要去掉商城点击占比超过 60% 的关键词,若为天猫商城,则无须关注。
- 筛选关键词时,选择那些搜索人气高、在线商品数量少的关键词。

通过筛选之后,可以将备选的关键词整理成表格,为标题关键词的组合做好准备工作。

(3) 直通车流量解析工具。直通车是淘宝官方推出的一项付费推广服务,类似于百度搜索引擎竞价广告,卖家通过竞价方式购买关键词,使商品快速获得比较靠前的排名。直通车流量解析工具则类似于百度推广系统中的关键词挖掘工具,使用该工具可以为商品查询

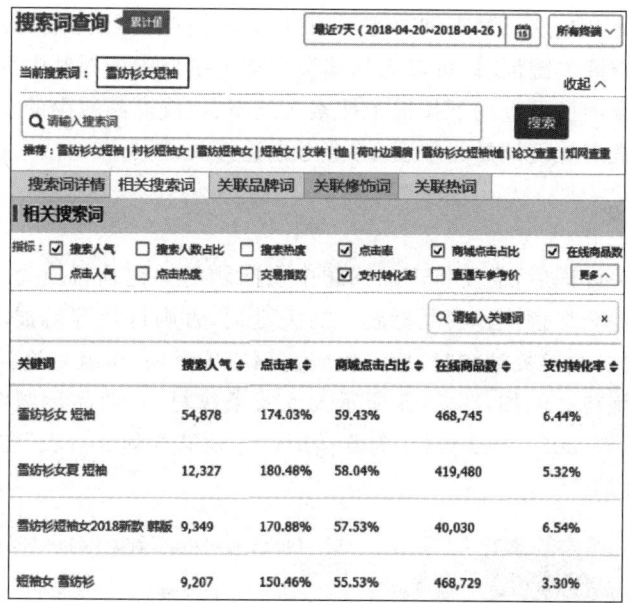

图 7-13 搜索词查询

出相关关键词。直通车流量解析工具提供的数据洞悉功能主要包括关键词分析和类目分析。我们查询关键词时主要通过关键词分析筛选关键词。图 7-14 所示为用直通车流量解析工具查询关键词。

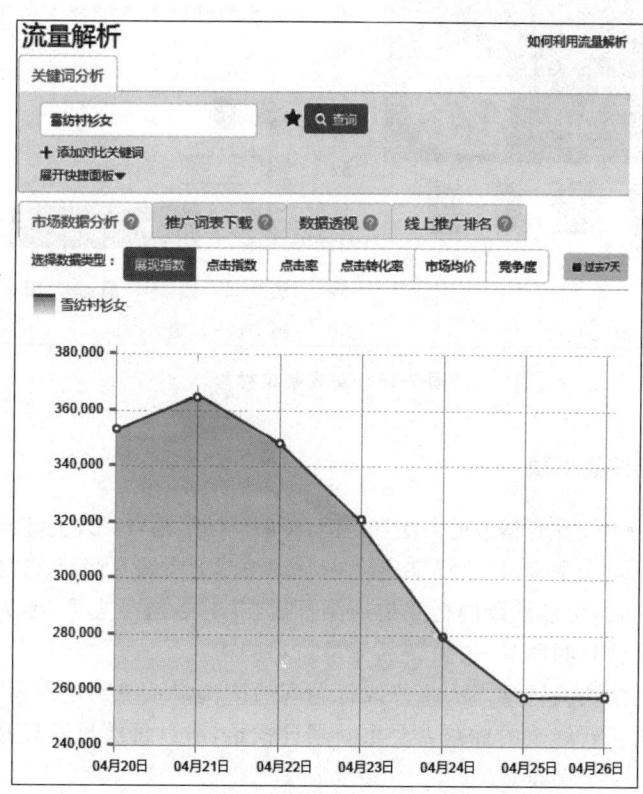

图 7-14 直通车流量解析工具的关键词分析

当然，在实际工作中，这三种查询关键词的方法并非独立运用的，而是多种方法组合在一起。运营人员在查询关键词时，可以先从淘宝搜索下拉框中选择其中的热词，然后运用市场行情中的搜索词查询工具查询下拉框中搜索人气高、在线商品数少的关键词，或者使用直通车流量解析工具查询关键词的竞争度，综合考虑选择关键词。

2. 商品标题优化

找到好的引流关键词后，需要将商品标题中有问题的关键词替换为查询的关键词。替换时切记不可一次性全部替换掉商品标题中的关键词，否则这样容易被淘宝系统判定为作弊，遭受降权的惩罚。替换关键词时，应当先确定核心关键词，也就是这款产品的主词，要直接表现商品特点和优势。例如，图7-15所示为女式条纹衬衫，商品标题中的核心关键词为"条纹衬衫女长袖"，而"2020春夏新款"为营销词，"可爱猫咪刺绣衬衣"和"宽松百搭全棉打底衫"则为产品属性词。

图7-15 女式条纹衬衫

3. 优化标题的注意事项

在优化宝贝标题时要注意修改的方法和时间，下面总结了几点修改关键词需要注意的事项。

- 商品标题为60个字符，30个汉字；撰写标题时要尽力写满60个字符，少用或不用空格。
- 撰写关键词时，切忌抄袭同行其他商品标题，尤其是新品宝贝，因为这容易被系统判定为淘宝网已有的商品，失去新品流量扶持的机会。
- 不要大幅度修改关键词。大幅修改标题容易被淘宝系统判定为偷换宝贝，宝贝会招致降权处罚。新修改的标题需要重新累计权重，所以每次最好只修改一个独立的关键词，即4~6个字符。
- 修改后的标题一定要保持原标题中每个独立关键词的顺序。

- 修改标题的时间最好错开流量的高峰期，可以选择凌晨时段，以避免修改后影响商品权重。
- 修改后最好当天或者隔天就有访客通过搜索将新品宝贝加入购物车或者收藏夹，因为这样可以快速提升宝贝的搜索人气以及标题关键词权重。

7.3 宝贝上下架时间的规划

淘宝网作为国内最大的电商网站，平台上有着数以亿计的宝贝。面对海量的产品，如何管理这么多的宝贝，并且保证每个产品都有被消费者发现的机会和将流量进行合理划分，显得尤为重要。淘宝搜索系统为了合理地划分这些自然流量，采用了一个基本原则，就是7天上下架时间。本节将针对宝贝上下架时间的规划进行详细介绍。

7.3.1 什么是宝贝上下架时间

7天上下架时间是指一个新宝贝发布时所处的时间点，以 7×24 小时为一个周期进行周转。假设周一上午10点发布一款宝贝，那么到下周一上午10点为一个"周期"。假如自发布之日起，每天能带来50个自然搜索，那么快到下周一上午10点的时候，在不考虑其他因素的情况下，该宝贝会优先展示在其他宝贝面前。由于系统考核参数比较多，很难精确到具体几时几分，但是在上下架时间当天，可以看出搜索流量比平时多一些。

7.3.2 宝贝上下架时间的规划方法

既然宝贝临近上下架时间将优先得到展现，那么在安排宝贝上下架时，应当将店铺宝贝平均分配到每一天内，保证每天不同时间点都会有宝贝处在上下架时间点，这样一来每个宝贝都可以带来自然搜索流量。下面介绍一下宝贝上下架时间的规划方法。

宝贝上下架时间设置在流量高峰时段可以获得更多被展示的机会，从而得到更多被点击的可能。根据淘宝生e经的统计数据，淘宝系统每周一、周五是流量最多的两天，很多卖家都把宝贝设置在每周一或周五上下架。假设店铺中有20款宝贝，宝贝编号为1～20号，那么把这些主推宝贝安排在流量高峰时段，其他普通宝贝分配在成交量高峰时刻即可，保证每天主要时段内都有上下架的宝贝。横轴是星期数，竖轴是每天的时间点，如表7-3所示。

表7-3 店铺宝贝上下架时间的规划

时间点	周一	周二	周三	周四	周五	周六	周日
×××店铺宝贝上下架时间的规划							
0点～8点							
9点							
10点	2	2		1	2		
11点							
12点							2
13点							

续表

×××店铺宝贝上下架时间的规划							
时间点	周一	周二	周三	周四	周五	周六	周日
14点				1			
15点			1				
16点							
17点							
18点							
19点							
20点	2		1	1		1	
21点							1
22点					1	2	
23点							

注意：新品宝贝发布上架后，如果需要对该宝贝信息进行修改，则重新编辑完保存发布后，不会改变宝贝上下架时间，因为系统记录的是最初宝贝发布时所处的时间点。当我们在编辑宝贝时，仍处在上架的状态，所以是不会改变其上下架时间的。只有先将宝贝下架到仓库，重新上架后才会改变上下架时间。

修改宝贝上下架时间的方法有两种：一种方法是手动操作修改宝贝上下架时间，即先将宝贝下架，然后在宝贝上架时间重新发布上架；另一种方法是借助第三方软件修改宝贝上下架时间，例如欢乐逛、超级店长等。下面以超级店长为例演示如何修改宝贝上下架时间。

Step1 打开淘宝网，登录卖家中心，单击图7-16中卖家中心页面左侧的【我订购的应用】选项，选中【超级店长】按钮，进入超级店长页面，如图7-17所示。

图7-16 淘宝服务市场首页

图 7-17　超级店长首页

Step2　单击图 7-18 超级店长首页中的【自动上下架】按钮，进入宝贝上下架管理页面，卖家可以直接查看到店铺宝贝上下架时间的分布，如图 7-19 所示。

图 7-18　单击【自动上下架】按钮

通过观察该店铺当前宝贝上下架的时间，我们可以发现其分布明显不均匀，宝贝上下架时间多集中于周五至周日的 20 点至 23 点，上下架的宝贝数量较多，而周一和周二上下架的宝贝数量较少。因此，运营人员需要调整店铺宝贝整体的上下架时间，将周五、周六、周日时间段的部分宝贝调整为周一或周二下架。

7.3.3　宝贝上下架时间的设置技巧

前面我们已经提到过，将宝贝上下架时间设置为流量高峰时段可以获得更多的展现机会，为店铺带来更多的流量，那么如何才能找到宝贝的流量高峰时段或者成交高峰时段呢？

时间段	周一	周二	周三	周四	周五	周六	周日	总计
08:00 - 09:00								0 0
09:00 - 10:00	1	1						2 0
10:00 - 11:00			3					3 0
11:00 - 12:00								0 0
12:00 - 13:00								0 0
13:00 - 14:00								0 0
14:00 - 15:00								0 0
15:00 - 16:00								0 0
16:00 - 17:00								0 0
17:00 - 18:00								0 0
18:00 - 19:00								0 0
19:00 - 20:00							2	0 2
20:00 - 21:00			2	3	3	5	1 2	6 10
21:00 - 22:00		2 1	6 4	3 3	2 2		2 3	15 13
22:00 - 23:00	1	1 1	4	5 5		3	1 2	12 11
23:00 - 00:00				1 1	1 3			2 4
00:00 - 01:00								0 0
01:00 - 02:00								0 0
02:00 - 03:00								0 0
03:00 - 04:00								0 0
04:00 - 05:00								0 0
05:00 - 06:00								0 0
06:00 - 07:00								0 0
07:00 - 08:00								0 0

图 7-19 店铺宝贝上下架时间的分布

这时,可以借助一些第三方软件,例如生 e 经。下面介绍如何使用生 e 经设置宝贝上下架时间。

1. 认识生 e 经

生 e 经是淘宝官方推出的一款数据分析类应用工具,用于帮助卖家分析店铺数据以及行业数据,其功能包括流量分析、销售分析、宝贝分析等。目前,生 e 经有两个版本,分别为加强版和专业版,加强版每年服务费为 260 元,专业版每年服务费为 500 元。二者的主要区别在于专业版拥有店铺宝贝流量分析,加强版则无该功能,具体区别如图 7-20 所示。

当然,并不是所有行业类目都适用生 e 经,虚拟类宝贝(如充值卡)等就不可以使用生 e 经的调整优化功能进行标题、上下架时间、价格、橱窗推荐优化。

	免费版	加强版	专业版
流量分析 - 流量指标&走势	✗	✓	✓
流量分析 - 按访客时段/省份分析	✗	✓	✓
流量分析 - 宝贝页/类目页/店内搜索页分析	✗	✓	✓
流量分析 - 流量来源分析	✗	✓	✓
流量分析 - 淘宝搜索/直通车关键词分析	✗	✓	✓
流量分析 - 自定义页面分析	✗	仅流量分析	流量+销售
销售分析 - 销售指标&走势	✗	✓	✓
销售分析 - 下单路径追踪 (PC端)	✗	✓	✓
销售分析 - 地域分布	✗	✓	✓
销售分析 - 付款时间分布	✗	✓	✓
宝贝分析 - 调整优化 (上架、橱窗、价格)	✗	✓	✓
宝贝分析 - 指标总览	✗	不含收藏、退款	所有指标
宝贝分析 - 搭配销售分析	✗	✓	✓
单个宝贝分析 - 一键分析 (搜索排名要素分析)	✗	✓	✓
单个宝贝分析 - 趋势分析	✗	✓	✓
流量分析 - 流量来源分析 (URL粒度)	✗	✗	✓
流量分析 - 自定义页面分析 (为宝贝页引流)	✗	✗	✓
销售分析 - 订单来源ROI (全来源销售分析)	✗	✗	✓
销售分析 - 订单来源ROI (7日延迟效果分析)	✗	✗	✓
销售分析 - 订单来源ROI (直接、间接成交分析)	✗	✗	✓
单个宝贝分析 - 标题分析 (根据宝贝推荐热搜词)	✗	✗	✓
单个宝贝分析 - 标题分析 (关键词流量、成交分析)	✗	✗	✓
单个宝贝分析 - 关联分析	✗	✗	✓
单个宝贝分析 - 来源分析	✗	可分析5种来源的UV	全部来源的UV及销售
单个宝贝分析 - 深度分析	✗	✗	可分析5个宝贝
宝贝分析 - 关联推荐	✗	✗	✓
手机淘宝 - 流量分析 (整体、按省份、按时段)	✗	✗	✓
手机淘宝 - 销售分析 (整体、按省份、按时段)	✗	✗	✓
手机淘宝 - 宝贝页分析	✗	✗	✓

图 7-20　生 e 经加强版与专业版的区别

2．生 e 经的使用方法

卖家可以使用生 e 经所提供的行业分析功能，通过对宝贝所在行业类目的宝贝上下架时间进行统计分析，找到宝贝上下架的黄金时间，卡准宝贝上下架时间，提高宝贝的曝光量和成交量。下面以一款女式牛仔衬衫为例，演示如何使用生 e 经查找宝贝上下架的黄金时间。

Step1　打开淘宝网，登录卖家中心。单击图 7-21 所示卖家中心页面右侧的【我购买的服务】选项，选中【生 e 经】按钮，进入生 e 经页面，如图 7-22 所示。

Step2　单击页面导航栏中的【行业分析】按钮，进入行业分析页面，如图 7-23 所示。

Step3　选择行业类目。在行业分析页面中，单击【服装】按钮，在服装子类目列表页面中选择【女装/女士精品】类目，如图 7-24 所示。

图 7-21 天猫商家中心

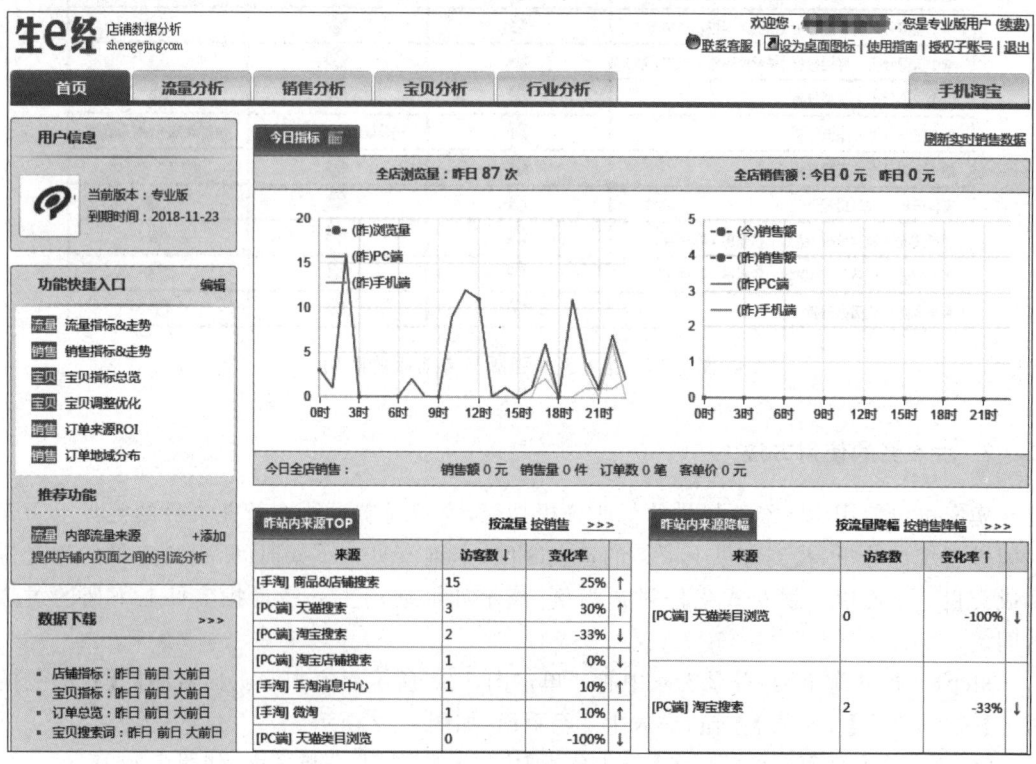

图 7-22 生 e 经首页

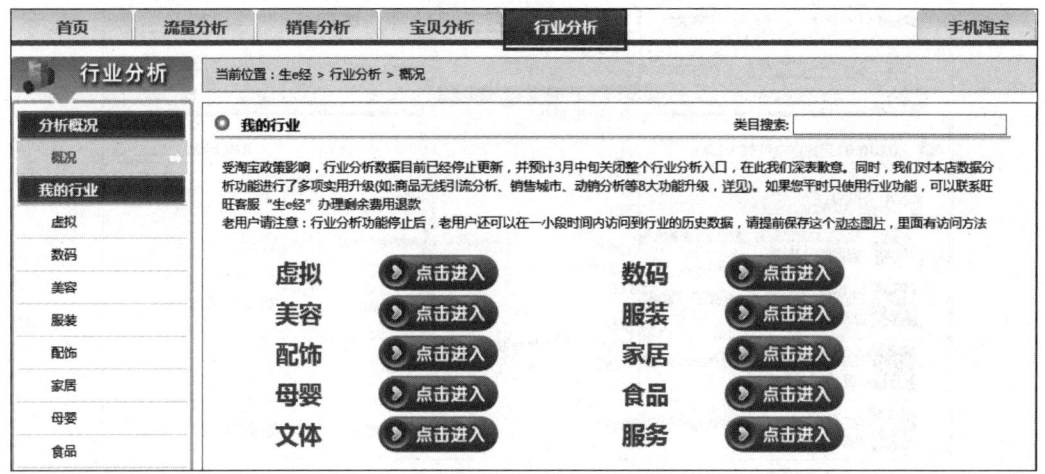

图 7-23　生 e 经的行业分析页面

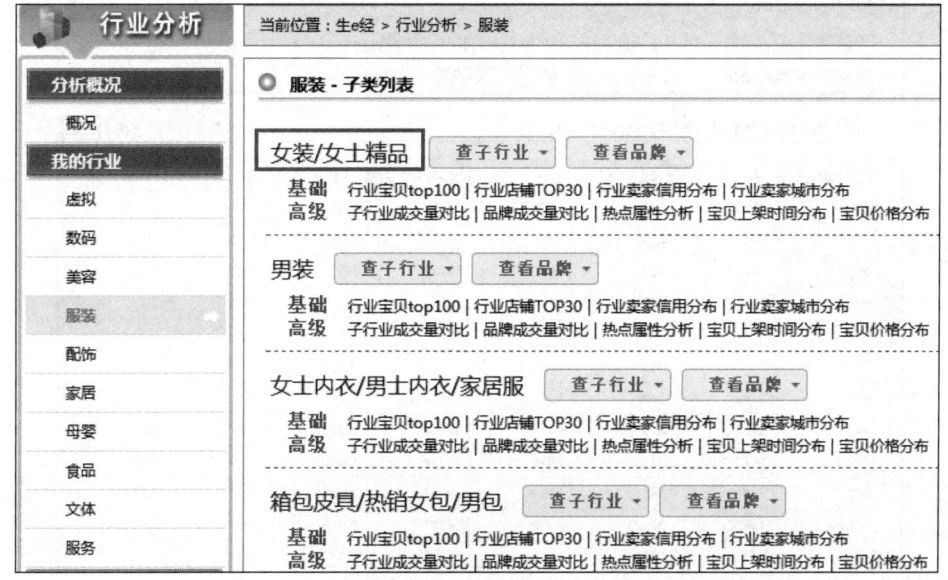

图 7-24　服装子类目列表页面

Step4　在女装/女士精品类目下,选择子类目衬衫,进入衬衫类目页面。单击【上架时间分布】按钮,即可查看衬衫商品的上架时间分布状况,如图 7-25 和图 7-26 所示。运营人员可以单击右侧的【下载】按钮,将商品上架时间分布的数据下载到电脑本地,以方便整体调整店铺宝贝的上下架时间。

通过分析商品上架时间的分布,我们可以发现每日上午 10 点和晚上 20 点、21 点、22 点上架的宝贝成交量最高。因此,该款女式衬衫的上架时间可以考虑放在这 4 个时间段。

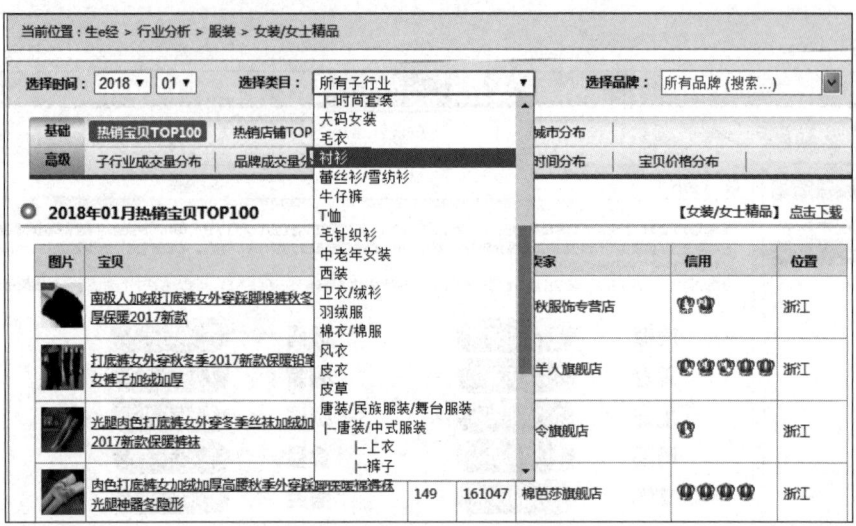

图 7-25 女装/女士精品类目列表页

图 7-26 衬衫类目商品上架时间的分布

7.4 打造高点击率主图

宝贝标题优化的作用在于使宝贝获得更多展现机会,而宝贝主图才是吸引买家点击宝贝访问商品的关键。因此,只有优化好宝贝主图创意,才能帮助店铺带来更多的流量。本节主要介绍宝贝主图优化的相关知识。

7.4.1 宝贝主图的定义及重要性

发布宝贝的时候,通常需要上传 5 张最能表现宝贝特点的图片,这些图片就是宝贝主图。天猫店铺发布宝贝的时候,一般是两张整体图+三张细节图,例如服饰类目的 5 张主图通常是"一正一背加三细节"。

如果宝贝需要做直通车推广,则要将第 5 张细节图替换成直通车推广图;如果宝贝有两个推广创意,则两个创意推广图分别上传至第四位和第五位。关于直通车推广的相关内容会在后面的章节详细介绍,这里不再赘述。如果是淘宝店铺,则可以随意发挥,但是切记不要出现"牛皮癣"图片。

前面曾讲过淘宝搜索的核心影响因素有宝贝标题、DSR 评分、橱窗推荐、宝贝上下架时间等,这些因素都是为了增大搜索展现的机会。但是宝贝有了搜索展现的机会,如果主图不够吸引人,则仍旧无法为店铺引来流量,所以淘宝搜索优化还涉及主图点击率。

在制作宝贝主图时,像素不要太低,尽量清晰些,建议为 800×800 像素的图片,因为在天猫和淘宝中,如果主图是 800×800 像素的图片,系统将自动添加放大镜功能,如图 7-27 所示。

图 7-27 主图的放大镜效果

7.4.2 优化主图的注意事项

宝贝主图的主要作用是吸引买家点击商品,一个好的宝贝主图不但可以吸引买家点击,而且会让买家对宝贝产生良好的第一印象,对最终的成交转化起到一定的影响。在实际的优化过程中,一定要严格遵循淘宝天猫官方的图片制作要求,否则不仅不会增加宝贝点击率,而且还会受到相关处罚影响宝贝排名。这里总结了优化主图时需要注意的几点事项。

1. 主图不可短期频繁更换

如果短期内频繁更换主图,会被淘宝系统误判为偷换宝贝。系统一旦误判会对宝贝造成不利影响,所以在宝贝上架前,要对"主图""描述"及"标题"等信息检查设置好,确认无误后再上架。

在选择更换主图时,最好选择在淘宝系统更新的时候或者网店流量较少的时候,例如每天晚上12点至凌晨1点之间为系统自动更新时刻,而且这个时段购物人群比较少,这时候替换主图不易被淘宝系统判定为偷换宝贝。

另外,如果宝贝已经发布成功,则更换宝贝主图时切记不要直接将主图替换,而应当把做好的主图先上传至5张图的第2张图片位置。等待24小时后,淘宝系统完成更新,再将第2张图片移动至第1张图片位置,即完成图片更换,这样操作可以避免被系统误判为偷换宝贝和遭到降权的处罚。

2. 主图不要有牛皮癣

牛皮癣图片是指宝贝主图上直接添加"文字"或"水印",并且超过主图面积的1/5。"牛皮癣图片"是淘宝于2012年加入搜索系统的一项指标,官方明确规定"牛皮癣图片"将会影响到搜索排序结果。其他条件相同的情况下,"牛皮癣图片"的宝贝排名靠后,有的类目更是会遭到下架的处罚。

通常来说,系统判定宝贝图片是否存在"牛皮癣"主要有下面两个条件。

- 主图上直接写文字。
- 文字面积过大,影响宝贝展示。

淘宝系统是如何检测主图是否为"牛皮癣图片"的呢?目前淘宝检索图片用的是OCR系统,这个系统能把文字和图片轻松地分开,会判断出什么地方加了文字。所以,我们在给主图添加营销词的时候,不要直接加在图片背景上和覆盖到宝贝上,一定要在新加的背景上添加文字,这样就不会被检测到"牛皮癣"了,图7-28和图7-29所示分别为存在"牛皮癣"嫌疑和正常宝贝的主图。

7.4.3 主图优化的方法

主图对于提升宝贝点击率有着重要的影响,在经营网店的过程中,对于存在问题的主图一定要及时地优化,尤其是对于店铺内的爆款产品,主图的优化更是对于降低直通车出价和提升转化率有直接影响。下面介绍主图优化的常见方法。

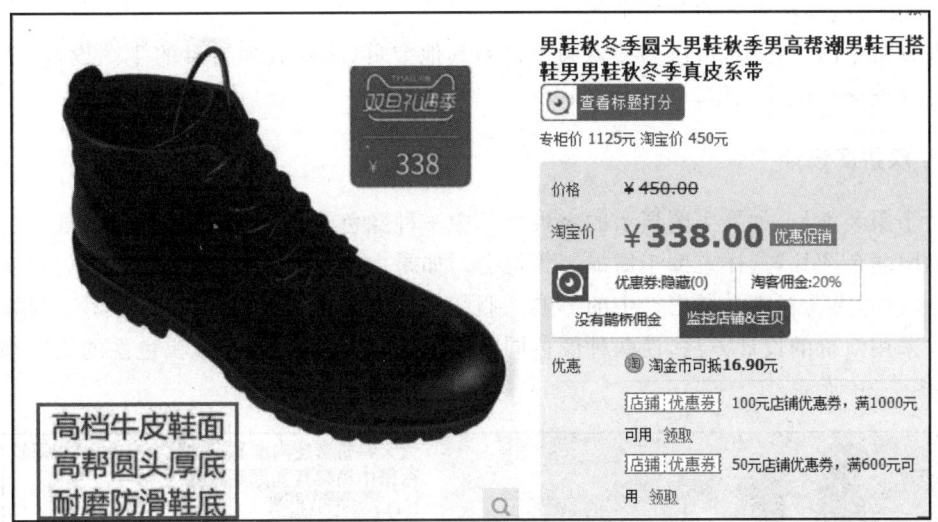

图 7-28 存在"牛皮癣"嫌疑的图片

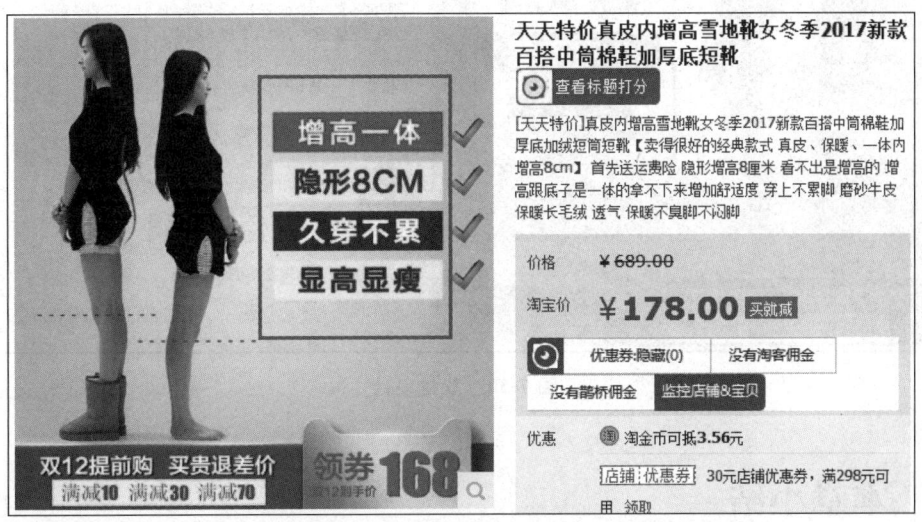

图 7-29 正常的宝贝主图

1. 展示产品卖点

主图是宝贝参与竞争的"门面",如何才能让买家注意到卖家的宝贝呢?最主要的就是体现宝贝的优势,不管是价格、热卖情况还是质量等。不管商家如何在营销上面下功夫,始终不要忘记产品是核心,尤其是服装类目,款式和材质是影响产品的核心因素。

2. 主图与众不同,新颖独特

不管是做直通车图还是宝贝主图,只有与其他宝贝不一样,才会被发现,例如许多卖家都用模特图展示衣服,我们就可以选用平铺图展示。当然,主图具体的展现形式一定要根据自己的宝贝特点进行设计,不可一味地追求美观而失去特点,也不可一味地追求特点而失去美观,要在美观与特点之间找好平衡。

在日常主图优化中,可以多搜索同类目的其他宝贝,看看其他宝贝的主图设计,从而更有针对性地进行优化工作。

3．双拼图设计

对于服装类目,如果主图展示的宝贝是其中一种颜色,那么相应地还需要展现宝贝所对应的不同颜色图片,这样有助于增加销售机会。如果主图是白色款,那么白色销售得就会多一些,这就是主图对商品销售产生的影响。假如宝贝有两个或者两个以上的颜色选择时,那么可以采用双拼的设计方法,使两种颜色同时展示,这样偏向白色系或黑色系的买家都会覆盖,如图 7-30 所示。

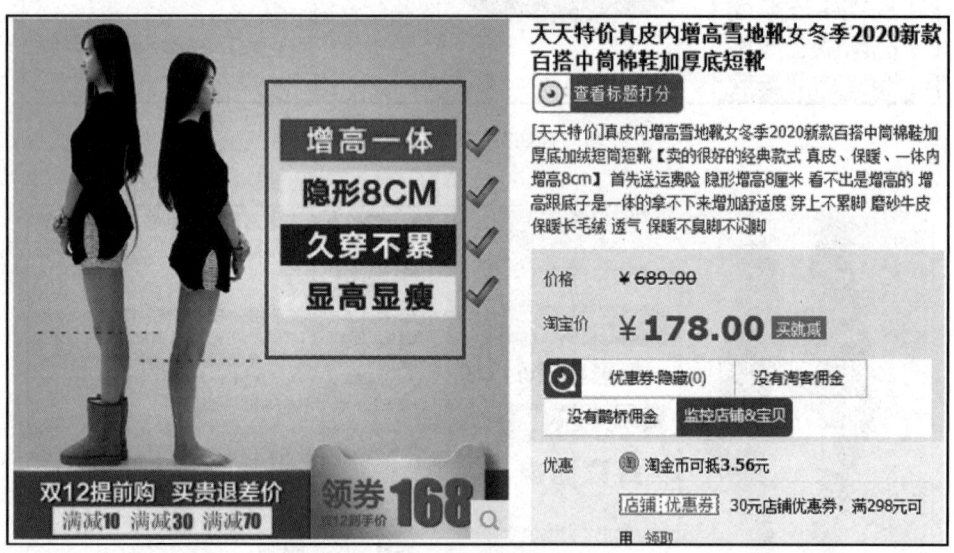

图 7-30　双拼设计

7.5　本章小结

本章主要介绍了淘宝搜索优化的相关知识,包括淘宝 SEO 基础理论、淘宝搜索的核心因素分析、宝贝标题优化、上下架时间、宝贝主图优化以及淘宝搜索处罚等。

通过对本章内容的学习,读者应当了解淘宝搜索的基础知识,熟悉淘宝搜索的核心因素和淘宝搜索处罚的主要规则,掌握宝贝标题、上下架以及主图的优化方法和技巧,学会优化宝贝,提升店铺自然搜索流量。

7.6　课后练习

一、判断题

1．做好淘宝 SEO 能提高店铺排名,减少店铺推广费用。　　　　　　　　　　　　（　　）

2. 标题关键词与商品信息的相关性以及商品销量对于宝贝搜索的排名影响较大。
（　　）
3. 放错类目和属性不属于淘宝搜索处罚重点。（　　）
4. 新品撰写标题时，可以直接复制同行爆款宝贝标题，这有利于提升宝贝曝光量。
（　　）
5. 新品宝贝上架后，如果需要对该宝贝的信息进行修改，重新编辑完保存发布后，会改变宝贝上下架时间。（　　）

二、选择题

1. 下列选项中，关于淘宝搜索引擎与其他搜索引擎之间区别的说法正确的是（　　）。
   A. 搜索展示的结果不同　　　　B. 搜索主体不同
   C. 时效性不同　　　　　　　　D. 检索维度不同
2. 下列选项中，关于做好淘宝 SEO 的说法正确的是（　　）。
   A. 挖掘更多的潜在顾客　　　　B. 提高店铺排名
   C. 降低广告推广费用　　　　　D. 提高店铺销售额
3. 下列选项中，属于淘宝搜索处罚重点的是（　　）。
   A. 偷换宝贝　　　　　　　　　B. 虚假交易
   C. 广告商品　　　　　　　　　D. 商品信息不一致
4. 下列选项中，属于常见的标题引流词查询方法的是（　　）。
   A. 淘宝搜索下拉框　　　　　　B. 市场行情
   C. 同行竞品标题　　　　　　　D. 直通车流量解析工具
5. 下列选项中，关于宝贝主图优化的方法，说法正确的是（　　）。
   A. 展示产品卖点　　　　　　　B. 模仿竞品
   C. 主图与众不同，新颖独特　　D. 双拼图设计

知识体系梳理图　　　　　　实践案例

第8章 详情页策划

思政阅读

【学习目标】

知识目标	• 了解详情页的概念和作用 • 掌握商品详情页的框架结构
技能目标	• 熟悉商品详情页文案的写作要求 • 掌握商品详情页文案的写作方法和技巧 • 掌握商品详情页的优化方法

【引导案例】

戎美女装：吸睛的杂志风详情页，带给你不一样的视觉感受

戎美女装，成立于2006年，是一家专注于品质时尚、高性价比的日系通勤女装店铺，它倡导"慢时光、快时尚"的主题产品理念。作为一家淘宝集市店铺，戎美女装几乎不参加任何形式的推广和淘宝主题营销活动，店铺成立10多年来，一直坚持秒杀的形式，产品库存压力基本为零，全年营业额近5亿，是目前最知名的淘品牌之一。

做女装类目的卖家都知道，卖服装靠的是衣服款式，而款式的展现需要模特，所以大部分服装卖家在设计商品详情页时主要通过模特展示衣服款式和穿着效果，吸引买家下单购买。然而，戎美女装却没有用模特设计商品详情页，而是以杂志风般的平铺拍摄图展示商品。不同于其他女装店铺的商品详情页——主要展现模特效果图，戎美女装商品详情页以浓墨来描述产品面料和工艺，强调产品的品质。在这样的商品详情页下，这些衣服不再是普通的衣服，而是独具匠心的大师们设计的艺术品。下面一起来欣赏下戎美女装的商品详情页吧，如图8-1～图8-3所示。

以上是戎美女装产品的部分详情页内容，从图中可以看出它主要是以图文结合的方式进行呈现。精简的文字搭配精美的杂志风拍摄图，牢牢地将买家的目光留在页面，增加他们在页面的停留时间，进而影响转化率，提高商品销量。

图 8-1 产品形象图

图 8-2 产品面料图

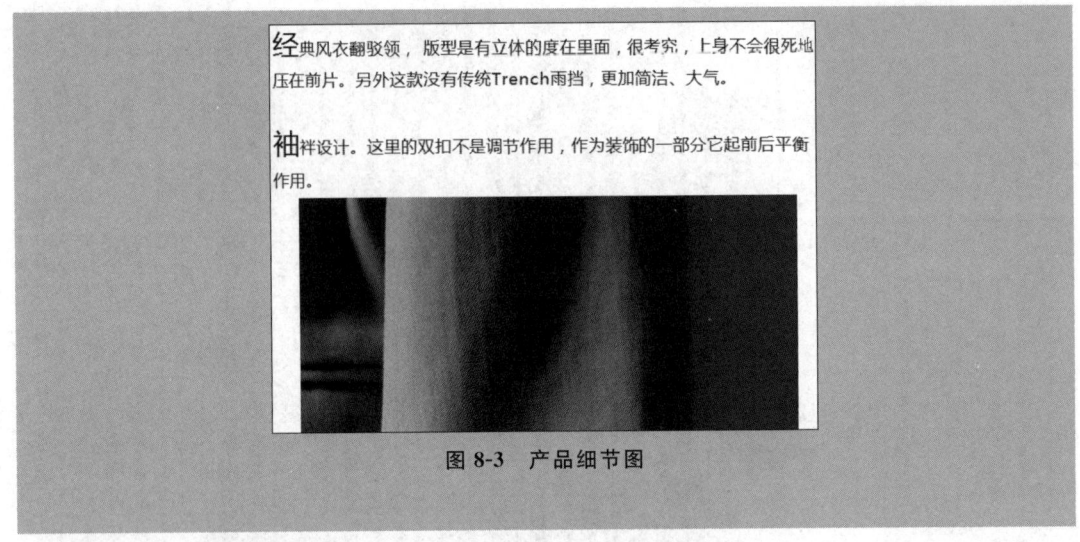

图 8-3　产品细节图

【案例思考】

戎美女装的成功除了产品的精准定位与营销外,与众不同的杂志风详情页也是一个不可或缺的因素,它在买家浏览详情页的过程中,一步一步引导其关注商品,并最终下单购买。因此,商品详情页对于提升产品的转化率有着重要作用,运营人员只有策划出好的商品详情页,才能获得买家好感并使之购买商品。本章将围绕详情页基础、策划、文案写作以及优化几方面详细介绍商品详情页的相关内容。

8.1　认识商品详情页

网购属于一种虚拟的线上交易方式,网民在购物过程中无法像实体店一样可以真实接触商品,只能通过查看商家的图文信息来了解商品。因此,做好商品的详情页对于提升商品转化率非常重要,本节主要介绍商品详情页的基础知识。

8.1.1　什么是商品详情页

商品详情页是指在淘宝、天猫等店铺中,卖家对所出售的商品以文字、图片或视频等手段展示商品信息的表现形式。由于顾客在网购过程中,无法触摸到实际的商品,只能通过查看商品详情页展示的信息来了解商品,因此卖家要尽可能全面地向顾客介绍商品,这对顾客是否决定购买卖家的产品至关重要。

8.1.2　详情页的作用

商品详情页作为提高商品转化率的入口,具有增进顾客对商品的了解、获取消费者信任、引导顾客下单等重要作用。下面详细介绍商品详情页的主要作用。

1. 增进顾客对商品的了解

顾客进入商品详情页时,可以看到详细的商品信息描述,包括商品材质、生产工艺、使用说明、品牌理念、产品型号以及售后服务等基本信息。顾客通过查看这些信息可以进一步了解商品和企业品牌,有更多的选择方案。

2. 突出商品主要卖点和功能

商品详情页除了介绍商品的基本信息之外,另一个重要作用是在详情页中突出介绍商品的主要卖点和功能,以区别于同行其他竞争对手的产品,从而达到吸引消费者眼球的目的。一般来说,要将商品最主要的卖点和功能表现出来,可以用文字搭配产品实景图的方式来展示商品的特点,突出自己产品的优点。

3. 获取消费者的信任

商品详情页描述的信息不但增进了顾客对商品信息以及卖点的了解,还让他们对店铺和商品产生良好的印象。特别是商品详情页中的购买须知、买家评价以及注意事项等,如果从顾客角度考虑问题的相关内容,会让消费者觉得卖家真心诚意地在为他们考虑,从而赢得消费者的信任和好感。

4. 引导消费者下单

优秀的商品详情页不但能够详细地介绍商品信息,而且还能洞察目标群体的消费心理需求,将产品的核心卖点以及店铺服务与顾客需求实现精准匹配,激发其购物的欲望,引导顾客下单购买商品。

另外,商品详情页中关联的其他商品或者店铺营销活动也会激发消费者继续浏览店铺的欲望,而不是直接跳转离开商品详情页面进入其他店铺。需要注意的是,店铺的促销信息要及时、有效,不能放置已经失效的内容或纯粹为了吸引消费者点击而写一些模棱两可的话。

8.2 如何策划详情页

新手在制作商品详情页时常常以口头传授方式告诉美工做几张精美图片和一些产品信息图,鲜有对商品详情页进行策划,殊不知详情页对于提升商品的转化率有着重要的作用。优秀的详情页都离不开前期的精心策划,只有这样才能让顾客在较短的时间内下单交易。本节就如何策划商品详情页进行详细介绍。

8.2.1 买家购物需求

一些运营新手经常抱怨商品的转化率太低,却不知自己根本不了解顾客的购物需求,认为商品详情也就是放几张精美图片而已,试想顾客在看了这样的详情页后怎么会下单购买呢?因此,运营人员在策划商品详情页时,一定要了解买家的购物需求。下面从常见的买家购物心理和买家购物心理分析两方面介绍买家购物需求。

1. 常见的买家购物心理

想要把产品从淘宝平台上卖出去,卖家不仅需要了解市场外部环境和竞争对手,更需要充分了解消费者,只要与消费者心理相关的都会影响到他们的购买决策。下面总结了常见的买家购物心理,具体介绍如下。

- 面子心理:顾客在选购商品时,特别注重商品的品牌和象征意义,有的可能是出于对品牌的信任,有的则是以名牌来显示自己的身份,其消费动机的核心是"要面子"。
- 从众心理:木秀于林,风必摧之。从众心理是人的共性,这种心理诱导下的购买动机具有跟随性。这也是为什么许多卖家做爆款的原因,宝贝销量多意味着买的人多,会驱使更多的买家也买这款宝贝。
- 贪便宜心理:许多用户网购的初衷是网上售卖的商品比实体店便宜,因此这类消费者网购的心理动机在于占便宜。这里的便宜并不单单指卖家的商品定价低廉,而在于其精美的包装和广告促销让顾客心里感到自己占了便宜。
- 求新求异心理:具有这种消费心理的顾客不同于以往消费者对于商品的质量、服务、价格的追求,更注重于商品新奇、好玩或者独特之处,这类消费者通常具有较高的经济收入,思想比较前卫,乐于接受新事物。
- 价位心理:在买家对商品品质、性能知之甚少的情况下,主要通过价格判断商品品质。许多人认为价格高表示质量好,价格低表示质量低,这种心理认识与成本定价法相一致。所以便宜的价格不一定能促进消费者购买,相反可能会使人们对商品品质、性能产生怀疑。适中的价格可以使消费者对商品品质、性能有"放心感"。
- 攀比心理:买家的攀比心理是基于消费者对自身所处的阶层、地位的认同,从而选择所在的阶层人群为参照而表现出来的消费行为。一些顾客在网购时,并不注重商品质量和服务,而是关注所谓的档次和价格,认为贵就是好东西,贵就是比别人有面子。

2. 买家购物心理分析

关于买家购买心理分析,主要包括购买决策和购买障碍两方面。首先从购买决策来说,顾客对详情页内容的关注点主要有商品价格、款式、商品质量、卖家服务以及企业品牌等内容。购买障碍主要包括担心购买假货、产品尺码不合适、商品退换货以及售后无保障等相关内容。因此,通过对买家购买心理进行分析,并契合该商品的卖点或者卖家服务,使其作为详情页文案的重点内容。例如制作一款家电商品详情页,影响买家购买的因素包括价格、商品质量、功能、物流、售后服务等,特别是商品质量和售后服务环节。因此,运营人员需要在详情页中强调说明商品的质量和售后服务内容,打消买家的疑虑。

8.2.2 卖点挖掘

卖点指商品具备前所未有、与众不同的特色,这些卖点一方面通过产品分析找出,另一方面则是通过对市场目标人群分析得出。但无论采用哪种方法,只有能使之落实于营销战略战术中,化为消费者能够接受、认同的利益和效用,才能达到产品畅销的目的。

1. 产品分析

产品分析即对产品本身具有的特点进行分析,包括产品结构、款式、风格、颜色、品质、功能等使用价值以及品牌、服务等体验价值。除此之外,产品分析还包括和其他竞品进行对比，分析商品详情页之间的营销卖点区别等。其次还要运营人员换位思考，设身处地地为顾客考虑，找到顾客购买商品的理由，也就是所谓的用户痛点；例如经营母婴类商品的卖家，就要强调其商品的安全、无毒、无刺激、零甲醛等。

2. 目标人群定位分析

俗话说"百货有百客"，任何商品都有其对应的目标群体，销售额高的店铺通常都有一个明显的特征，即有明确的人群定位。关于目标人群的定位分析，运营人员可以围绕某些问题去分析，例如商品特点、卖给谁、目标人群的消费特点、购买我们商品的理由等。解决了这些疑问，商品详情页就有了基本的框架。例如服饰类目，低收入人群关注衣服款式，而高收入人群则更看重衣服面料，那么运营人员就可以根据这些人群的需求特点确定店铺的视觉风格、商品详情页的设计逻辑、营销活动设计，甚至客服的语言特色。

8.2.3 商品详情页的策划思路

好的商品详情页必须要有一个合理的叙事逻辑。页面的跳失率高和访客停留时间短除了与流量不精准和定价不合理有关外，商品详情页设计是否合理也会对买家产生重要影响。因此，运营人员在策划商品详情页时一定要有策划的基本思路。

1. 巧用 FABE 销售法则

卖家可以借用 FABE 销售法则，从商品特质（Feature）、商品优势（Advantage）、商品好处（Benefit）以及商品佐证（Evidence）四方面出发策划商品的详情页。商品特质即商品基本卖点阐述；商品优势即通过与同行其他产品对比分析，展示自己商品的特别之处；商品好处是指顾客购买商品后带给消费者的好处或者利益；商品佐证即通过真实案例、资质证书、企业品牌实力等对商品的整体优势进行补充说明。

2. 模拟买家浏览过程

除了借用 FABE 销售法则之外，运营人员也可以模拟用户浏览商品详情页的过程策划商品页。模拟用户浏览商品详情页的过程大致可以分 4 个步骤。

第一步：首先看到宝贝风格、样式、价格是否符合自己的心理需求。

第二步：继续浏览详情页，看这款宝贝有什么特点，是否适合自己。

第三步：查看宝贝的实际情况与卖家介绍是否相符，了解是否是正品、有无色差等。

第四步：决定是否购买该宝贝，查看该宝贝有无优惠等。

根据用户浏览商品详情页的过程，商品详情页的叙事逻辑可以分为引起注意、提升兴趣、建立信任、促使下单 4 个环节，如图 8-4 所示。

（1）引起注意。网店流量的重要性不仅在于访客多少，更重要的是访客停留时间，或者说商品详情页的承载能力。在网络碎片化时代，顾客的注意力资源变得十分稀缺，当顾客点击主图进入商品详情页后，详情页的重要任务是引导顾客一步一步关注商品，这时可以放置一些场景化的创意海报图或短视频等，激发购买的欲望。例如服饰鞋包类目产品，顾客可能关注的是商品的颜色、款式以及模特穿着衣服的效果，这样可以想象自己穿起来的样子。

（2）提升兴趣。引起注意只是吸引买家继续浏览下去，买家看详情页必须得有其想要

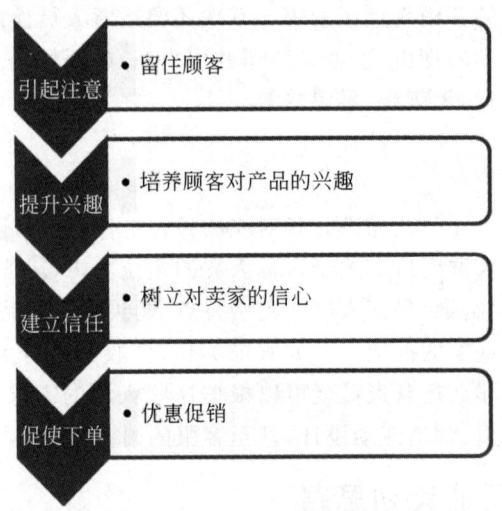

图 8-4　商品详情页的策划逻辑

看到的东西。这时卖家需要向买家更详细地介绍商品的细节和整体展现效果。例如服饰类目产品,可以通过模特从正面、侧面、反面以及局部细节图向顾客展示商品穿着效果。有的产品还需要测量方法,提供尺码表,这样不但显得专业,也方便顾客选择合适的尺寸,减少买家在购物过程中的疑虑。

(3) 建立信任。顾客网购商品时,无法像实体店铺一样可以亲身体验商品效果。因此,在网络环境下进行商品交易,需要和买家建立友好的信任关系。那么,怎样才能获取买家的信任呢?卖家可以在商品详情页中说明店铺的服务承诺,例如退换货、质保时间、为买家开通运费险等售后服务,取得消费者的信任,打消顾客在购物过程中产生的疑虑。

(4) 促使下单。经过前面几个环节,顾客已经产生强烈的购买欲望,这时如果再给顾客一定的促销优惠,例如优惠券或者满减,甚至送赠品等优惠手段,会进一步刺激顾客主动下单购买产品,转化为店铺的客户。

8.3　详情页基础框架

有了策划商品详情页的基本思路,还需要运营人员用文案或者原型图将详情页以框架形式表现出来,提交给美工人员设计详情页内容。简单来说,详情页基础框架包括三部分,分别是关联营销、商品信息介绍、宝贝评价和问大家。本节就商品详情页基础的各部分内容进行详细介绍。

8.3.1　关联营销

关联营销是指一个产品页同时放了其他同类、同品牌可搭配的有关联的产品。由此达到让客户多看点的目的,以便提高点击率,增加转化率,扩大产品销售量。关联营销在淘宝运营中又被称为"购物篮分析",表现为一个宝贝的详情页中包含了其他同类或者可搭配的其他商品一起销售。买家可以就多款宝贝进行对比,从而提高买家自主选择的商品和店铺的粘性。下面针对关联营销的相关内容进行介绍。

1. 关联销售展现的位置

关联销售通常放置在无线端商品详情页的顶部，因为顶部作为用户最先看到的内容，容易吸引用户的注意力。因此，商品详情页顶部一般设置店铺营销活动等公告信息或者与该商品相关的其他商品，顾客在看到店铺活动或其他相关商品时，可能会点击进入浏览查看，从而增加店铺流量和销量。商品详情页底部的信息多为售后服务、品牌文化以及注意事项等内容。

2. 关联产品选择标准

通常来说，详情页关联搭配的商品主要有两种类型，分别为同类宝贝推荐和相搭配的宝贝推荐，具体介绍如下。

（1）同类别的宝贝。选用和商品详情页商品同类别的宝贝添加至详情页可以迎合买家最初的购买想法，给买家更多的选择机会。特别是服饰鞋包类目，关联销售可以推荐跟推广的宝贝相似的宝贝款式。例如当顾客浏览一款男士商务皮鞋的商品详情页时，卖家可以向顾客推荐多款男士商务皮鞋，如图8-5所示。

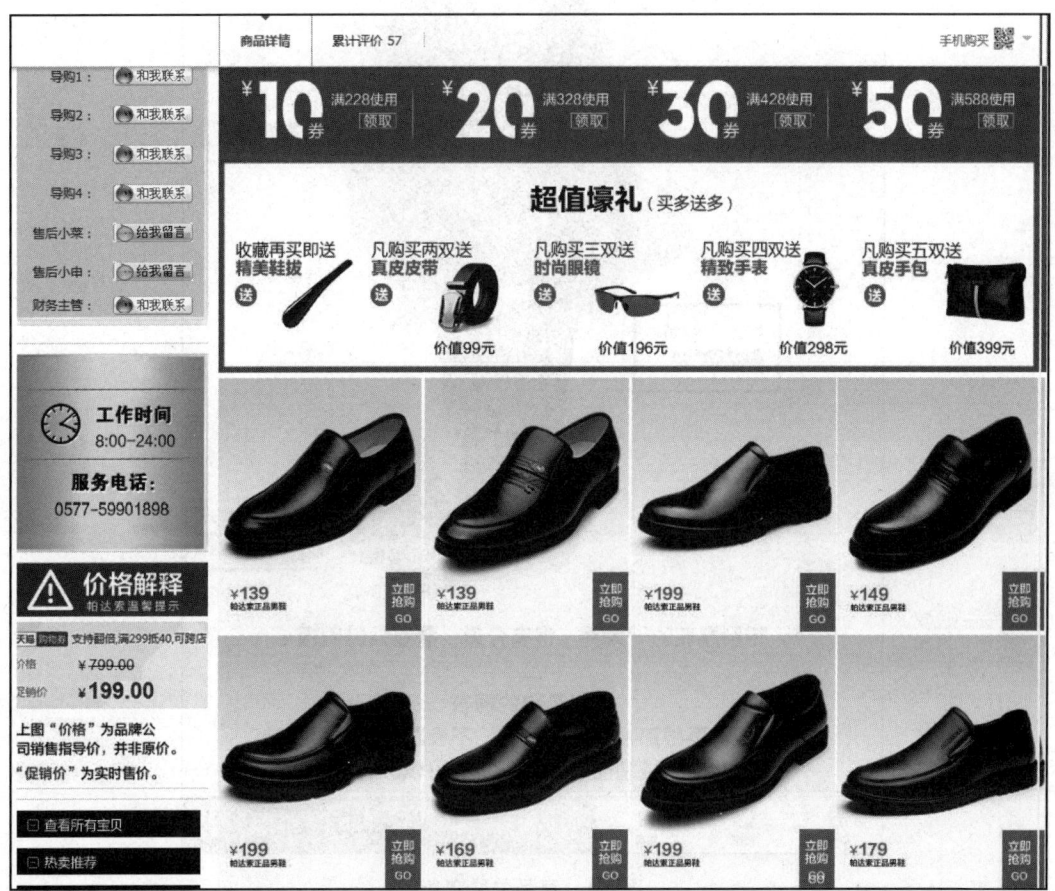

图 8-5　卖家推荐

（2）相搭配的宝贝。除了推荐同类别的相似宝贝之外，还可以向买家推荐和详情页商品相搭配的其他宝贝。例如在一款女式棉服的详情页里面，可以推荐与该款棉服相搭配的牛仔裤、板鞋等其他宝贝，如图8-6所示。买家在浏览后可能会将棉服、牛仔裤或休闲鞋一起买下，带动其他宝贝的销售，提升平均访客价值。尤其是刚上架的新品，可以通过店铺爆款产品带动销量破零。

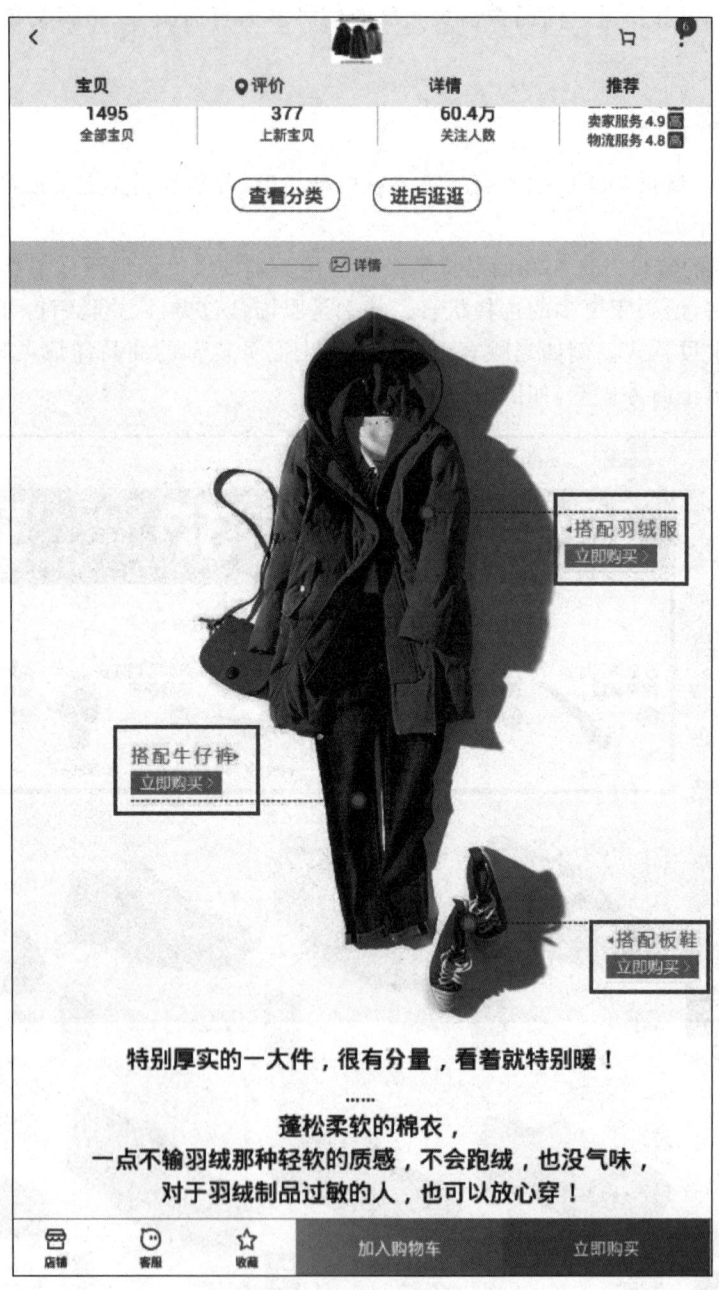

图8-6　商品关联销售

3．关联产品的操作方法

既然关联营销这么重要，那么运营人员是如何在商品详情页中实现它的呢？一般来说，商品详情页植入关联宝贝有两种方法：一种是借助第三方软件植入关联产品，另一种是通过详情页设计植入关联商品。下面分别针对这两种方法进行介绍。

（1）第三方软件植入关联产品。运营人员可以借助一些第三方公司推出的服务软件，实现在商品详情页中关联其他宝贝，例如欢乐逛、超级店长、旺店宝等这样的服务软件。卖家可以直接到淘宝服务市场里面找，网址为 www.fuwu.taobao.com。当然大部分卖家主要通过使用软件实现详情页关联销售。下面以超级店长为例，演示商品详情页中的关联搭配设置，操作步骤如下。

Step1 打开淘宝网，登录卖家中心。单击卖家中心页面左侧的【我订购的应用】选项，选中【超级店长】按钮，如图 8-7 所示。进入超级店长首页，如图 8-8 所示。

图 8-7　淘宝卖家中心

图 8-8　超级店长首页

Step2 单击图 8-8 的装修模板中的【宝贝推荐】按钮，进入宝贝推荐页面，如图 8-9 所示。

图 8-9 宝贝推荐页面

Step3 按照页面提示信息，选择宝贝类目、模板尺寸、支持宝贝个数、模板主题以及模板颜色，如图 8-10 所示。

图 8-10 创建推荐宝贝

Step4 选中合适的模板，单击该模板进入设置宝贝推荐页面。按照页面提示要求，填写活动名称，设置模板尺寸和颜色以及活动主题等信息，单击【下一步：设置信息】按钮，设置需要关联推荐的宝贝,如图 8-11 所示。

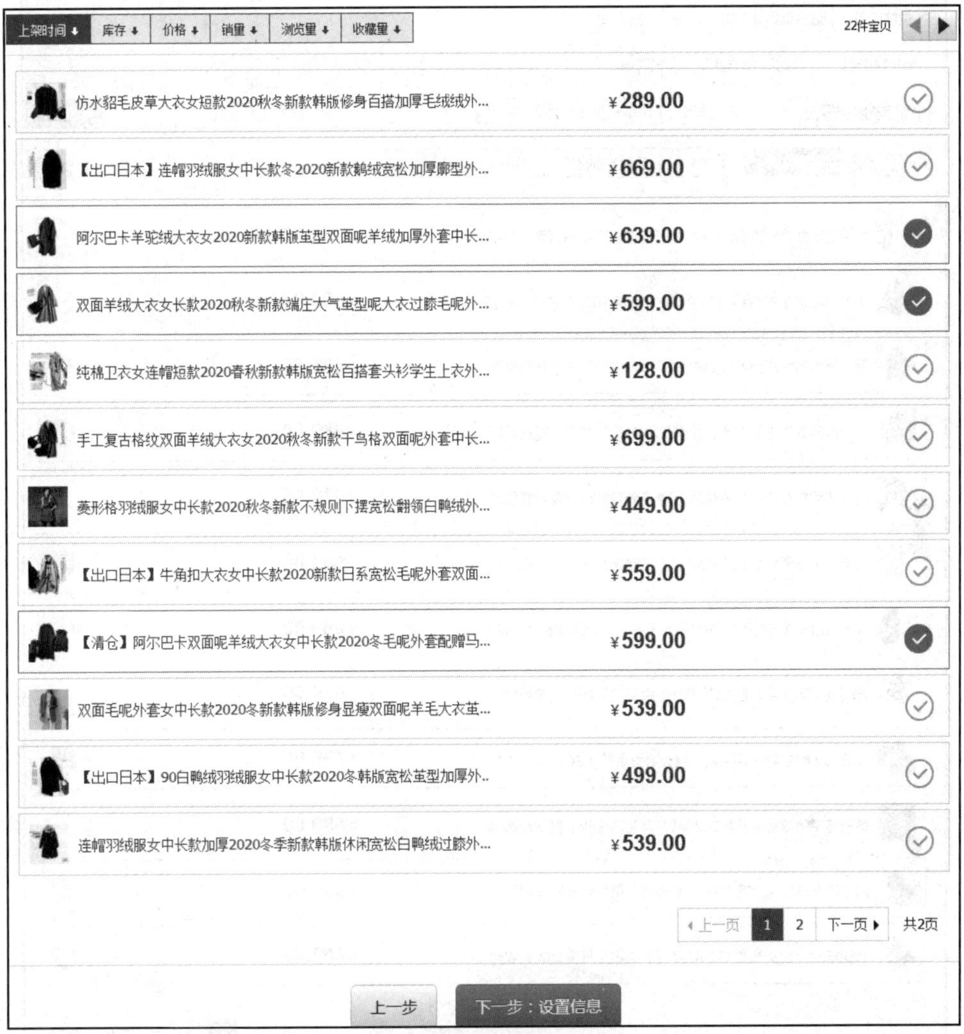

图 8-11　设置关联宝贝

　　Step5　设置完成后,单击【下一步:选择并投放】按钮,设置宝贝投放位置以及需要关联宝贝的商品。选择完投放商品后,单击【开始投放】按钮,如图 8-12 所示。投放完毕后,会自动显示页面投放宝贝是否成功,如图 8-13 所示。

　　当然,宝贝投放出去后,运营人员需要及时到投放宝贝的商品详情页中查看投放效果,以确保投放活动无误。例如有的商品链接设置错误或者店铺促销活动之间有冲突等,都需要及时调整关联活动的宝贝。

　　(2)详情页设计植入关联产品。简单来说,详情页设计植入关联产品就是通过直接在商品详情页中植入其他商品的图片和链接的方式关联其他商品。具体来说,先将关联商品图片插入商品详情页中,编辑该图片为关联商品并通过添加热区链接的方式将其他商品关联起来。当顾客在浏览该商品详情页时看到关联的商品并点击该图片,就可以直接跳转到

图 8-12 开始投放宝贝

关联商品的详情页面。

　　需要注意的是,商品详情页中插入的图片需要运营人员提前告诉美工单独设计完成。运用 Dreamweaver 软件为图片添加热区链接,然后将这段代码粘贴至详情页即可。无线端则可以使用神笔编辑商品详情页,直接为图片添加链接。例如,图 8-14 所示为一款女式毛呢大衣,可以关联打底衫、裤子等其他商品。当买家浏览商品详情页时,如果喜欢关联的其他商品,点击图片关联商品可以跳转至该商品详情页,一起下单付款,从而增加店铺的流量,提升商品销量。

图 8-13 关联宝贝投放成功

8.3.2 商品信息介绍

商品详情页的主要作用是通过向买家介绍商品的详细信息（如特点、功能等），让买家进一步了解产品，并引导其下单，成为店铺客户。因此，详情页内容的重点在于如何详细地介绍商品信息。商品详情页的信息部分涉及的内容较多，包括焦点图、商品特性、商品规格、商品展示、售后保障以及品牌文化等几方面内容，具体介绍如下。

1. 焦点图

根据"3秒注意力"原则，商品详情页的首屏应当放置焦点图，也称海报情景图。背景应该采用能够展示品牌调性以及产品特色的场景图，具有一定的视觉吸引性，容易引起访问者的注意和点击欲望。图 8-15 展示的是一款女式卫衣的商品详情页中的焦点图。

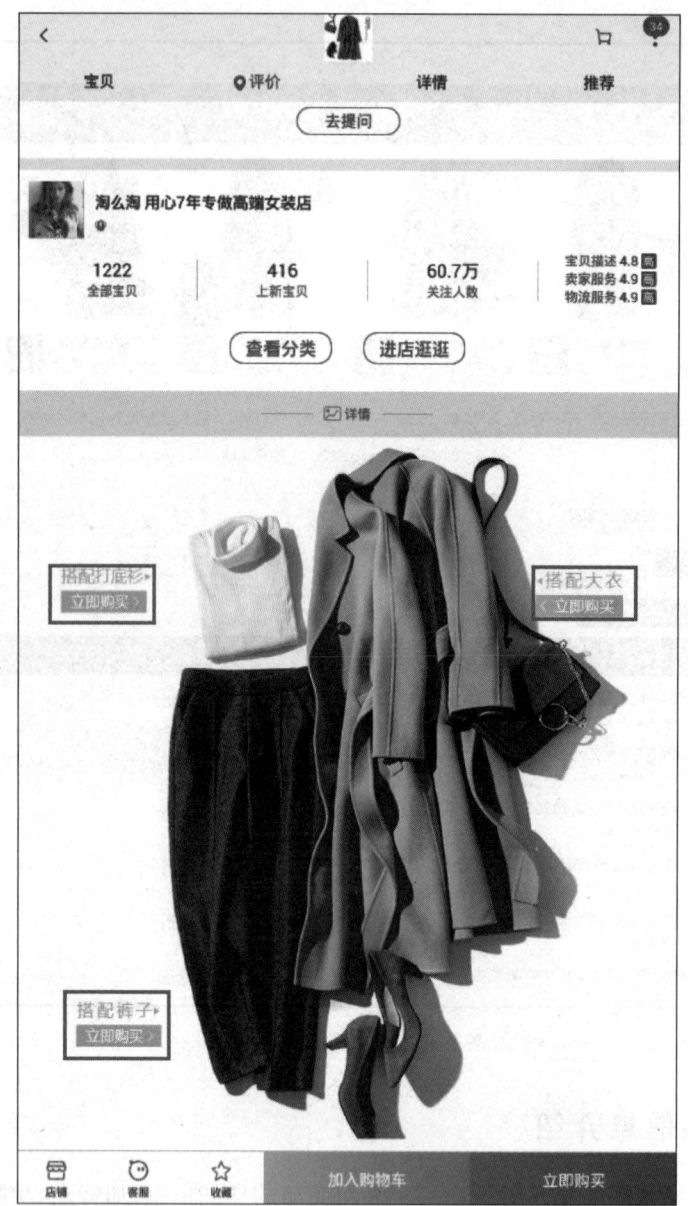

图 8-14　详情页关联搭配商品

2. 商品特性

卖家借用 FABE 销售法则,从产品特性、优势、好处与佐证几方面向买家介绍产品,这里的产品特性指产品的属性。例如,图 8-16～图 8-18 所示为一款女式羽绒服,它的产品属性包括版型、材质、风格、衣长、领子、袖型等,我们可以从产品特性引出产品的作用和用途,羽绒服的主要作用在于保暖;最后是产品的价值,指这种作用或优势可以给顾客带来的利益和好处,换句话说指这款羽绒服给顾客的好处是御寒。

图 8-15　焦点图

图 8-16　商品卖点展示——衣服版型展示

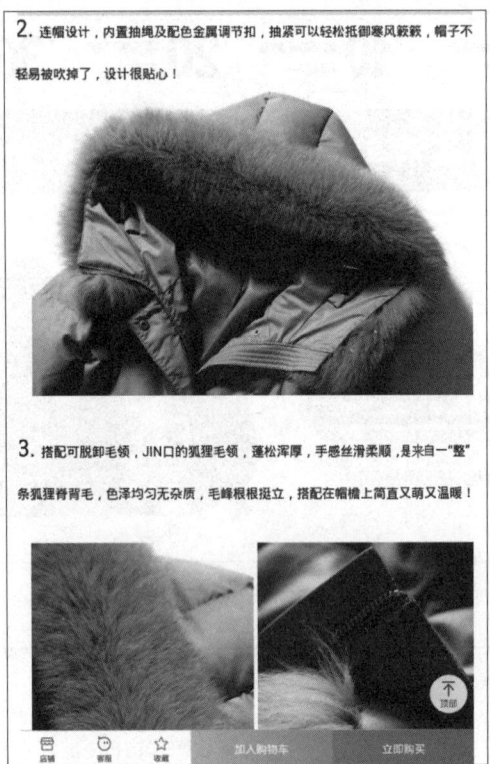

图 8-17 商品卖点展示——狐狸毛领

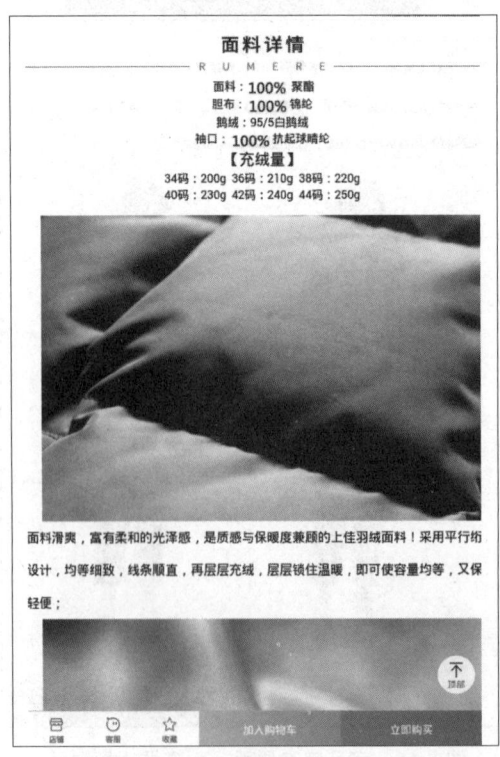

图 8-18 商品卖点展示——面料展示

3. 商品规格参数信息

买家在网购过程中,仅凭肉眼很难识别商品的实际使用效果,尤其是服饰鞋包类目商品,顾客网购时无法像实体店一样可以试穿,只能将模特展示图片作为参考依据。因此,商品详情页中需要详细说明商品的具体规格信息,让顾客切身体验到宝贝实际尺寸,以免收到货的时候低于预期心理。图8-19所示为一款女式羽绒服的商品尺码信息。

平铺尺寸
RUMERE

	国标码数	155/76A	160/80A	165/84A	170/88A	175/92A	180/96A
平铺尺寸(cm)	胸围(腋下1cm处量)	105	108	111	114	117	120
	肩宽\肩幅	39.5	40.5	41.5	42.5	43.5	44.5
	袖长	60	61	62	63	64	65
	衣长(后中)	90.6	91.8	93	94.2	95.4	96.6
适合建议(cm)	净胸围	79-82	82-85	85-88	88-91	91-94	94-97
	肩宽\肩幅	35-37	36-38	37-39	38-40	39-41	40-42

板型指数:紧身 修身 合体 适中宽松
长度指数:短款 适中 中长 超长
柔软指数:软 偏软 适中 偏硬
弹力指数:无弹 微弹 弹力 超弹

声明:平铺尺寸与建议均仅供参考,误差在1-2cm内均属正常范围,尤其是弹力面料和针织产品等。
请仔细阅读此页面尺寸表格内的每一个数据,充分结合先前于本店选码经验来选购,忌盲目主观性判断,也忌盲目依赖本店数据。

图8-19 商品尺寸信息

4. 商品全方位展示

商品全方位展示主要是指通过宝贝总体图、细节图以及场景图来展示商品,具体介绍如下。

(1)总体图。总体图是指能够展现商品全貌的图片,最好是不同角度、不同颜色的能够完美展现商品信息的图片,例如从商品的正面、背面以及侧面来展现商品。图8-20和图8-21所示为一款女式卫衣的商品总体图。

(2)细节图。商品细节图是指表现商品局部的图片,主要分为款式细节、做工细节、面料细节、辅料细节和内部细节等。图8-22~图8-25所示为一款卫衣的局部细节图,主要包括衣领、肩部、袖口、下摆、后背和面料等,具体介绍如下。

图 8-20　商品正面图片

图 8-21　商品背面图片

图 8-22　商品细节展示——卫衣帽子

图 8-23　商品细节展示——卫衣图案

图 8-24　商品细节展示——卫衣下摆

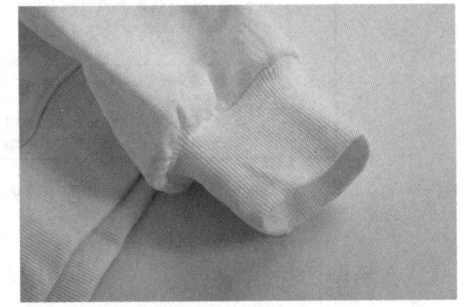

图 8-25　商品细节展示——卫衣袖口

- 款式细节：主要体现商品的设计要素，如领口、袖口、口袋等。
- 做工细节：主要体现商品的走线、接缝、里料和内衬拷边等。
- 面料细节：主要体现商品的材质、颜色、纹路和面料等。
- 辅料细节：主要体现商品的辅助细节，如商标、用料和点缀等。
- 内部细节：主要体现商品的内部构造细节。

注意：商品细节图要求效果清晰，便于观看；最好是能够使用高清摄像机近景拍摄，不要在总体图的基础上直接裁剪。

(3)场景图。场景图是指在某一时间和地点,由一定的人物和人物活动所组成的生活画面。网店中的场景图是指实拍或在搭建的场景内拍摄的图片,这种图片会让产品不单调,而是以充满生活气息的方式呈现在消费者眼前,给消费者良好的视觉感受和吸引力。特别是服饰、鞋靴和箱包等生活类用品,可以放置一些买家秀图片,目的是拉近与消费者的距离,让消费者了解衣服是否适合自己。图 8-26 所示为一款女式加厚羽绒服的详情页中展示的场景图。

图 8-26　羽绒服场景图展示

5. 售后保障

不管买什么产品,顾客都不希望自己买到家的产品出现任何问题。因此,在商品详情页中还需要向顾客提供完善的售后保障,消除顾客购买商品的疑虑,获取顾客的信任。尤其是价格较高的商品,例如大家电、家具等商品,产品的维修服务保障以及商品的安装使用等都是卖家售后服务的重要内容,应当在商品详情页中明确地告诉消费者。图 8-27 所示为商品详情页底部展示的售后服务承诺。

6. 品牌文化

通过将品牌信息引入商品描述中,从而论证该商品是区别于其他店铺普通商品的事实,可以增强用户对商品品质的认同感。图 8-28 所示为商品详情页底部展示的品牌文化信息。

8.3.3　宝贝评价和问大家

虽然宝贝评价和问大家不是商品详情页文案设计的内容,但是作为整个商品详情信息的一部分,那些来自第三方买家的购物评论和问题可以给潜在消费者提供重要的参考依据,对于提升商品的转化率,尤其是新品刚上线初期提升转化率有着重要影响。

图 8-27　商品售后服务介绍

1. 宝贝评价

宝贝评价即来自第三方购买用户的使用评价，现在的电子商务网站都开设了消费者评价功能，卖家也鼓励消费者将自己亲身经历的购物过程和产品使用感受写进评价中，以供其他消费者参考与评估。图 8-29 所示为一款高领毛衣的宝贝评价。

许多买家在网购时会查看商品的历史评价，这是因为买家对商家自身的广告信息具有一定的怀疑心理，容易对产品或广告信息产生怀疑。消费者作为第三方进行评价，一般是消费者自己的感受，可以有效地帮助买家分辨信息的真实性，加深对产品的认识。对于关注第

图 8-28　品牌文化信息展示

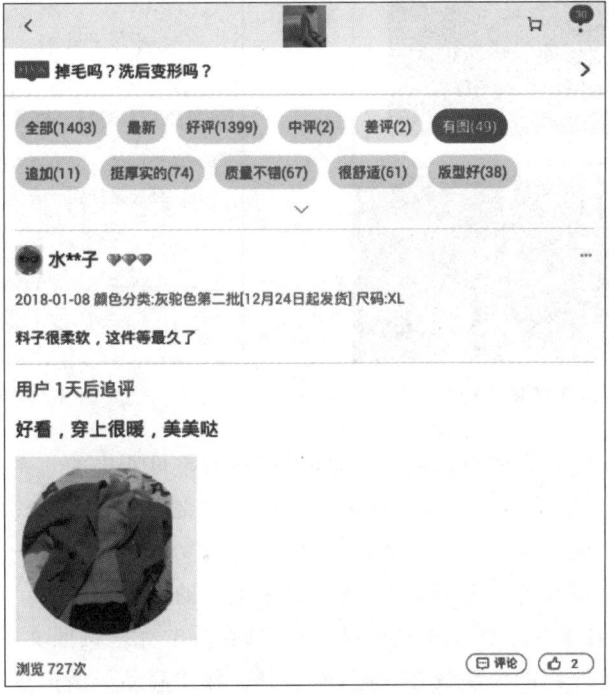

图 8-29　宝贝评价

三方评价的买家来说,这些评论很可能决定他们是否购买卖家的商品。因此,卖家在销售产品的过程中,需要积极引导用户好评,可以策划一些店内营销活动,例如买家秀征集活动、好评返现等,如图8-30所示。

2. 问大家

问大家是淘宝网2017年5月推出的一个新的流量入口,其原来的展现入口有两个,分别是手机淘宝(简称手淘)首页底部的"问大家"和商品详情页里面的"问大家"。2017年7月手淘改版升级后,手淘首页底部的"问大家"悄然消失,取而代之的是消息,而详情页的"问大家"则无变动。图8-31所示为"问大家"下面顾客提出的各种问题。

图 8-30 买家秀征集活动

图 8-31 问大家

详情页问大家即访客在浏览商品详情页时,就该款宝贝所提的一系列问题,提问者可以是任何人,而不管是否购买过或者是意向人群。用户提交问题后,系统会随机筛选已购买产品的用户回答问题。问题评论互动的频次越高,排名越靠前,尤其是淘气值较高的达人账号回答的问题更容易出现在淘宝公域中,为商品带来更多的流量。

当然,运营人员在实际工作中策划商品详情页时,并非完全按照文中介绍的顺序一一展示。只要把单一信息介绍的模块放在一起,能够完整叙述商品详情信息即可,避免介绍的时候过于混乱。

8.4 详情页文案写作

商品详情页内容是通过文字、图片等元素来展示商品的功能、特性,以及销售、物流等方面的信息,从而增加顾客对商品的兴趣,激发其潜在需求,引导买家下单。那么,如何才能写出优秀的详情页文案呢?本节主要介绍详情页文案写作的相关知识。

8.4.1 商品详情页文案的写作要求

文字作为商品详情页中不可缺少的元素,要想让买家购买商品,需要运营人员合理组织和写作文案,突出商品的卖点以吸引买家。总的来说,运营人员在写作商品详情页时需要遵循以下要求。

1. 统一叙述风格

商品详情页中的各部分信息几乎都需要文案描述,运营人员在写作文案时应该使用统一的语气风格,不能前面使用一种描述风格,后面使用另一种描写风格,这样不但会降低买家的阅读兴趣,而且还会让买家觉得莫名其妙。商品详情页文案的写作与一般的文章写作基本相似,只要保证文章风格统一、用语通俗易懂,能够表达清楚商品特点即可。

2. 确定核心卖点

核心卖点就是商品详情页文案的诉求中心,或者说宝贝的亮点。明确商品的核心竞争力才能更好地组织语言,从中心点展开文字描述,突出产品的差异化优势。

3. 使用个性化语言

如今的淘宝天猫平台上有着数百万的卖家,产品同质化现象较为严重,许多店铺商品的详情页文案描述也千篇一律,没有自己的特色。因此,运营人员写作的详情页文案内容要有独特新颖的创意,不仅要吸引买家,还要引领文案潮流,在激烈的竞争中牢牢站稳。

8.4.2 商品详情页文案的写作方法

要想写出吸引买家的商品详情页文案,一定要注重文案的写作方法。下面详细介绍几种详情页文案的写作方法。

1. 九宫格思考法

九宫格思考法是一种扩散性思维的思考方法,它以商品主题为中心制作九宫格图,根据商品主题展开想象并向其他方向延伸。运营人员写作前可以先准备一张白纸,然后用笔将整张纸分割成九宫格,将中心的格子表示为商品名称,然后在剩余 8 个格子中写上可以帮助这款商品销售的众多优点,依照此思维方式加以发挥并扩散其思考范围,如图 8-32 所示。

写作文案时以最终拟定的核心主题向周围 8 个方向扩散,还可以根据 8 个相关概念延伸出以这些子概念为核心主题的新的九宫格图。辐射出的九宫格尽量填满,这样才能想出更多的"好点子",如图 8-33 所示。

优点	优点	优点
优点	商品	优点
优点	优点	优点

图 8-32　九宫格思考法

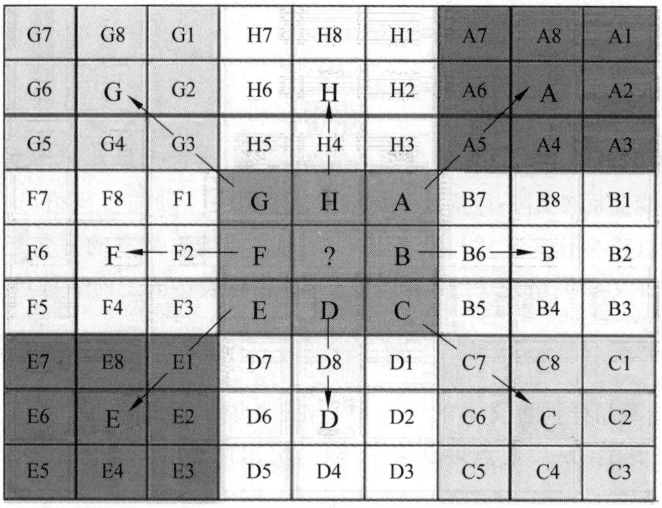

图 8-33　九宫格思考法延伸

2. 目录要点衍生法

目录要点衍生法是将商品信息上的每个商品特点记录下来，然后对每个要点进行衍生。例如一款女士开衫，如果它有 4 个要点，那么可以对其要点进行衍生，具体如下。

- 简单百搭。开衫的版型设计简单大方，适合夏季防晒、空调室内保暖。
- 性价比高。全网最低三折，188 元纯手工针织开衫，超高性价比。
- 版式齐全。十余种颜色任意挑选，有长款、短款两种版型，满足不同需求。
- 优质面料。不起球，三级抗起球并且不缩水。

通过文字的表述再搭配精美的图片展示能够鲜明地表现开衫特点。在展示的时候，需要注意搭配产品图片详细说明。

3. 三段式写法

三段式写法是模仿新闻学中的"倒三角写作法"，它对文案人员的文字功底有一定的要求。三段内容的写作方法如下。

- 第一段：因为大多数人都没有看完全文的耐心，因此第一段主要使用精练、浓缩性的语句来概括全文。
- 第二段：主要是通过目录要点衍生法的方法，逐一说明商品的特点和优势。
- 第三段：通过强化商品独特的销售卖点、价格优势等手段来吸引买家，达到让买家立即购买的目的。

8.4.3 商品详情页文案的写作技巧

优秀的商品详情页文案有一定的写作技巧，下面总结了几点商品详情页文案的写作技巧。

1. 图文搭配

好的文字解说搭配以出色的图片，即使是无动于衷的顾客，都能给其留下良好的印象。商品文案更离不开图片的点缀，可以在图片中添加文字，也可以在图片外的空白地方添加文字，但要注意文字不能覆盖到图片所要传达的信息，同时要保证图片清晰、重点突出。

2. 紧贴店铺定位

文案写作一定要与客户群体的需求相贴合，紧贴店铺定位不断强调自己的优势与特色，才能打动顾客。例如裂帛、素罗等店铺定位为民族风服饰，他们就抓住了客户对于民族风的喜爱与向往的特点，通过一些文艺的词汇和民族风情的语言叙述来进行文案的创作，主要体现自由与心灵的放飞，与大多数都市白领的愿景相契合，成为了民族风服装品牌里的佼佼者。

3. 抓紧目标消费人群的痛点

痛点并不是指买了这个产品有多好，而是不买这个产品会有什么样的后果。运营人员可以站在消费者的角度来寻找，思考买家购买这款产品的理由，以买家的痛点带动店铺产品的卖点，加深消费者的认同感，从而提升他们的购买欲望。例如母婴用品的痛点就是安全、天然和环保等；女性内衣的痛点则是身材走样和健康问题等。

此外，还要深度挖掘买家购买这个产品的关注点，如肥胖的顾客在购买衣服时最关心的是衣服是否合身、舒适；女士购买单鞋时则是追求款式和紧贴潮流；户外运动鞋则要求舒适、防水等。

注意：产品分类越细，目标人群的痛点越容易找到，越容易有针对性地进行逐个击破。在详情页文案中仔细分析并挖掘消费者群体的痛点与兴趣，并将其放大处理，就可以写出转化率好的文案。

4. 以情感打动顾客

以情感打动顾客就是通过"故事"来为产品添加附加价值，让顾客更加容易接受。无论是写什么类型的产品文案，只要能够讲好这个故事，就能调动阅读者的情绪，让他们在阅读过程中潜移默化地接受商品传递的价值，最后促成交易。图8-34所示为一款以情感为主的毛呢大衣的详情页文案。

上述讲到的各个部分即为商品详情页的基本框架。当然，在实际工作中，不同的行业、

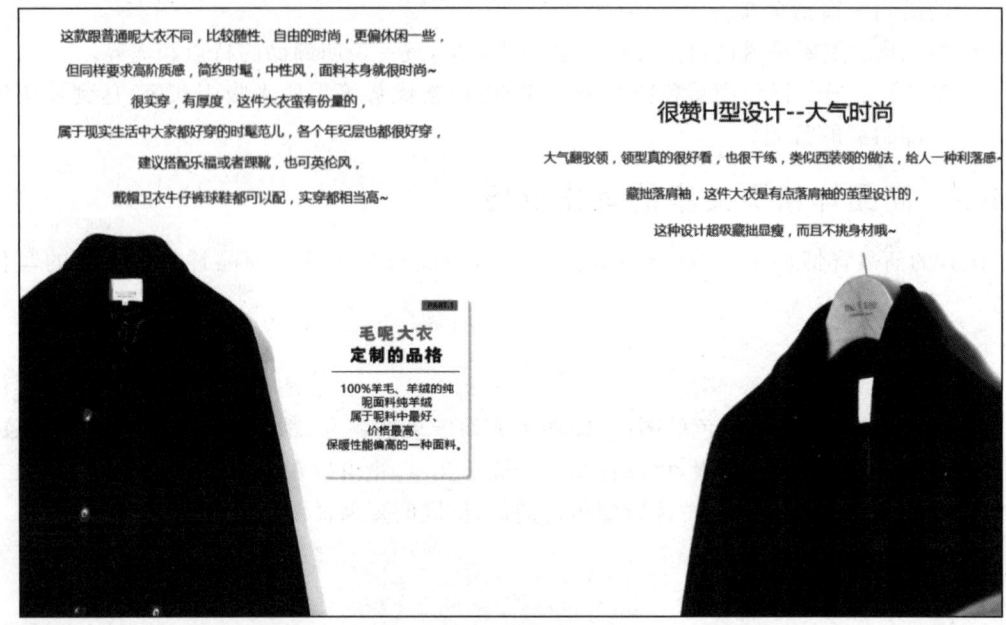

图 8-34　毛呢大衣的详情页文案

不同的商品要根据具体情况进行分析。这里分享一个写作商品详情页文案的小妙招：在写文案前，可以多收集一些同行竞品销售量前几名的商品详情页文案，分析他们的商品文案卖点和表现手法，在此基础上创作出具有自己风格的商品详情页。

8.5　本章小结

本章主要介绍了详情页策划的相关内容，包括认识商品详情页、如何策划详情页、详情页基础框架、详情页文案写作等。

通过对本章内容的学习，读者应当了解商品详情页的概念和作用，熟悉详情页的基础框架，掌握详情页文案写作的方法和技巧，学会策划不同商品的详情页。

8.6　课后练习

一、判断题

1. 产品卖点挖掘主要是对产品本身具有的特点以及目标人群进行分析。　　　　（　　）
2. 策划商品详情页时可以借用 FABE 销售法则，从商品特质、商品优势、商品好处及商品佐证四方面进行策划。　　　　（　　）
3. 关联营销搭配的商品可以放置在商品详情页的任何位置。　　　　（　　）
4. 严格来说，宝贝评价和问大家并不属于商品详情页策划的内容。　　　　（　　）
5. 九宫格思考法是将商品信息上的每个特点记录下来，然后对每个要点进行延伸。

（　　）

二、选择题

1. 下列选项中,关于商品详情页作用的说法正确的是(　　)。
   A. 提高客单价　　　　　　　　B. 突出商品的主要卖点和功能
   C. 获取消费者的信任　　　　　D. 引导消费者下单
2. 下列选项中,属于常见的消费者购物心理的是(　　)。
   A. 从众心理　　　　　　　　　B. 贪便宜心理
   C. 求新求异心理　　　　　　　D. 攀比心理
3. 下列选项中,属于商品详情页信息内容的是(　　)。
   A. 商品特性　　　　　　　　　B. 商品规格参数信息
   C. 商品全方位展示　　　　　　D. 关联宝贝
4. 下列选项中,关于商品详情页文案的写作要求的说法正确的是(　　)。
   A. 统一叙述风格　　　　　　　B. 精美的商品展示
   C. 使用个性化语言　　　　　　D. 确定核心卖点
5. 下列选项中,关于商品详情页文案的写作技巧的说法正确的是(　　)。
   A. 以理性事实说服顾客　　　　B. 图文搭配
   C. 紧贴店铺定位　　　　　　　D. 以情感打动顾客

知识体系梳理图

实践案例

第 9 章 店铺促销与推广

思政阅读

【学习目标】

知识目标	• 了解淘宝直通车推广和钻石展位推广的基础知识 • 熟悉淘宝天猫营销中心和第三方营销工具 • 了解淘宝客和淘宝达人
技能目标	• 掌握直通车推广的流程和设置技巧 • 掌握钻石展位推广的操作步骤和投放思路 • 掌握淘宝客推广和淘宝达人推广的方法

【引导案例】

90后卖家：玩转直通车，快速打造爆款

每年的7月份不仅是高校学生的毕业季，也是走向职场的就业季。找到一份专业对口的工作和拿着令同学羡慕的薪水是大多数同学梦寐以求的事情。然而，也有一些人会选择创业，家住江苏常熟的90后大雄就是选择创业的代表。

早在大学时期，大雄就利用自己的课余时间，向刚来学校的新生们推销亲戚家工厂生产的床上用品，结果发现许多同学都是网购，从他那里购买床上用品的人很少。虽然推销结果不尽如人意，但是这让大雄嗅到了网上销售的商机，不久大雄也开了一家销售床上用品的淘宝店。

刚开始运营店铺的时候，每天都能成交几单，大雄特别高兴。但是运营一段时间后，店铺的销量却没有很大起色，这让大雄渐渐失去信心，有点着急。虽然他也尝试过搜索优化、QQ群推广甚至向周围同学推销，但是结果不尽如人意。直到后来开通直通车推广，店铺流量才有了质的飞跃。大雄起初投放直通车广告时没有什么经验，全靠自己摸索，每天的推广费就像无底洞一样投进去，但是效果却不尽如人意，令大雄非常苦恼。

难道其他卖家的直通车推广效果都是靠前期不断投入资金砸出来的吗？大雄不相信这种耗费大量成本的方法，觉得肯定是自己使用直通车的方法出了问题。大雄花了几天的时间，仔细检查了直通车账户的推广数据，发现每项数据都非常值得分析。直通车完全依靠数据说话，自己之前全凭感觉显然错了。

> 仔细研究了直通车的玩法之后，大雄及时改变了投放方式。既然直通车靠数据"说话"，那自己也应该用数据对商品"从头到脚"重新进行优化。大雄设置了直通车账户的每日消费限额，并通过直通车进行测款，从商品标题入手，将两个比较热门的标题分别通过直通车进行测试，选择点击率更好的标题。然后又制作了不同的直通车图片，同样通过直通车投放测试，选择点击率更好的图片。接着大雄收集了同类型产品的价格信息，计算出不同档次的平均价格，通过直通车投放测试后，选择了停留时间更长、咨询量更多的方案。短短半个月，店铺的流量就增加了50%。
>
> 商品优化成功后，借着直通车这股"东风"，大雄顺利打造出了自己店铺的爆款，又通过爆款带动了店内其他宝贝的销量，店铺的销售额很快就有了飞速的提升。

【案例思考】

回顾大雄的淘宝创业之路，逆境中的他并没有因困难而退缩，反而获得了新的成长。注册淘宝店简单，但做好淘宝店却很难。当店铺流量遇到瓶颈，传统的店铺优化方法无效时，开辟新的店铺推广渠道是助力店铺更上一层楼的重要方法。本章将围绕店铺促销管理、直通车推广、钻石展位推广、淘宝客推广以及淘宝达人推广等几方面介绍店铺促销与推广的相关内容。

9.1 店铺促销管理

在传统市场营销中，促销一直是卖家开展营销活动的重要手段，商品以降价、打折的方式更容易售卖给消费者。然而在淘宝、天猫店铺的运营过程中，同样需要使用促销方式刺激买家购买商品。淘宝、天猫店铺的商品促销主要通过店铺后台的营销中心进行设置，本节主要介绍淘宝天猫店铺的营销中心和第三方营销工具等相关内容。

9.1.1 营销中心

营销中心作为淘宝官方推出的店铺营销服务工具，为卖家提供了多样化的营销服务功能，无论是淘宝店还是天猫店，商品促销管理都是在营销中心设置完成。不同的是，淘宝店促销管理在营销中心下的店铺营销工具中进行设置，而天猫店则是在营销中心下的营销工具中心进行设置。其实，这两个工具在促销设置方面的功能基本相同，主要包括单品宝、优惠券、店铺宝、新搭配宝、购物车营销，此外淘宝店铺营销工具还有淘金币抵扣和心选功能。图9-1所示为淘宝店铺营销工具的页面。

1. 单品宝

单品宝是由淘宝原来的限时打折和特价宝合并后推出的店铺宝贝促销打折工具，使用它可以设置多种类型的活动标签，优惠方式包括打折、减钱、促销价，卖家可以根据促销活动方案自行选择促销活动标签。

下面以天猫店铺为例，演示使用单品宝创建促销活动的操作流程，具体步骤如下。

Step1 在图9-2所示的天猫卖家中心页面，单击【营销中心】选项下方的【营销工具中心】按钮，进入营销工具页面，如图9-3所示。

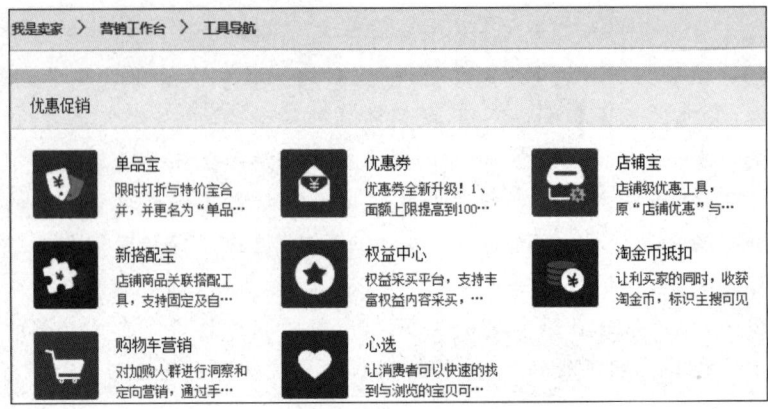

图 9-1 淘宝店铺营销工具的页面

图 9-2 天猫卖家中心页面

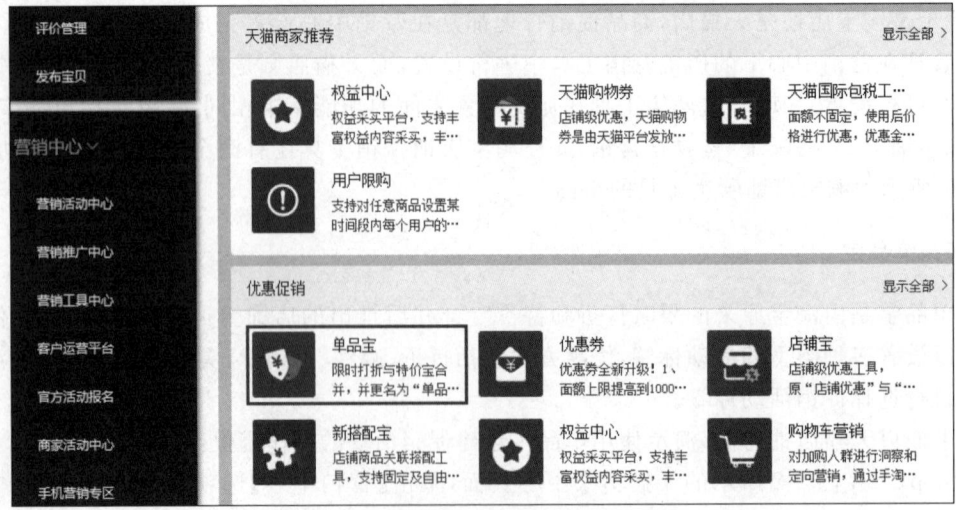

图 9-3 营销工具页面

Step2 单击图 9-3 中的【单品宝】选项进入单品宝页面,如图 9-4 所示。

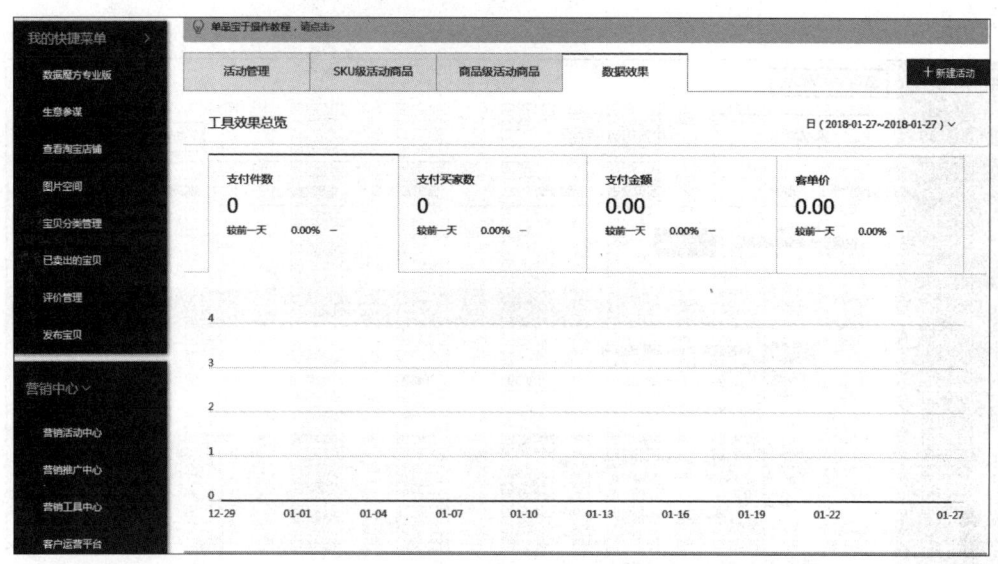

图 9-4 单品宝页面

Step3 单击图 9-4 中的【新建活动】按钮,进入创建宝贝促销活动的页面,填写活动基本信息,包括活动名称、活动描述、活动投放时间,选择活动优惠级别和优惠方式,如图 9-5 所示。

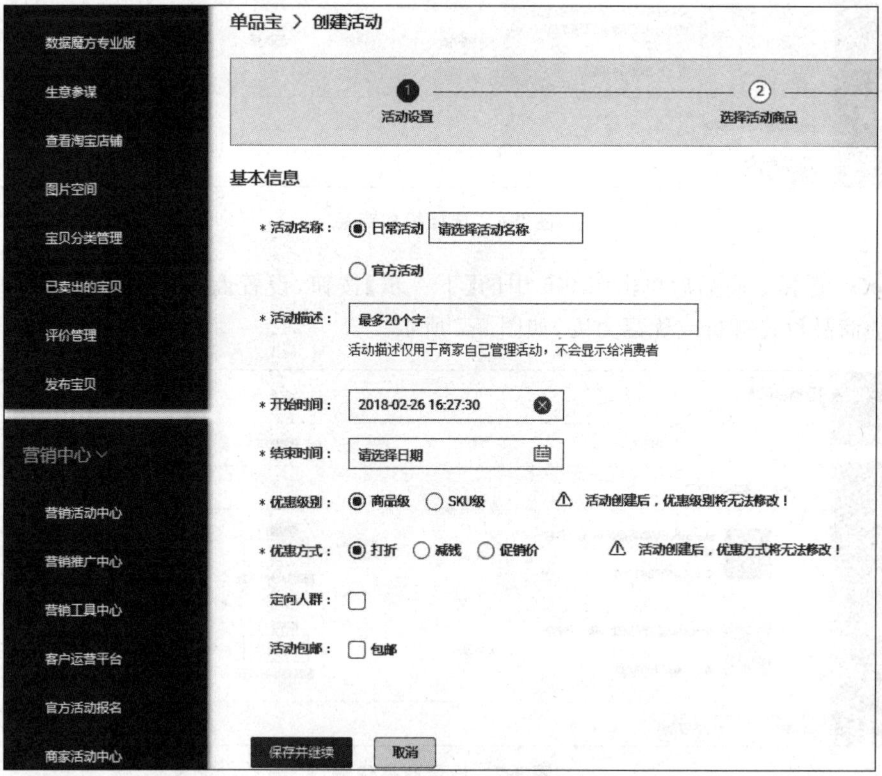

图 9-5 设置基本信息

Step4 设置完成后，单击【保存并继续】按钮，选择参与促销活动的商品，如图 9-6 所示。

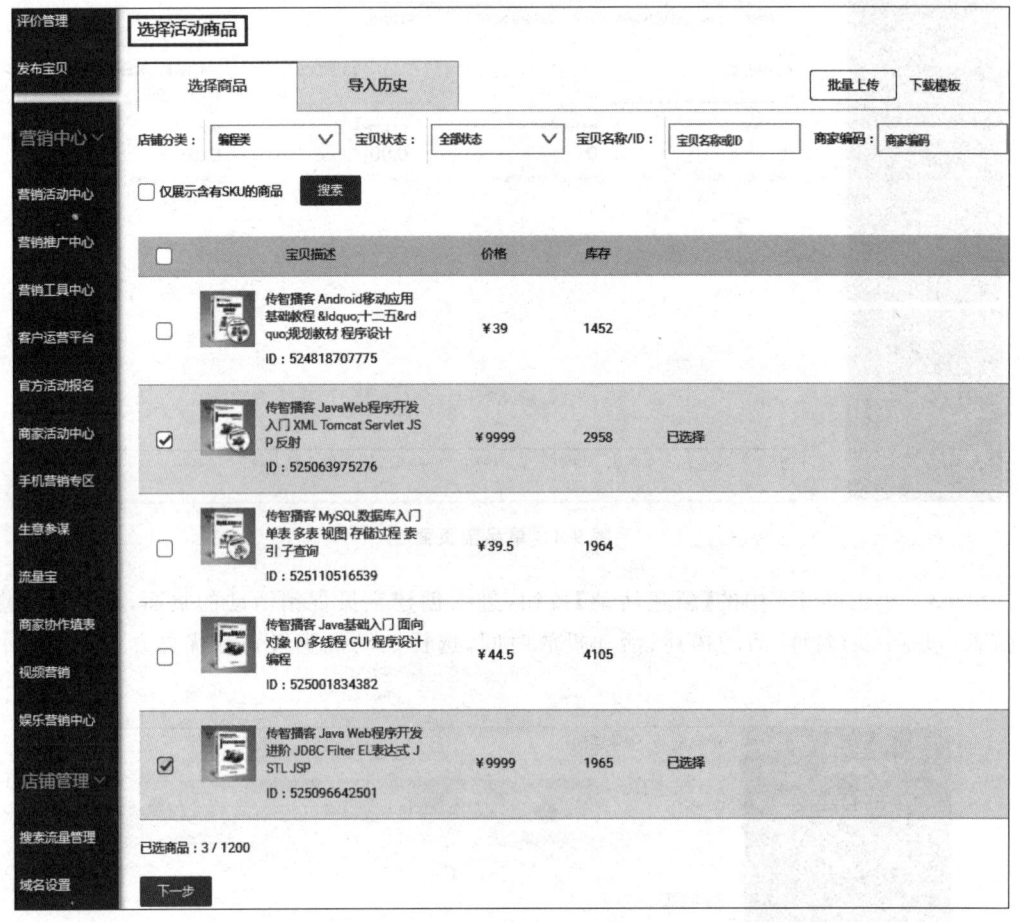

图 9-6　选择投放商品

Step5 选择好商品后单击图 9-6 中的【下一步】按钮，设置商品优惠力度，即对参与促销活动的商品设置打折或优惠力度，如图 9-7 所示。

图 9-7　设置商品优惠

Step6 设置完成后,单击【保存】按钮,即可完成商品促销活动的创建,如图 9-8 所示。

图 9-8 春季新品促销活动

设置完成后,运营人员需要打开宝贝链接,查看促销设置是否符合活动需求,如存在问题,则需要及时调整。此外,店铺优惠券、店铺宝、搭配宝的设置方法与单品宝的设置方法基本相似,这里不再赘述。

2. 优惠券

商品促销除了直接打折降价处理外,还有一种方法就是使用优惠券。优惠券分为店铺优惠券和商品优惠券,其中店铺优惠券针对的是全店通用的商品,而商品优惠券针对的是某个特定的商品。通常发放较多的是店铺优惠券。

3. 店铺宝

店铺宝是整合并取代淘宝卖家后台促销管理中的"满就送""满件优惠"后推出的新的促销服务。店铺宝可以对全店商品以及自选商品进行满减、包邮、送赠品、送权益等多层级的优惠设置,设置完成后,会在商品下面直接展示给顾客。卖家可以根据自身需求,进行活动修改、暂停、重启、删除及商品管理操作。在店铺宝中,自选商品活动的优先级大于全店商品活动,若两者同时存在,则自选商品仅生效自选活动优惠,全店商品活动优惠中的自选活动商品优惠不生效。

4. 搭配宝

搭配宝是一款用来关联商品的促销工具,它是原来天猫商城的搭配宝和淘宝店铺的搭配套餐合并后的产物,其核心功能是对店铺内的商品进行关联搭配,包括固定搭配和自由搭配。新版的搭配宝更是加入智能算法功能,系统会自动推荐适合搭配的商品,帮助店铺提升客单价和转化率,也是店铺引流的重要工具。

5. 淘金币抵扣

淘金币是淘宝网的虚拟积分。在淘金币平台上,买家能够兑换、竞拍到全网品牌折扣商品;也可以兑换、抽奖得到免费的商品或现金红包,并进行线上线下卖家的积分兑换。卖家开通"淘金币抵扣"功能后,买家可以"100 淘金币：1 元"的比例使用淘金币抵扣商品金额。买家抵用的淘金币的 70% 划入卖家淘金币账户,30% 回收到淘金币官方账户。卖家开通"淘金币抵扣"工具时,可按 2%、5% 或 10% 的比例设置全店商品的淘金币抵扣比例,并且可对不同的商品设置不同抵扣比例。卖家开通"淘金币抵扣"工具需要满足一定的条件,如表 9-1 所示。

表 9-1 淘金币抵扣的开通条件

指标项	条件	指标项	条件
卖家类型	淘宝网卖家	近 90 天店铺支付宝成交金额	>0
店铺信用等级	≥4 心	本年度内严重违规行为扣分	<12 分
开店时长	≥90 天	本年度内出售假冒商品违规行为扣分	<12 分

淘金币工具除了有抵钱赚金币的功能外,还有淘金币推广的功能,即卖家通过发放金币的方式为店铺引流。淘金币推广的方式多种多样,包括金币频道商品推广、店铺签到送金币、店铺收藏送金币。其中金币频道商品推广是指在淘金币频道内以点击付金币的方式进行商品推广以获取流量;店铺签到送金币就是对进入店铺签到的买家发放一定数量的金币奖励,以此提升用户粘性;收藏店铺送金币是对收藏和关注店铺的买家给予金币奖励,以提升店铺人气。淘金币推广和淘金币抵钱在同一页面,卖家可以同时进行淘金币抵钱和淘金币推广设置。这 3 种推广方式的设置和淘金币抵钱方法相似。不过,与淘金币抵钱的不同之处在于淘金币推广设置完成后次日才会生效。图 9-9 所示为淘金币推广的设置页面。

图 9-9 淘金币推广的设置页面

6．购物车营销

淘宝购物车类似于消费者在线下超市里用的购物车，当人们准备在淘宝购买多个商品或者多家店铺挑选不同商品时，可以将商品放入购物车，最后一起拍下付款。当然，有些买家只是将商品加入购物车，却没有付款。购物车营销的目的正是为了拉回这些流失的顾客。卖家通过定期开展购物车营销活动，以降价促销的方式激活这些加入购物车后未付款的顾客，提升商品销量。

卖家创建购物车营销活动需要满足一定的条件，即店铺里有加购物车未成交人数超过100人的宝贝，并且全网每日限量开放5000个活动名额，须审核通过后才有机会开展购物车营销活动。

7．心选

心选是淘宝官方推出的一款可以在商品详情页区域进行自由商品搭配的工具，卖家通过此工具，可以在商品详情页推荐本店相关的搭配商品，从而实现关联营销。心选推荐的商品通常会展现在商品详情页宝贝主图的下方，以"掌柜推荐"进行标识，和搭配套餐的展现位置一样，如图 9-10 所示。

图 9-10　心选展示位

9.1.2 第三方营销工具

除了淘宝官方推出的促销管理工具外,一些第三方软件服务公司针对淘宝天猫卖家也推出了许多店铺促销管理的营销工具。我们在淘宝服务市场可以看到许多功能相似的打折促销软件,例如旺店宝、欢乐逛、超级店长、火牛等,如图9-11所示。

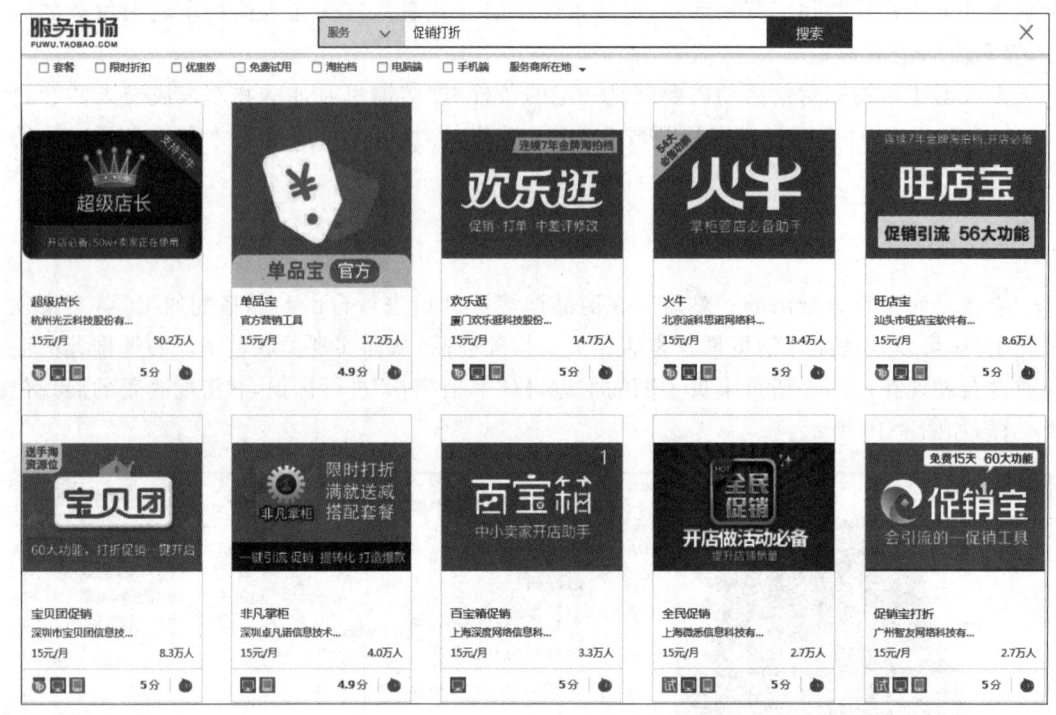

图 9-11 第三方促销管理软件

同淘宝官方服务一样,卖家付费之后才可以使用这些第三方服务商提供的软件。这里介绍一个选择促销软件的小妙招:一般来说,这些第三方推出的软件大多具有免费试用功能,卖家在选择时可以先免费试用一段时间,如果使用效果不错,则可以考虑订购该软件服务。

9.2 直通车推广

淘宝搜索作为淘宝系统最大的流量渠道,如何通过搜索为店铺引来流量一直是卖家关心的问题。淘宝官方推出的直通车推广服务正好解决了卖家获取流量的难题,通过投放直通车广告能够使宝贝排名更靠前,快速地为店铺引来精准的流量,促成更多的商品交易。本节针对直通车推广的相关知识进行介绍。

9.2.1 直通车基础知识

直通车推广作为一种付费的竞价广告,是店铺推广的重要手段之一。通过对直通车账户的优化,能够快速地使店铺商品在淘宝搜索结果中获得靠前的排名,让卖家在短期内看到推广效果。下面介绍直通车推广的基础知识。

1. 什么是直通车

直通车是一种展现免费、点击扣费、采用竞价形式排名的付费广告。卖家如果想推广一款宝贝,需要给宝贝设置相应的创意图、关键词、出价以及宝贝推广标题等,当买家在淘宝网搜索关键词或者按照类目分类进行浏览时,推广中的宝贝就会出现在相应的展示位,买家点击后产生扣费,不点击不付费。直通车作为一款付费推广工具,可以为卖家带来更多的流量,从而有助于提升成交量和转化率。直通车推广不同于自然搜索优化,通过直通车推广的商品可以在短期内获得靠前的排名,帮助卖家实现精准推广的目的。

直通车广告采用竞价形式来决定宝贝排名,卖家在投放宝贝前需要给每个直通车账户里的每个关键词设置一个出价,但广告最终的实际扣费却并不是出价价格。实际扣费是由下一名出价以及自己的质量得分决定,其计算公式如下:

$$实际扣费 = 下一名出价 \times (下一名质量得分 / 自己的质量得分) + 0.01 元$$

通过扣费公式不难发现,在"下一名质量得分"不变的情况下,关键词的质量得分越高,实际扣费越低,这意味着影响扣费的主要因素是质量得分。那么什么是质量得分呢?质量得分是系统估算的一种相对值,用于衡量"宝贝推广信息""关键词"与"用户搜索意向"三者之间的相关性。换句话说,只要推广账户的关键词的质量得分较高,就可以用相对少的推广费用把宝贝信息展现在更适当的位置上。

2. 直通车推广展示位

对于大多数电商运营人员来说,一提到直通车推广便会联想到关键词推广,其实直通车推广除了关键词推广之外,还有店铺推广和定向推广等其他推广方式。不同推广形式的直通广告展示位也不相同,具体介绍如下。

(1) 关键词推广展示位。关键词推广(也叫单品关键词推广)是直通车主要的推广形式。关键词推广的展示位有三种类型,分别为关键词搜索结果列表页、类目点击进入宝贝列表页、淘宝首页搜索框下面的系统推荐热词,具体如图9-12~图9-14所示。

此外,直通车推广还包括无线端搜索结果页展示位,如图9-15所示。

(2) 定向推广展示位。定向推广依靠淘宝网庞大的数据库,构建出买家的兴趣模型。系统能从细分类目中抓取那些特征与买家兴趣点相匹配的推广宝贝,并将宝贝展示在目标客户浏览的网页上,锁定潜在买家实现精准营销。例如:一个女性买家想购买一件中长款连帽羽绒服,那么买家在搜索进入的定向推广页面时,系统会在羽绒服类目里选出中长款、连帽特征的宝贝展现给此买家。定向推广展示位较多,常见的有:

- 阿里旺旺中"我的焦点"下的"热卖单品",如图9-16所示。
- "我的淘宝"→"已买到的宝贝"页面下方的"热卖单品",如图9-17所示。

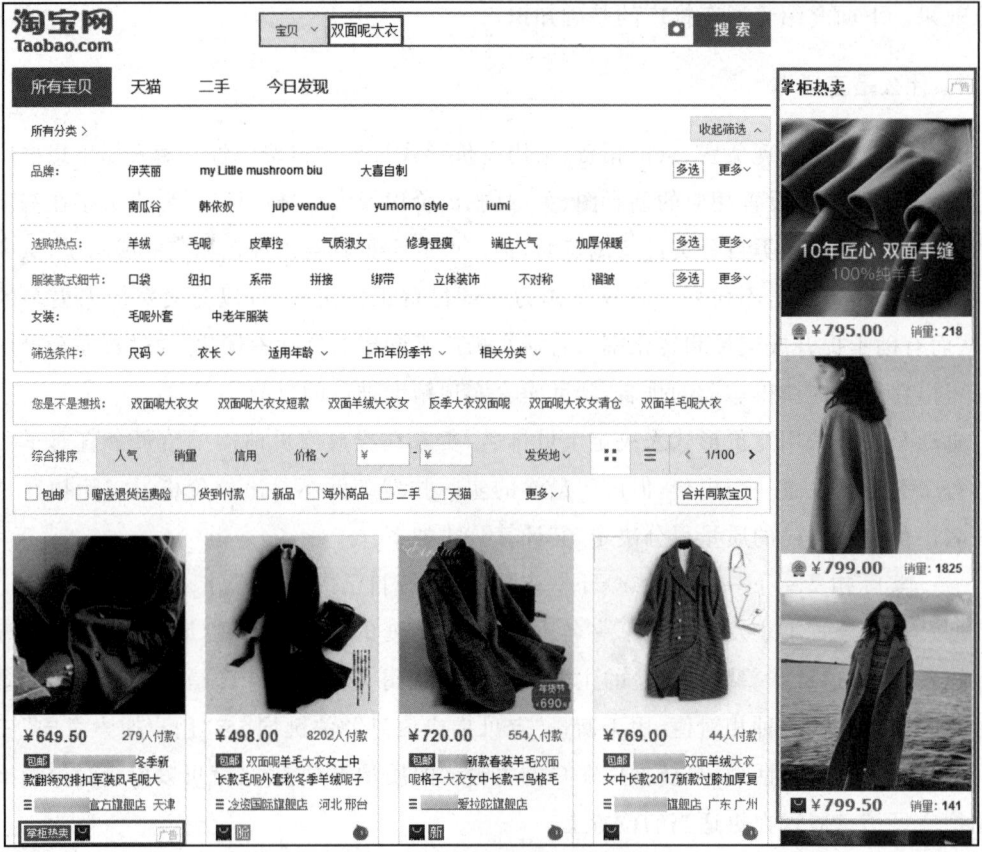

图 9-12 关键词搜索结果列表页

图 9-13 类目点击进入宝贝列表页

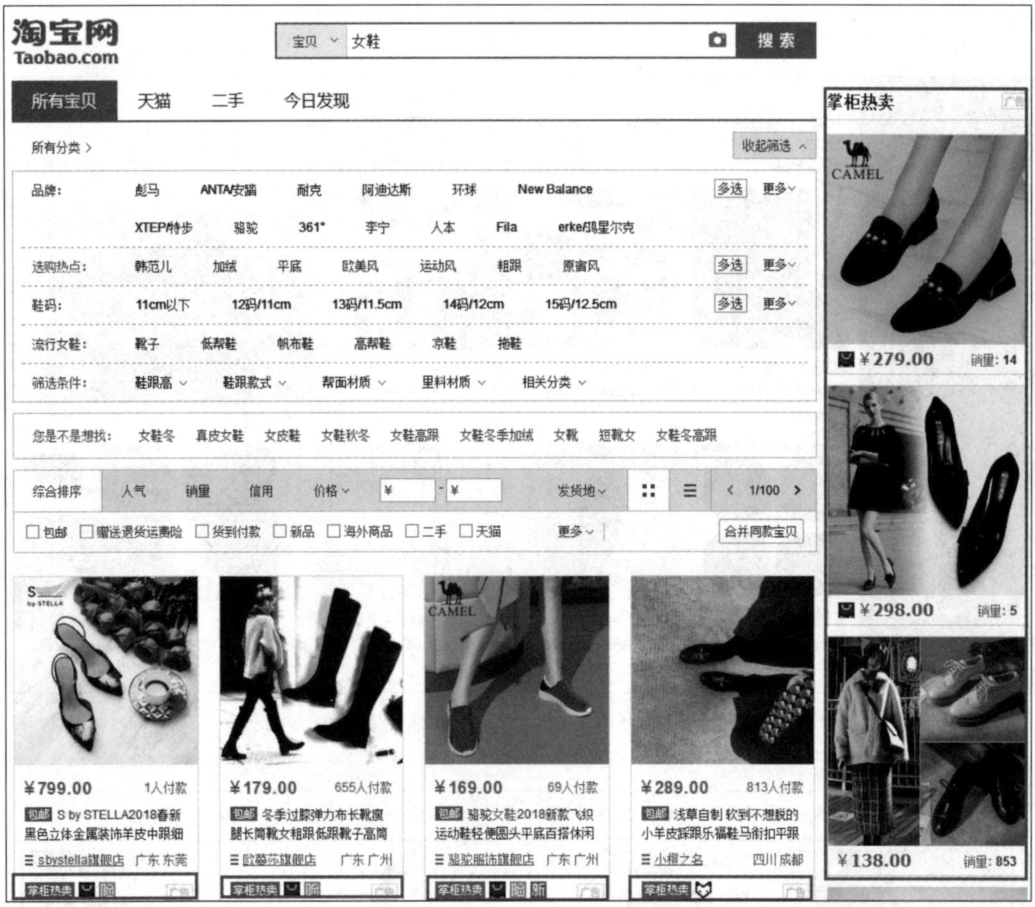

图 9-14 首页搜索框下面的系统推荐热词

图 9-15 无线端关键词搜索展示位

图 9-16 "我的焦点"页面的"热卖单品"

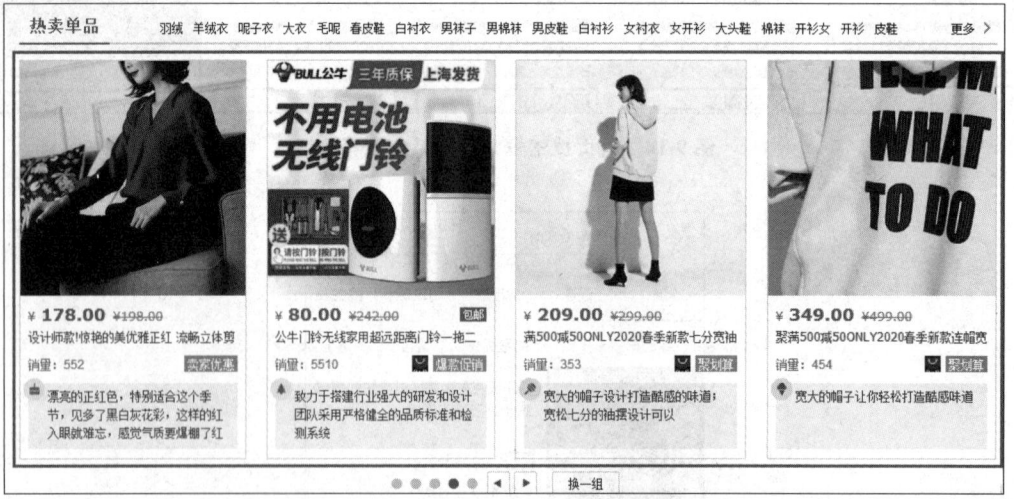

图 9-17 "已买到的宝贝"页面下方的"热卖单品"

- "我的收藏"页面下方的"热卖单品",如图 9-18 所示。
- "购物车"页面下方的"掌柜热卖",如图 9-19 所示。
- "宝贝评价成功"页面下方的"热卖单品",如图 9-20 所示。

第 9 章 店铺促销与推广

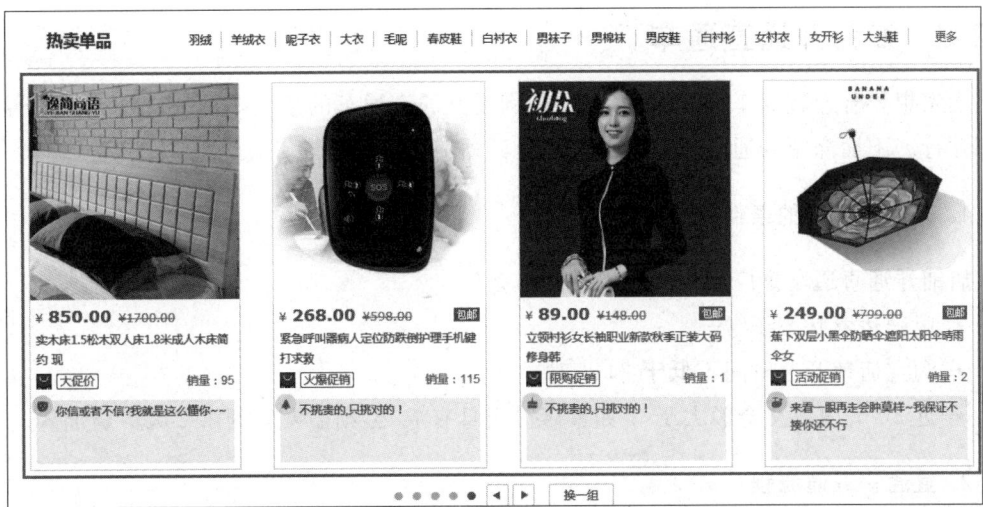

图 9-18 "我的收藏"页面下方的"热卖单品"

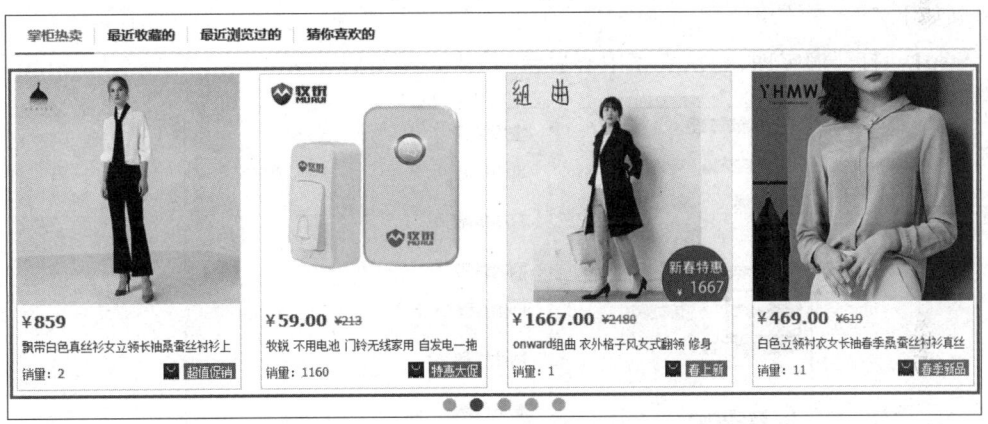

图 9-19 "购物车"页面下方的"掌柜热卖"

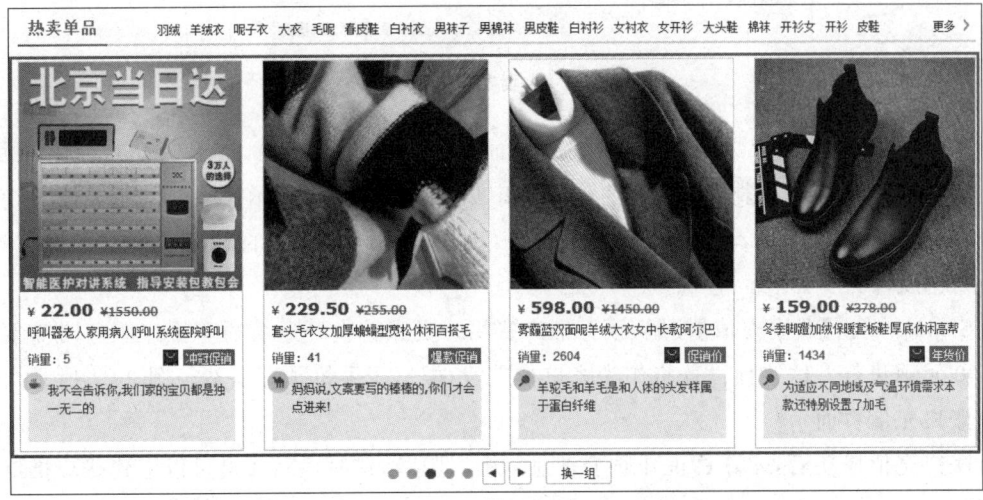

图 9-20 "宝贝评价成功"页面下方的"热卖单品"

9.2.2 如何开通直通车

卖家想要开通直通车推广服务,必须得满足开通直通车的条件,并按照相关流程开通直通车才行。下面介绍开通直通车的条件以及开通流程。

1. 开通直通车的条件

店铺开通直通车推广需要满足以下基本条件。

- 店铺运营状态正常。
- 淘宝店铺开通时间不低于 24 小时。
- 近 30 天内成交金额大于 0,如果店铺当日有成交,则需要等到第二天申请加入。

2. 直通车开通流程

开通直通车推广的流程比较简单,下面以淘宝店铺为例介绍开通直通车推广的流程,具体步骤如下。

Step1 打开淘宝网,登录卖家中心后台,具体如图 9-21 所示。

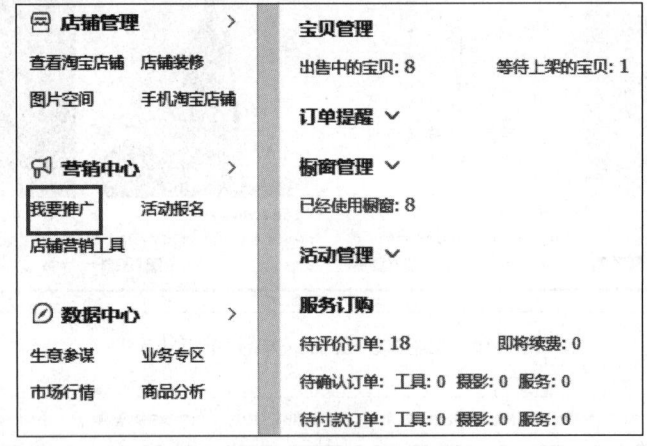

图 9-21 卖家中心后台

Step2 单击图 9-21 左侧"营销中心"下面的【我要推广】选项,进入"我要推广"页面。单击【淘宝/天猫直通车】按钮,进入直通车推广页面,如图 9-22 所示。

Step3 确认协议。首次进入直通车后台,卖家需要同意淘宝直通车软件服务协议,如图 9-23 所示。

Step4 单击【我要充值】按钮,预存推广费用。卖家首次开通直通车推广服务时需要存入 500 元预付款。这些预付款将作为账户推广费,类似于手机预存话费。图 9-24 所示为直通车账户充值页面。

账户充值成功后,才算真正开通了直通车推广服务,这时运营人员可以搭建账户推广商品了。

第 9 章　店铺促销与推广

图 9-22 "我要推广"页面

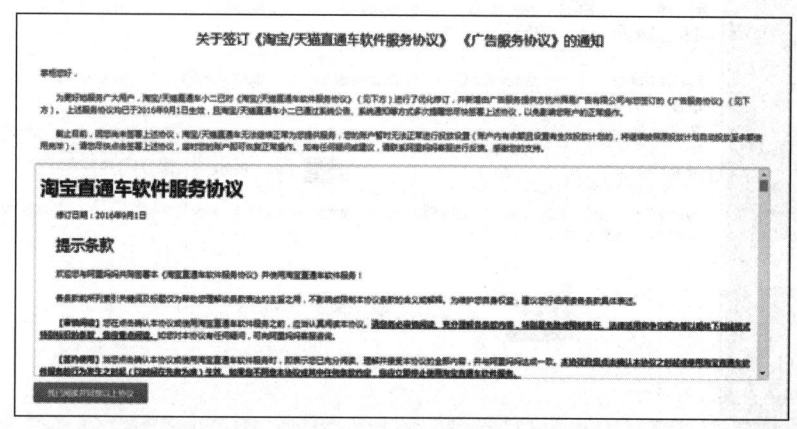

图 9-23 淘宝直通车软件服务协议

9.2.3 直通车推广流程

开通完直通车账户后，卖家可以开始使用直通车推广。在介绍直通车推广流程前，首先熟悉一下直通车账户后台，如图 9-25 所示。

在图 9-25 中，左侧框选区域为直通车操作功能区，包括推广计划、报表、推广报告、账户、工具等，用来创建和设置推广计划。右侧框选区域为推广数据，主要有账户余额、实时扣费、展现量、点击量、成交笔数、投入产出比以及各推广计划的推广数据。

直通车账户分为推广计划、关键词、创意三个层级。推广计划包括宝贝推广和店铺推广，在推广计划下，可以设置日限额、投放平台、投放时间以及投放地域；关键词部分用于添加推广的关键词，运营人员可以借助账户提供的流量解析工具查询关键词，除此之外还可以

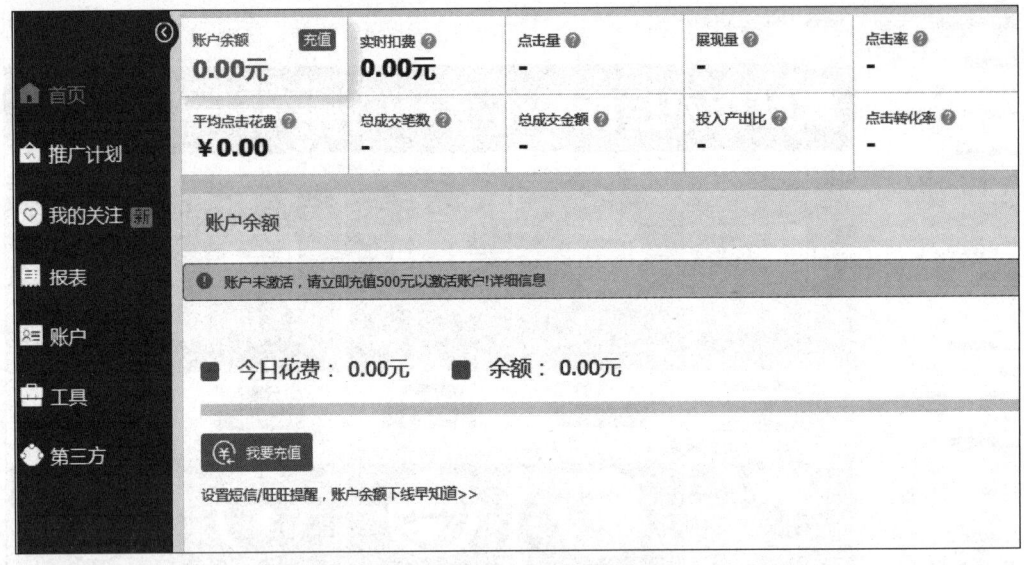

图 9-24 直通车账户充值

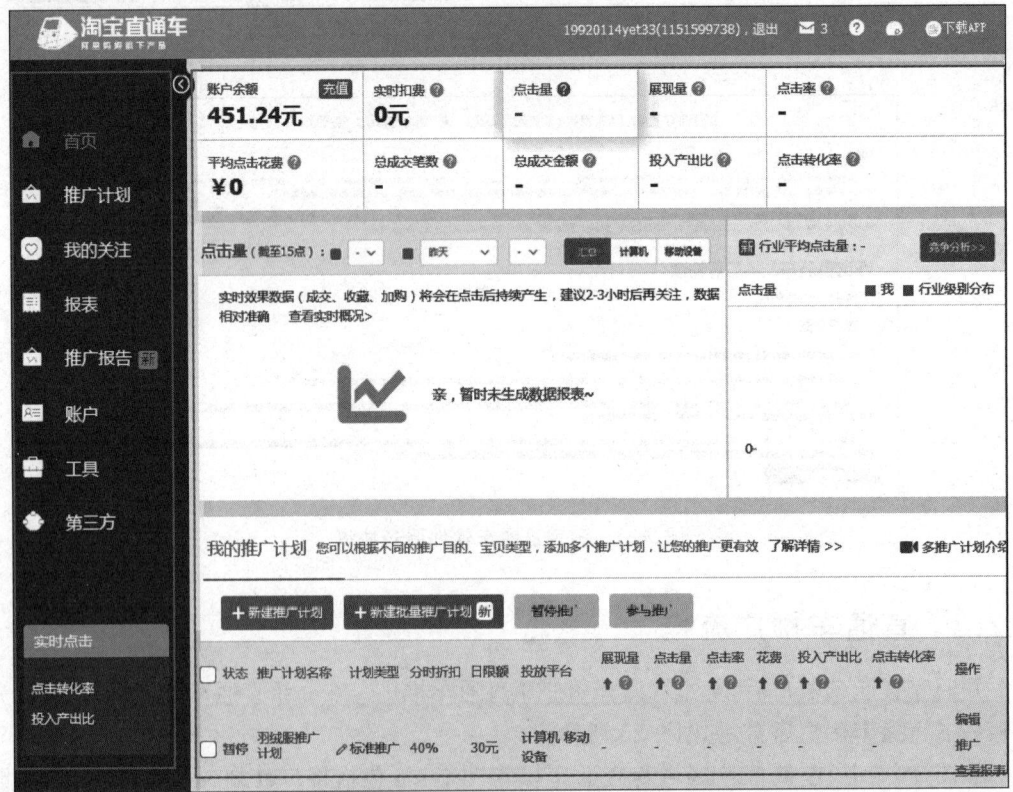

图 9-25 直通车账户后台

圈定覆盖人群,包括浏览、收藏、加购物车及购买的访客;创意指直通车广告展现的创意主图。

了解了直通车账户后台,下面介绍直通推广的投放流程,具体如下。

Step1 新建推广计划。在图 9-26 中单击直通车账户首页下方的【新建推广计划】按钮。根据页面提示填写推广计划名称，填写完成后，单击【提交】按钮，如图 9-27 所示。

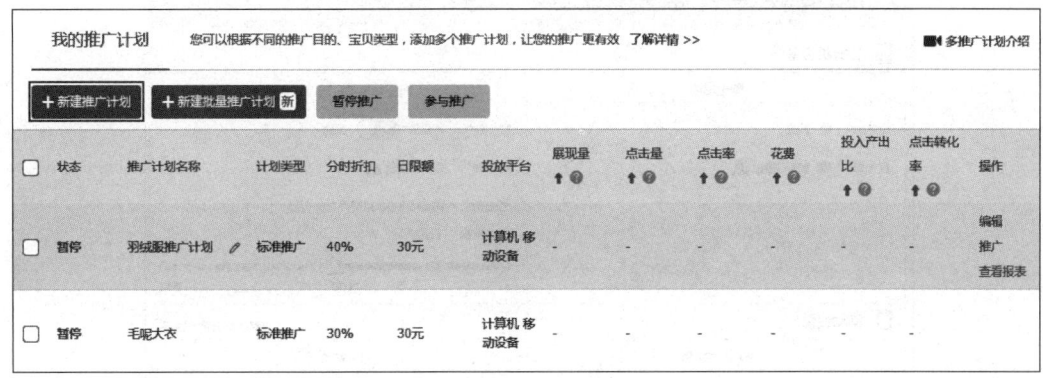

图 9-26 新建推广计划

图 9-27 填写推广计划名称

Step2 返回直通车账户首页选中刚刚创建的推广计划，设置每日预算、投放平台、投放时间以及投放地域，如图 9-28～图 9-31 所示。

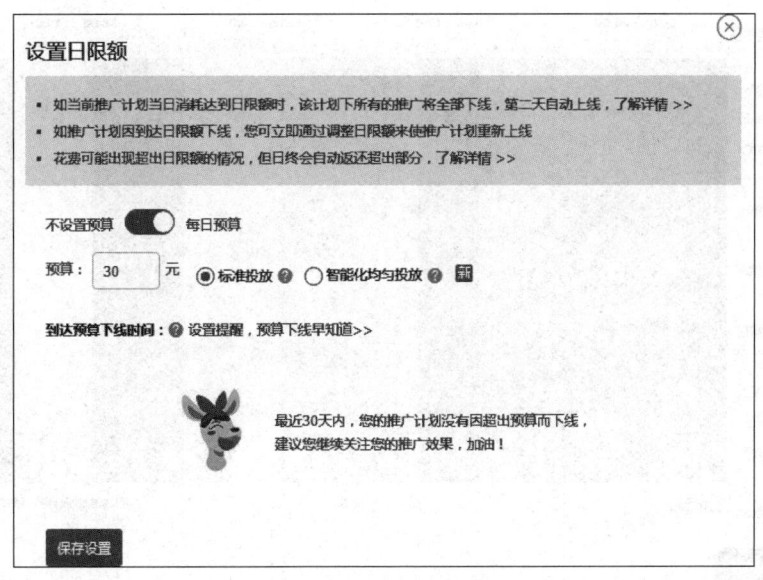

图 9-28 设置日限额

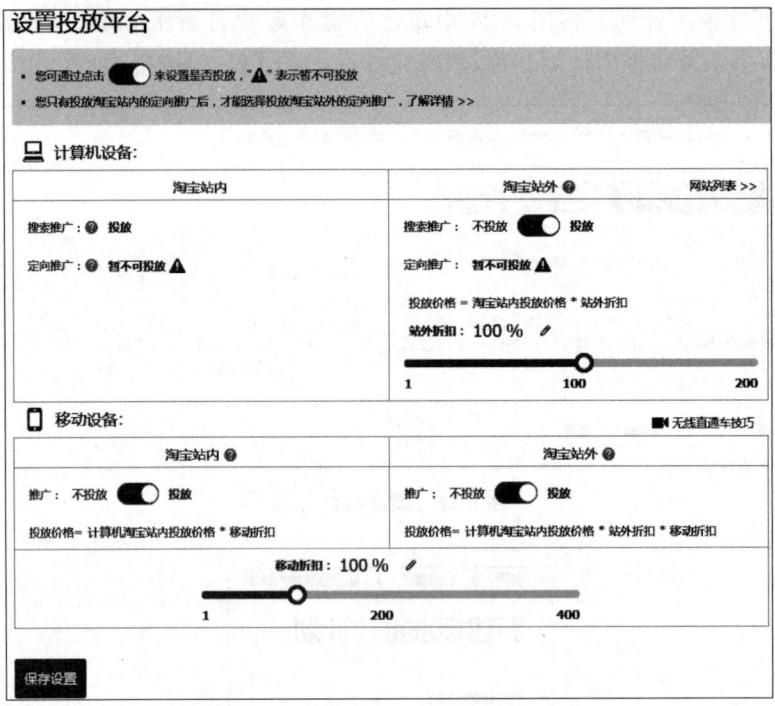

图 9-29　设置投放平台

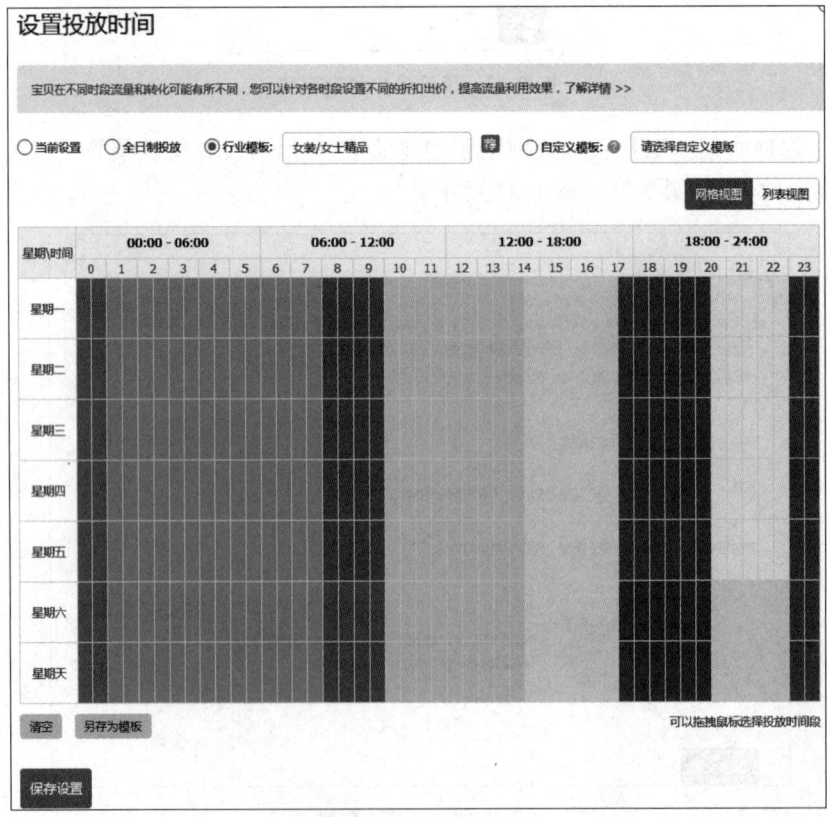

图 9-30　设置投放时间

图 9-31 设置投放地域

Step3 直通车推广既可以推广单品,也可以推广店铺,这里以推广宝贝为例做演示。单击推广计划"女生节新品测试",进入"宝贝推广"页面。单击【新建推广宝贝】按钮,如图 9-32 所示。然后单击选择需要添加的宝贝,如图 9-33 所示。

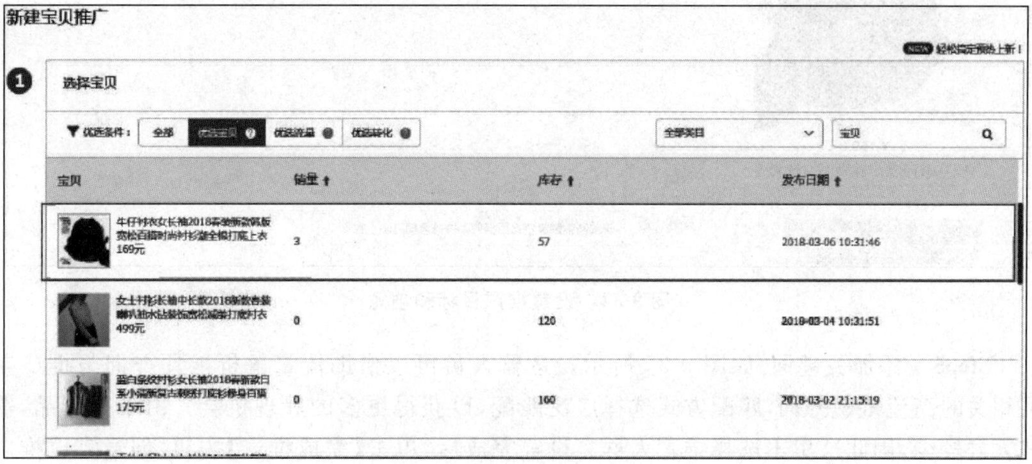

图 9-32 添加推广宝贝

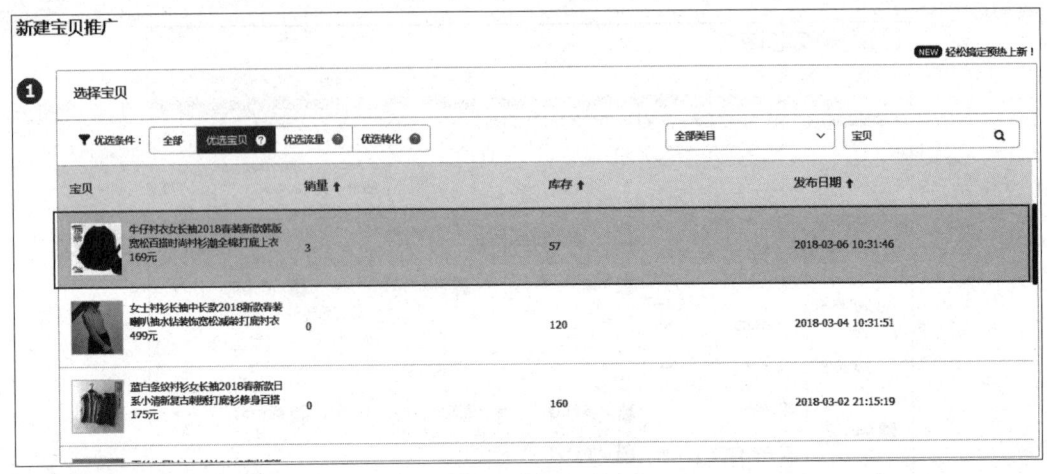

图 9-33 添加推广宝贝

Step4 选好推广宝贝后,设置推广目标、创意、关键词以及出价,如图 9-34 所示。推广目标分为日常销售、宝贝测款以及自定义目标,我们选宝贝测款为目标,并添加广告创意。

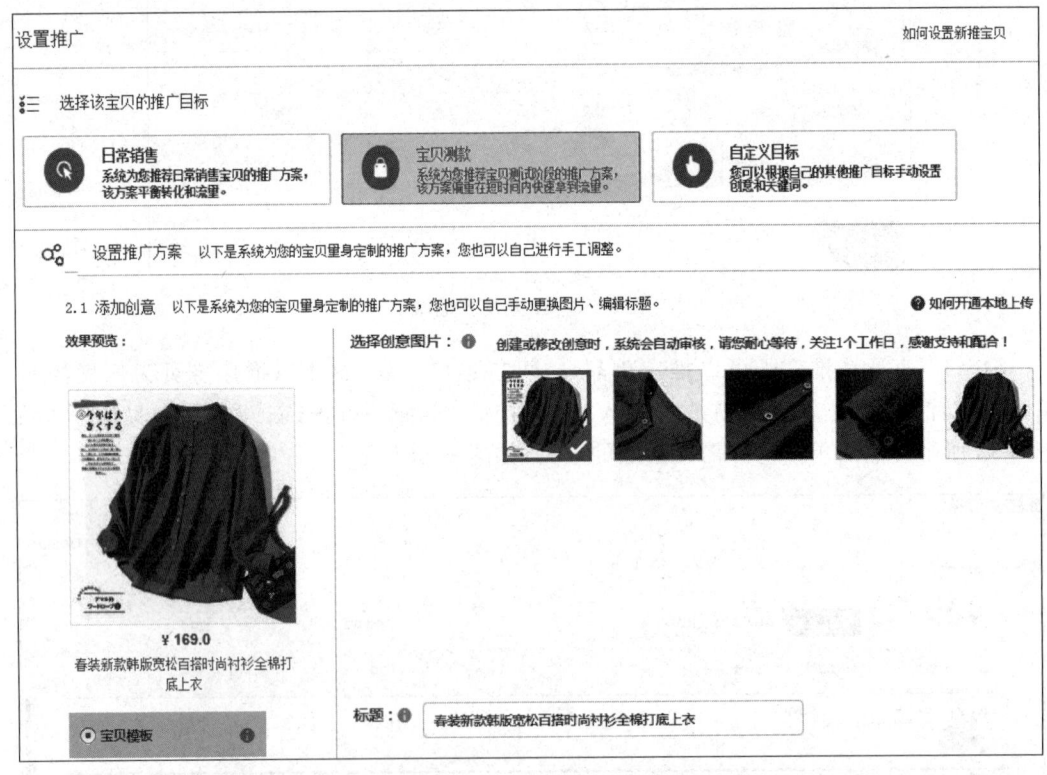

图 9-34 设置推广目标和创意

Step5 添加关键词,如图 9-35 所示。运营人员可以借助流量解析工具查询与推广宝贝相关的高流量飙升词,匹配方式选择广泛匹配,以获得更多的展现机会。由于是新品,覆盖人群较少,因此这里不选择推荐人群。设置完成后,单击【完成推广】按钮,创建完成推广计划,如图 9-36 所示。

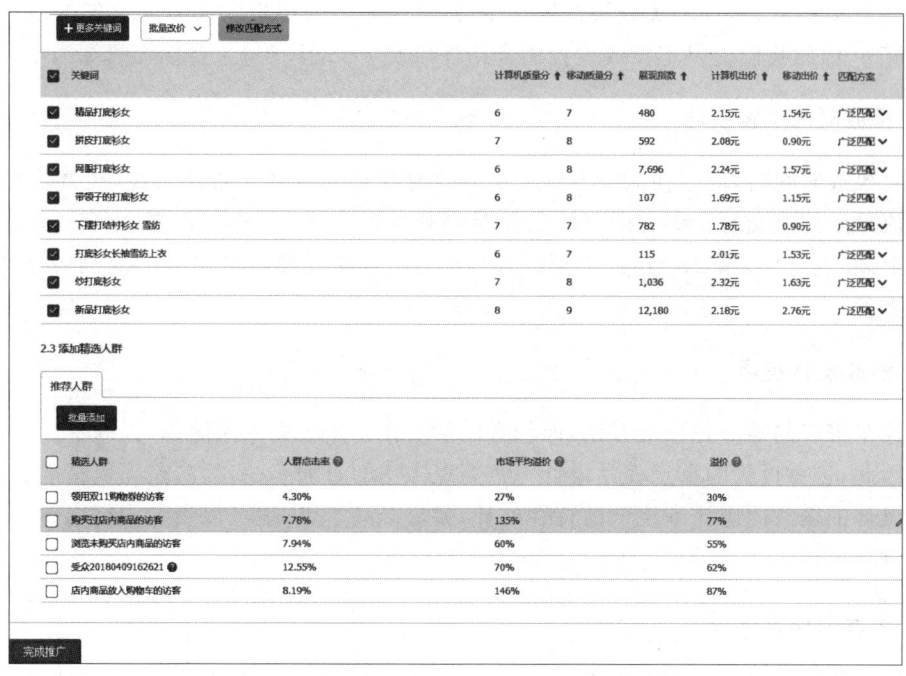

图 9-35　设置关键词和出价

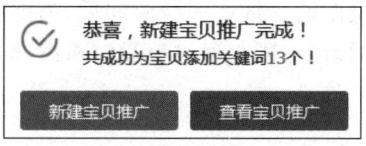

图 9-36　新建宝贝推广完成

9.2.4　直通车推广的设置技巧

作为网店引流和测款的重要工具，大部分卖家都会用直通车推广，但在推广过程中，许多新手只是机械地创建计划、添加关键词，推广费用全部花费完之后，店铺依旧不见起色，于是便认为直通车推广不好。其实使用直通车推广的过程中是有一些技巧的，下面介绍几种常用的技巧。

1. 日限额设置技巧

直通车广告投放方式分为标准推广和智能化均匀投放两种方式，不同投放方式对于推广效果影响不同。选择标准推广，如果花费达到日限额，则推广计划自动下线；智能化均匀投放则是系统根据花费情况进行自动调整，避免过早达到日限额。因此，设置日限额时，要注意投放方式。一般来说，我们选择标准推广方式，因为直通车推广存在竞争，而选择智能化均匀投放的话，在流量高峰时段获得的流量较少，影响推广计划。

2. 投放平台设置技巧

按照淘宝站内和站外划分，投放平台分为淘宝站内投放平台和淘宝站外投放平台。淘宝站内平台又分为 PC 端和无线端。通常来说，淘宝站内的用户购买意向比站外高，无线端比 PC 端高，因此我们建议不投或少投淘宝站外以及 PC 端广告，主要以无线端为主。

3. 投放时间设置技巧

设置投放时间时，应当在淘宝系统成交高峰时期加大直通车推广力度，提高出价，获得更多的流量以促成交易。淘宝网每天的流量高峰时段为上午 10 点左右，下午 15 点、16 点以及晚上 20 点、21 点和 22 点，我们可以选择在宝贝成交高峰时段调高出价，加大高峰时段的投放力度。

4. 创意设置技巧

直通车推广的核心是精准营销，而创意的主要作用是吸引买家眼球，提高推广宝贝的点击率。因此，创意设置的重点就是设计一张高点击率的直通车图，目的是吸引精准目标点击广告。设计的创意图应该围绕产品特性展开，突显产品卖点，也可以参考同行优秀宝贝的直通车图设计风格。

5. 关键词设置技巧

不同时期选择关键词的策略不同，因此切不要盲目地添加关键词。新品宝贝在推广初期，以提高关键词质量分为主要目的，这样有利于日后降低平均点击价格，所以推广初期建议选择相关性高、点击率好的关键词。推广一段时间后，需要将账户里无展现和点击的关键词删除，将转化效果好的关键词留下，同时通过流量解析继续选择转化较好的关键词。

9.2.5 定向推广

定向推广具有展位多、流量比较精准的优点，在直通车推广中也扮演着重要的角色。下面介绍一下什么是定向推广以及定向推广的设置方法。

1. 什么是定向推广

定向推广是一种可以精确锁定目标客户群的推广方式，它可以从细分类目中抓取特征与买家兴趣匹配的推广宝贝，根据买家浏览习惯和对应网页内容，由系统自动匹配出相关度较高的宝贝，并结合出价以及宝贝推广带来的买家反馈信息进行展现；出价高，买家反馈信息好，定向推广展现的机会就大。同时系统会根据宝贝所在类目下的属性特征以及标题去匹配买家购买习惯，宝贝属性填写得越详细，被匹配的机会越大。

2. 如何开启定向推广

使用定向推广必须满足一定的条件，淘宝集市店铺开通定向推广需要在 1 钻以上（包含 1 钻），天猫店铺则无要求。下面分步骤介绍开通定向推广的操作流程。

Step1 选择羽绒服推广计划，单击进入该推广计划管理页面，如图 9-37 所示。

Step2 单击图 9-37 中的【设置投放平台】按钮，进入投放平台设置页面，如图 9-38 所示。

Step3 将定向推广状态选择为投放，单击【保存设置】按钮，如图 9-39 所示。

图 9-37　标准推广计划页面

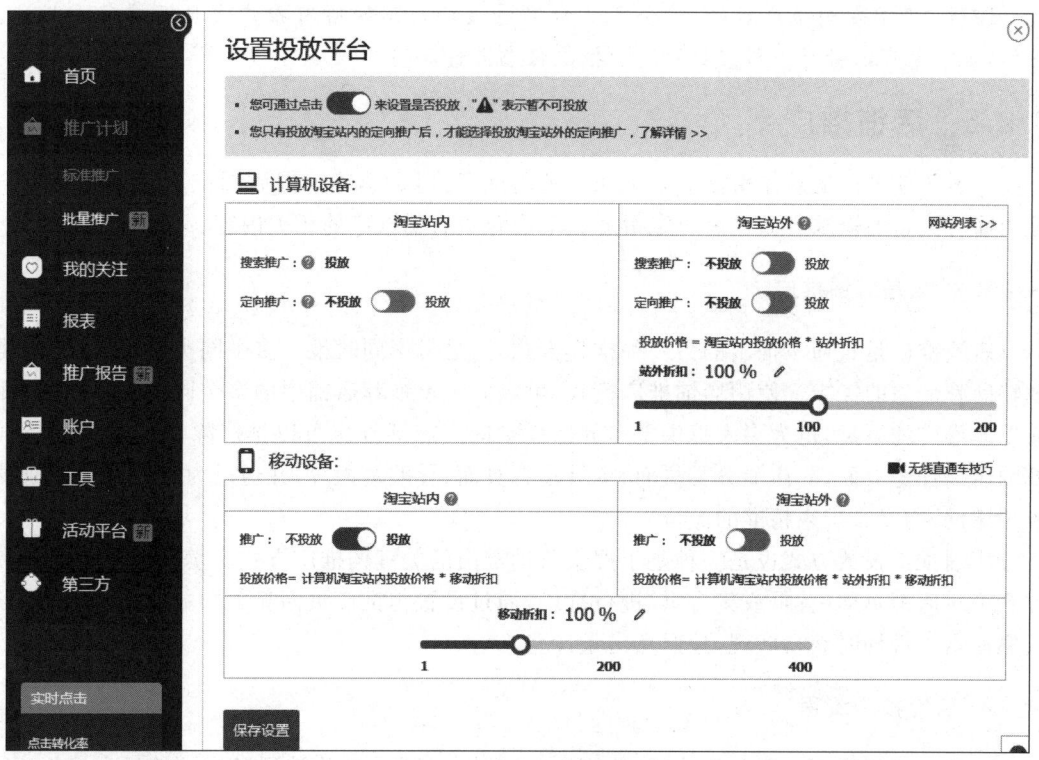

图 9-38　"设置投放平台"页面

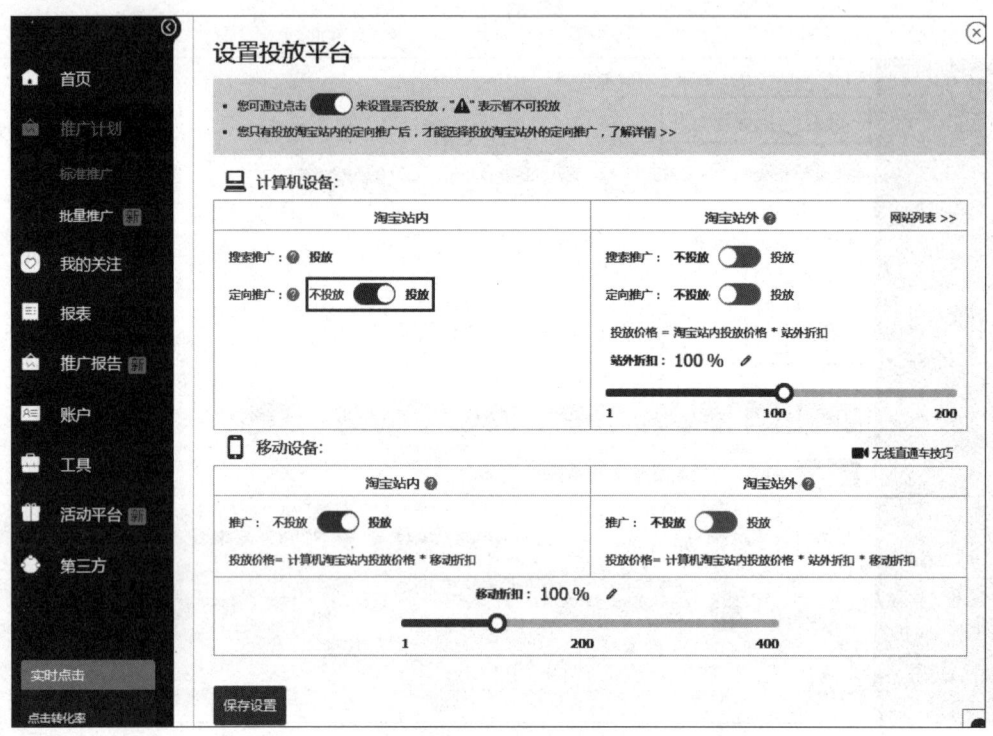

图 9-39 投放定向推广

注意：开启定向推广后，系统会默认卖家对该计划下的所有推广宝贝开启定向推广。当然，卖家也可以针对个别宝贝的定向推广状态进行调整。

9.2.6 店铺推广

虽然店铺推广的整体引流效果不如关键词推广，但是熟练掌握店铺推广的技能对于满足店铺对流量的需求方面也有一定帮助。下面介绍店铺推广的相关内容。

1. 什么是店铺推广

店铺推广是直通车推出的另一种推广方式，满足卖家同时推广多个同类宝贝、传递店铺独特品牌形象的需求。使用店铺推广模式，可以向买家推荐店铺中的多个同类宝贝，有效补充单品推广的不足，也为买家提供更多的选择空间。店铺推广可以推广除单个宝贝详情页外的店铺任意页面，如店铺分类页面、宝贝集合页面、导航页面等，并通过为店铺推广页面设置关键词，为卖家带来精准的流量。

店铺推广投放方式也是一种基于搜索营销推出的关键词推广方式。卖家选择店铺推广方式可对店铺页面（首页或集合页）进行推广，通过设置与推广页面相关的关键词和出价，当买家搜索关键词时获得展现，按照点击量计费。

2. 店铺推广流程

店铺推广的流程主要包括三项，分别为"选择页面""设置关键词"以及"编辑创意"。下面以天猫店为例，详细介绍店铺推广的流程，具体步骤如下。

Step1 单击图 9-40 直通车推广首页下方的【新建推广计划】按钮,进入新建推广计划页面。根据提示填写推广计划名称,填写完成后单击【提交】按钮,如图 9-41 所示。

图 9-40 直通车推广首页

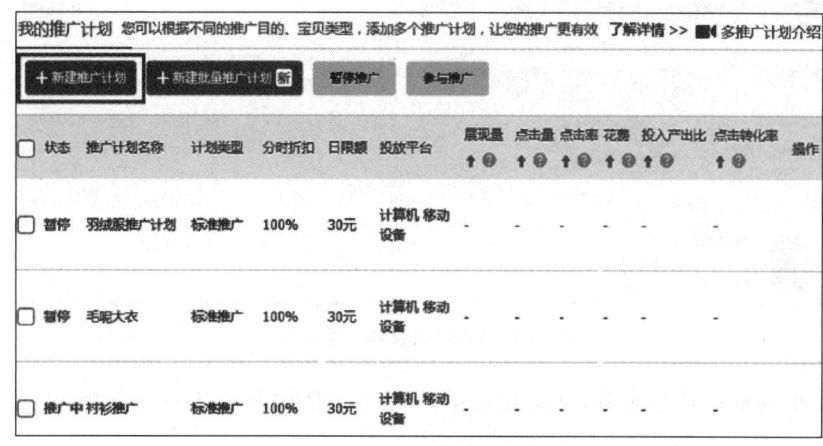

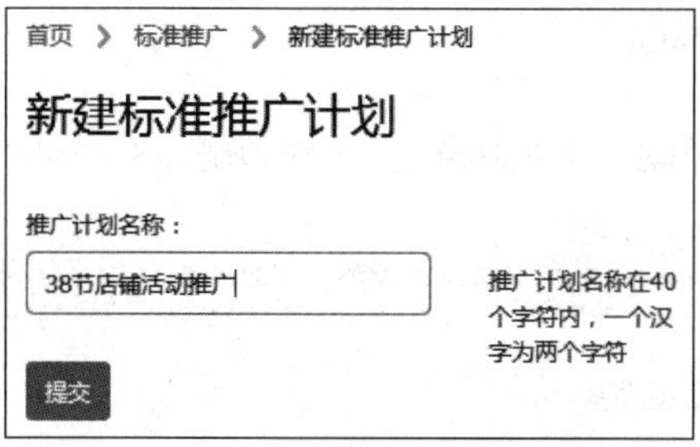

图 9-41 填写推广计划名称

Step2 返回直通车账户首页,选中刚刚创建的推广计划,如图 9-42 所示。

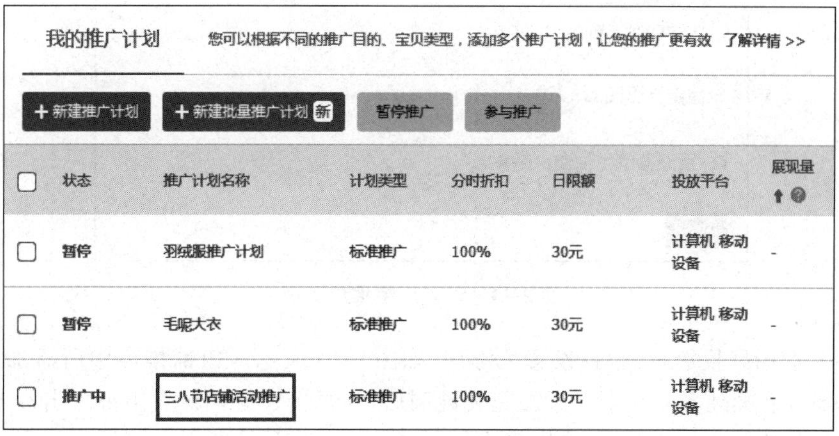

图 9-42 选中新创建的推广计划

Step3 进入新建的"三八节店铺活动推广"计划页面,选中【店铺推广】选项卡,然后单击【新建店铺推广】按钮,如图 9-43 所示。

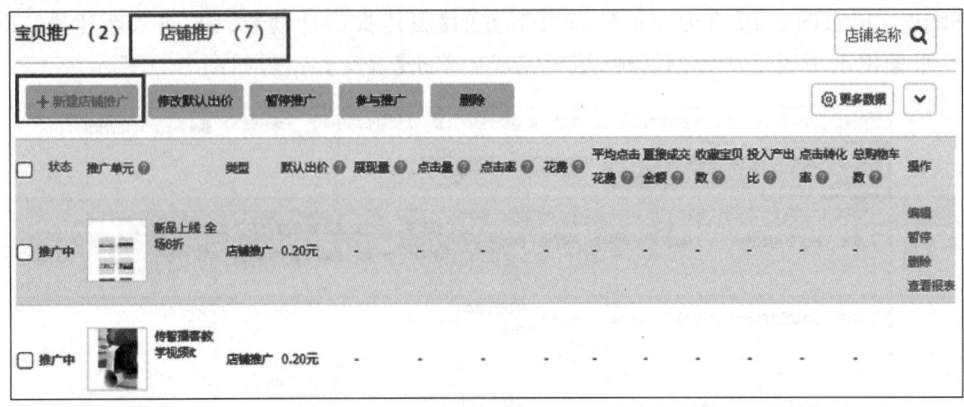

图 9-43　选择【店铺推广】选项卡

Step4　填写推广计划名称,选择店铺推广页面。目前系统支持店铺搜索页面、店铺导航页面、自定义页面几种类型,如图 9-44 所示。

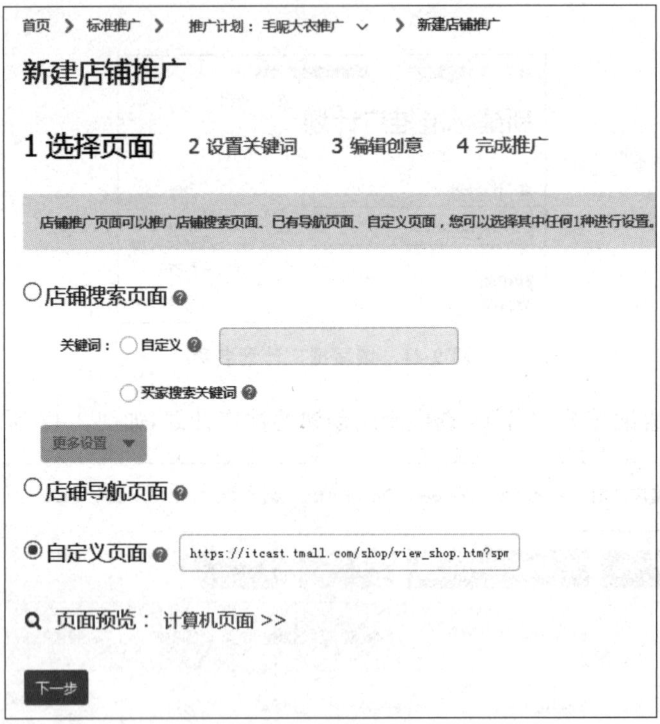

图 9-44　设置店铺推广页面

Step5　选择好投放页面后,设置关键词,如图 9-45 所示。店铺推广中所添加的关键词最多 1000 个,单次最多 200 个。添加完关键词后,为每个关键词设置出价。出价不要过高,否则单次点击成本就会较高,增加推广成本。

Step6　单击图 9-45 中的【创意】选项卡,编辑广告创意。店铺推广的创意形式较多,卖家可以根据活动需求选择不同的广告创意。选好之后将制作好的创意图上传至图片空间,编辑标题即可完成发布,如图 9-46 所示。

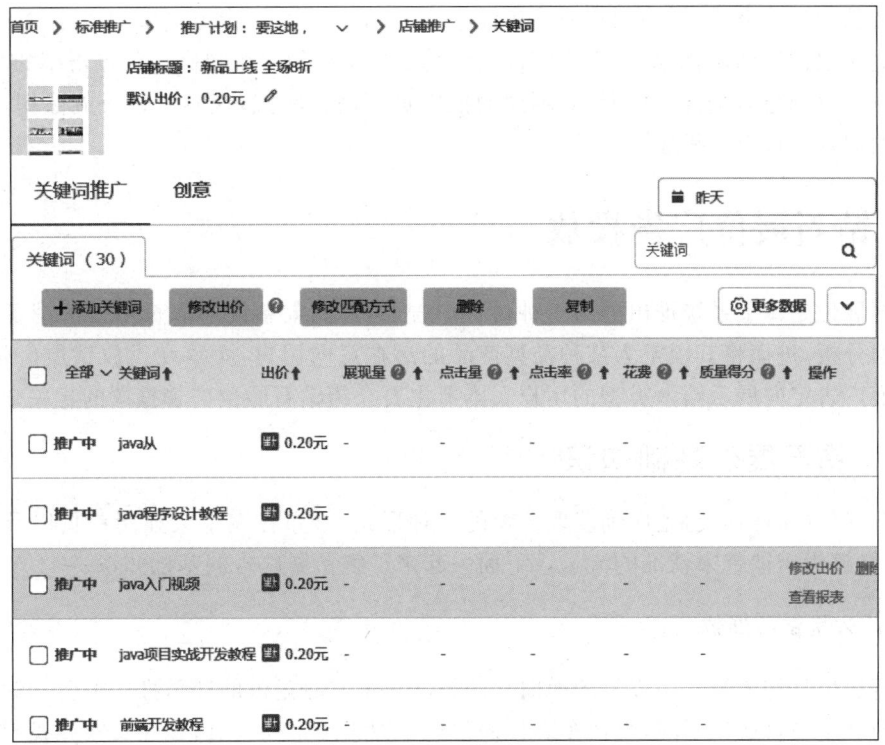

图 9-45　设置关键词和出价

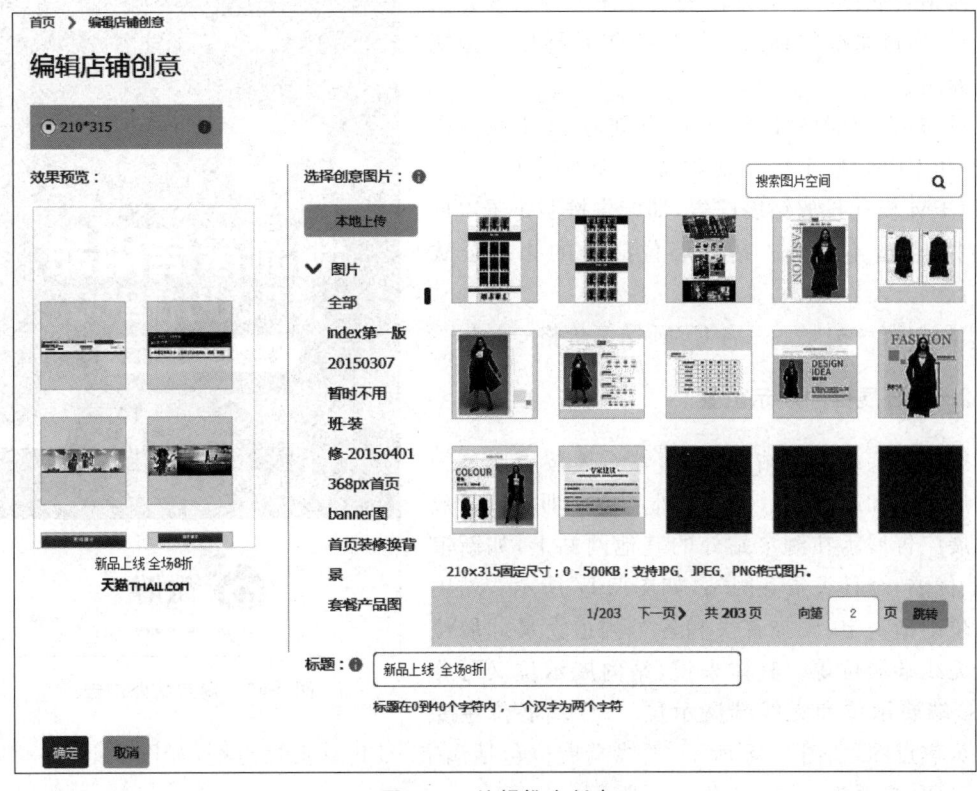

图 9-46　编辑推广创意

广告创意设置完成后,即创建完成店铺推广活动。不过,编辑创意时需要注意的是,创意图片应该根据店铺风格设计,突出店铺的活动。这里介绍一个提高广告点击率的小妙招:运营人员可以创建多个推广单元,对不同的推广页面进行测试,观察广告投放数据,选择点击率高的图片进行重点投放。

9.3 钻石展位广告投放

钻石展位是淘宝系统推出的另一种付费广告,通过淘宝系统对海量用户的消费行为进行大数据分析,进而将其锁定为某种类型产品的潜在意向用户,卖家在投放钻展广告时,能够将钻展广告定向展示给该类型的用户。本节主要介绍钻石展位广告投放的相关知识。

9.3.1 钻石展位基础知识

钻石展位(简称钻展)是店铺获取流量的一种形式,分布在淘宝天猫网首页以及各大频道页面,能够为店铺带来精准的流量。下面一起来了解钻展广告的基础知识。

1. 什么是钻石展位

钻石展位是淘宝为卖家提供的面向全网精准流量实时竞价的展示推广平台。钻展推广所带来的流量与直通车不同,直通车展位通常位于搜索结果列表页,是在买家寻找产品的地方展示推广宝贝,拥有较高的购买意向,流量比较精准。而钻石展位广告会直接展示在淘宝首页或各大频道页,通过系统的算法向钻展广告目标用户智能推荐商品。

目前钻展有两种计费方式,分别为 CPC(按点击收费)和 CPM(按千次展现收费)。通常来说,卖家多以 CPM 模式投放钻展广告,即广告按照每千次展现收费,点击不收费。钻石展位广告的扣费公式如下:

实际扣费=按照下一名 CPM 结算价格+0.1

图 9-47 淘宝站外广告

2. 钻石展位的展示位置

按照淘宝站内和站外划分,钻石展位可以分为站外展示位和站内展示位。站外展示位即卖家投放的钻展广告展示在淘宝站外的其他网站上,如新浪微博、优酷、今日头条等网站,如图 9-47 所示。站内展示位则指淘宝、天猫首页和各个频道大尺寸展位以及无线端展位等。具体来说,站内展示位又可分为 PC 端展示位和无线端展示位。PC 端展位主要指首页焦点图,如图 9-48 所示;无线端展位包括淘宝 APP 首页焦点图(如图 9-49 所示)和天猫 APP 首页焦点图(如图 9-50 所示)。

3．钻石展位账户结构

钻石展位账户分为推广计划、推广单元两级，每个层级的功能和作用各不相同，具体介绍如下。

（1）推广计划。钻石展位的推广计划包括店铺引流计划和宝贝引流计划，其中店铺引流计划支持按展现量和点击量计费，常用于品牌广告投放；而宝贝引流计划只支持按点击计费，仅限于推广单品。推广计划的主要功能为设置该计划的每日投放预算、投放时间以及投放地域。一个账户最多可以创建 100 个推广计划，每个推广计划下可以创建多个推广单元，但不超过 200 个。

图 9-48　PC 端首页焦点图

图 9-49　淘宝 APP 首页焦点图

（2）推广单元。推广单元可以设置定向人群、投放资源位以及创意。设置出价时，由于不同推广资源位上的市场平均价格差异较大，因此建议参考市场平均价格。上传创意时，需

图 9-50　天猫 APP 首页焦点图

要注意创意对应的推广链接和创意资源位是 PC 端还是无线端。

9.3.2　钻石展位的推广方式

钻石展位有两种推广方式，分别为"通投"和"定向"。通投指的是所有浏览该页面的人都可以看到钻展广告。定向指的是系统根据大数据分析，只展现给有购买意向的买家，即带有特定"购物标签"的买家。一般情况下，卖家会以"定向"投放为主。定向投放包括 5 种模式，分别为群体定向、兴趣点定向、访客定向、场景定向以及 DPM 定向，具体介绍如下。

1. 群体定向

群体定向指的是系统将淘宝网用户分为 21 种类型的买家，主要集中在类目层面，该定向形式最多给同一买家贴上 3 个群体标签。换句话说，某用户可能同时被定向为"男装""女装""童装"的意向用户。不管是男装类目还是女装类目，其下又分出很多不同种类的产品，所以群体定向所圈定的人群的覆盖范围较宽泛但不够精准。

群体定向的优点是展现量较高、流量较大，缺点是只定向到类目层次，不够精准。其定向行为主要考察用户的综合历史浏览、搜索、收藏以及购买等，例如一位都市白领女性用户会经常搜索女装、女鞋、母婴等类目，那么这个用户在群体定向中就会被打上"女装""母婴""女鞋"类目标签。

2. 兴趣点定向

兴趣点定向同样根据买家的搜索、浏览、收藏、购买等行为，在全类目下将买家分为 1500 个喜好兴趣点人群，最终为每个用户贴上几个兴趣点标签。值得一提的是，随着系统更新，全类目下的兴趣点数量仍然在不断增加。

在钻石展位的实际投放过程中，兴趣点定向是用得较多的一种定向形式。兴趣点定向形式是在群体定向的基础上,将用户的潜在购买意向分得更为精准。通过兴趣点定向可以定位比较精准的人群进行推广,例如将某买家定向为对男装类目下的休闲裤感兴趣的用户。该定向形式相比群体定向,精准性更高。

3. 访客定向

访客定向是根据买家的浏览、搜索、收藏、购买等行为,集中定向到某店铺的访客,为每个用户最终贴上多个店铺的标签。通过访客定向,可以面向较为精准的目标人群推广商品。例如一个女性用户经常在"韩都衣舍""乐町""七格格"等女装店铺里浏览、收藏、购买商品,那么这个女性用户在访客定向中就会被打上"韩都衣舍""乐町""七格格"访客标签。换句话说,访客定向相当于在群体定向和兴趣点定向的基础上做进一步的用户细分。

4. 场景定向

场景定向是以卖家和买家之间的关系模型为数据基础。它按照卖家的营销需求,对流量进行定性投放。场景定向主要包括潜在客户、认知客户、现有客户以及沉默客户四种人群,可以将投放计划定向给这些人群,但是定向的人群可能较少,具体介绍如下。

- 潜在客户:指的是有潜在购买意向的客户。
- 认知客户:指的是对店铺有过浏览、收藏、加入购物车等行为的客户。
- 现有客户:指的是最近一段时间在店铺中购买过产品的用户。
- 沉默客户:指的是在店铺中购买过一次,但长期未曾再次购买的客户。

在上述四种定向形式中,潜在客户所覆盖的人群比较多,且购物意向也比较精准;而认知客户、现有客户、沉默客户这三种人群所覆盖的人群相对较少。

5. DMP 定向(达摩盘定向)

除了上述提到的 4 种定向方式外,还有 DMP 定向(也称达摩盘定向),该定向形式的发布时间并不长,原来只有 KA 卖家(淘宝大卖家)才能使用该功能。目前如果店铺想要开通 DMP 定向,只要卖家满足最近 1 个月钻展消耗 5000 元以上的条件就能申请。

DMP 定向是基于店铺和淘宝的大数据技术圈定指定人群,即可将多种定向方式组合,然后把人群导入后台进行投放。因此,店铺开通 DMP 定向推广的前提是店铺是否有足够的数据支持各种维度的筛选。换句话说,筛选维度越多,圈定的流量越少,流量也越精准。但是圈定人群过少时又创建不了人群。例如,对于钻展投放,要求圈定人数范围在 1 万~1000 万之间,对于流量较少的中小卖家来说,这个条件显然难以满足。

9.3.3 钻石展位投放的操作步骤

下面以单品推广为例,详细介绍钻展投放的操作流程,具体步骤如下。

Step1 在图 9-51 的钻石展位投放页面中单击右侧的【新建推广计划】按钮。选择"为宝贝引流",新建一个单品推广计划,进入新建单品推广计划界面,如图 9-52 所示。

Step2 填写计划基本信息,根据推广要求设置营销参数和基本信息。填写计划名称、每日预算、投放日期,如图 9-53 所示。需要注意的是,自定义每个计划时最低每日预算为 30 元。一般来说,单品计划投放 3~7 天后数据才会稳定,所以建议设立长期计划。设置投放

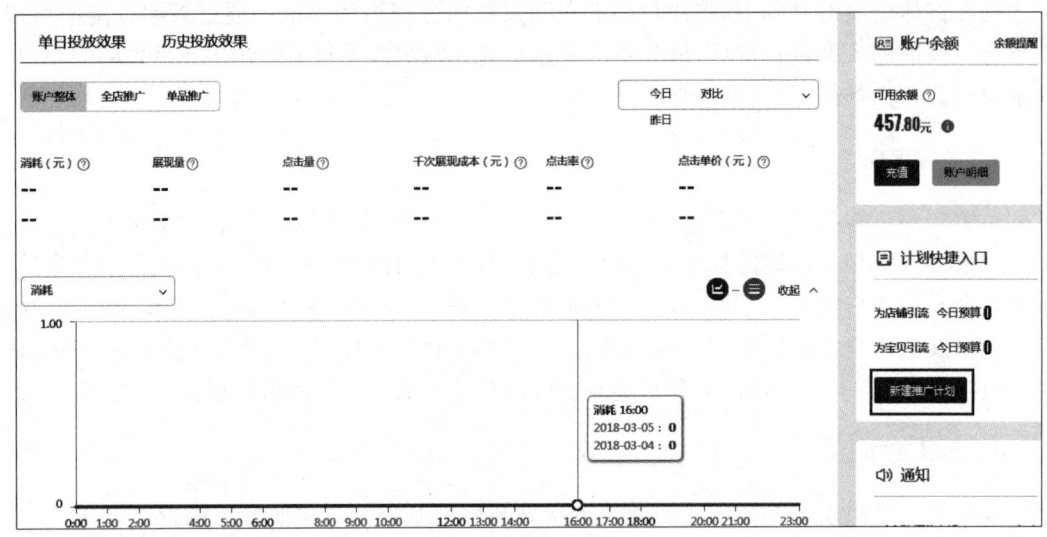

图 9-51　钻展广告首页

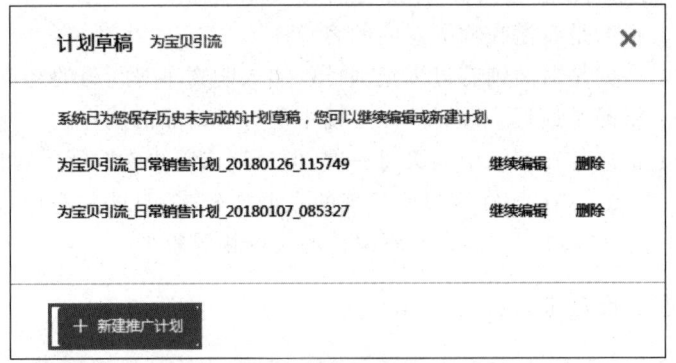

图 9-52　新建推广计划

地域和投放日期应根据顾客的地域分布以及成交高峰来选择。

Step3　设置完成后单击【下一步，设置推广单元】按钮，进入设置推广宝贝页面。单击【设置推广宝贝】按钮，选择卖家要推广的宝贝，如图 9-54 所示。添加宝贝时，卖家可考虑选择店铺中的新款宝贝或者库存充足的宝贝作为主推款。

Step4　设置定向人群。单品推广的定向类型有智能定向、扩展定向、达摩盘定向三种。定向类型和出价价格直接影响到推广宝贝的流量覆盖范围和流量精准性，最终影响投放宝贝的各项效果。图 9-55 所示为定向人群设置。

Step5　设置投放资源位，即设置宝贝投放到的淘宝各渠道的资源，如图 9-56 所示。可以对广受关注和流量质量较好的资源进行溢价设置，以便获取更多优质的流量。

注意：资源位出价＝智能定向_基础出价×(1＋定向标签_溢价比例)×(1＋位置溢价_比例)。

Step6　添加创意，并保存计划，如图 9-57 所示。目前商品推广支持从宝贝的 5 张主图中任意选择一张进行投放。计划设置完成后，单击计划管理页面左侧导航栏中的【单品】选项卡，即可查看所有单品计划，如图 9-58 所示。

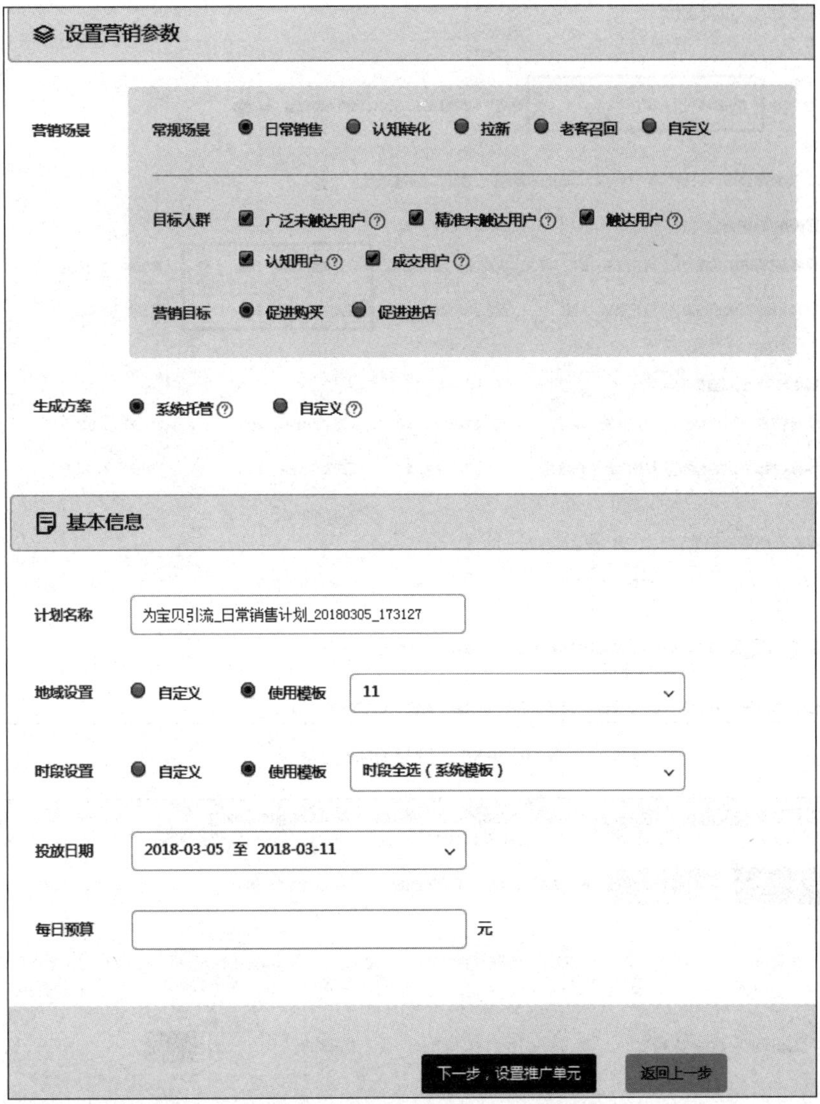

图 9-53 填写推广计划基本信息

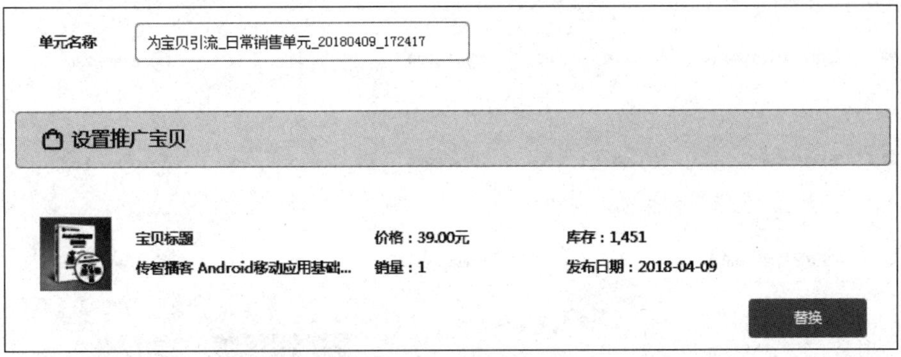

图 9-54 设置推广宝贝

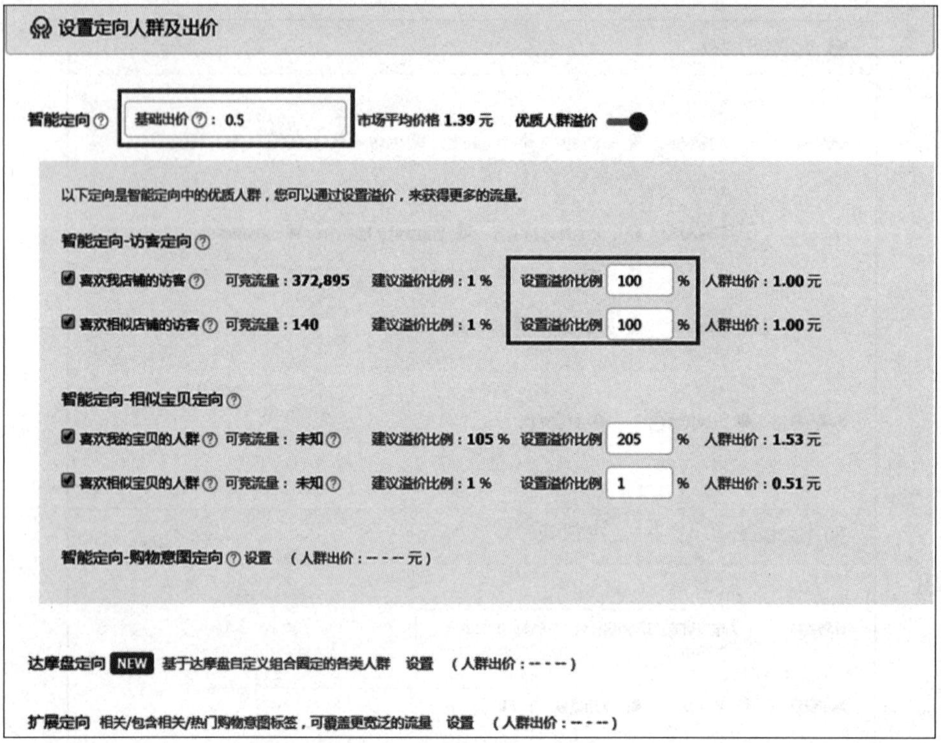

图 9-55　设置定向人群

图 9-56　设置投放资源位

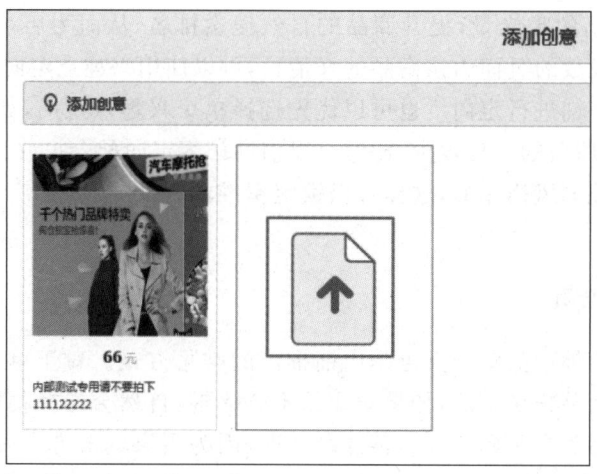

图 9-57　添加创意

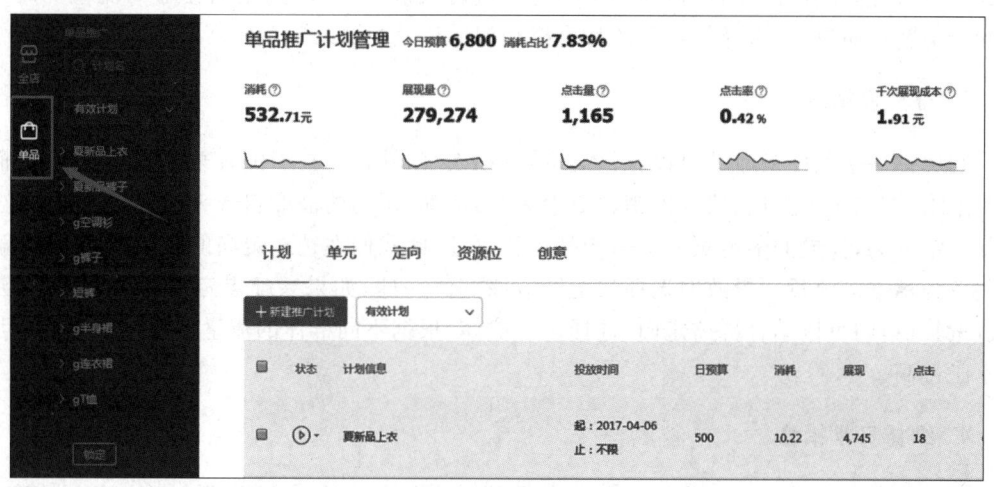

图 9-58　单品计划

注意：
- 图片尽量选择浅色背景图、减少牛皮癣、无边框水印、少文字且高清晰度。
- 推广创意最多可以上传4张，可添加多个创意检测宝贝的点击效果并根据测试数据优化创意图片，以获得更高的点击率。
- 设置宝贝标题时应突出宝贝的属性、功效、品质、价格等优势，可以添加一些热门词。

9.3.4　钻石展位投放策略

投放钻展前，需要考虑店铺运营策略，例如做促销活动时的投放策略与日常销售的投放策略不同，推广单品与推广产品集合页的定向策略也不同。下面从店铺运营角度介绍常见的钻石展位投放策略。

1. 推广单品

一般来说，利用钻展推广单品主要是为了打造店铺爆款产品，它以销售为主，通过钻展投放使商品获得较高的曝光量,提升商品的自然搜索排名,从而为店铺带来更多的优质流量。钻展推广单品投放的页面为该商品的详情页,可以使用兴趣点定向和访客定向,针对细分兴趣点或者同行店铺进行定向。也可以优先选择单个兴趣点定向,如果该兴趣点对应的人群不够精准,或者覆盖的人群较少,此时可以借助访客定向配合投放。访客定向时选择的产品应该与自己店铺的风格相似,这样可以锁定精准的人群,提高推广计划的点击率,从而将成交转化最大化。

2. 推广产品集合页

利用钻展推广店铺产品集合页也是店铺推广的常见方式。对于单品推广来说,当潜在客户点击广告进入商品详情页后,如果对商品不感兴趣,自然会选择跳转离开店铺,造成买家的流失。推广产品集合页则可以改善这种情况,因为买家点击进入后看到的是多个产品的集合页,选择的空间更大,而且有助于增加店铺流量,最终成交的机会也会增加。在定向投放时,可以选择符合产品风格的多个兴趣点进行投放;当兴趣点定向覆盖的流量少时,可以配合访客定向投放,选择与自己产品风格相似的店铺投放。

3. 推广促销活动

利用钻展来做促销活动可以获得流量,带动人气,其目的在于配合某个时间段内店铺的营销策略,例如年中大促、清仓促销、"双十一"等活动,短期内需要引入大量流量。对于这类大促营销活动,投放的落地页一般为产品集合页,因此我们在选择定向的时候就不能只偏重那些较为精准的流量。投放时选择的范围应该宽泛一些,如果兴趣点定向和访客定向覆盖的流量较少,则可以结合群体定向,选择多个群体,根据不同群体的流量价值分别出价,但价格不必过高。

4. 维持日常销售

利用钻展来维持日常销售时主要考虑流量的精准性、转化率以及投入产出比,做好店铺优化,努力提高转化率,这样才能保证广告的投入产出。不过在实际运营过程中,卖家利用钻展推广来维持日常销售的并不多,因为钻展广告带来的流量一般没有直通车精准,而且钻展推广更适合客单价偏低的商品。和直通车推广相比,钻展在获取流量方面更强,但在获取精准用户方面,钻石展位不如直通车稳定。

9.4 淘宝客推广

对于大部分卖家而言,店铺推广方式主要是直通车推广和钻展推广。其实,除了这两种推广方式外,还有一种推广方式——淘宝客。借助众多的淘宝客帮助卖家推广商品也是众多中小卖家推广店铺的重要方法。本节就淘宝客推广的相关知识进行详细介绍。

9.4.1 认识淘宝客

淘宝客是指帮助卖家推广商品并获取佣金的一类人,他们只需要从淘宝联盟获取商品推广链接,通过社交工具、论坛、博客等其他渠道推广商品。买家通过推广链接购买商品并完成交易，淘宝客会拿到卖家所设置的推广佣金。淘宝客推广即卖家借助淘宝客推广店铺商品，交易成功后淘宝客获取一定比例佣金的按照成交量计费的推广模式。类似于线下店铺招募的销售人员，淘宝客们每卖出一件商品，卖家按照之前约定的佣金支付费用给他们。

在淘宝客推广模式中，推广平台（淘宝联盟）、卖家、淘宝客以及买家四个角色缺一不可。图 9-59 展示的就是淘宝客推广模式。

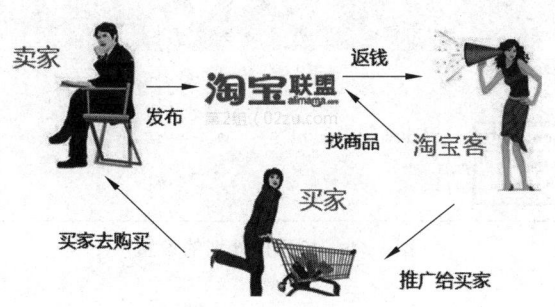

图 9-59　淘宝客推广模式

下面针对图 9-59 中的各组成部分进行介绍，具体如下。

- 淘宝联盟：帮助卖家推广产品的推广平台。它帮助淘客赚取利润，每笔推广的交易抽取相应的服务费用。
- 卖家：作为佣金支出者，他们将需要推广的商品放到淘宝联盟，并为销售出去的每件宝贝设置愿意支付的佣金比例。
- 淘宝客：佣金赚取者，他们在淘宝联盟中找到卖家发布的产品，并且推广出去，当有买家通过其提供的推广链接成交后就能够赚到卖家所提供的佣金（其中一部分需要作为淘宝联盟的服务费）。
- 买家：主要指网上购物的人群。

9.4.2　淘宝客推广流程

淘宝客推广计划分为 4 种，分别为通用计划、如意投计划、定向推广计划以及活动计划，具体介绍如下。

1. 通用计划

通用计划为默认计划。卖家开通淘宝客推广之后会默认开通通用计划，即对全店商品推广设置的推广计划，通常不需要卖家维护。新店在设置佣金比例时建议以类目基础佣金为主，佣金一般为 1%～5%，最高比例可达 50%，佣金设置好后次日生效。

2. 如意投计划

如意投是淘宝系统帮助卖家快速提升流量的按成交付费的精准推广营销服务。简单来说，在如意投计划下淘宝自己做淘宝客，购买流量将卖家商品展现在爱淘宝、淘宝特卖以及一些淘宝站外平台的橱窗推荐中等，按照最后成交量获取佣金。

如意投计划是系统根据卖家宝贝的综合质量以及佣金比例进行匹配，由系统精准投放在一定的渠道上，例如爱淘宝搜索结果页以及一些站外流量，卖家不用寻找资源位投放，系统将智能化进行投放。如意投计划的设置比较简单,卖家只需要开通如意投计划并添加主推商品,然后设置佣金比例即可,如图9-60所示。

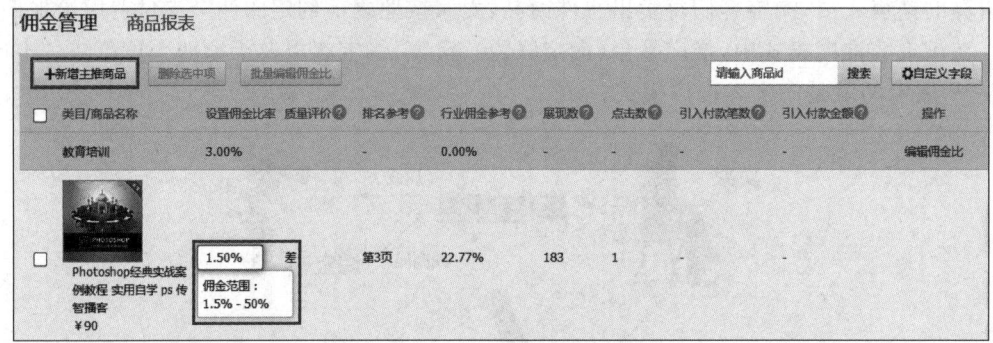

图9-60 如意投计划的设置

3．定向推广计划

定向推广计划是卖家为淘宝客推广计划中某一个细分群体设置的推广计划,可以吸引淘宝客参加,也可以与其他淘宝优站进行合作,获取更多的流量。定向计划不可删除,但可以修改,佣金比例最高可以设置为50%。佣金比例不宜经常改动,可以设定基本门槛,例如设定皇冠级别大于1的淘宝客自动审核通过,而其他级别的信誉需要手动审核,这样就能够保证淘宝客的质量。

定向推广计划的设置方法与如意投计划相似,直接开通定向推广计划后,单击【新建定向计划】按钮,添加活动信息,包括计划名称、审核方式起止时间以及类目佣金,即可创建完成,如图9-61所示。

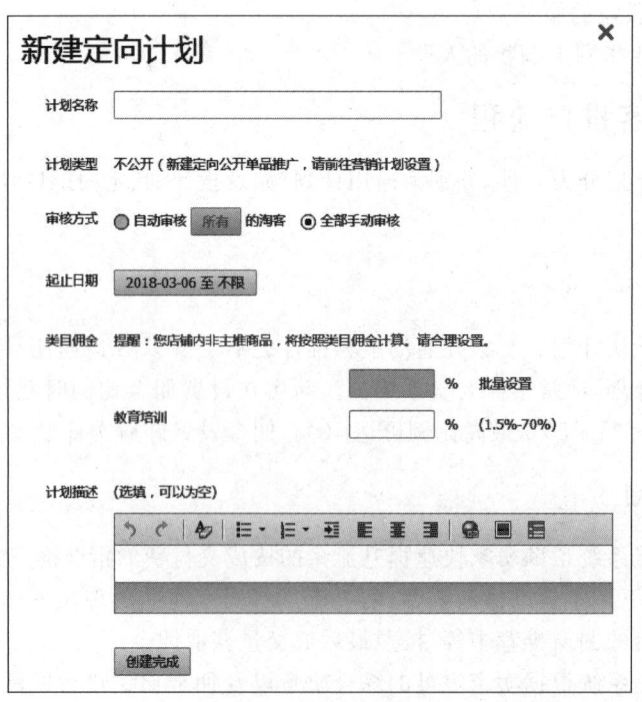

图9-61 新建定向计划

4．活动计划

活动计划即淘宝客活动广场，又叫鹊桥，是阿里妈妈官方推出的活动报名平台。这里集合了站内外大量的淘宝客，提供了一个淘宝客与卖家活动报名的渠道，帮助中小卖家找到合适的淘宝客和活动。鹊桥活动每天只能报名10个，报名成功后无法退出。下面介绍一下活动计划的创建流程，具体步骤如下。

Step1 在淘宝客推广后台，单击左侧的【淘宝客活动广场】选项，如图9-62所示。

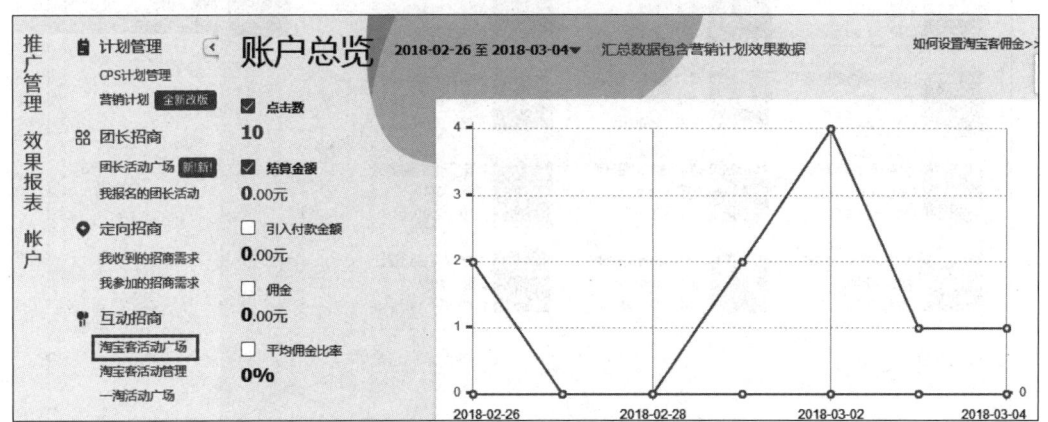

图9-62 淘宝客首页

Step2 在淘宝客活动广场页面，选择合适的类目以及活动，如图9-63所示。

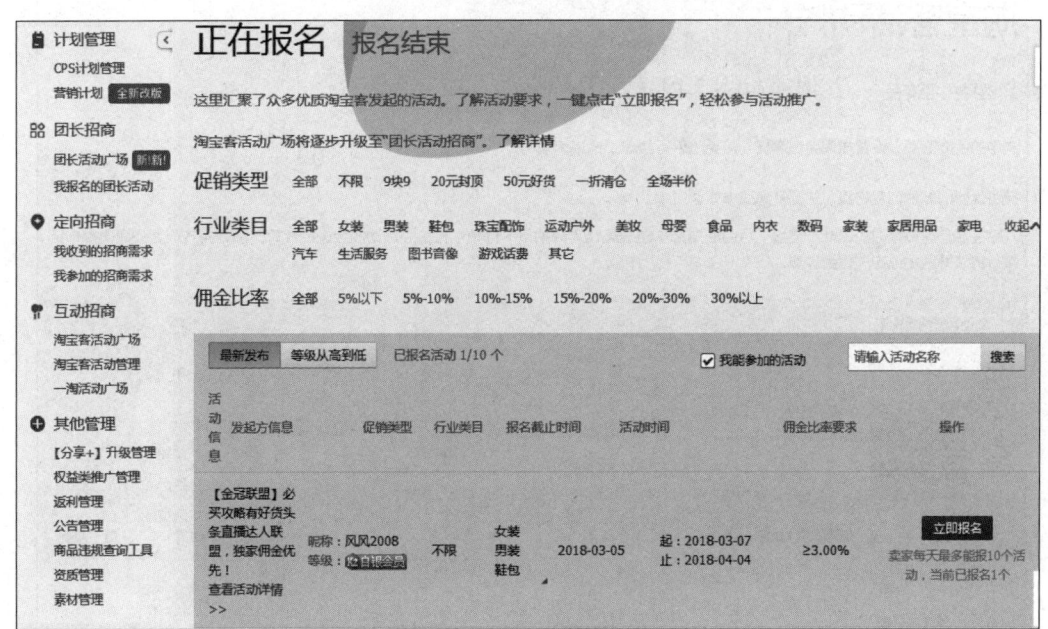

图9-63 选择报名活动

Step3 选择主推商品，并设置推广佣金和创意，如图9-64和图9-65所示。设置好后，单击【完成】按钮，提交淘宝系统审核，审核通过后即报名成功。

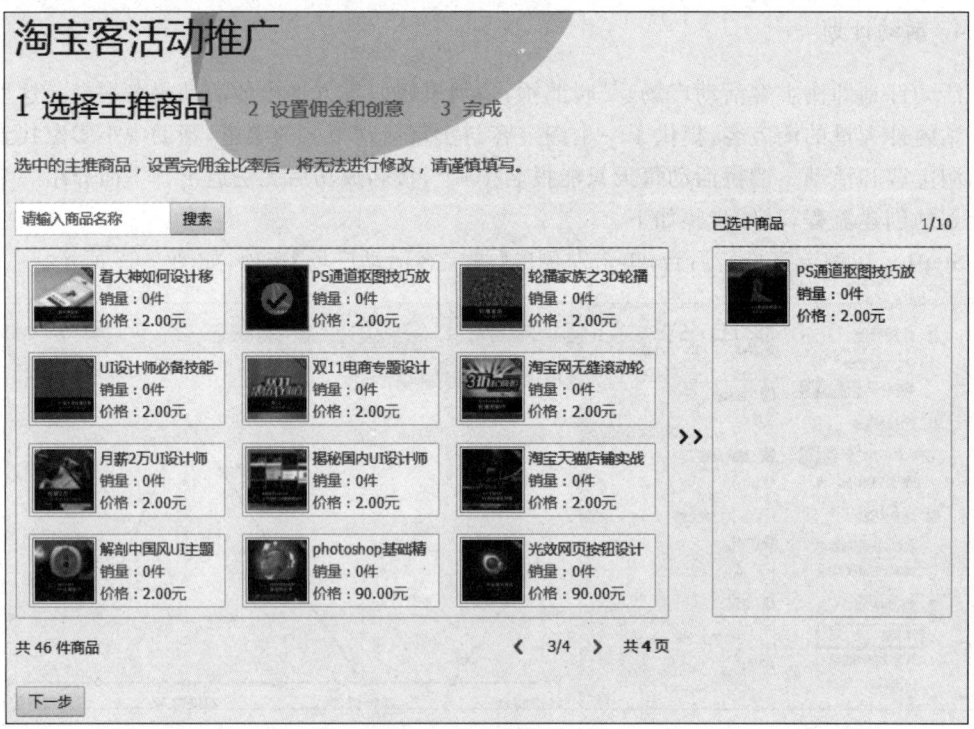

图 9-64 选择主推商品

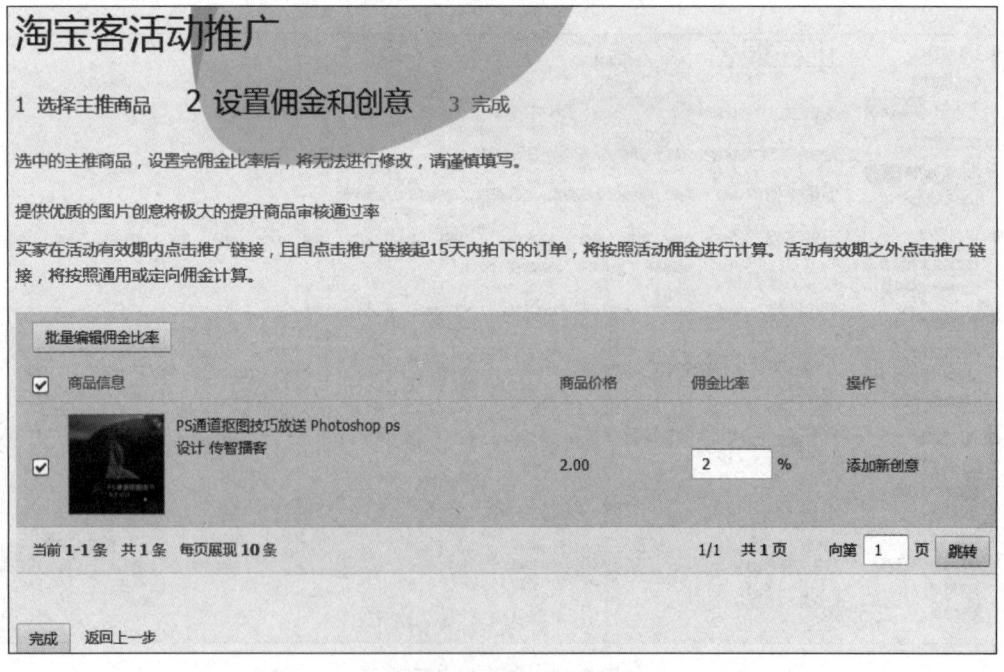

图 9-65 设置佣金及创意

9.5 淘宝达人推广

随着内容营销的火爆,淘宝网在无线端相继推出了淘宝头条、有好货、必买清单等新的流量入口,为众多的中小卖家带来了新发展机会。然而,卖家想要通过内容营销为店铺引流,必须借助淘宝达人的推广。那么什么是淘宝达人?卖家如何开展达人推广呢?本节将针对淘宝达人推广的相关知识进行详细介绍。

9.5.1 认识淘宝达人

相信经常逛淘宝的"剁手党们"对淘宝达人并不陌生,这些买家在购买商品前通常会看一下淘宝达人推荐的商品,然后购买自己喜欢的商品。那么,淘宝达人是什么呢?下面一起来了解一下淘宝达人。

1. 什么是淘宝达人

淘宝达人是一群活跃于淘宝网上的购物达人,他们因爱挑、会买商品,同时乐于分享自己在挑选宝贝时的心得而受到大批用户的关注。他们的一言一行对于淘宝用户的消费趋势都会产生一定影响,这种强大的影响力自然是卖家们所渴望的,所以一些卖家就会借助这些达人的影响力来推广自己的商品。同时,淘宝达人在帮助卖家推广商品的时候,顺利将自己的"粉丝变现",双方实现共赢。

随着淘宝系统内容营销的升级,淘宝头条、有好货、必买清单、每日好店、爱逛街、淘宝直播等越来越多的内容渠道向卖家开放,内容引流逐渐成为卖家们重要的引流渠道。而内容频道展现的内容多由达人创作,经过达人推广的商品能够在各个内容频道获得较高的曝光量,因此通过达人展开内容营销成为未来淘宝发展的重要趋势。

2. 淘宝达人推广形式

淘宝达人推广的内容可以在淘宝网首页以多种形式得到展现。简单来说,按照内容展现形式划分,推广方式包括图文展现以及视频直播展现两种方式。按照推广渠道划分,则包括淘宝头条、有好货、必买清单、每日好店、生活研究所、爱逛街、淘宝直播等推广渠道。图9-66展示了几种常见的手机淘宝内容推广渠道。

9.5.2 如何找达人推广

商品通过达人的推广可以为店铺引来精准的目标人群,因而更容易促成商品的转化,为店铺带来高额的经济回报。那么,卖家应该去哪里找适合推广自己商品的达人呢?怎样和达人合作呢?下面介绍一下卖家如何寻找达人的方法以及同达人合作时需要注意的事项。

1. 寻找达人的方法

一般来说,卖家寻找达人合作主要通过阿里V任务平台或者在淘宝内容频道选择达人两种方法,具体介绍如下。

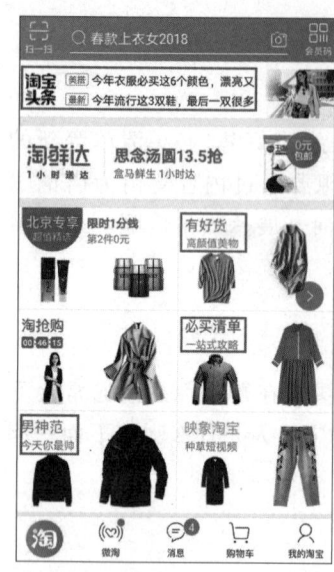

图 9-66　手机淘宝内容推广渠道

（1）阿里 V 任务。阿里 V 任务是阿里巴巴旗下推出的内容服务平台，旨在为淘宝平台上的卖家和优质创作者（淘宝达人）提供双向合作交易的平台。简单来说，阿里 V 任务平台是联系卖家和达人的中介，卖家可以通过阿里 V 任务平台直接找到适合推广自己商品的达人。阿里 V 任务的网址为 https://v.taobao.com，图 9-67 所示为阿里 V 任务网站首页，卖家可以在该网站上直接寻找达人。

图 9-67　阿里 V 任务网站首页

（2）在淘宝内容频道寻找达人。除了在阿里 V 任务平台寻找淘宝达人之外，卖家还可以在淘宝内容频道自己联系达人。使用这种方法寻找达人的关键是获取达人的联系方式。具体来说，卖家首先在淘宝网浏览查找内容频道发布的内容，并关注希望合作的淘宝达人，成为他们的粉丝，然后通过阿里旺旺与淘宝达人联系合作事项。

例如，某通勤风格女装店铺卖家想找淘宝达人在有好货频道推广商品，可以先在有好货频道浏览那些与店铺推广商品风格以及定位人群相符合的内容，浏览后关注期望合作的达人，如图 9-68 所示。然后通过旺旺与达人进行联系，询问合作事宜，如图 9-69 所示。

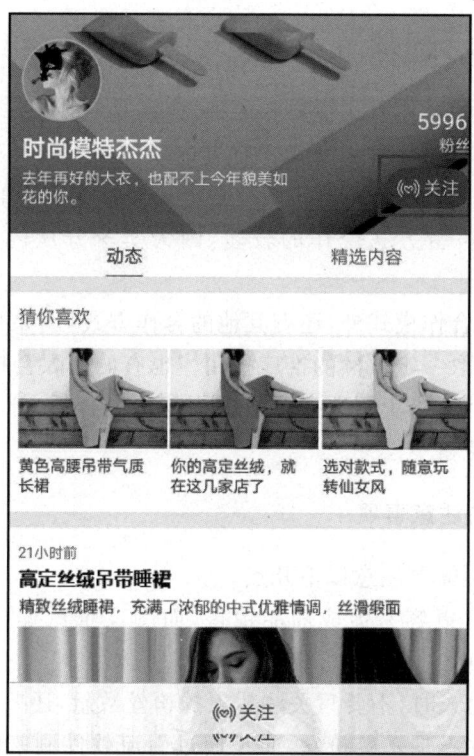

图 9-68 关注淘宝达人

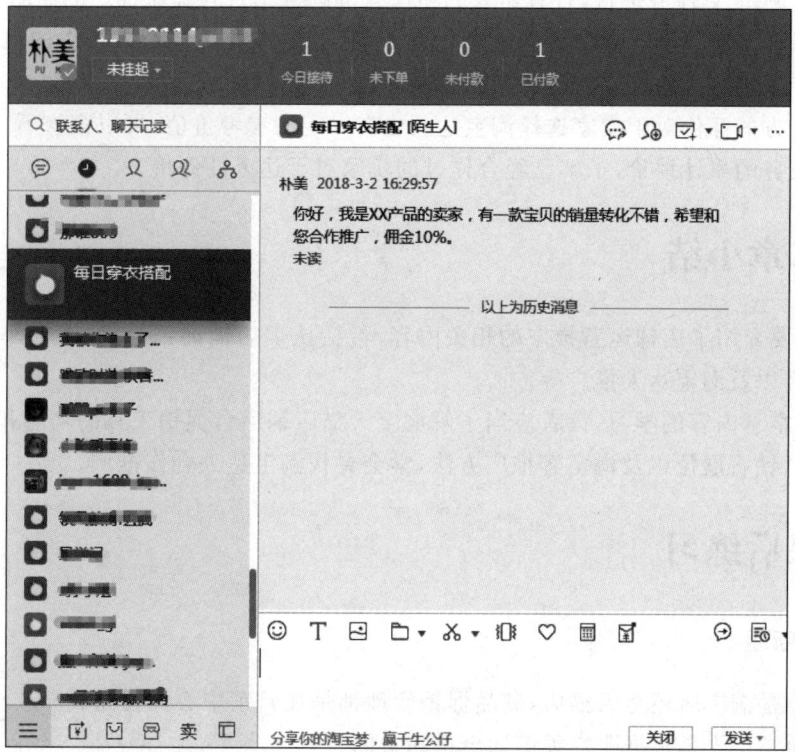

图 9-69 联系淘宝达人

2. 卖家与达人合作的方式

卖家找达人推广商品的合作方式主要有两种,分别是 CPS 模式计费(按成交量付费)和 CPC 模式计费。在 CPS 模式下,卖家按照之前与达人协商好的佣金比例,根据商品成交量向淘宝达人支付一定的费用;而 CPC 模式则是根据达人推广获得的点击量收取佣金。一般来说,卖家选择按成交量付费方式合作的较多,因为卖家开展内容营销的主要目的还是卖货。

除了上述提到的两种合作模式外,还有其他的合作方式,例如有的淘宝达人会根据自己发布的文章数量向卖家收取一定数额的推广费用。也有的达人会根据自己直播活动的时间长度收取推广费用。但是,无论卖家选择哪种模式与达人合作,开展内容营销活动时,需要提前控制好产品成本,以免得不偿失。

3. 卖家与达人合作的注意事项

卖家在和达人合作时,需要注意以下几点。

- 视频直播渠道推广更容易促成商品销售,而图文推广偏向于品牌曝光,树立店铺形象。
- 卖家在寻找淘宝达人时,不要只关注达人的粉丝数量,还要关注其粉丝的质量,因为有些达人的粉丝并不是真实粉丝,而是通过引流软件刷来的"僵尸粉",对于推广商品而言,流量不精准还会打乱店铺人群标签。
- 借助阿里 V 任务平台,查看达人的粉丝人群画像是否与卖家推广的商品相匹配。
- 如果达人有自己的成功案例或者代表作品,应先查看淘宝达人过去的推广案例,进一步了解达人的推广特点和推广效果。
- 第三方的评价对于卖家选择淘宝达人也有一定的参考价值,可以多查看一下淘宝达人服务的累计评价,了解已经合作过的卖家对于达人的评价。

9.6 本章小结

本章主要介绍了店铺运营推广的相关内容,包括认识店铺促销管理、直通车推广、钻石展位、淘宝客以及淘宝达人推广等。

通过对本章内容的学习,读者应当了解淘宝天猫店铺后台促销工具的功能和设置方法,掌握直通车、钻石展位以及淘宝客推广方法,学会寻找淘宝达人合作推广。

9.7 课后练习

一、判断题

1. 无论是淘宝店还是天猫店,商品促销管理都是在营销中心设置完成。 （　　）
2. 直通车广告是根据账户关键词出价扣费的。 （　　）
3. 直通车推广的重点是设计一张高点击的直通车图。 （　　）

4. 在同一出价情况下,关键词质量度越低,直通车广告排名越靠前。（   ）
5. 简单来说,淘宝达人推广的内容主要是以图文展现和视频直播两种方式展示。
（   ）

二、选择题

1. 下列选项中,属于常见的第三方营销工具的是(   )。
   A. 超级店长　　　B. 火牛　　　C. 旺店宝　　　D. 直通车
2. 下列选项中,属于直通车广告展示位的有(   )。
   A. 淘宝 APP 首页焦点图　　　　B. 关键词搜索结果页
   C. 点击类目进入宝贝列表页　　　D. 每日焦点页面的"热卖单品"
3. 下列选项中,属于直通车广告推广方式的有(   )。
   A. 关键词推广　　　　　　　　B. 群体定向推广
   C. 店铺推广　　　　　　　　　D. 定向推广
4. 下列选项中,属于钻石展位推广方式的有(   )。
   A. 群体定向　　B. 兴趣点定向　　C. DMP 定向　　D. 访客定向
5. 下列选项中,属于淘宝客推广模式中不可缺少的角色有(   )。
   A. 卖家　　　　B. 淘宝客　　　C. 买家　　　　D. 厂家

知识体系梳理图

实践案例

第 10 章 打造爆款

思政阅读

【学习目标】

知识目标	• 了解爆款的定义和打造爆款的意义 • 掌握打造爆款的核心要素和操作思路
技能目标	• 熟悉打造爆款的前期准备工作 • 掌握打造爆款的流程

【引导案例】

崔万志:淘宝第一的旗袍卖家

崔万志,现任蝶恋服饰、雀之恋旗袍CEO,浙江大学客座讲师,阿里巴巴NCC宣讲专家。然而,却鲜有人知道崔万志是一个残疾人。崔万志1976年3月出生于安徽肥东,由于脐带绕颈导致大脑缺氧,所以他一出生就落下了残疾,说话发音困难,走路歪歪扭扭。可就是这样一个一开始找不到工作的大学毕业生,通过电商成就了他的传奇人生,成为了淘宝第一的旗袍卖家。

出身于普通农家的崔万志由于身体上的缺陷,9岁才学会走路上学。他的家门口有一条小沟,别的孩子都能够轻盈地跨过去,崔万志却很难做到。不肯靠父母天天背着接送的他就尝试着蹲着爬过去——"人生没有过不去的坎",9岁的崔万志悟到了这一点。

1995年参加高考,崔万志以高分超过了本科线。倔强的他放弃了离家近的高校,选择了离家数千里的新疆石河子大学。

崔万志说:"我知道以自身的条件,毕业后难找工作,要自谋出路,所以必须早打基础。"1999年他从大学毕业回到合肥,现实果然如他预料一般残酷,他投递了200多份简历,没有一家用人单位肯录用他。

崔万志不认输。他摆地摊、开租书店,终于在2001年开了一家只有10台电脑的小网吧。在他的经营下,2005年网吧规模已有100多台电脑,收入稳定而可观。但崔万志却没有安于现状,就在这一年,他认为电子商务有巨大的发展前景,果断卖掉网吧,到淘宝网开网店,开始新的创业历程。没想到,一直支持他的妻子却坚决反对,家人们都不相信在网上能赚到钱。

崔万志就想证明给大家看,他开设了网店卖衣服,为了找货源,他拖着不便的身体跑遍了全国各地许多的服装批发市场,但起初他认为漂亮的衣服在网上却一件也卖不出去,最惨的一年,他的网店亏损了近20万元。

"失败有什么可怕,调整方向再出发。"交足了"学费",崔万志开创自己的品牌女性服装加工厂"蝶恋",自己开始设计生产服装,价格低廉的原创服装很快占领了市场。2008年,他的网店终于步入正轨,成为首批进驻淘宝商城的服装品牌,在这一年,他的团队也由最初的5人发展到近200人。

但是随后几年,崔万志发现,自己的生意虽然越做越大,投入的资金、人力也更多,但衣服没有原来好卖了。

"淘宝上同类同质的产品太多了,为了赢得买家的关注,要投入广告和竞价排名,我的公司资本不足,不能硬拼。"崔万志由此做出了一个大胆的决定:公司改做旗袍产品。推翻之前的积累,重建旗袍品牌,这让他的朋友家人都捏了一把汗——崔万志带着员工四处拜师学艺,从选料到裁剪刺绣,甚至一粒小小的盘扣,他都力求工艺上精益求精。"蝶恋"的真丝旗袍每件售价要五六百元,远比淘宝上的同类产品价格高,所以导致一开始的销量并不好,但崔万志坚信,旗袍之美就在于细节精美,他甚至推出了售价高达好几千元的手工旗袍——果然,"蝶恋"的品牌在旗袍产品中脱颖而出,仅仅两年时间他的公司成了淘宝旗袍销量第一的卖家,年销售额超过5000万。

在其他人看来,他的梦想已经实现了。然而,崔万志自己知道,他的梦想有多远——自2013年起,他开始经营另外一个旗袍的高端品牌,专为客户量身定制高档旗袍产品,很快又成为行业内的领跑者。

现在,崔万志开始筹划设计中式男装,他还想开500家旗袍专卖店、开办旗袍会所、旗袍文化主题餐厅……创业的脚步从未停止,崔万志的传奇仍在继续。

【案例思考】

回看崔万志的励志人生,毫无疑问,他的成功离不开个人的拼搏努力,但也和电商的高速发展以及淘宝崛起密切相关。崔万志不但能够抓住电商发展的时机,较早地入驻淘宝网开店,更重要的是在经营店铺过程中找准定位,将旗袍打造成爆款产品,让蝶恋在竞争激烈的女装类目中占据一席之地,成为TOP级商家。本章将围绕认识爆款、打造爆款的思路、打造爆款的准备工作以及打造爆款的流程等几方面介绍打造爆款的相关内容。

10.1 认识爆款

淘宝网作为国内最大的电商平台,入驻有数百万的卖家,各类商品之间的竞争非常激烈,以服装类目为例,仅女装类目下就有几十万的卖家。那么,面对激烈的竞争,如何才能在众多卖家中脱颖而出呢?答案是打造爆款。本节针对什么是爆款以及打造爆款的意义等基础知识进行讲解。

10.1.1 什么是爆款

爆款是指店铺销售的商品中销量高、人气高、供不应求的单品。通常来说,爆款商品在同类目中的总销量排名比较靠前,占据热搜词前几名,交易额占整个店铺总交易量的50%以上甚至更高,并且能拉动店铺整体交易额持续增长。店铺中爆款的存在不仅仅代表了某件单品的热销,还意味着店铺的崛起。

10.1.2 打造爆款的意义

为什么众多卖家都在争先打造自己店铺的爆款,打造爆款的意义在哪里?下面一起了解一下打造爆款的意义。

1. 通过爆款实现盈利

淘宝就像一个超级卖场,其最大特点是商品种类非常全面,商品同质化现象比较严重。因此,店铺内的所有商品很难实现全部售罄的现象,靠店铺的爆款产品能够支撑起全店的大半销量,爆款商品的营业额能够占据全店50%以上的营业份额。这类店铺通常以卖单品为主,通过打造店铺明星单品,追求规模化经济,降低店铺经营过程的边际成本,以高性价比的商品来占据市场销售份额;纵然该单品的毛利率很少,但是在庞大的营业额下,利润也相当可观。因此,打造爆款也是目前经营网店的主要盈利模式。

2. 提升店铺的整体流量

通常来说,爆款产品的人气和销量都非常高,搜索排名比较靠前,买家访问的流量较多,从而成为店铺的流量入口,能够为店铺持续不断地带来流量,提升店铺的整体流量。

3. 提升店铺服务,培养老客户

店铺通过打造一款高性价比的产品来吸引顾客购买,从而让顾客体验到店铺的销售服务,不管是产品质量、产品包装、发货速度,还是售后服务、使用说明等,都能给顾客一个良好的购物体验,培养自己的老顾客,形成口碑传播,促成老顾客复购。

其实,在店铺运营过程中,打造爆款是一种店铺经营策略,许多超级卖家早期发展时也是通过打造爆款成长起来的。中小卖家成长的捷径就是持续不断地推出爆款,爆款数量越大,爆款的销售量越多,最终也能成为被别人羡慕的超级卖家。

10.2 打造爆款的思路

俗话说"运筹帷幄之中,决胜千里之外"。打造爆款也是如此,需要拥有打造爆款的操作思路,提前布局产品和策划推广方案,否则最终也摆脱不了"昙花一现"的命运。对于爆款打造的思路,每位卖家都不可小觑,它能够使卖家更有条理地规划每个阶段要做的工作。本节将详细介绍打造爆款的核心要素和打造爆款的操作思路等相关内容。

10.2.1 打造爆款的核心要素

网上购物和线下购物的显著区别在于,买家无法亲身体验产品,只能够通过卖家详情页的图文信息介绍来判定商品是否符合自己的需求,以及宝贝是否具有较高的价值。因此,打造爆款的核心点在于商品给买家的视觉感受。从这个点出发,打造爆款的核心要素主要有宝贝价值、销售导向、相关形象,具体介绍如下。

1. 宝贝价值

爆款宝贝与同类目的其他宝贝相比,其显著区别在于爆款宝贝的性价比更好,只有通过策划商品的详情页从视觉方面更好地体现商品优势,才更容易吸引买家浏览商品。从视觉方面讲,要在宝贝的主图和详情页上更加突出价值要素,使其更具体验性,让买家在浏览过程中引发购买冲动。在销售和展示宝贝时,针对需要介绍和说明的宝贝,更是要以精准的视觉呈现宝贝的价值。

2. 销售导向

爆款宝贝的销量和人气都非常高,而要想得到更高的人气和销量,就必须让买家在宝贝上停留更长的时间。因此,在设计主图和商品详情页时可以借助价格、竞争优势来增强用户销售导向,具体介绍如下。

(1) 突出价格。一般来说,当宝贝在搜索页面中完全呈现在买家眼前时,买家的购物习惯是在查看宝贝的同时用余光去观察宝贝的价格。如果一件具有吸引力的宝贝兼具吸引力的价格,那么买家会点击进入宝贝的详情页,这也就无形中提高了宝贝的点击率。突出价格并不需要卖家们通过与全网同类宝贝价格比较而极大地降低自家宝贝的定价,而是通过视觉定位的方法,对宝贝价格运用单价、包邮等手法,让买家认为价格就是低于其他宝贝,从而愿意从单价因素考虑对宝贝进行购买。

(2) 竞争优势。运营网店的过程中,并不是将宝贝发布出去后就能使之成为爆款,这样上架的宝贝往往不会引起买家关注。要想获得更好的关注度和销量,就要以淘宝市场为平台,将宝贝同搜索页面中的其他竞争宝贝进行对比,体现出更多的竞争优势,这样才能够让宝贝赢得淘宝的一席之地,这也是打造爆款的关键点。

此外,商品的多样性让买家在购物时有了越来越多的选择,卖家要想宝贝能够迎合买家的购物心理,就需要在普通宝贝的基础上增加宝贝的创新点或其他优势,形成与其他宝贝的竞争优势。

3. 相关形象

除了宝贝价值和销售导向之外,相关形象也是影响爆款打造的核心因素。卖家需要一种能够贯穿宝贝的方式打造一个重要点并呈现在买家面前,从而使店铺和商品在买家面前显得更加专业化。为宝贝和店铺共同塑造一个相关形象,让买家能够感受到产品所包含的理念,增加购物时的信心,这对买家来说是一种购物的保证,对卖家也是一种鞭策。对于爆款打造来说更是如此,销量越高的宝贝,卖家在创新中将宝贝设计制作得越好,买家的购物体验也会越好。

10.2.2 打造爆款的操作思路

运营人员掌握了打造爆款宝贝的核心要素后，接下来就是要把握打造爆款宝贝的操作思路，提前规划好爆款商品的盈利模式，使爆款的打造之路更加有效。下面介绍打造爆款的操作思路。

1．从详情页出发

爆款宝贝的核心利益离不开宝贝的详情页，而详情页往往也离不开宝贝的三大要素：买家利益、时间点、宝贝卖点。从买家利益来说，就是从宝贝详情页上面充分地表现卖家能够带给买家更多的价值。

仅仅让买家在详情页中感受到产品带来的利益并不足以促使其下单，还要利用时间点的方式在打造爆款的有效期内提升爆款销量和人气，让买家在卖家提供的相对紧张的时效中抓紧时间购买。

除了这两点外，更重要的是宝贝卖点，因为在淘宝中购物的买家除了会兼顾宝贝价格等因素外，还会从宝贝自身因素出发。在淘宝网中，一件能够有效占领市场较长时间的爆款宝贝通常拥有一个或多个其他宝贝无法比的自身亮点。如何突出宝贝自身亮点？最常见的方式就是加强宝贝在页面上的冲击力，运用颜色的合理搭配与页面结构图的差异性设置突出宝贝，使那些即便不想购买宝贝的买家也能够充分记住宝贝的大致信息，形成一种宝贝的亮点口碑，这对打造爆款宝贝有一定的推动作用。

2．以推广为基础

当一件宝贝在进行爆款打造过程中属于零起步的状态时，此时的推广格外重要。利用推广吸引流量和成交量以及评价是爆款打造最有效的起步方式。倘若卖家经营的店铺或宝贝在打造开始之前就有一定的人气和销量，那么这时需要做的是进一步推广，将宝贝推向整个淘宝市场；我们常见的推广手段有直通车、钻石展位、淘宝客等，但是这些推广方式通常是为了进一步提高宝贝人气所选用的。在宝贝零销量的前提下，这些推广方法可能并不适用，因此还应该考虑其他推广方式。例如，卖家可以将一定数量的爆款宝贝通过免费试用的方式吸引买家，然后在申请试用的买家中选出合适的客户，通过使用宝贝的免费试用换取宝贝的首次口碑评价，让以后购买的买家能够更加放心地购买。

3．过程可控化

在打造爆款的过程中，卖家通过营造出来的宝贝价格优势或自身形象设计等能够迅速地抓住买家的消费点，为宝贝赢得良好的人气以及商品转化率。但从打造爆款的时效性来说，在爆款的打造过程中进行适当的控制能够让买家产生一种要立即购买的紧张感。对于过程的可控性来说，主要是通过卖家的上下架操作来制造宝贝的销售紧张状况。如果一件宝贝在打造的过程中销量在一定时间内没有达到卖家的要求，那么可以利用销售手段在一个时间段中将宝贝下架，并在店铺首页发出宝贝已售罄的消息，让买家觉得这件宝贝供不应求。一段时间后，将宝贝重新上架并重新贴出宝贝数量有效的通告，同时通过旺旺联系下架时间段内没有买到宝贝的买家来购买,此时会发现,宝贝的销售比之前销售的速度更快,也更容易达到卖家的销售目标。

对于爆款的打造来说,爆款是否打造成功还有很多其他影响因素。卖家们只有准确抓住这些因素,才会大大减少在打造爆款上花费的功夫。如果能够通过核心要点将打造的过程变成一个更加程式化的流程,则会让买家更容易感受到爆款宝贝的种种优势。

10.3 打造爆款的准备工作

打造爆款是一个系统工程,而这一切都是建立在充分的准备之上。本节介绍打造爆款的前期准备工作,主要包括市场环境分析、市场定价分析、爆款特征分析以及爆款销售周期等相关内容。

10.3.1 行业市场分析

分析行业市场,也就是分析类目环境,只有充分地了解自己所在行业类目,才能更好地顺应行业市场发展趋势,找准店铺发展的方向,为打造爆款奠定基础。行业市场分析包括市场容量分析、市场趋势分析两方面。

1. 市场容量分析

市场容量是指在不考虑产品价格或者供应商所做出的策略的前提下,市场在一定时期内能够吸纳的某种商品的单位数量。换句话说,市场容量相当于市场需求量。因此,对商家而言,首先要分析行业全网单月总成交量,查看自己所经营的类目的市场容量。此外,通过对过去 12 个月的数据统计,根据数据差异可以分析出行业波动,也就是所谓的淡旺季。下面以女装类目为例,介绍如何分析女装类目市场容量。

女装作为淘宝网第一大类目,其下又包括羽绒服、连衣裙、衬衫等多达 28 个子类目,如图 10-1 所示。面对这么多类目,难道要全部分析吗?对于新手而言,这样的工作量过于庞大,所以分析女装类目时可以结合服装行业特性来进行。服装产品的显著特点就是季节性较强,人们一年四季都需要换衣服。因此,新手在分析子类目时可以先从当下季节入手,例如人们春季穿衬衫、风衣,冬季穿毛呢外套、羽绒服等。按照这种思路筛选,商家可以找到当下销售的衣服是春款还是冬款。例如春季,我们选择衬衫类目进行分析,图 10-2 所示为 2018 年 3 月的衬衫类目全网销量。

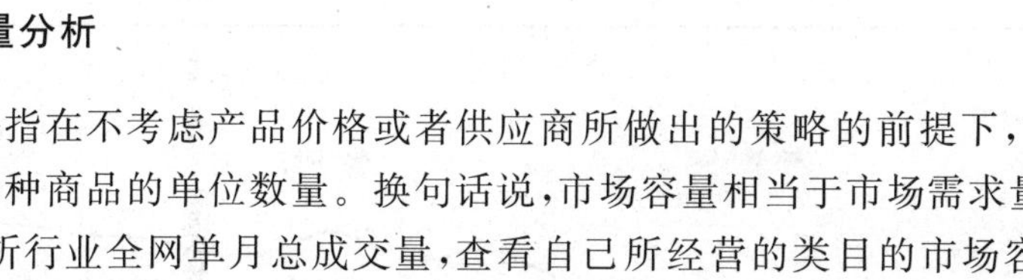

图 10-1 女装/女士精品类目下的子类目

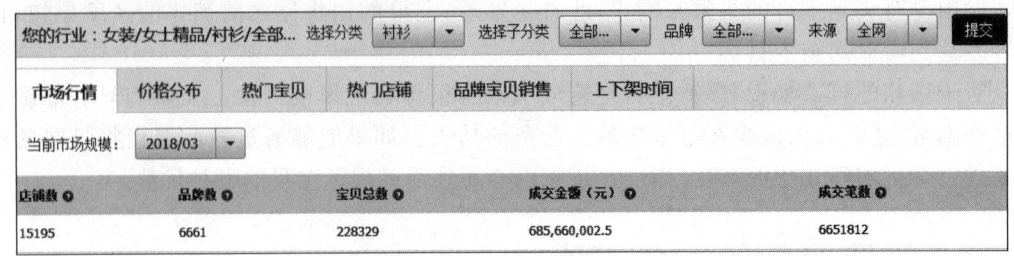

图 10-2　衬衫类目当月全网销量

从图 10-2 中可以看出，2018 年 3 月女装类目下的衬衫在线商品达 228 392，成交量为 6 651 812，成交金额为 685 660 002.5 元。这说明衬衫类目的市场容量较大，可以选择销售衬衫类目产品。

2．市场趋势分析

了解了行业市场容量后，还需要对行业发展趋势进行分析，以便更好地把握产品销售周期。在进行市场趋势分析时通常以数据来说话，可以使用生意参谋中的市场行情查看行业类目的大盘走势，图 10-3 所示为衬衫类目最近 30 天的大盘走势。

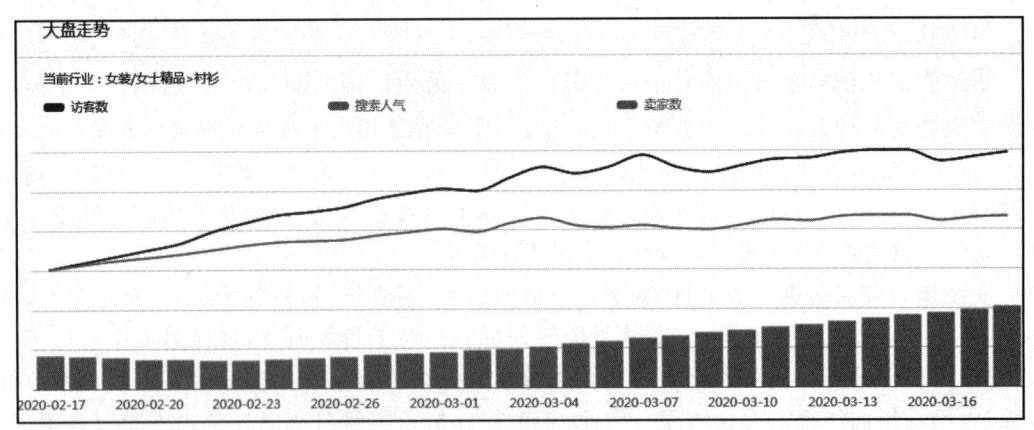

图 10-3　衬衫行业市场的大盘走势

通过查看图 10-3 中的数据，可以看出衬衫类目最近 30 天的销售呈现逐渐上升的趋势，这时可以考虑选择衬衫类目作为店铺运营的方向。

10.3.2　市场定价分析

在传统市场营销中，价格是影响企业经营的重要因素，其实价格的高低对于网店销售同样有着重要的影响。通过市场定价的分析，不仅能够通过参考的形式提供商品价格的中间值，更能使卖家通过这样的方式更合理地制定宝贝价格。对行业市场进行定价分析时，可以通过淘宝网搜索展现结果来分析产品市场定价，例如我们查询女士牛仔衬衫，可以在搜索结果下方自定义筛选产品价格区间，如图 10-4 所示。

从图 10-4 中可以看出，43% 的买家喜欢价格在 62～96 之间的女士牛仔衬衫，因此我们

图 10-4　女士牛仔衬衫的市场价格

在定价时可以参考这里的价格区间为产品定价，以覆盖尽可能多的目标人群。除此之外，定价的时候还可以参考同行竞品价格，根据竞品的价格制定自己产品的价格。

10.3.3　爆款的参考数据指标

想要做好爆款，就要了解爆款宝贝的表现特征，通常以行业的相关指标作为参考指标。这样卖家就能够清楚地知道店铺里哪些宝贝具有爆款潜力，并且督促自己以数据指标为参考，做好每一步工作。在打造爆款的过程中，需要关注的数据主要有以下几点。

- 收藏量：用户访问店铺页面过程中所添加收藏的总次数。宝贝收藏量的高低能够说明用户对宝贝的喜爱程度。
- 加入购物车量：买家在浏览完宝贝详情页之后，将宝贝添加到购物车中的数量。宝贝加入购物车的数量在一定程度上说明产品对于买家的吸引力。
- 商品成交转化率：商品成交转化率＝成交用户/访客数。商品的成交转化率越高，则说明该款宝贝更易于打造成爆款。
- 访客数：店铺各个宝贝的访问人数。访客数高的宝贝意味着搜索人气高，也更易于打造爆款。

在爆款打造过程中，卖家主要关注的商品数据是宝贝收藏量、加入购物车量以及转化率。这 3 个数据能够向卖家展现爆款宝贝最核心的销售情况，通过直观的销售数据让卖家更清楚店铺哪些宝贝更易于打造成爆款。

10.3.4　爆款的销售周期

任何行业类目，其市场销售一定存在周期循环波动，有爆发期也有衰退期，例如服装类目的销售波动就非常明显，T 恤、羽绒服都有明显的季节影响。而有一些产品类目其波动就没有服装那么明显,如电子产品,特别是一些数码产品(如内存卡)。根据不同销售周期的特性,可大致分为 4 个阶段,分别是导入期、爆发期、成熟期以及衰退期。在不同时期,卖家的工作重点各不相同。下面简单介绍不同时期的工作内容。

1. 导入期

在导入期,卖家的主要工作是确定主推款,做基础销量和评价。这一时期店铺新品刚刚发布,多数宝贝都是新上架,市场需求不强烈,买家接受这些将要应季的宝贝需要一段时间。例如,许多卖家每年的 10 月、11 月就开始筹备冬季羽绒服。另外,通过直通车推广进行新品测试,判断出哪些宝贝具有潜质,在销售旺季来临时重点打造,累计原始销量和评价。

2. 爆发期

爆发期是宝贝成交量和流量提高最快的时期,此时推广效率是关键。这一时期,运营人员的主要任务是加大商品的推广力度,快速冲销量,使宝贝销量逐渐成为同类目下销量排名靠前的商品。在爆发期的时候,由于在导入期基本都是累计的基础销量,此时店铺策划活动,配合满减、满赠、淘抢购等促销活动来吸引买家,可以迅速将销量冲上去。

3. 成熟期

宝贝销量累积到一定程度后,会被淘宝系统判定为热销宝贝,人气指数会快速提升,这个时期推广会变得事半功倍。卖家在这个阶段要为宝贝引入更多的流量,同时使用有效的促销手段来拉动全店的销售。

在爆款成熟期,由于市场需求比较稳定,此时只要保证宝贝销量稳定即可。紧跟市场节奏,适当控制广告推广费。如果每天的销量有所减少,那就适当加大推广力度,如果销量逐渐升高,可适当降低广告投放力度。

宝贝销量稳定后,需要将爆款页面引入的流量导向店铺的其他宝贝,带动店铺其他宝贝的销量,挖掘店铺另一个爆款,使店铺流量持续上升,从而盘活整个店铺流量,形成多个爆款群,推动店铺向更高层级发展。

4. 衰退期

宝贝经过成熟期热卖之后进入衰退期,其销量会逐渐下滑,整个市场的关注度也会下降,整个行业开始进入衰退期。衰退期应当减少广告投入,做好库存统计,将库存较多的商品进行降价促销来回笼资金,在降价促销同时仍旧做好关联销售,带动其他宝贝。同时,可以考虑挖掘新的爆款。当然,衰退期还有一项重要工作便是对整个爆款打造过程进行复盘,做好数据汇总统计,其中最主要的是流量数据和转化数据。

10.4 打造爆款的流程

一个爆款的诞生并不是偶然的。要想成就爆款,不仅需要系统的运营思路,还需要有好的执行力。按照 10.3 节介绍的打造爆款的 4 个周期:导入期、爆发期、成熟期、衰退期,本节针对不同时期打造爆款的工作内容进行讲解。

10.4.1 导入期：确定主推款，做好基础销量

导入期的主要工作是快速布局店铺产品，选好主推款产品。具体来说，就是做好产品主图、详情页以及标题等基础工作，对新品进行市场测试，确定店铺的主推款，做好主推款商品的基础销量和评价，为打造爆款做足充分准备，具体介绍如下。

1. 设计主图和详情页

无论是自有货源的商家还是分销代销的商家，宝贝上架前期一定要高度重视商品主图和详情页设计，这对于日后商品的点击率和转化率有着重要影响。下面从主图和详情页设计两方面进行介绍。

（1）主图设计。商品主图是买家在浏览商品时看到的产品展示图，一般来说多为场景图、模特图、卖点图、细节图、白底图这5张图片，也有一些类目要求发布6张图片，如服装类目要求上传6张主图。主图尤其是买家第一眼看到的商品图（也叫首图）的设计会直接影响商品点击率。因此，选择一张对宝贝具有高度概括性的图片作为首图会使整个页面和宝贝具有更加显著的视觉效果。

主图对销售商品具有的重要性使得每一位卖家都对其更加重视，对首图的设计和选择也有一定的优化措施，这里总结了以下几点注意事项。

- 建议卖家尽量选用实拍图片，少用或不用杂志图片、商品官方网站图片作为主图。
- 产品展示图应当真实、清晰、完整，首图中重点突出宝贝的卖家和亮点。
- 商品首图中可以融入其他商品甚至店铺的促销元素。
- 设计主图时，商品首图尺寸要大于700px×700px，因为图片上传成功后具有放大镜功能。

（2）详情页设计。商品详情页承担的任务是引导买家下单，促成交易，提升商品的转化率，所以详情页设计的要求更高。详情页首先考虑的是买家的购物心理，因为买家有需求和兴趣才会对宝贝的详情页进行浏览。详情页需要解决买家对产品想要了解的相关部分，从而在其了解的过程中提高店铺中的转化率和客单价，达到优质店铺期望值。

设计详情页的重点在于提炼产品的卖点，以便能够表现出宝贝与其他商品与众不同的特点，满足买家的购物需求。提炼卖点最重要的一点就是寻找买家的需求点，从需求出发，这样更容易向买家展现宝贝的元素。

2. 标题撰写

撰写出黄金标题更容易让买家在搜索淘宝时看到自己的宝贝，可以减少卖家对产品的推广费用，同时能够利用最简单的方式吸引到店铺更多的自然流量。撰写标题时主要关注关键词筛选和标题组合两方面。

（1）关键词筛选。商品标题是由一系列关键词组成的，买家搜索商品也是按照关键词搜索的，因而标题中每个关键词的搜索人气和搜索热度各不相同。撰写宝贝标题时，可以通过市场行情选择搜索人气高、在线商品数量少、支付转化率高的关键词作为黄金标题，从而为商品引来更多流量。

（2）标题组合。筛选完关键词后，需要将这些无序的关键词紧密地组合在一起。这里

介绍一个常见的标题组合公式：

营销/品牌关键词＋属性卖点词＋类目关键词＋长尾关键词

为了方便读者区别标题关键词，下面列举一些常见的标题关键词分类，如表10-1所示。

表10-1 标题关键词分类示例

关 键 词	示 例	关 键 词	示 例
营销/品牌关键词	包邮、特价、清仓	类目关键词	连衣裙、牛仔裤、衬衫
属性卖点词	商务休闲、修身显瘦、气质淑女	长尾关键词	蓝白条纹衬衫女长袖

当然，宝贝标题并非全部都是按照上面提到的公式来组合的，还要考虑标题的可读性。撰写的标题不要出现太多的空格，最好可以按照买家的搜索习惯顺序排列关键词。宝贝标题组合好后，不要轻易对爆款标题进行修改，否则宝贝很容易遭受降权惩罚。

3. 产品定价

合理的定价对于保证商品的竞争力以及销量有着重要的影响。下面介绍定价时参考的主要因素和常见的定价方法。

（1）定价参考因素。定价说起来是一件简单的事情，但在实施过程中却会受到来自店铺内部或外部多种因素的影响。下面就商品定价时需要考虑的外部因素和内部因素进行详细介绍。

- 外部参考因素：即行业的整体价格。淘宝作为一个超级卖场，有无数销售相同或者类似商品的卖家，在商品定价时我们需要充分考虑同行竞争对手的商品价格。这样就不至于盲目定价或高于同行定价，使买家望而却步，或者低于同行其他卖家很多，让买家心生疑虑。
- 内部参考因素：除了考虑外部影响因素外，更重要的是以自身的店铺为出发点，以店铺经营路线为定价标准等来制定店内商品的价格。不同的店铺形象和商品性质会有不一样的销售策略和路线，通过这样的方式可以产生不同的商品定价。例如一些经营高端商品的卖家，对于店铺中出现的名牌商品，在定价时就要区别于普通商品价格，这样才能够向买家显示出自身的品牌价值。

（2）定价的基本方法。打造热销爆款时，运营人员必须要掌握的一点就是要详细地了解不同的产品定价方法，再从这些方法中找到适合自身店铺产品的定价方法。下面介绍一些常用的商品定价方法，具体如下。

- 折扣定价法：折扣定价法是通过减少商品的利润来促进销售的定价方式。这样的定价法可以有效增加店铺的销量，还可以带动其他商品的销售。使用折扣定价法打造爆款在销量上有很大的推动作用，也是多数卖家在打造爆款时所采取的定价方式。
- 宝贝组合定价法：宝贝组合定价法就是将商品的价格设定得不一样，但是通过组合购买的方式使买家所支付的价格变得更低。例如，只购买一件牛仔裤需要99元，但是购买第二件或两件以上可以享受更低的价格。这样的定价方式无形中促使买家心甘情愿地购买更多的商品，在一定程度上达到了促销的效果。

- 成本加成定价法：成本加成定价法是以成本为基础，通过考虑期望的利润来制定价格的定价方法，许多淘宝卖家就是采用这种定价方法。该定价方式以进价成本设定出每件商品的销售价格，即价格＝单位成本＋单位成本×成本利润率＝单位成本＋（1＋成本利润）。使用这种方法定价可以规避因为市场震动而带来的对商品销售的不利影响，使卖家得到稳定的商品效益。除此之外，因为价格制定得较为稳健，在同行中不会存在较大价格竞争，也会给买家在对比商品时带来一种公平合理的感觉，极大增加买家的信任感，商品本身更容易被买家接受。
- 同价定价法：同价定价法是指将店铺中出售的相同种类宝贝设定为一个价位，这不仅使卖家在定价的环节更方便省心，也可以减少买家对商品的讨价还价，使整个店铺的商品价格看上去一目了然。这样的定价方法通常适用于一些具有刚性消费需求的产品，而对于那些需求弹性较大的商品来说不是特别适合。

4．新品测款，确定主推款

新品发布上架后，最主要的工作就是测款。通过测款，找出有潜力的宝贝，确定为主推款。下面介绍测款的方法。

（1）直通车测款。对于新开店铺来说，店铺流量比较少，积累的老顾客也不多，少量的店铺数据难以支撑选款，这时可以借用直通车来测款。新建推广计划，选择3～5款新上架的宝贝进行测款，建议选择同类目的商品。以连衣裙为例，可以选择5款新上架的连衣裙测试，设定好每日预算和投放时段，通常以7天时间为一阶段，查看推广报表和投放数据。

利用直通车测款时，可以多设计一些推广创意。创意一般可以建立4个，建议做4张测款图，其中一张为宝贝主图，另外3张为直通车测款图。图片要突出产品的细节、卖点和优势，能够吸引顾客眼球。可以使用淘宝系统搜索同类目销量较高的其他商品的主图，模仿其广告创意设计直通车推广图。

添加关键词时应选择和搜索量、宝贝属性、卖点相关性较高的关键词，关键词数量为30个以上。新添加的关键词出价尽量调高，短期可以获得较多的曝光和点击，获得更多推广数据。测款检测的数据主要为点击率和转化率。测款结束后，将各个宝贝的测款数据记录下来，选取点击率和转化率比较好的商品作为主推款。如果没有转化，再比较商品的收藏和加购数据，选择其中的1～2款作为主推款。

（2）免费测款。免费测款不同于直通车推广付费测款，而是卖家通过提前选择商品并且将其作为下次要发布的新品，以提前预览的方式进行测款。从整个店铺的运营角度来说，不管卖家是买手还是原创设计工厂定做，或者是联系厂家分销代销，使用免费测款方式进行测款，都有其必要性和重要性。

例如，一些皇冠级的大卖家通常会借助微淘频道发布新品，让粉丝们投票选择自己喜欢的宝贝，这种以用户需求为导向的测款模式对于日后打造爆款商品有着重要帮助，如图10-5所示。当粉丝在微淘频道下看到店铺新品时，自然会点击进去浏览商品详情页，特别是对自己喜欢的商品会做出收藏或加购物车的行为。

当然，无论是直通车测款，还是免费测款，目的都是为了找到店铺内最有潜质的产品，以便更容易打造成爆款。

图 10-5 微淘新品预览

5. 为新上架宝贝做基础销量和评价

新上架的宝贝销量为零,因此确定了主推款之后,需要规划商品销量破零,累计基础销量和评价。运营人员可以通过店铺促销活动、宝贝关联搭配等推广手段促使宝贝销量破零。

10.4.2 爆发期:提升人气,快速冲量

在打造爆款的爆发阶段,要将宝贝在淘宝市场中作进一步的推广,让更多的买家发现。爆发期需要提升宝贝的人气,快速地提高宝贝销量。人气和销量越高,宝贝的权重也就越

高,可以让更多的买家发现宝贝,从而形成良好的爆款商品转化率。

1. 提升人气

爆款也叫超级人气宝贝。对于已经初步形成的爆款来说,人气和收藏量是其权重中占比最大的因素。在淘宝中,有很多爆款宝贝被称为"人气爆款",就是说人气在爆款形成过程中有非常重要的影响。

关于商品的收藏量,一款具有爆款潜质的商品的收藏量在一定程度上反映了该宝贝是否具有销售潜力,所以在爆款的打造过程中,它也就更加具有推广价值。在淘宝中,收藏量包括店铺收藏人气和宝贝收藏人气,店铺收藏人气是指店铺收藏人数和关注热度的综合评分,宝贝收藏人气是宝贝收藏人数和关注热度的综合评分。通过收藏量的积累,一定程度上可以有效提升宝贝在全网中的排名。同时,收藏量往往是衡量一个店铺热度的标准,其具体数值对于买家购买商品有一定影响。一般来说,在销售同类商品的店铺中,收藏量高的店铺的曝光量要高过同行;而在同类商品中相比较,收藏量高的商品也比收藏量低的商品卖得更火热。因此,在打造爆款的爆发期,为了进一步提升宝贝的曝光量以及销售量,万万不可轻视曾经被忽略的收藏量因素。

为了让收藏量进一步提升,可以运用一些方法引导进店浏览商品的买家关注店铺和收藏宝贝,例如关注有礼、收藏下单送赠品等。

2. 快速冲量

宝贝的销售量在爆款打造的爆发期同样也是一个格外重要的权重积累点。导入期的破零计划让宝贝积累一定的销量和人气,让销量不断地向上提升。销量对于爆款来说是至关重要的影响因素,可以说销量与爆发期的爆款打造之间存在相辅相成的关系,即爆款的打造离不开销量的积累,而销量也进一步推动爆款的形成。

在爆款打造的爆发期内,卖家们可以在销量方面全力打造。销售量的增加离不开提升店外引流和店内引导。通过推广和宣传,将宝贝和店铺的信息从搜索宝贝的淘宝买家向浏览淘宝全网甚至浏览其他购物网站的买家扩散,并且通过宣传中的亮点让来自买家的流量不断流入,从而从关键的流量中追寻更高的销量,形成一个"因买而卖"的良性爆款。

10.4.3 成熟期:稳定价格,提升服务

冲量阶段结束后,爆款销量已经累计,此时最主要的任务是维持爆款每天的销售量,优化店铺结构。具体来说,成熟期的主要任务是稳定价格和提升服务,下面从这两方面进行介绍。

1. 稳定价格

价格是买家在购物时最看重的一个因素,为了让爆款宝贝更受欢迎,获得更好的销量,很多卖家会在成熟期发动价格战来击败其他店铺中销售的相似宝贝。殊不知盲目的价格战只能损失爆款的价值。这一时期是爆款宝贝打造的成熟时期,需要通过前期的人气提升和冲量等使宝贝获得一个较为稳定的销量,因此在这个时期,卖家应尽量避免出现价格上的竞争。如果卖家在成熟期对爆款直接进行调价,这会让买家在购买爆款时产生一定顾虑。因

此,维护爆款的价格不仅是对宝贝价值的维护,同样是对买家的一种责任。

2. 提升服务

对于爆款,卖家们往往更加关注宝贝的人气和销量,并认为将其成功地销售出去同时得到五星的满分好评,这样就算是交易完成,却忽略了从服务方面对爆款宝贝进行维护。用服务来维护爆款比较简单,例如旺旺消息回应的实效性、老客户优惠等都能够让买家感受店铺对自己的关怀。

10.4.4 衰退期:资金回流,爆款衔接

爆款进入衰退期后,首先流量会逐渐下滑,进而商品销量也随之下降。整个类目的销售旺季即将过去,此时的主要工作是清理库存,回笼资金,减少店铺库存压货。通过关联销售,挖掘新的热销款,完成新品爆款更迭。衰退期的主要任务是一个爆款的"消亡"到另一个爆款的"诞生"之间的衔接,如果衔接紧密的话,店铺将稳定运营,减少时间成本。如果衔接不够好,就需要运营人员重新花时间和精力去打造新爆款,会影响店铺运营。

假设随着市场周期变化,当前爆款开始走下坡路,而其他宝贝暂时无法替代当前爆款,那么下一个爆款出现前,店铺将可能出现业绩下滑。如何才能有效避免这个问题?打造"爆款群"无疑是个不错的选择,借助当前爆款迅速带动其他宝贝,可以让其他宝贝快速提升销量。

当爆款以翻番的速度倍增时,可能会面临一些问题,如原材料缺货、订单量暴增等,会给供货商造成很大的压力。如果在短时间内完成大批量的订单,质量也容易出问题。这里建议每当推出新品之前可以提前备一些货,例如服装类目,可以提前预订一定量的面料。总的来说,不管做爆款还是其他促销活动,尽量多维度对可能出现的问题进行预测,制订应急方案,出现问题时即时解决。

10.5 本章小结

本章主要介绍了打造爆款的相关内容,包括认识爆款、打造爆款的思路、打造爆款的准备工作以及打造爆款的流程等。

通过对本章内容的学习,读者应当了解什么是爆款和打造爆款的意义,掌握打造爆款的核心因素、操作思路以及流程,学会利用所学知识策划打造爆款的方案并实施。

10.6 课后练习

一、判断题

1. 爆款是指店铺销售的商品中销量高、人气高、供不应求的宝贝。( )
2. 从详情页出发策划爆款主要关注三方面,即买家利益、产品卖点及售后服务。
( )
3. 在打造爆款的过程中应关注的数据指标有收藏量、加入购物车量及浏览量。( )

4. 一般来说,打造爆款的销售周期包括导入期、爆发期、成熟期、衰退期。　　(　　)
5. 打造爆款的成熟期的主要工作是资金回流,挖掘店铺另一个爆款。　　(　　)

二、选择题

1. 下列选项中,关于打造爆款的意义的说法正确的是(　　)。
   A. 提升店铺整体流量　　　　　　B. 提升店铺服务,培养老客户
   C. 塑造店铺形象　　　　　　　　D. 通过爆款实现盈利
2. 下列选项中,属于打造爆款的核心要素的有(　　)。
   A. 稳定货源　　　　　　　　　　B. 宝贝价值
   C. 相关形象　　　　　　　　　　D. 销售导向
3. 下列选项中,属于打造爆款前行业市场分析的准备工作的是(　　)。
   A. 市场容量分析　　　　　　　　B. 竞争对手分析
   C. 市场趋势分析　　　　　　　　D. 目标人群分析
4. 下列选项中,属于爆款关注的数据指标的是(　　)。
   A. 收藏量　　　　　　　　　　　B. 加入购物车量
   C. 浏览量　　　　　　　　　　　D. 访客数
5. 下列选项中,关于打造爆款的不同时期的说法正确的是(　　)。
   A. 导入期:确定主推款,做好基础销量
   B. 爆发期:提升人气,快速冲量
   C. 成熟期:稳定价格,提升服务
   D. 衰退期:资金回流,爆款衔接

知识体系梳理图

实践案例

第 11 章
店铺诊断与分析

思政阅读

【学习目标】

知识目标	• 了解店铺分析的基本数据指标
技能目标	• 掌握生意参谋的使用方法 • 掌握店铺诊断及分析的方法 • 掌握店铺竞品分析的方法

【引导案例】

经营店铺就是经营数据

张婧是一家生鲜店铺的店主,收入非常可观。运营店铺对于张婧现在来说也是游刃有余,但是在店铺开设的初期,她并不懂得如何运营店铺。刚开始做淘宝店时,张婧完全凭"直觉"经营店铺,后台数据也是想起了就去看看,看过之后也不会对数据进行分析。她的店铺主要出售进口生鲜,迎合了一些家庭主妇及都市白领的喜好,误打误撞之下,店铺也还有一些流量。

没过多久,店铺流量忽然掉了一半,张婧很奇怪,觉得自己既没有修改主图和标题,也没有编辑过页面,流量怎么会下降这么多?没有流量就没有销量,生鲜的存储时间非常短,这个时候没有销量对于创业初期的张婧来说打击很大。

张婧立即对店铺的各方面数据进行分析,但却没有看出店铺的问题。于是她向一位资深卖家请教,经过资深卖家指点后,张婧开始仔细查看店铺的经营数据,这才发现店铺的流量在两个星期之前就出现了下降趋势。

"付费流量点击较少可能是宝贝主图、宝贝价格、宝贝销量、宝贝选款出现了问题。自然流量下降则可能是市场行情发生变化,也可能是某个引流商品出现了问题。"张婧开始对店铺进行全面诊断分析,查询了当前行业的热搜词以及同行其他店铺的销售情况。终于发现换季之后,市场行情变了,许多买家开始搜索应季生鲜产品,而自己店铺的主推品依然是上个季节的产品,所以搜索人数少了许多尤其是主推品的流量下降了很多,店铺的排名呈现下降趋势。

> 找出问题后,张婧立刻着手优化店铺,重新优化当季生鲜的商品标题、主图、详情页和价格等,又调整了橱窗推荐和商品上下架时间,通过店铺后台数据慢慢调整和优化商品,最终店铺流量趋势回归正常。

【案例思考】

网店数据分析是网店运营中非常重要的一个环节,它不但直观表现了网店的运营情况,而且能反映出网店发展的方向。张婧正是通过对店铺数据进行分析,才发现了运营过程中的问题,经过重新优化店铺后,店铺的流量才回归正常。那么运营人员在分析店铺时应该分析哪些指标呢,又该如何进行分析呢?本章将从店铺数据分析基础、数据分析工具"生意参谋"、店铺诊断三方面进行讲解。

11.1 店铺数据分析基础

店铺数据直接影响网店的经营效果,卖家对数据分析的能力越强,把握市场趋势的能力就越强,针对数据分析结果做出的决策也就越准确。因此,运营人员在店铺运营过程中首先应了解店铺数据分析的基础知识。

1. 店铺数据分析的重要性

店铺数据分析是网店经营过程中非常重要的一个环节,卖家可以针对数据分析出的种种情况,对店铺的运营策略进行改进,让自己的店铺销量更高,转化率不断增加。店铺数据分析的重要性可以总结为以下两点。

(1)为转化率提升策略提供依据。店铺运营数据可以将店铺运营情况很直观地展现出来,包括运营中的爆款、参加的活动、近期老用户的回访率等。通过对这些数据进行分析,可以针对不同流量来源的人群特征、购物习惯、心理路径去匹配相应的陈列或路径引导。通过店铺数据分析可以为店铺运营提供方向。

(2)通过数据分析可了解店铺的长短板。通常我们用漏斗模型去考量转化率,每一个节点均可以找到转化率的结果,从而反推到决定因素。在不同阶段需要首先重视的短板也有所不同,例如初期考量和提升处于漏斗最下端的客服咨询转化率,把售前询盘成功率提升,一方面赢得良好的用户回头基础,另一方面可以通过客服接待中发现的问题进一步优化产品、服务、店铺、详情页等。到成长期,要根据产品特点和团队特点去找出自身各关键转化节点的潜力,补短板和扬长板,这一切也都是建立在数据分析的基础上。

2. 店铺数据分析指标

店铺运营过程中会产生许多数据,但对店铺数据分析并非要对全部数据进行分析,主要分析指标包括访客数(UV)、浏览量(PV)、收藏量、平均访问深度、跳失率等。下面详细介绍各数据的含义。

- 访客数(UV):访客数是指一定时间内店铺的访问量。即使一个客户在一段时间内多次访问该店铺,访客数也只算一次,与访问次数无关。

- 浏览量（PV）：用户每次对网店中的每个页面的访问均被记录一次，如果用户对同一个页面多次访问，则访问量累计。浏览量是用于衡量访客在店铺内浏览和查看了多少个页面的指标。
- 收藏量：收藏量指用户访问店铺页面的过程中添加收藏的次数（包括店铺收藏和宝贝收藏次数）。
- 平均访问深度：访问深度是指用户一次连续访问的店铺页面数（即每次会话浏览的页面数），平均访问深度即用户平均每次连续访问的店铺页面数。
- 用户停留时间：用户停留时间包括页面停留时间和网店停留时间两个方面，其中页面停留时间是指用户从打开页面到离开页面的时间间隔。用户停留时间只有当用户在网店中点击了下一个页面时才会记录，否则为0。
- 跳失率：表示顾客通过相应入口进入后只访问了一个页面就离开的访问次数占该入口总访问次数的比例。
- 转化率：所有访问店铺并产生购买行为的人数和所有访问店铺的人数的比率。例如店铺当日有100个访客，其中5人下单购买，那么店铺的转化率就是5％。

11.2 数据分析工具——生意参谋

生意参谋是淘宝官方推出的专业数据统计分析工具。卖家通过生意参谋对店铺的被访问情况和经营状况等数据进行分析和解读，可以更好地了解店铺的优缺点，为店铺经营决策提供充分的数据支持。生意参谋是卖家经营网店的重要工具。本节针对生意参谋的各项数据分析功能进行详细介绍。

11.2.1 实时直播

实时直播就是店铺的实时数据。运营人员需要实时关注店铺的数据，以便尽早发现店铺存在的问题，进而快速解决问题。实时数据包含实时概况、实时来源、实时榜单、实时访客四个板块。

1. 实时概况

实时概况板块的数据包含实时总览和实时趋势两部分。实时总览可以查看店铺当天的实时数据，包括访客数、浏览量、支付金额、支付子订单数、支付买家数。此外，还可以针对店铺所属类目查看在支付金额、访客数、支付买家数方面行业排名前10卖家的平均值，通过这些行业数据可以了解市场容量以及和TOP10卖家的差距，如图11-1所示。

实时总览下方为实时趋势，它以图表的形式展示店铺当日的销售趋势，包括支付金额、访客数、支付买家数和支付子订单数四部分，如图11-2所示。卖家通过查看实时趋势图表，可以及时掌握店铺销售趋势，尤其是店铺参加大型促销活动时，更是需要时刻关注实时趋势来了解店铺销售变化。此外，通过观察实时趋势图，可以发现店铺每日的成交高峰时段，有利于调整宝贝上下架时间。

第 11 章 店铺诊断与分析

图 11-1 实时总览

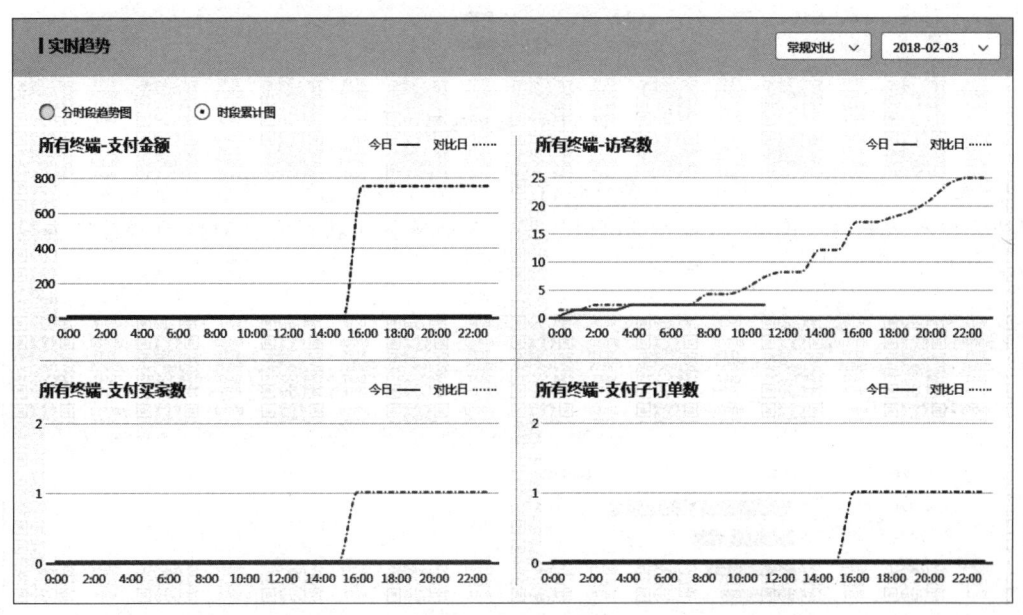

图 11-2 实时趋势

2. 实时来源

实时来源板块分为 PC 端来源分布、无线端来源分布及地域分布三部分,从 PC 端来源分布和无线端来源分布中可以直观地看到每个渠道的流量占比及实际的访客数。

付费流量是指直通车、钻展广告等付费流量的来源,淘内免费流量指通过自然搜索、拍立淘以及淘宝站内其他页面带来的流量,自主访问就是用户自主访问店铺带来的流量,如通过购物车、收藏夹或微淘等进入店铺。点开每个流量板块能看到更详细的来源,如图 11-3 所示。从该板块可以清晰地了解店铺的流量构成,发现流量构成是否合理,进而优化流量来源。

无线端来源分布的下方是地域分布,地域分布中有访客数排行 TOP10(如图 11-4 所

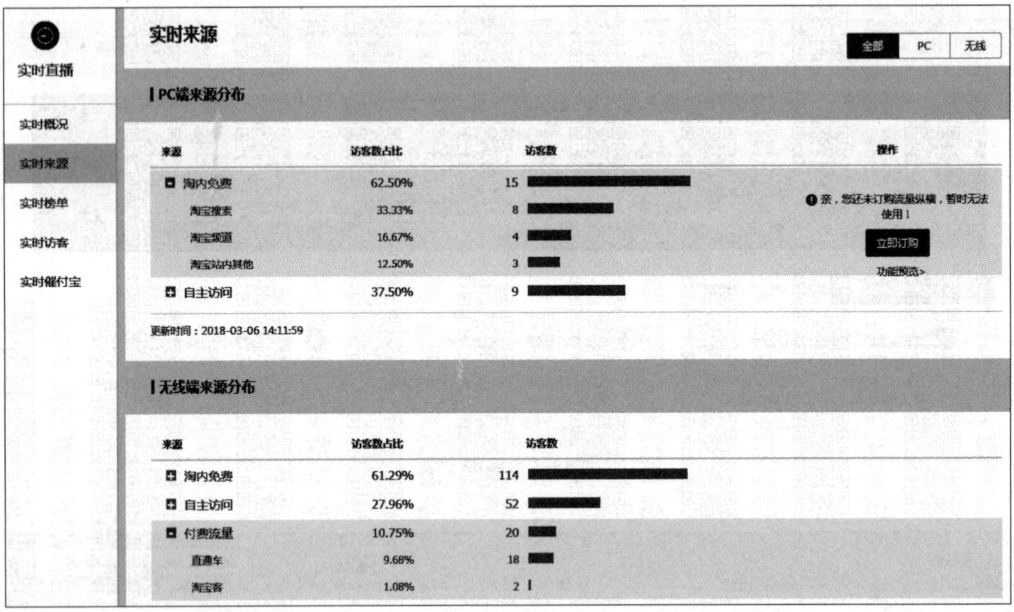

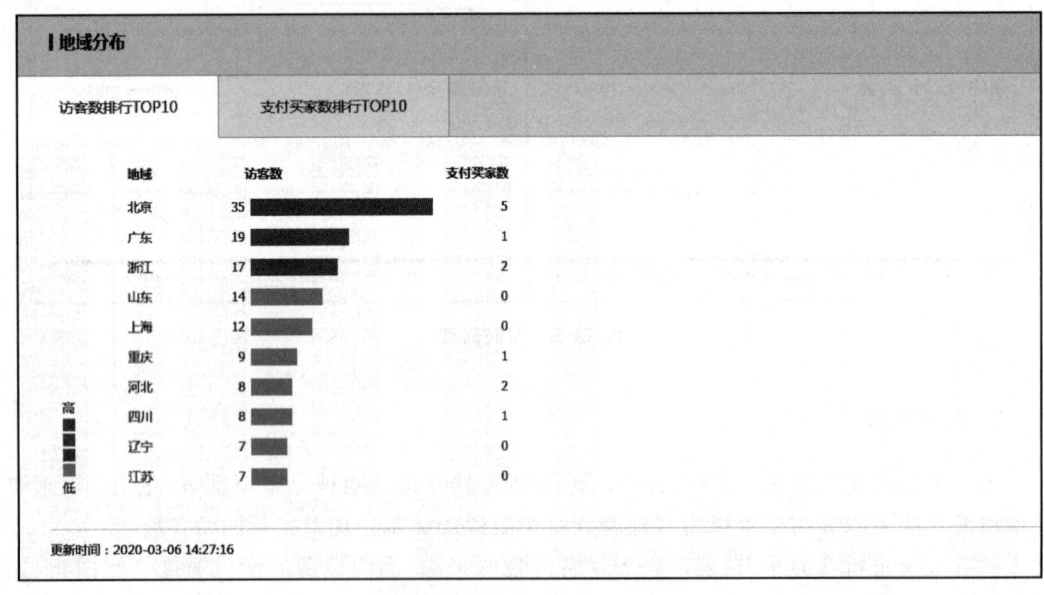

图 11-3 实时来源

示)和支付买家数排行 TOP10。访客数排行和支付买家数排行对于优化直通车账户和钻石展位账户有重要参考价值，运营人员可以根据访客地域分布状况有针对性地调整广告投放地区。

图 11-4 访客数排行 TOP10

3. 实时榜单

实时榜单是对店铺商品访客数和商品支付金额的排名，如图 11-5 所示。通过查看实时榜单可以了解店铺主推款的流量、支付金额及转化率的变化，同时还可以去关注其他高转化的宝贝及这些宝贝的评论，对于评价较高的产品可以做重点推广。

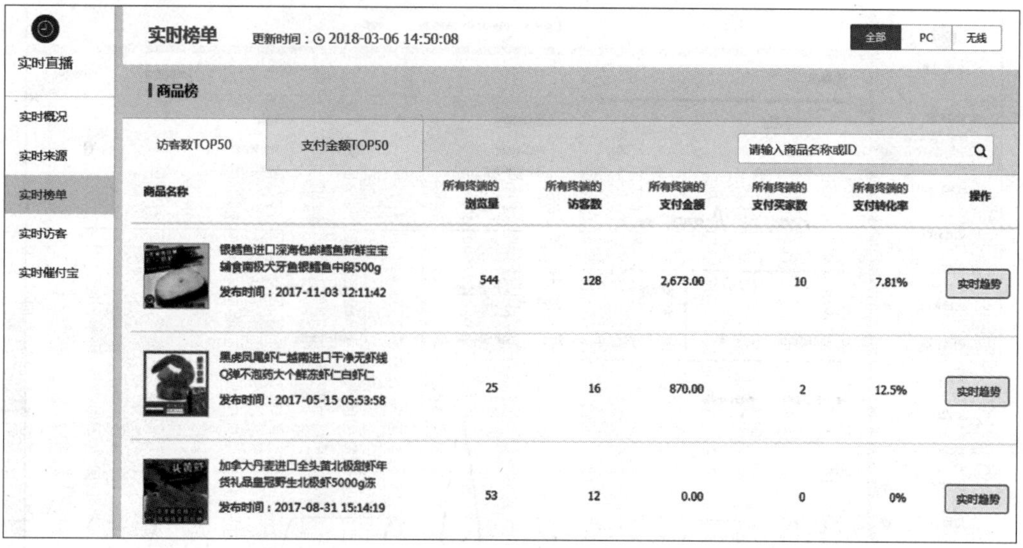

图 11-5　实时榜单

4．实时访客

实时访客即对访问时间、入店来源及关键词、访问页面、访客位置等数据进行统计，如图 11-6 所示。通过实时访客可以找到目标客户的信息并分析买家浏览习惯，还可以选择单品针对性地分析流量来源和访客特征。

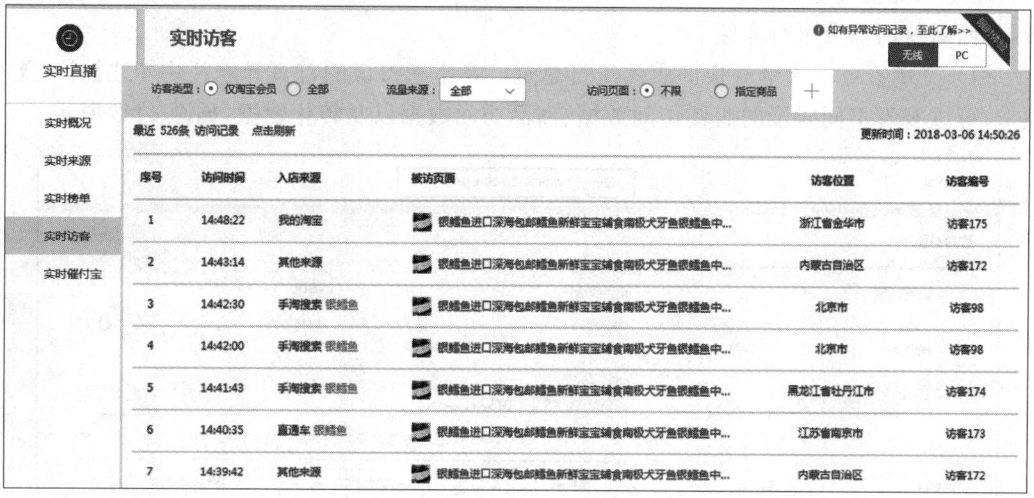

图 11-6　实时访客

11.2.2　流量分析

店铺流量主要分为 PC 端流量和无线端流量。通过流量分析可以查看不同端口的流量数据，还可以查看与同行店铺的流量对比情况。流量分析包括流量概况、来源分析、路径分析和页面分析等板块，如图11-7所示。

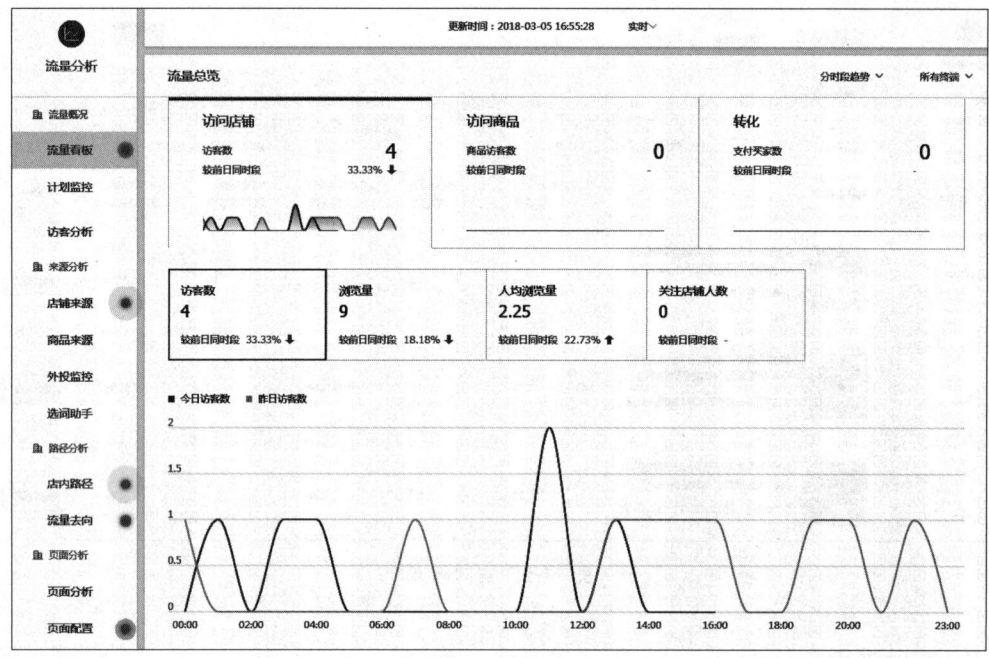

图 11-7　流量概况

1．流量概况

流量概况主要包括流量看板、计划监控和访客分析三部分，常用的为流量看板和访客分析，下面对这两部分进行介绍。

（1）流量看板。流量看板即店铺流量总览。在生意参谋的首页导航栏中单击【流量】选项卡，可以查看不同时段的店铺访问数据、商品访问数据以及转化数据，如图11-8所示。

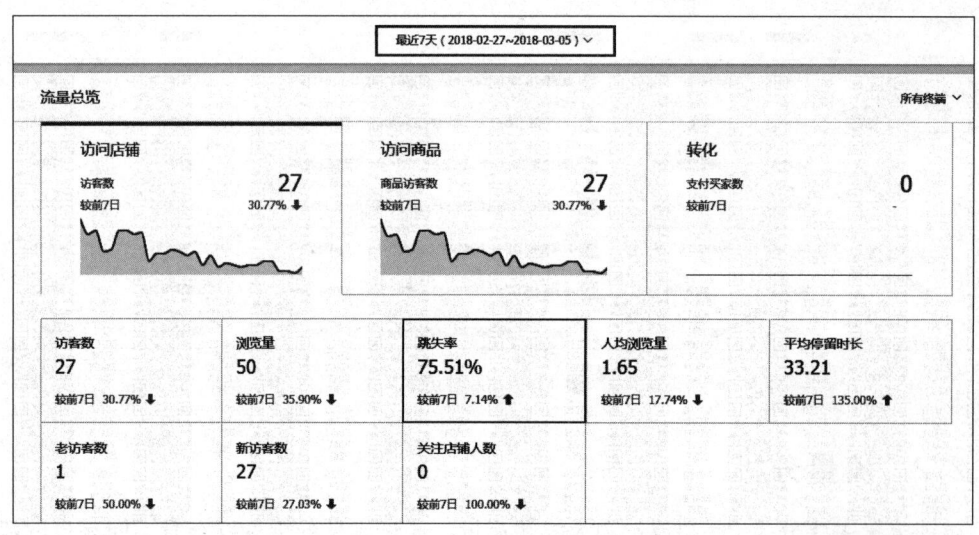

图 11-8　流量总览

(2)访客分析。单击【流量概况】下的【访客分析】选项卡,可以查看访客分布的相关数据,包括访问时段分布、地域分布、特征分布、行为分布、性别等,如图11-9所示。通过对访客数据进行分析,可以方便卖家更准确地开展营销活动以及设置商品上下架时间等。

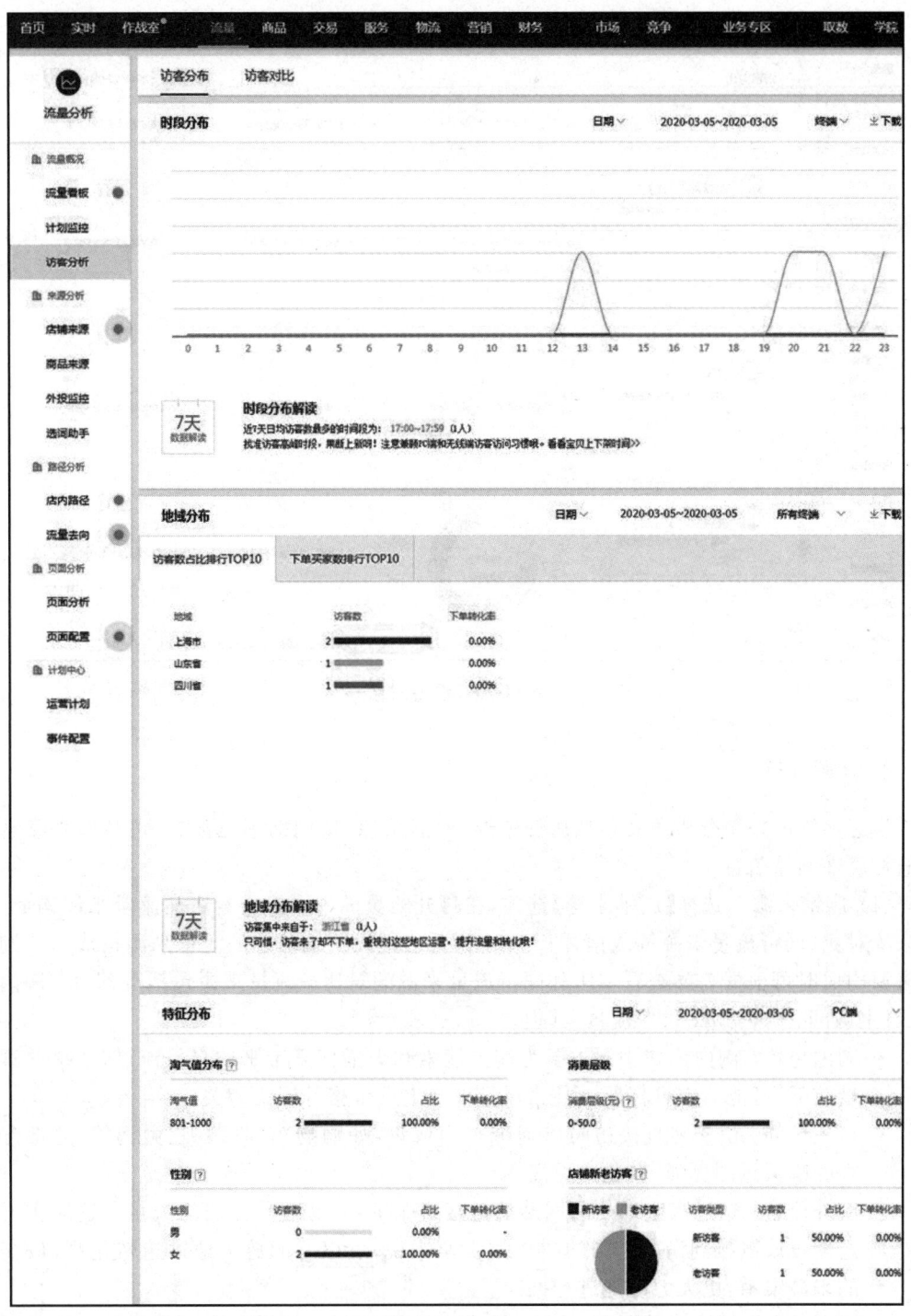

图11-9 访客分布

在"访客分析"页面中单击【访客对比】选项卡,在打开的页面中可以查看访客对比的相关数据,包括消费层级、性别、年龄、地域 TOP、偏好和关键字等,如图 11-10 所示。"访客对比"可以帮助卖家掌握更全面的客户数据,从而进行会员关系管理。

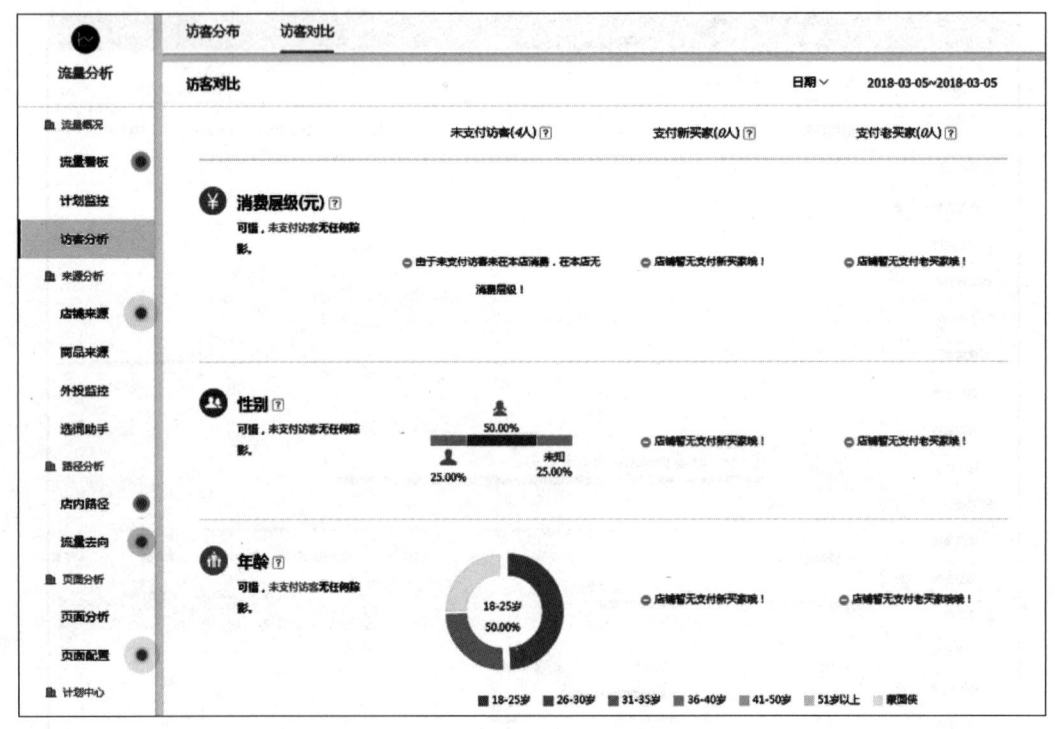

图 11-10　访客对比

2．来源分析

生意参谋的来源分析主要包括店铺来源、商品来源、选词助手三部分,可帮助卖家掌握和监控店铺商品信息。

(1) 店铺来源。选择【店铺来源】选项,在打开的页面中可以查看店铺流量来源构成、流量来源对比、同行流量来源等数据,图 11-11 为某店铺无线端访客的流量来源构成。查询流量来源构成时可根据需要查看本店和同行流量来源的对比。流量来源包括五部分:淘内免费、自主访问、淘外流量、付费流量、其他。

- 淘内免费:淘内免费来源主要为淘宝搜索和天猫搜索带来的自然流量,如果搜索流量较低,可能与宝贝标题、主图、销量以及宝贝价格等因素相关。
- 自主访问:由访客直接访问店铺带来的流量,如购物车、收藏夹、微淘等,这部分访客的购买意图更强,转化率更高。
- 淘外流量:通过淘宝以外的网站的链接进来的,这些流量是自然流量。这对于一些定期投放链接到淘外网站的中大型卖家来说,可以有的放矢地挑选转化高、成交多的来源渠道,更大力度地进行推广。
- 付费流量:付费流量主要为淘宝客、直通车、钻展等,通过其可以了解各个推广渠道的效果,对于转化率高的推广渠道可以加大推广力度,把钱花在刀刃上。

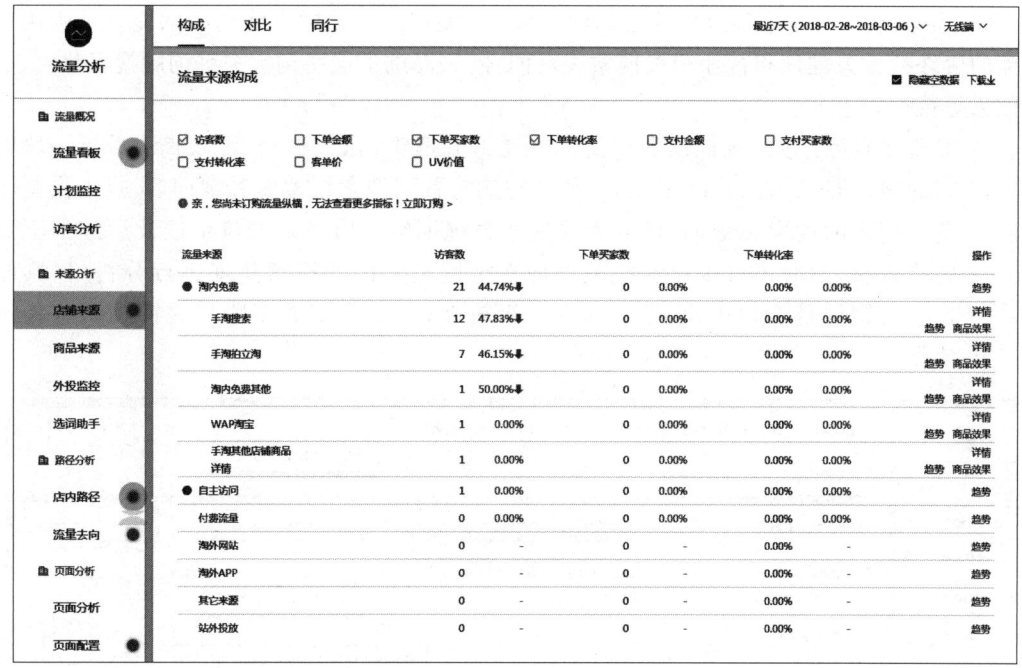

图 11-11 流量来源构成

- 其他：除了上述列出的渠道之外，访客还会从其他渠道进入店铺。这部分流量来源的量一般比较小，可能是一些临时页面、活动页面等带来的流量。

（2）商品来源。商品来源就是从单品维度出发，告诉卖家哪些买家访问店铺商品和哪个推广渠道获得的效果最好，如图 11-12 所示。

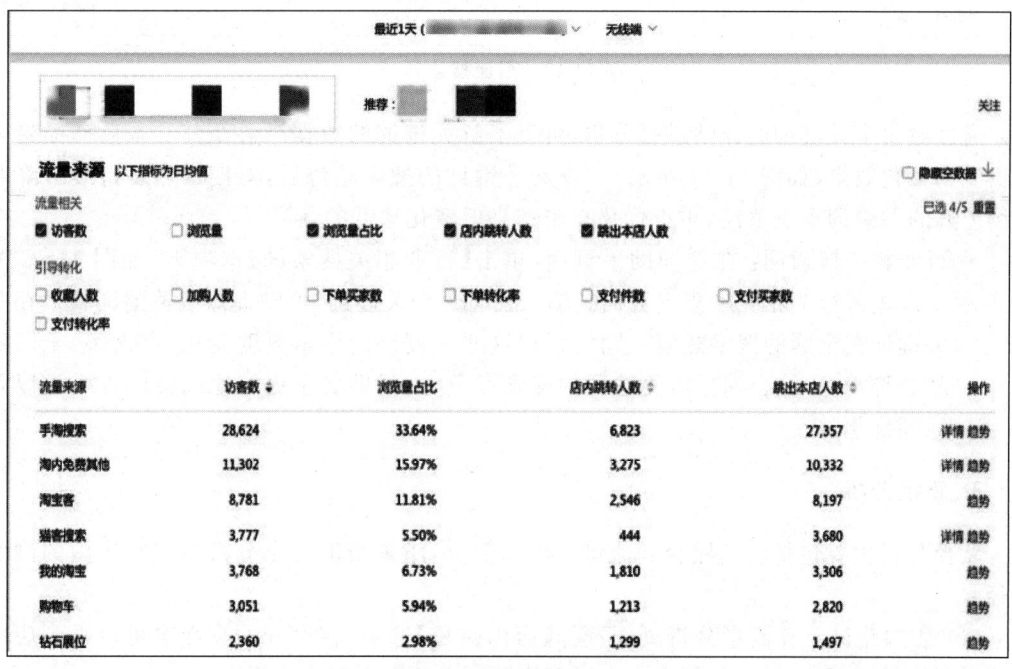

图 11-12 商品来源

(3)选词助手。生意参谋中的选词助手从 PC 端和无线端两个终端分别提供了为店铺引流的店外搜索关键词和行业相关搜索关键词,同时提供了这些淘宝关键词的搜索热度、引导效果等数据。

- 引流搜索词:进入选词助手页面,单击【引流搜索词】选项卡,可以查看最近一段时间的搜索词(如图 11-13 所示)。例如在淘宝首页搜索框搜索关键词后,点击商品浏览本店内的搜索关键词,可以查看这些关键词给本店带来的流量以及后续的下单转化效果,同时还可以对这些关键词在全网范围内的搜索热度进行分析,以判断这个关键词是否为热词、竞争难度是否较大,以及为直通车账户关键词调整提供依据等。

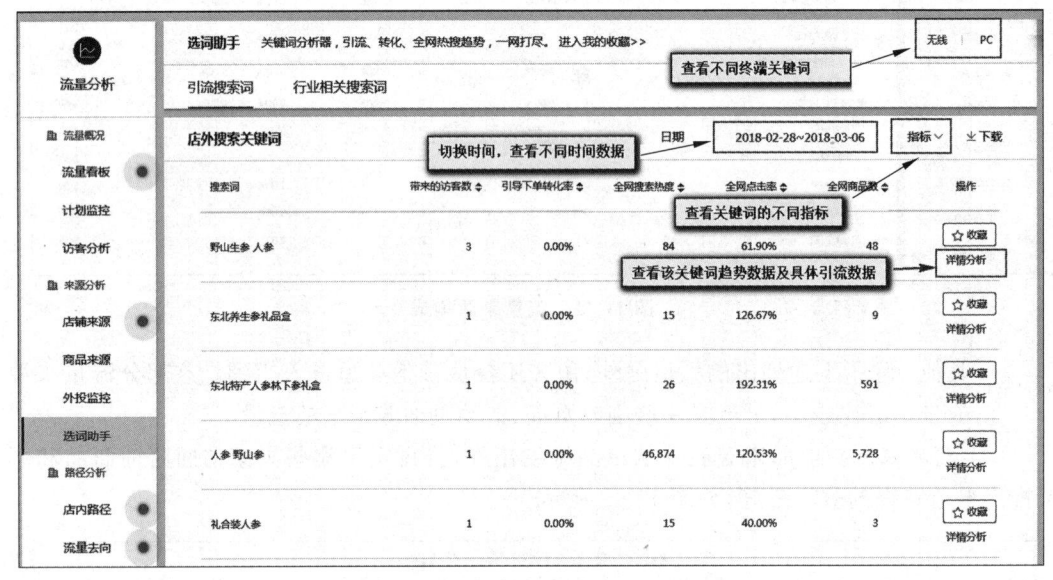

图 11-13　引流搜索词

通过对每个关键词的详情进行分析,可以了解关键词的数据趋势及其给本店商品带来的引流和转化效果(如图 11-14 所示)。查看关键词的搜索趋势后,对搜索热度持续下降和持续上升的关键词重点关注,重点优化点击率高但转化率低的商品。

- 行业相关搜索词:在选词助手页面,单击【行业相关搜索词】选项卡(如图 11-15 所示),进入行业相关搜索词页面。输入任意一个关键词,可以查询该关键词以及相关关键词在全网的搜索热度。同时根据这些关键词的搜索热度变化、点击率、全网商品数等指标,综合判断该关键词的搜索竞争力,帮助卖家更好地调整广告投放以及标题优化。

3．路径分析

路径分析主要包括店内路径和流量去向两部分,用来帮助卖家分析买家在店内的浏览路径。

(1)店内路径。在流量分析页面选择【店内路径】选项,在打开的页面中可以看到店内路径的相关数据,图 11-16 所示为某店铺无线端访客的店内浏览路径。

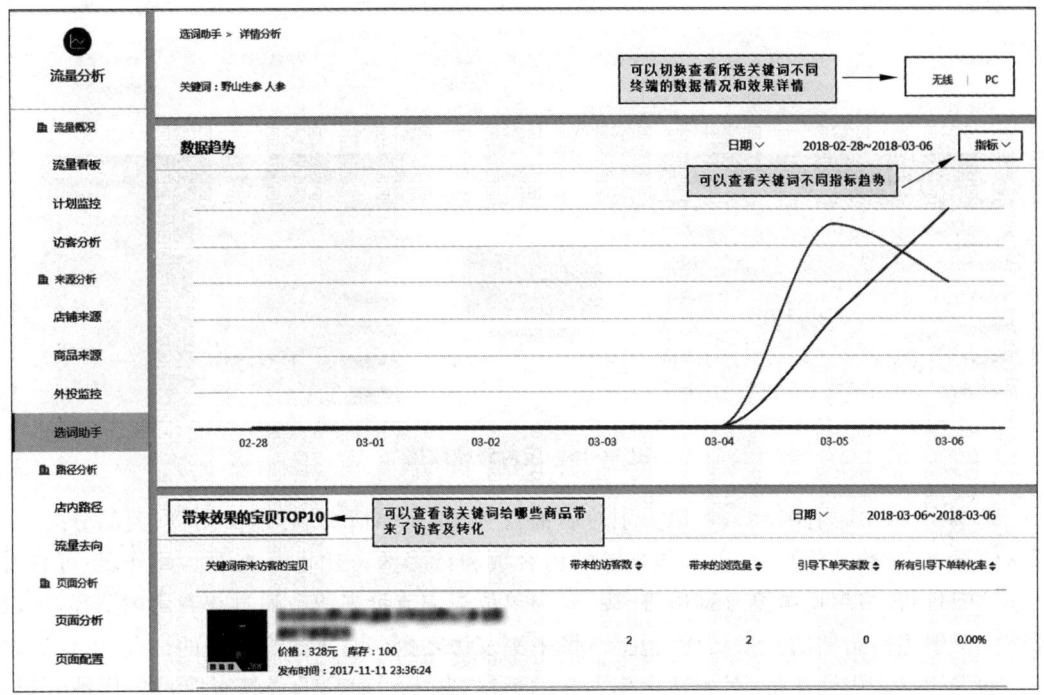

图 11-14　详情分析

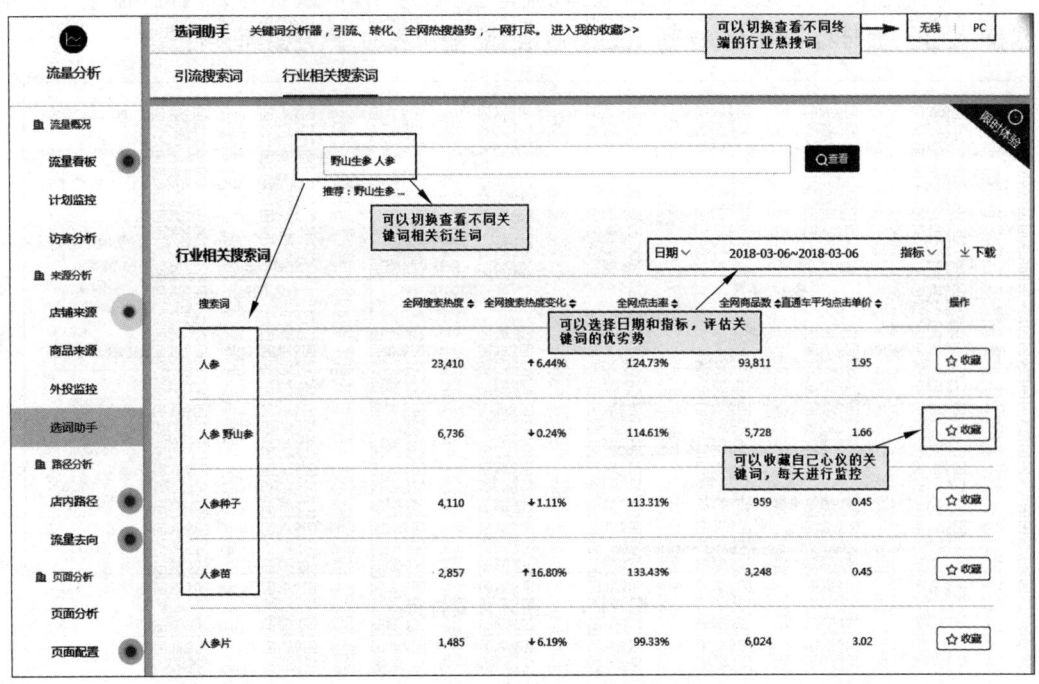

图 11-15　行业相关搜索词

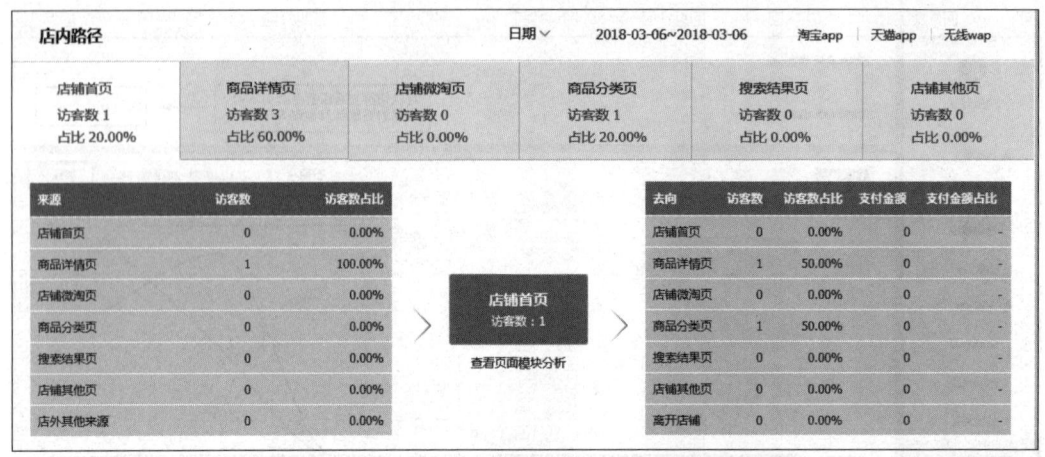

图 11-16　店内路径数据

卖家在查看店内路径时，可以分别对店铺首页、商品详情页、店铺微淘页、商品分类页、搜索结果页、店铺其他页、店外其他来源的访客数和访客数占比进行查看。此外，还可查看页面访问排行，或根据需要分别以月、周、日为单位查询流量来源。通过查看店内路径，可以使卖家了解当前店铺的流量结构，包括流量来源及访客数。对于流量不足的情况，需要通过推广的方式提高店铺流量；对于转化率不高的情况，需要对商品的详情页、价格、店铺装修、商品展示技巧、商品形象包装、促销活动搭配等因素进行分析，找到其原因。

（2）流量去向。在流量分析页面选择【流量去向】选项，可以看到店内的"流量去向排行"和"离开页面排行"，图 11-17 所示为某店铺 PC 端访客的"离开页面排行"。

图 11-17　离开页面排行

4．页面分析

页面分析主要包括页面分析和页面配置两个板块的数据，用来帮助卖家掌握店铺页面的点击数据信息。

（1）页面分析。在流量分析页面选择【页面分析】选项，可以看到店内"首页 & 自定义承接页""商品详情页"的相关数据。图 11-18 所示为某店铺无线端页面的分析数据，从该页面可以选择"流量相关"以及"引导转化"相关的数据情况进行对比分析。

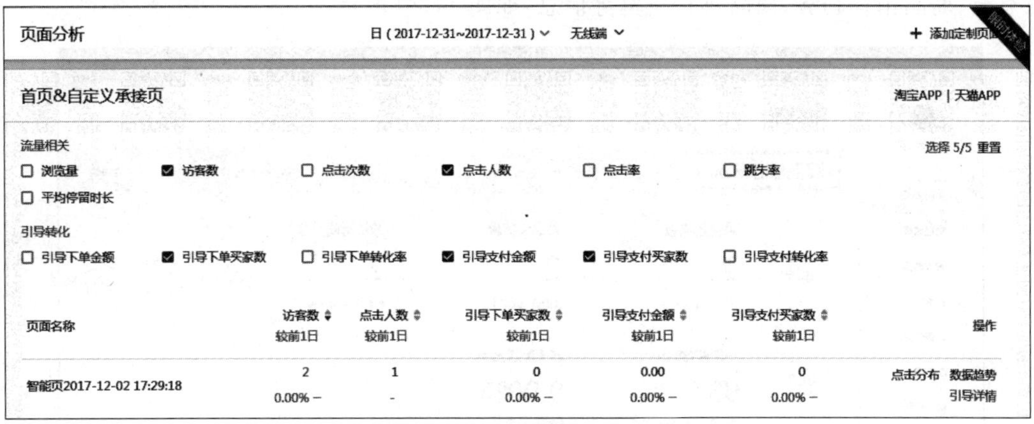

图 11-18　首页 & 自定义承接页

（2）页面设置。在流量分析页面选择【页面设置】选项，可以看到店内"装修分析"的相关数据。该板块分为 PC 端及无线端，能够使卖家对自己店铺的整体装修一目了然，如图 11-19 所示。

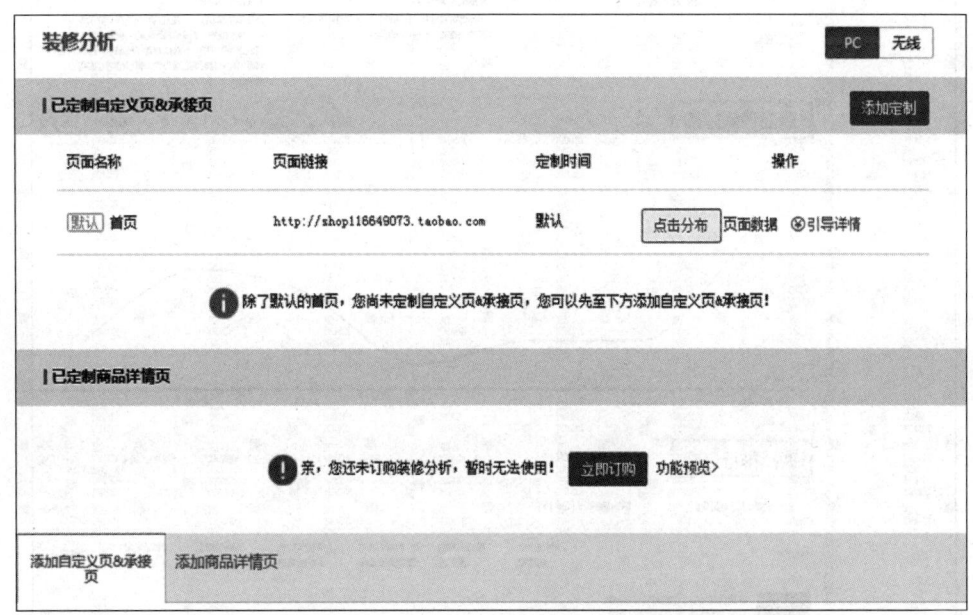

图 11-19　页面设置

11.2.3　商品分析

生意参谋的商品分析主要包括商品概况、商品效果、异常商品、分类分析、单品分析等板块，帮助卖家实时掌握和监控店铺商品信息。

1. 商品概况

在生意参谋的"商品分析"页面选择【商品概况】选项，在打开的页面中可以查看商品信息总况、商品销售趋势、商品排行概览等信息，如图 11-20 所示。

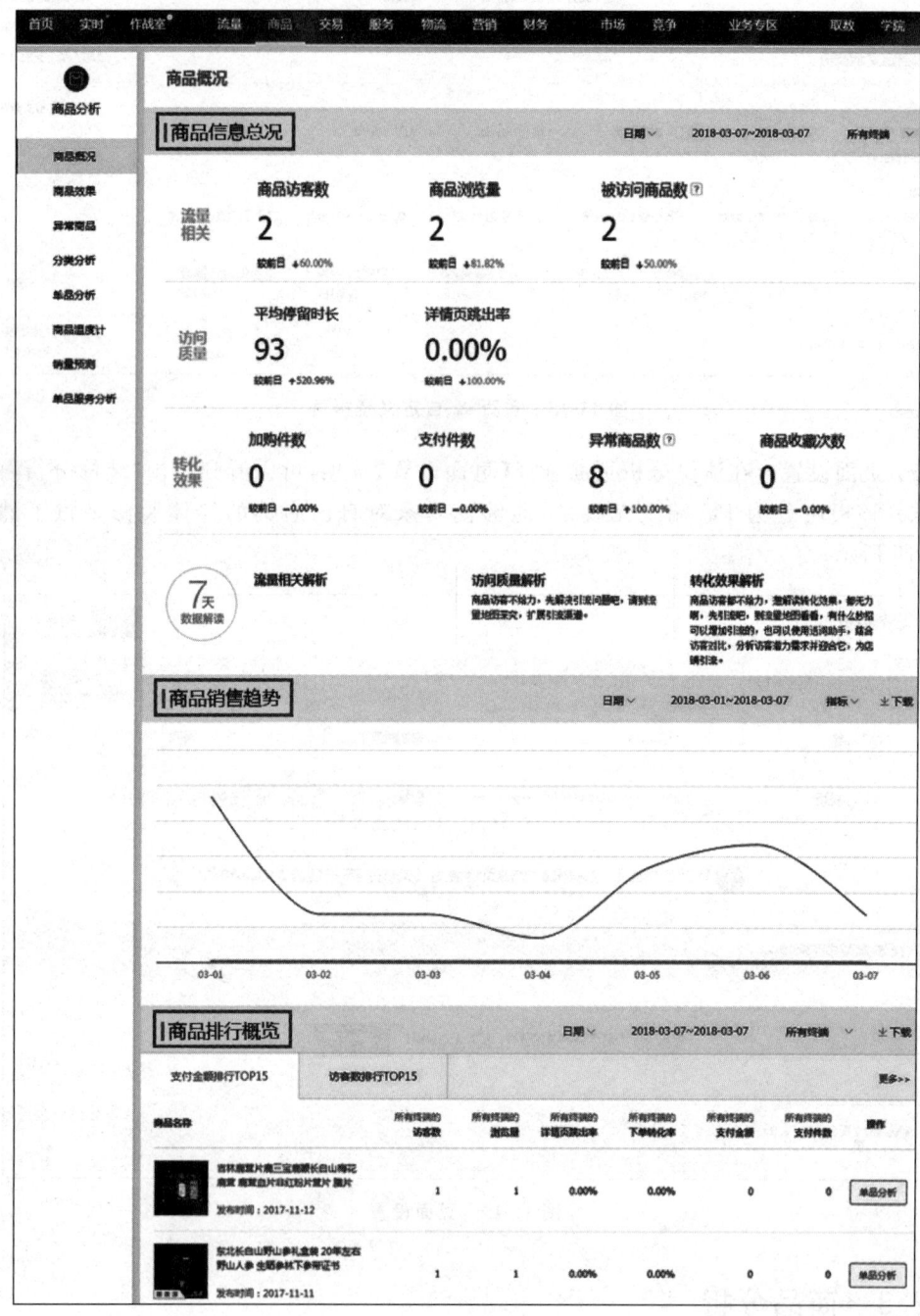

图 11-20　商品概况

2．商品效果

在生意参谋的"商品分析"页面选择【商品效果】选项，可以查看商品效果的详细数据，如图 11-21 所示。

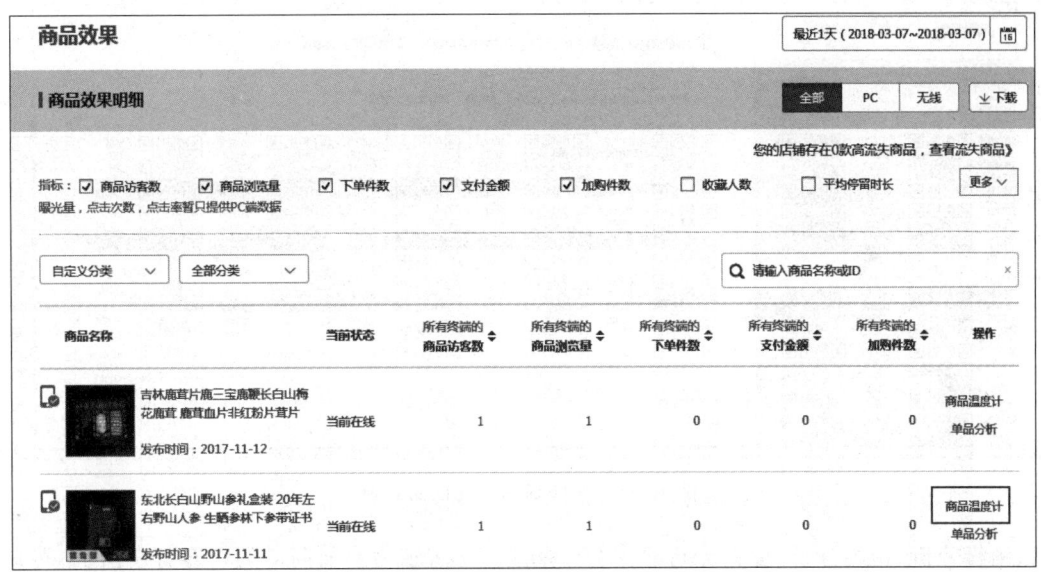

图 11-21　商品效果明细

（1）商品温度计。单击商品后的【商品温度计】超链接，可以查看当前商品的转化情况，如图 11-22 所示。如果当前商品存在问题，生意参谋将给出一些建议供卖家参考。

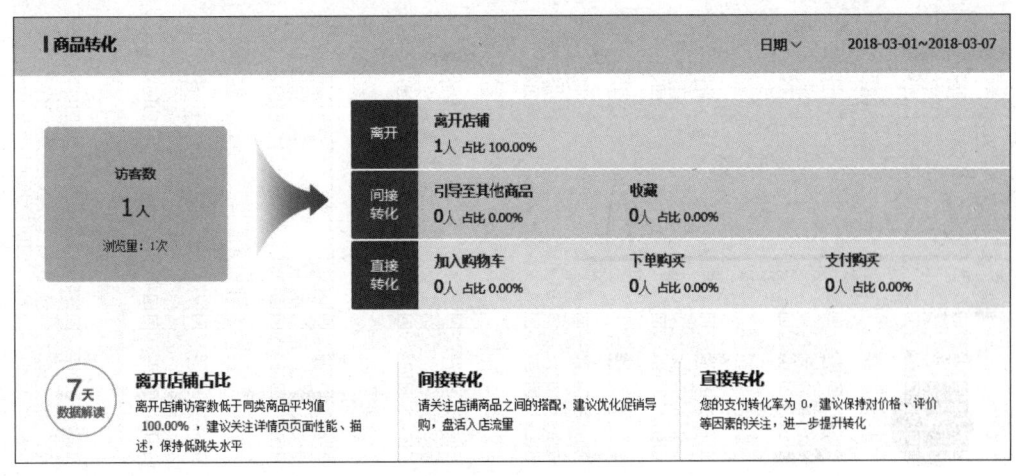

图 11-22　商品转化

在【商品转化】下方的【影响商品转化因素检测】栏中可以对影响商品转化情况的因素进行检测，包括页面性能、标题、价格、属性、促销导购、描述、评价等，如图 11-23 所示。生意参谋将对可能影响商品转化的问题进行显示，并提醒卖家进行优化。

（2）单品分析。在"商品效果"页面单击【单品分析】链接，可以查看当前商品的来源去

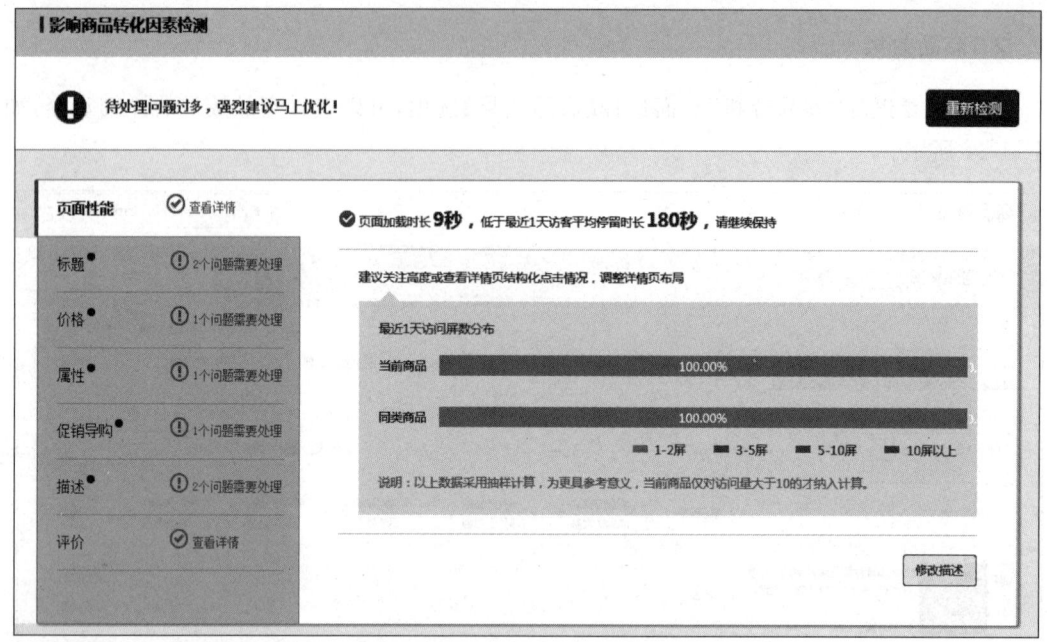

图 11-23 影响商品转化因素检测

向、销售分析、访客分析、促销分析等内容。图 11-24 所示为当前商品的访客分析页面,可通过其中的数据进行分析,包括来访 24 小时趋势图、地域、新老客户对比、性别等。

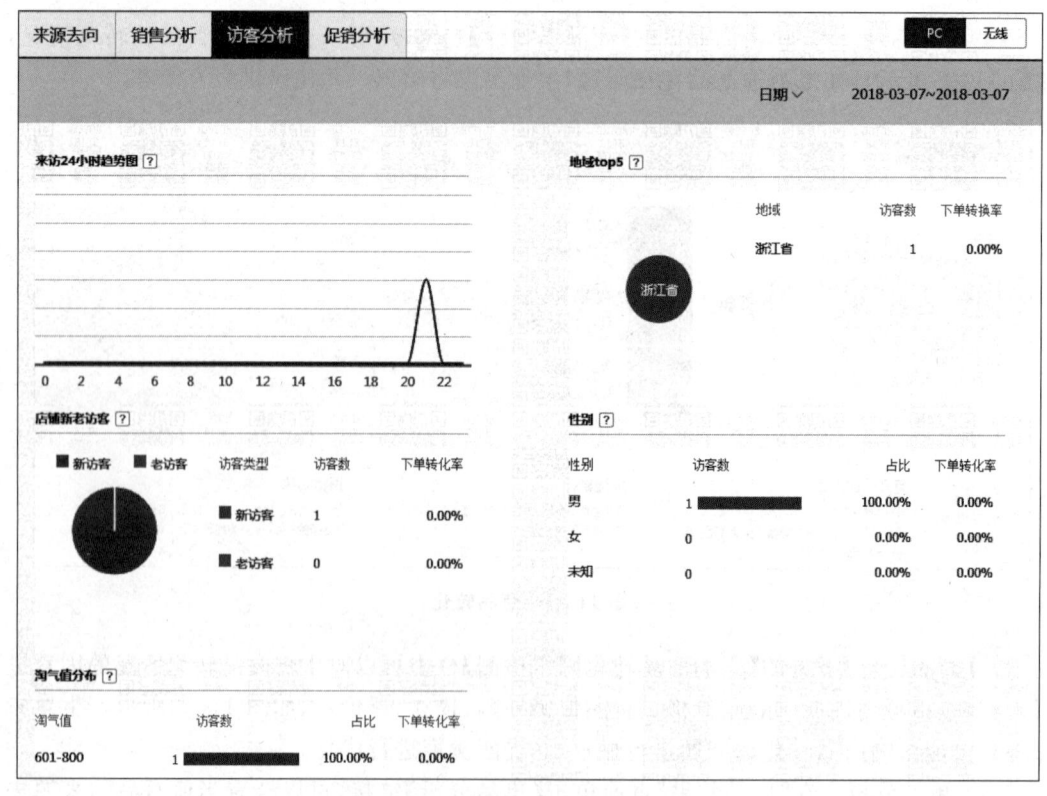

图 11-24 单品分析中的访客分析

3. 异常商品

在生意参谋的“商品分析”页面左侧的导航栏中选择【异常商品】选项，在打开的页面中可以查看当前表现异常的商品，包括流量下跌、支付转化率低、高跳出率、支付下跌、零支付、低库存等。如图 11-25 所示，它提供各类异常商品的 TOP50。可能会有一个商品存在多种异常的情况；如果有这种情况，就要进行重点分析，然后针对性地优化商品。生意参谋针对异常商品提出优化建议，为卖家优化商品提供决策依据。

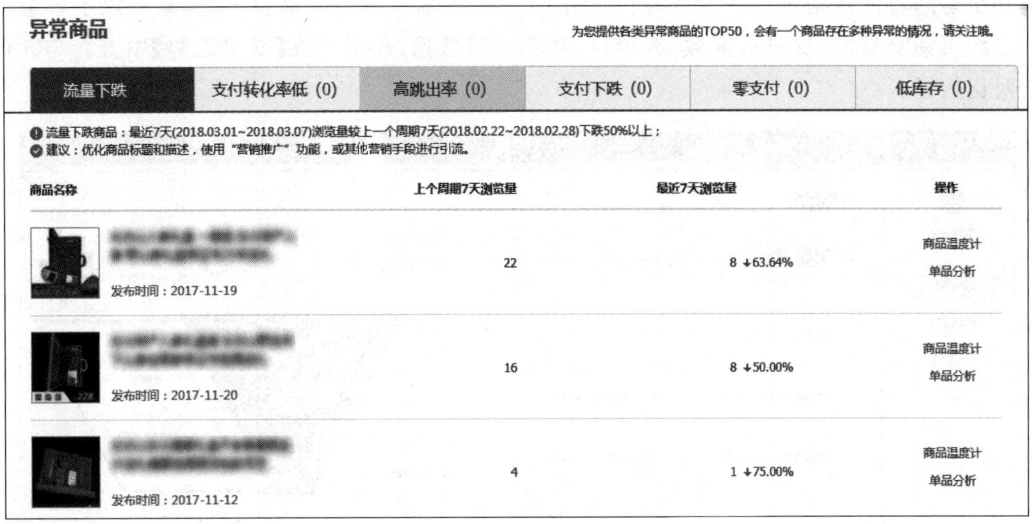
异常商品　为您提供各类异常商品的TOP50，会有一个商品存在多种异常的情况，请关注哦。

流量下跌 | 支付转化率低 (0) | 高跳出率 (0) | 支付下跌 (0) | 零支付 (0) | 低库存 (0)

流量下跌商品：最近7天(2018.03.01~2018.03.07)浏览量较上一个周期7天(2018.02.22~2018.02.28)下跌50%以上；
建议：优化商品标题和描述，使用“营销推广”功能，或其他营销手段进行引流。

商品名称	上个周期7天浏览量	最近7天浏览量	操作
发布时间：2017-11-19	22	8 ↓63.64%	商品温度计 单品分析
发布时间：2017-11-20	16	8 ↓50.00%	商品温度计 单品分析
发布时间：2017-11-12	4	1 ↓75.00%	商品温度计 单品分析

图 11-25　异常商品

4. 分类分析

在生意参谋的“商品分析”页面选择【分类分析】选项，其主要是指按照类别对商品情况进行分析，如图 11-26 所示。分类分析可以帮助卖家更快捷地分析出同类型商品的销售情况，找出同类商品的共同问题，统一进行调整。

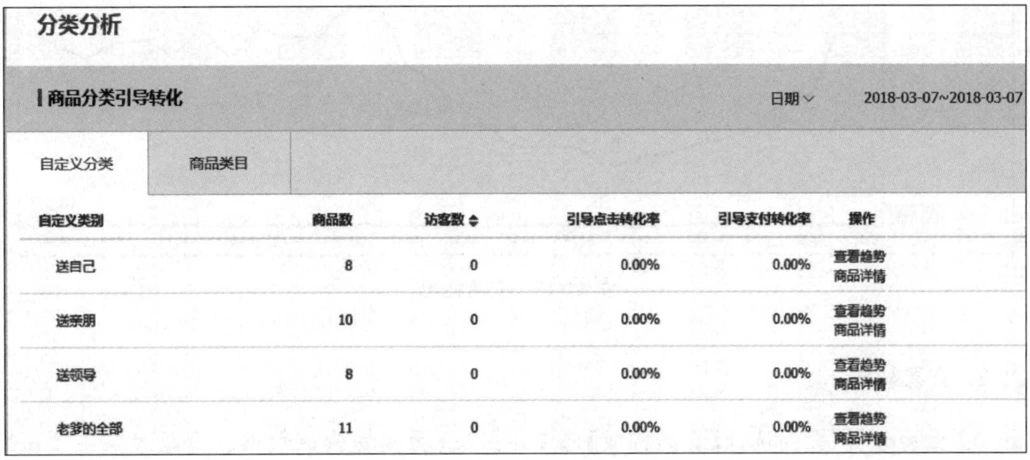
分类分析

商品分类引导转化　日期　2018-03-07~2018-03-07

自定义分类 | 商品类目

自定义类别	商品数	访客数	引导点击转化率	引导支付转化率	操作
送自己	8	0	0.00%	0.00%	查看趋势 商品详情
送亲朋	10	0	0.00%	0.00%	查看趋势 商品详情
送领导	8	0	0.00%	0.00%	查看趋势 商品详情
老爹的全部	11	0	0.00%	0.00%	查看趋势 商品详情

图 11-26　分类分析

11.2.4 交易分析

生意参谋中的交易分析主要包括交易概况、交易构成、交易明细3个板块,用于对店铺交易情况进行掌握和监控。

1. 交易概况

进入生意参谋的"交易分析"页面,单击【交易概况】选项,在打开的页面中可以对交易总览和交易趋势的数据进行查看和分析,如图11-27所示。通过交易总览,卖家可以了解最近一段的店铺交易额、支付买家数、客单价、转化率等数据,还可以在【交易趋势】中查看与同行的对比数据。

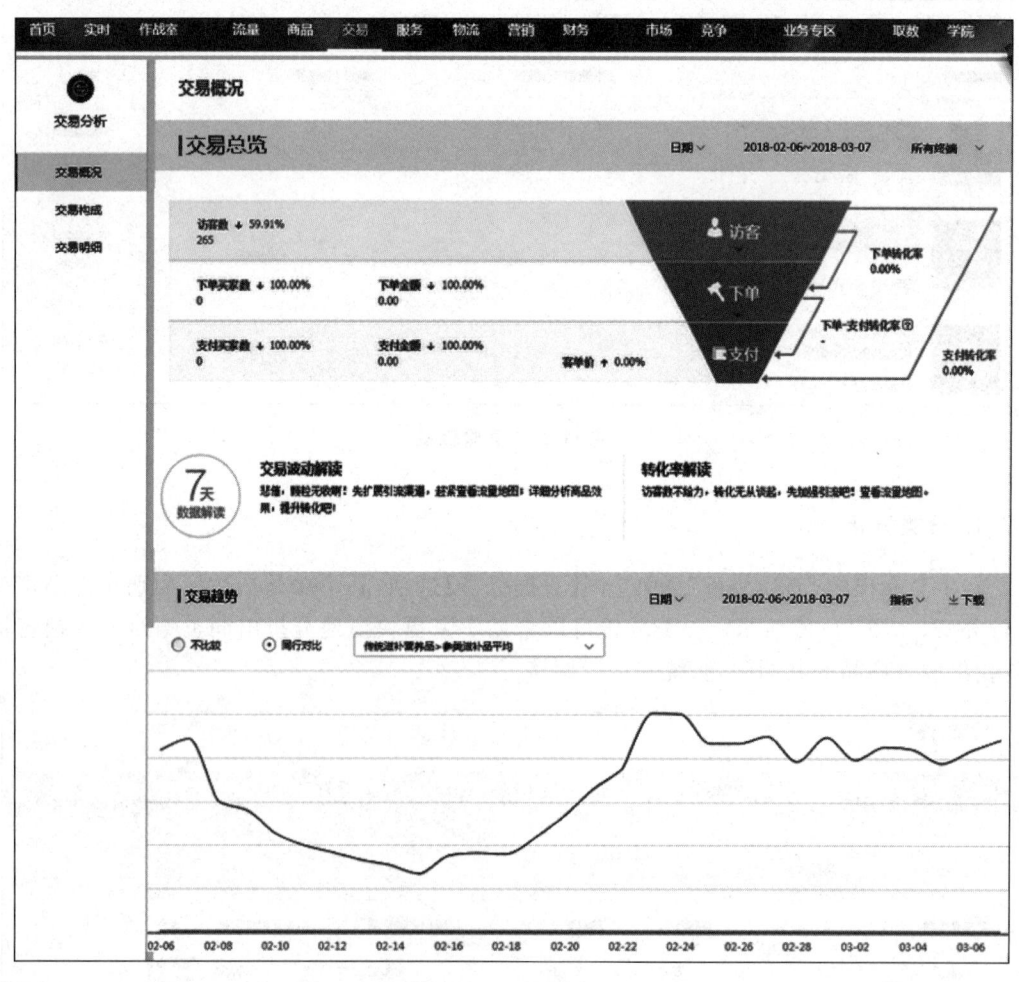

图 11-27 交易概况

2. 交易构成

在"交易分析"页面选择【交易构成】选项,可以查看交易构成数据。生意参谋主要从终端构成、类目构成、品牌构成、价格带构成、资金回流构成这五方面对交易构成数据进行分析，帮助卖家了解终端、类目、品牌等各方面的交易数据，以便针对性地对店铺进行优化。图 11-28所示为某店铺价格带构成的截图。

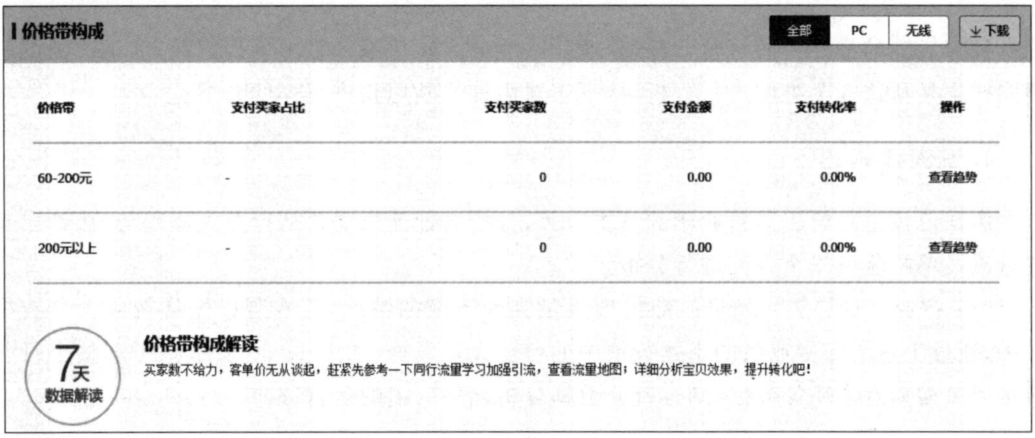

价格带	支付买家占比	支付买家数	支付金额	支付转化率	操作
60-200元	-	0	0.00	0.00%	查看趋势
200元以上	-	0	0.00	0.00%	查看趋势

图 11-28　价格带构成的截图

3. 交易明细

在“交易分析”页面选择【交易明细】选项，可以查看交易详细数据，包括订单编号、订单创建时间、支付时间、支付金额等信息，如图 11-29 所示。

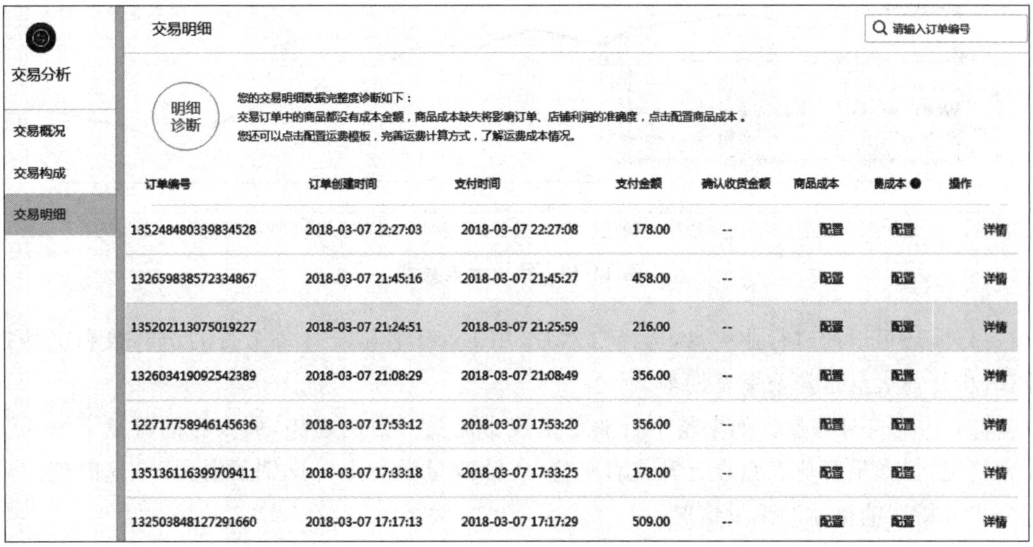

订单编号	订单创建时间	支付时间	支付金额	确认收货金额	商品成本	运费成本	操作
135248480339834528	2018-03-07 22:27:03	2018-03-07 22:27:08	178.00	--	配置	配置	详情
132659838572334867	2018-03-07 21:45:16	2018-03-07 21:45:27	458.00	--	配置	配置	详情
135202113075019227	2018-03-07 21:24:51	2018-03-07 21:25:59	216.00	--	配置	配置	详情
132603419092542389	2018-03-07 21:08:29	2018-03-07 21:08:49	356.00	--	配置	配置	详情
122717758946145636	2018-03-07 17:53:12	2018-03-07 17:53:20	356.00	--	配置	配置	详情
135136116399709411	2018-03-07 17:33:18	2018-03-07 17:33:25	178.00	--	配置	配置	详情
132503848127291660	2018-03-07 17:17:13	2018-03-07 17:17:29	509.00	--	配置	配置	详情

图 11-29　交易明细

11.3　店铺诊断

店铺诊断就像给店铺“做体检”，其目的有两个：一是预防“疾病”的发生，二是对已经发生的“疾病”及时治疗。店铺诊断对一个店铺的正常运转有着非常重要的影响，本节将从店铺诊断思路与竞品分析两方面进行介绍。

11.3.1 店铺诊断思路

经营店铺的最终目的是营业额，营业额＝流量×转化率×客单价。因此，店铺诊断的思路同样也是从这 3 个维度进行分析，接下来对店铺诊断思路进行详细介绍。

1. 流量（UV）

店铺流量是决定店铺营业额的基本因素，分析店铺流量需要从行业大盘趋势、店铺自身流量以及单品流量三个方面进行分析。

（1）行业大盘趋势。如果店铺出现流量突然下降的情况，那么可以先从行业大盘数据入手，通过生意参谋专业版的市场行情中的行业大盘数据（如图 11-30 所示），了解整个行业流量以及搜索点击率等数据，结合行业数据分析调整店铺的运营方向。

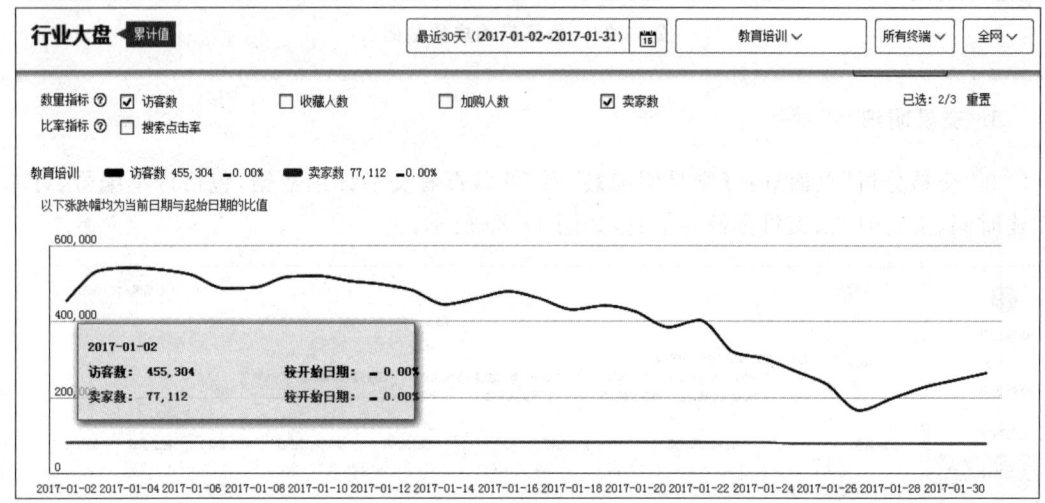

图 11-30　行业大盘数据

另外，还可以通过行业大盘，选择自然月，用 Excel 表格统计每个月的访客数和交易指数，分析行业大盘走势及爆发期等。

（2）店铺自身流量。如果整个行业都呈现出流量下滑的趋势，那么店铺流量下滑属于正常情况，但如果行业大盘在上升或者平稳，店铺流量没有上升反倒下滑，那么这时就应该进一步分析店铺整体的流量情况。

如果店铺整体出现大幅度下滑，首先要考虑店铺是否出现降权扣分的情况，因为降权扣分对于店铺自然流量的影响较大；其次，分析店铺的整体装修风格，看看装修风格是否有大幅度调整，店铺整体风格的调整对于流量也会有所影响；最后，分析店铺近期整体的 DSR 评分及售后评分指标升降趋势。如果这些都没有变化，那么最后要查看店铺的四大流量来源：淘内免费、付费流量、自主访问和淘外网站，分析哪个流量渠道出现了问题。

一般情况下，自主访客和淘外流量对于店铺整体流量的影响没有付费流量和免费流量对店铺流量的影响大。如果付费流量下滑，那么只需要加大推广力度即可；如果淘内免费流量下滑,则需要对店铺标题、主图、详情页等各方面进行优化。

（3）单品流量。如果店铺的单品流量出现问题,那么运营人员可以通过主推款单品分析查看主要搜索关键词的相关数据,包括展现量、点击量、点击率、平均搜索排名等,以此判断标题关键词是否可以带去流量,针对单品的标题、主图及上下架时间进行优化,提升主推单品的搜索流量。

2. 转化率

严格来说,转化率分为两种：一种是静默转化率,另一种是咨询转化率。静默转化率是指客户不通过咨询直接下单,它考察的是店铺的整体水平;咨询转化率则是指通过咨询客服,由客服引导成交的转化率。总的来说,影响商品转化率的因素主要包括流量精准度、商品详情页、客服接待等。

（1）流量精准度。通过生意参谋中的店铺来源数据,可以了解店铺各个流量渠道的下单转化率,进而分析出哪个流量渠道的转化率较低。

一般来说,店铺付费流量的转化率较低,这与推广引入的流量不够精准有关。可以一方面查看主要推广关键词与产品的热搜词是否相符合,以及推广的关键词与宝贝主图是否相符合,例如推广的关键词是"大M女装"或"胖MM衬衫",而主图却是比较瘦的模特,这会直接影响点击率和转化率;另一方面,查看人群定向和投放地域与店铺的目标人群是否相符合,通过生意参谋或生e经对店铺的访问人群和成交人群进行分析,优化投放设置。

如果是淘内免费流量下滑,那么可以通过查看二级流量来源了解哪些转化率比较低,针对性地进行优化。例如其中无线端的每日好店、手淘首页流量,主要是达人、淘宝客推荐或是系统自动推荐,流量相对比较大,但转化率会较低。这时可以查看是否有修改过主图、主图跟产品的相符度、主图与搜索词的匹配度、主关键词流量是否下滑、排名位置是否下降,针对主推关键词重点分析和优化。

（2）商品详情页。商品详情页的描述内容直接影响着静默转化率,而静默转化率较高的详情页一般满足以下要素：

- 页面整体的氛围：人是感性的动物,第一感觉很大程度影响到买家的购买欲望,甚至对于冲动型买家而言,可能页面的第一感觉就决定了是否购买。
- 销售记录和评价：消费者都有群众心理,例如线下餐饮,一般店铺排满人的店会相对好吃,而店铺比较冷清的,要么贵要么就是味道比较一般。此外,对于线上消费,用户无法真实地体验产品,因而其他客户的购物反馈评价对于顾客决定购买商品有着重要影响。
- 宝贝的描述：通过文字及图片展示的方式将宝贝的买点和客户需求点表现出来,给予消费者购买的冲动和理由,这对于转化起着决定性的作用。

（3）客服接待。客服的培训是否到位、客服对于产品的熟悉程度以及客服的服务态度、销售技巧很大程度影响到转化效果,所以应加强对客服人员的业务培训,对于表现优秀的客服可以给予一定的奖励,以激发其工作的积极性。

3. 客单价

无论线上线下，消费者购物都习惯性货比三家，产品的价格对于转化的影响也起着至关重要的作用。因此，这就需要卖家在定价的时候充分考虑市场环境以及产品成本等影响因素，同时可以通过关联营销、搭配营销等方式，给予客户优惠心理，提升店铺整体的客单价。

11.3.2 竞品分析

强者生存，弱者淘汰，这是生存法则，同样适用于竞争激烈的淘宝。想要战胜竞争对手，就要做到知己知彼，这样才能生存下来。下面以一家女鞋店铺为例，讲解如何进行竞品分析，如图11-31所示。

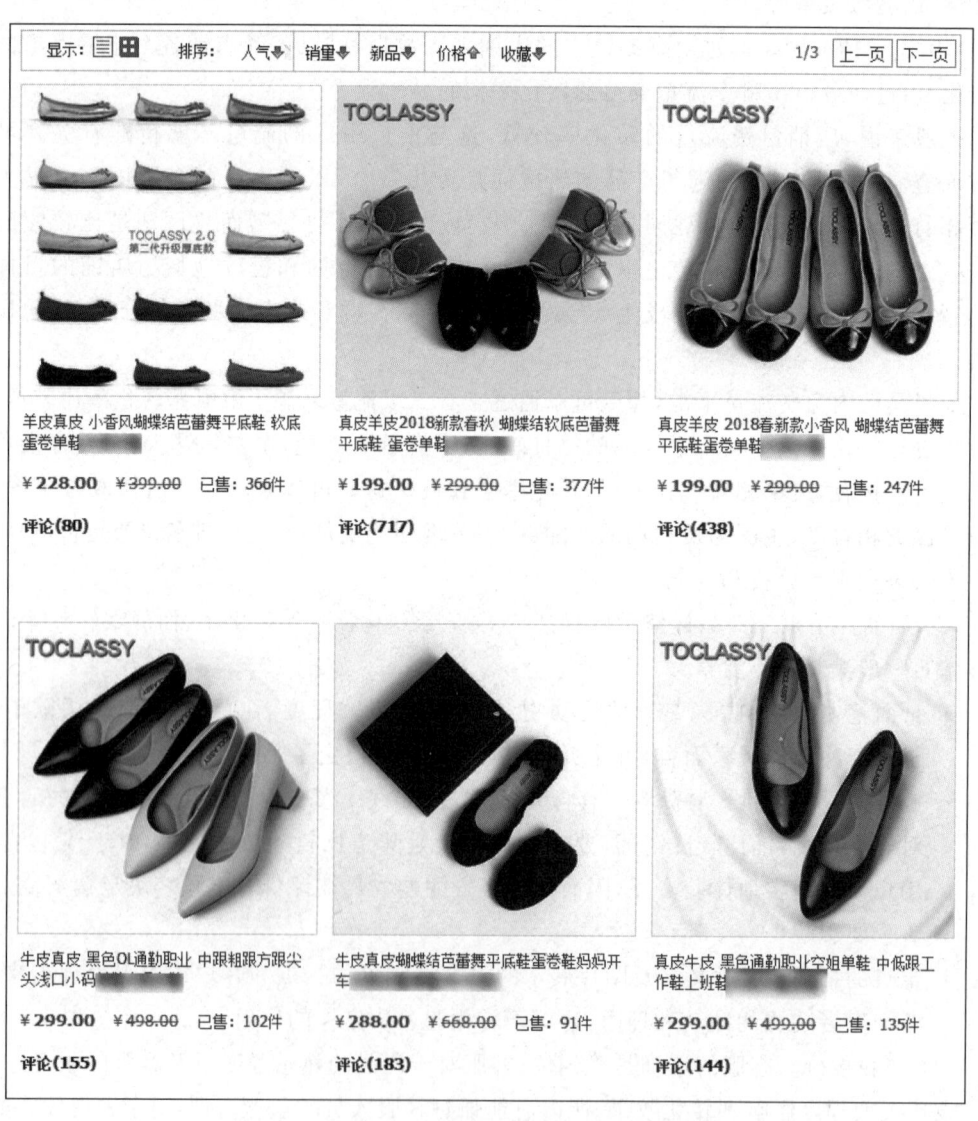

图 11-31　女鞋店铺部分产品

进行竞品分析需要做的是：锁定自己的竞争对手，对竞争对手进行分析，分析后制定相关的对战策略，具体流程如下。

1. 知己

要找到自己的竞争对手，必须先了解自己，只要清楚自己的店铺产品定位，才能更准确地找到竞争对手。

产品定位会影响到店铺的客单价、店铺的消费人群、店铺的装修风格等。当买家看到一个产品，最直观的信息就是该店铺的定位，例如购买女装，消费者准备买连衣裙还是牛仔裙，是高客单价还是低客单价，是英伦风还是复古风，都可以直接通过类目、价格、风格三个方面去确定。

从图 11-31 所示的宝贝信息可以看出这是一家主打复古风格的客单价在 200～300 元之间的中高端女鞋店铺，那么在查找竞争对手时，就应以这种风格的店铺为寻找方向。

2. 知彼

知彼需要做的是根据之前对自己店铺的定位了解竞争对手的情况，可以分为两步进行查找。

第一步：在淘宝搜索与店铺宝贝最符合的搜索词，然后按照店铺客单价精确竞争对手，更具体的还可以根据店铺宝贝的属性进一步精确竞争对手。例如案例中的女鞋店铺宝贝多以浅口单鞋为主，我们可以在搜索页面的"鞋跟款式"和"流行女鞋"中进行进一步的圈定。

第二步：根据自身宝贝的平均销量圈定几家和自己店铺客单价和销量相近的卖家作为竞争分析的对象。这个时候可以以销量为维度在淘宝搜索页面找出相关卖家，然后找到店铺宝贝所在的排位，圈定宝贝前后最近的几家风格最接近的店铺作为竞争对手进行分析。如图 11-32 所示，选择在宝贝前面和后面的两家风格、价格相近的店铺作为竞争对手。

3. 分析

分析竞争对手时，除了用一些软件得知对手的推广情况外，最直观的了解方式就是点击进去观察详情页和买家评论。还是以上面的店铺为例对竞争对手进行分析，如图 11-33 所示为自家商品信息，图 11-34 与图 11-35 为竞争对手的商品信息，具体分析如下。

- 从宝贝信息分析：与第一家相比，在价格、包邮、优惠方面都处于一个相对的弱势，SKU 也只有一种颜色。而与第二家相比，在价格、鞋码齐全度、优惠方面也处于一个相对的弱势。通过初步分析，之所以在销量方面少前面两家竞争对手近一倍，价格、优惠力度、SKU 的齐全性是主要原因。

图 11-32　圈定竞争对手

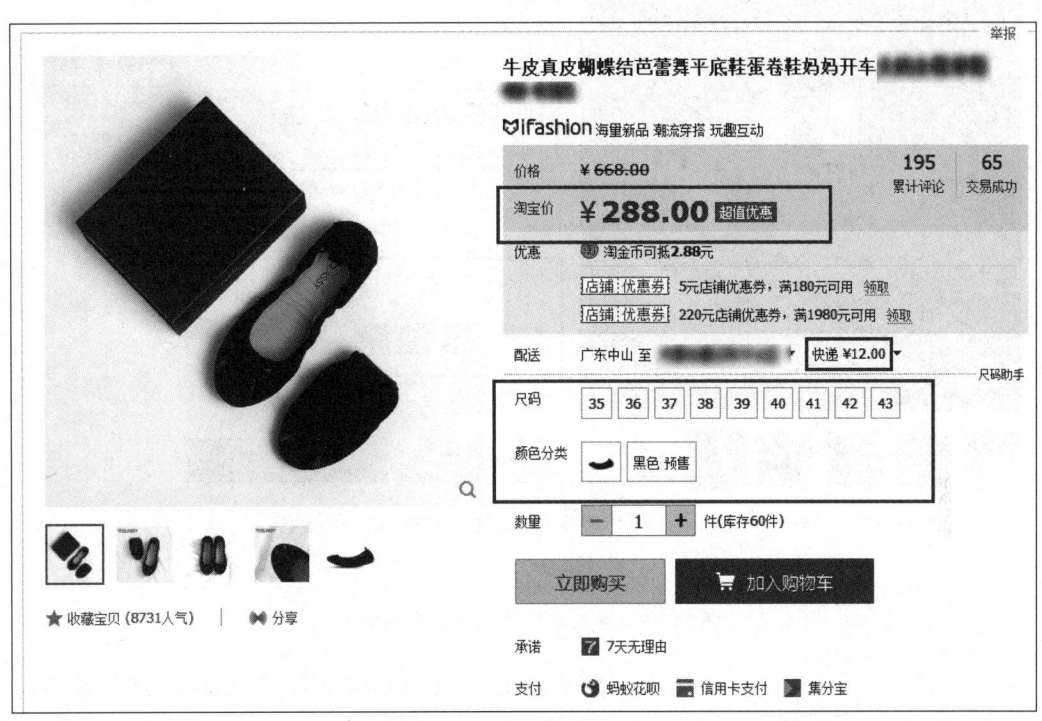

图 11-33　自身店铺的商品信息

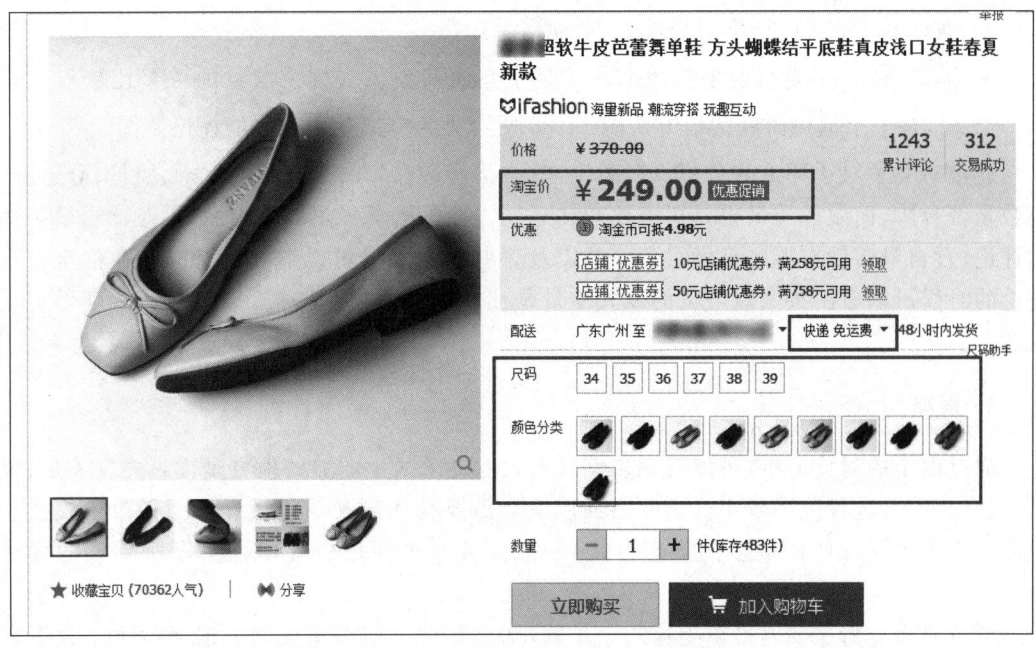

图 11-34　第一家竞争对手的商品信息

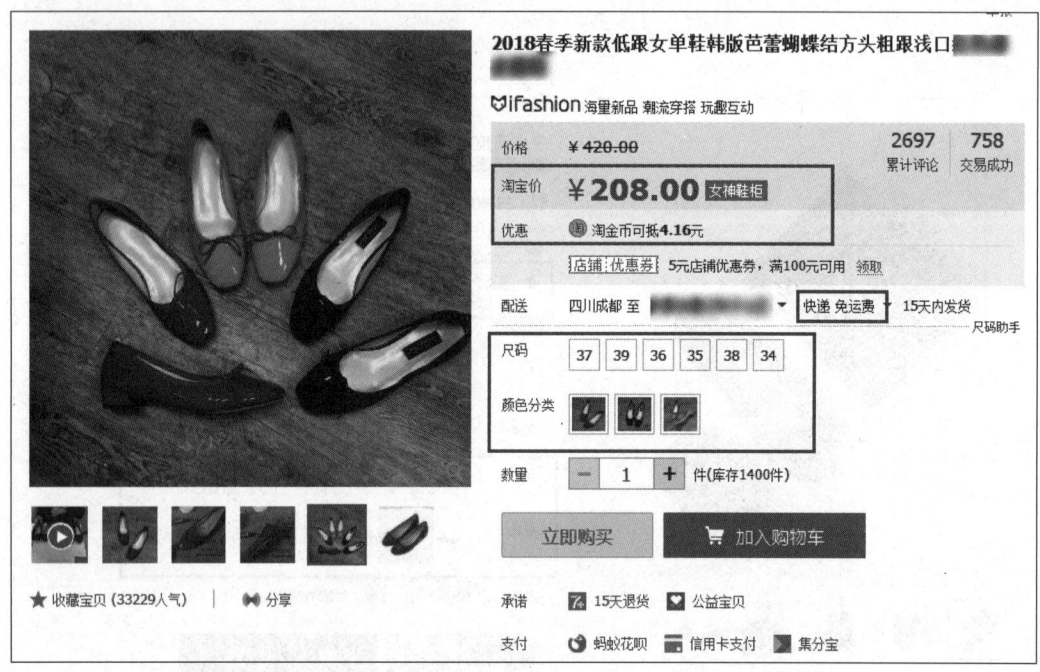

图 11-35　第二家竞争对手的商品信息

- 从详情页分析：由于店铺本身是原创品牌，注重店铺装修，因此详情页问题不大。建议一般对比详情页时可以关注竞争对手近期是否有详情页活动海报、对宝贝的展示拍摄是否恰到好处、对买家痛点的描述是否简单明了。更多的是通过对比找到竞争对手详情页值得学习的地方，从而借鉴运用。
- 从评论分析：竞争对手的评论其实是了解店铺类似人群需求点的一个比较好的途径，是一个值得研究的地方。图 11-36 所示为第二家竞争对手的评论截图。

通过对竞争对手评论的分析可以看出，其中买家最在意的是鞋子的款式、质量、舒适度、码数是否合脚，而服务质量也是买家比较在意的。在了解了买家的需求后，再对比自己店铺的评论，看自身店铺有哪些是做得不好的以及哪些做得不错可以继续维持的。在检查自身评论的时候可以看出买家对宝贝的款式质量是比较认可的，但是对于鞋码和舒适度不是很满意。

4. 策略

通过以上的对比分析，可以看到店铺目前比起竞争对手弱势的地方是优惠力度不足、宝贝颜色较少、可选择范围较小。因此店铺接下来需要在优惠和颜色设计方面做改善。优惠方面可以参考同行使用最多的优惠方式，一般多频率被使用就证明是买家所想要的优惠方式。

竞争对手分析主要就是以上这几个步骤，知己知彼才能在淘宝的大浪淘沙下生存下来并且日益强大。

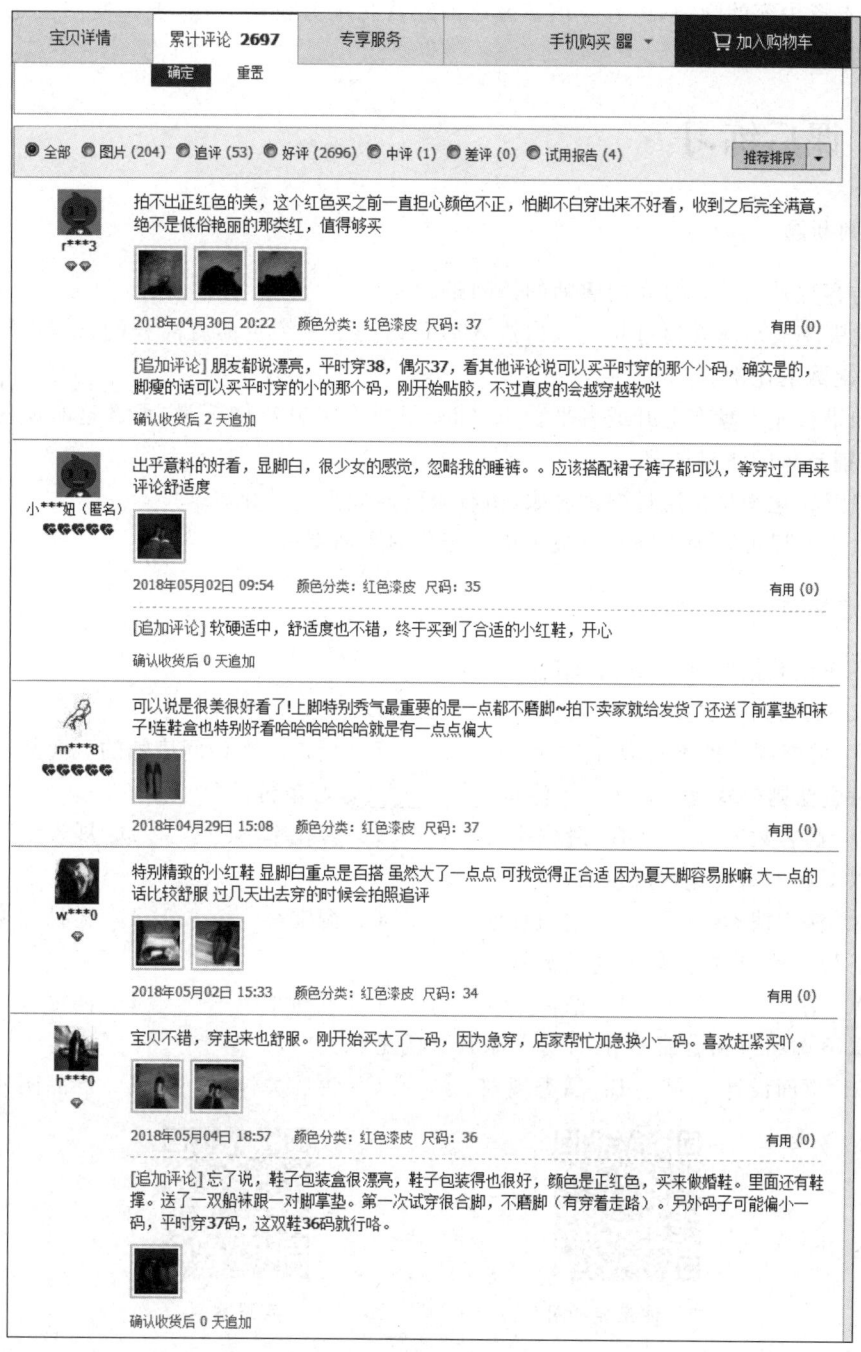

图 11-36　第二家竞争对手的评论截图

11.4　本章小结

本章主要介绍了店铺分析与优化的相关知识，其中包括店铺数据分析基础、数据分析工具"生意参谋"、店铺诊断。

通过本章内容的学习,读者应该掌握店铺经营状况分析的方法,熟练使用生意参谋,并能对店铺进行诊断。

11.5 课后练习

一、判断题

1. 访客数是指一定时间内店铺的访问量。（　）
2. 跳失率表示顾客通过相应入口进入后只访问了一个页面就离开的访问次数占该入口总访问次数的比例。（　）
3. 如果行业大盘在上升或者平稳,店铺流量没有上升反倒下滑,那么这时就应该进一步分析店铺整体的流量情况。（　）
4. 静默转化率是指通过咨询客服,由客服引导成交的转化率。（　）
5. 生意参谋可以为店铺经营决策提供充分的数据支持。（　）

二、选择题

1. 在淘宝数据中,UV 的含义是（　）。
   A. 页面浏览次数　　　　　　　　B. 独立访问者
   C. 关键词被搜索次数　　　　　　D. 用户一次访问店铺的页面数
2. 黄金法则公式是：营业额＝流量×_____×客单价。（　）
   A. 访客数　　　B. 跳失率　　　C. 转化率　　　D. 展现量
3. 以下属于站内免费流量的是（　）。
   A. 淘宝搜索　　B. 站内其他　　C. 淘宝客　　　D. 天猫搜索
4. 下列选项中,哪些属于付费流量？（　）
   A. 钻展　　　　B. 微淘　　　　C. 直通车　　　D. 淘宝客
5. 以下选项中和店铺 DSR 评分关系最大的是（　）。
   A. 页面设计　　B. 品类规划　　C. 售后关怀　　D. 产品图片

知识体系梳理图　　　　实践案例

第 12 章
淘宝营销活动

思政阅读

【学习目标】

知识目标	• 了解聚划算的参聚类型及报名流程 • 了解天天特价的报名要求及报名流程 • 了解淘抢购的报名流程
技能目标	• 掌握淘宝小型节日营销的策划方法 • 掌握淘宝官方节日营销的策划方法

【引导案例】

一锅羊肉的升级之路：看聚划算如何打造爆款

每到年底各家电商促销、品牌打折的信息总是蜂拥而至，仿佛要把一年的优惠都放在这几天推出。在第 9 期的"城市召集令"号召下，聚划算抢空羊肉活动吸引了大量美食爱好者参与。在开售期，仅仅 66 秒，16000 份羊杂小火锅即抢购一空，羊蝎子、羊肉卷等货品在 60 秒内销售破万。在活动的三天内，聚划算平台的 20 万斤羊肉被一抢而空，成为全民追捧爆款。

聚划算秉持帮助用户理性选择和拒绝盲目消费的原则，顺应市场需求，结合消费者实际情况，选择年底最应景的"羊肉美食"为主题，从源头开始把控货品质量，并推出一系列吸引消费者的互动活动和优惠政策，吸引大量粉丝参与购买。

1. 线上线下并进助力品牌聚人气

在很多人的印象中，"卖羊肉"是普通生鲜超市在做的事情，并没有什么噱头，也做不出任何大事情。但聚划算凭借优秀的商业眼光和独特的运营策略，最终把"卖羊肉"这件小事做成了大事件。

聚划算首先打出"城市召集令"为活动聚集人气，在 12 月 17 日号召 300 名美食客共同欢聚京城品尝美味全羊宴，以北京的羊肉爱好者为发起人，共邀身边好友关注这场美食盛宴。活动现场各种羊肉大菜一一上桌，让美食爱好者们赞不绝口，载歌载舞的表演以及内蒙古乐器马头琴的悠悠旋律让参与者们仿佛穿越到了辽阔的大草原，体验草原人民大碗喝酒、大口吃肉的肆意生活。聚划算还特别邀请到来自内蒙古的羊肉大厨现场传授烹饪诀窍,在愉快轻松的氛围中,吸引美食爱好者的目光,引导他们自发产生对羊肉的购买需求。

作为身负社会使命感的大品牌,聚划算的"城市召集令"当然并不只是召集羊肉爱好者,它还召集那些为城市默默奉献的劳动人民,感谢他们的不辞辛劳以及对城市的贡献。此次"城市召集令"特别甄选属于北京冬日的羊肉汤,以舌尖上的记忆传递温暖心意。添加御寒药材的暖身羊肉汤可以给那些从清晨忙碌到深夜的环卫工人和快递小哥送去温暖,如图12-1所示。

图12-1 活动现场

除了这些线下预热活动外,聚划算同样看重深受年轻人欢迎的线上互动形式。经过前期调研,聚划算特别制定了为期7天的羊肉美食周直播,在直播活动中植入爆款产品,以7个紧扣时下热点的主题召集更多粉丝关注,例如其中的"困扰年轻人的羊肉烹饪问题""美女主播为何羊肉吃不停"、极易带动话题的"羊肉评测"。它以充满看点的内容聚集目标人群,深度渗透粉丝群体,以点带面撬动更多用户关注,进一步扩大抢空活动的影响力和覆盖面。

在一系列线上线下活动的推动下,聚划算成功引起大批美食爱好者的关注,在核心圈层获得巨大回应。它在预热活动的同时传播"城市召集令"概念,再次强化品牌影响力,为商家提供全链路营销服务。

2. 签约专属牧场

市场竞争日渐剧烈,消费者拥有更多机会接触到不同品牌的各式产品,因此想要成为好的销售平台,不仅需要营销手段持续创新,对货品的要求也必须不断升级。

针对过去消费者对羊肉的担忧,例如无法确定产地、无法辨别真假等问题,聚划算深入研究做出应对。为确保消费者买到的每一口羊肉都是优质并且安全的,聚划算以品牌优势在全球范围内精心选择,最终圈定三大黄金羊肉产区——内蒙古、甘肃、新西兰,成立天猫专属牧场。据悉,这三大专属牧场的羊肉品质上乘、质量把控严格,并且直供天猫聚划算商家,从根源解决消费者的担忧。

不仅如此,天猫聚划算还在12月19日举办了一场发布会,正式对外界公布签署三大专属牧场。三大牧场产地的政府协会代表、天猫旗舰店商家代表以及天猫聚划算高层共同出席活动,为天猫专属牧场背书,以权威人士的力量让消费者对羊肉质量放心。

此次聚划算活动不仅创造了巨额成交量,更为商家沉淀了数量庞大的粉丝群体,引入了大量潜在消费者,创造了更多消费机会。并且,聚划算在此次的抢空活动中,探索新方式赋能货品,让小小的羊肉爆发聚集力量,创造巨大购买力,成为业内非常值得参考的成功案例。此外,作为首次推出的"城市召集令",今后也将延续聚好味、聚人气、聚话题的特点,为消费者带来丰富好玩的活动和优质洋气的货品。

【案例思考】

通过聚划算活动,在开售期,仅仅66秒,16 000份羊杂小火锅即抢购一空,羊蝎子、羊肉卷等货品60秒内就销售破万。而在活动的三天内,聚划算平台的20万斤羊肉被一抢而空。由此可见营销活动对于店铺商品销量有着重要的推动作用,那么淘宝平台有哪些营销活动,卖家又该如何参加这些营销活动呢?本章将围绕淘宝日常营销活动和淘宝节日营销活动两方面对淘宝营销活动进行讲解。

12.1 淘宝日常营销活动

随着店铺的成长,卖家对于营销资源的需求也越来越大。面对这些需求,淘宝官方也提供了一些营销资源,目前淘宝官方的活动有聚划算、天天特价、淘抢购等。除聚划算、淘抢购需要收取活动费用外,其余活动若有收费会在报名时明确告知。本节针对淘宝平台的日常营销活动进行介绍。

12.1.1 聚划算

淘宝聚划算网(ju.taobao.com)是阿里巴巴集团旗下的团购网站,是由淘宝官方组织的一种线上团购活动形式。聚划算页面与一般团购网站相似,商品主要由淘宝网的大卖家和品牌商提供。淘宝网聚划算并不负责资金流和物流,用户在"聚划算"下订单之后,把费用直接支付给商品的卖家,再由商家直接对下单客户负责。报名参加聚划算通常需要交纳一定的保证金和基础费用,按照不同类目的费率进行收费。

聚划算主要包括商品团、品牌团、聚名品、聚新品、竞拍团5种参聚类型,具体介绍如下。

1. 商品团

商品团是一种限时特惠的体验式营销模式,具有坑位数多、参聚概率相对较大、主团展示、流量稳定的特点,可以帮助卖家快速规模化地获取新用户。商品团的报名流程主要包括选择活动、选择商品、选择坑位、填写商品报名、商品审核、费用冻结、上团前准备7个阶段,下面将对这几个阶段进行介绍。

(1)选择活动。在参加商品团之前,商家首先应该查看招商公告,了解招商要求。登录聚划算后台进入卖家中心首页,将鼠标移至导航栏的【卖家地图】上方,单击下拉菜单中的【聚划算报名】按钮,进入聚划算商户中心首页,如图12-2所示。

单击图12-2中的【我要报名】按钮,进入报名页面,如图12-3所示。在打开的页面中选

图 12-2　聚划算商户中心首页

择"主营类目"和"频道类型",然后查看可报名的活动,以及活动介绍、收费方案、保证金规则、报名要求和坑位规则等信息,选择有报名资格的活动。

图 12-3　聚划算报名页面

（2）选择商品及坑位。选择符合审查规则的商品。如果提交的某商品显示无法提交,那么该商品则属于不符合审查规则的商品,单击该商品后方的【查看原因】按钮,可了解具体原因。如果商家所选商品符合所选坑位的条件,系统将展示 6 周内的所有坑位；如果商品不符合条件,则不会展示不符合条件的坑位,单击【显示不可报坑位】超链接即可看到具体不可报的坑位内容。

（3）填写商品报名。在该页面中,商家需要填写商品基本信息,包括宝贝标题、卖点、团购价格、描述等内容,还包括费用等其他内容。商品报名详情填写完毕后,将进入小二审核的阶段。最终如果卖家参团成功,这部分内容将在聚划算详情页面进行展示。

(4) 商品审核。商品审核包括一审和二审两个阶段：一审主要是系统对报名商品价格、报名商品货值、历史成交及评论、商品 DSR 评分、店铺近 3~6 个月的成交排名、店铺聚划算成交额和历史单坑产出水平等进行审核；二审主要是由人工对库存、价格是否具有市场竞争力、根据商家分值择优录取、是否存在拼款和换款等信息进行审核。

(5) 费用冻结。费用冻结主要包括保证金和保底佣金两部分。保证金是指聚划算为了维护消费者权益，冻结商家一定的款项，确保商家根据承诺提供商品和服务。若商家出现付款后不发货、商品有质量问题等情况，聚划算平台会将保证金赔付给消费者。保底佣金是指当卖家参加聚划算，成交额未达到目标成交额（保底交易量）时，需要向聚划算承担技术服务费。如果订单总额未达成该类目的保底佣金，则减去实时划扣的佣金之后形成的差额部分会从保底佣金中扣除，剩余保底佣金解冻并返还卖家。

(6) 上团前准备。上团前准备包括信息变更和发布两部分。信息变更是指商品从待审核至开团的过程中可全程修改信息，信息变更提交后 30 分钟会审核完成。信息变更不影响发布，在发布状态下仍可以进行变更，待信息变更审核通过后即可生效。发布包括系统发布和自助发布两种模式：系统发布是指在展示开始时，系统自动对符合发布条件的商品进行发布；自主发布是指在商品审核通过后，自己选择发布时间并进行发布。

2．品牌团

品牌团是一种基于品牌限时折扣的营销模式。品牌规模化出货可以快速抢占市场份额，提升品牌认知。品牌团的报名流程主要包括品牌报名、商品报名、上团准备 3 个阶段。

(1) 品牌报名。品牌报名包括商家报名、商家审核、素材提交 3 个步骤。商家报名的时间为每月的 4~12 日，商家选取对应类目的品牌团报名入口进行报名，并在其中填写品牌名称、期望上团日期、报名类目等信息；商家审核的时间为每月的 13~15 日，由系统根据商家分值进行排序，择优录取，审核内容主要包括品牌营销 logo、品牌营销 banner、品牌入口、流量入口、无线 banner、新版品牌入口、品牌主题、品牌故事介绍（PC 端）、品牌故事介绍（无线端）等内容。

(2) 商品报名与上团准备。品牌团的商品报名与商品团的报名步骤相同，若商品审核不通过，在商品审核时间截止前商家可重新补报商品。品牌团建议参团商品数为 6~80 款，以实际最终参加活动的商品数为准。品牌团的上团准备与商品团的上团准备相同。

3．聚名品

聚名品是一种定位于中高端消费人群的营销模式，以"轻奢、最潮流、快时尚"为核心，聚集高端品牌，以佣金的方式进行收费，具有单品团、品牌团多种玩法。聚名品的招商对象为符合聚名品规则要求的天猫旗舰店、旗舰店授权专营店、天猫国际旗舰店、全球购（须认证）以及淘宝集市店铺等。

4．聚新品

聚新品是新品营销效率最高的平台，可以快速引爆新品类及新商品，快速积累新用户群体，形成良好的口碑传播。聚新品适用于高潜力/高增长的新品类、国际品牌、国内知名品牌、知名淘品牌、营销能力强且具规模化的供应链及服务能力的大中型商家以及有创新设计、创意概念、创新技术应用、属性升级的商品。聚新品采用保底＋佣金＋封顶的收费模式，要求商品没有销售记录或在10件以内，且备货量为30万、40万。淘宝小二根据品牌影响力、店铺日常运营能力、投放计划、销售预估、价格优势等指标进行选择。

5. 竞拍团

竞拍团是一种适合中小卖家快速参聚的营销方式，通过市场化的竞价方式，增加中小商家的参团机会。参加竞拍团的卖家需要通过聚划算首页进入竞拍报名阶段，找到竞拍坑位入口，然后选择店铺中的优秀款商品提交，进入提交商品流程，填写价格和数量。审核通过后，商品即进入待排期状态，并可进入竞拍大厅参与竞拍，对商铺进行出价。竞拍成功后可以在保证金页面或宝贝管理页面支付保证金。

12.1.2 天天特价

淘宝天天特价是针对小卖家而展开的营销活动，专门扶持有特色货品、独立货源以及一定经营能力的小卖家，可以为小卖家提供流量增长、营销成长等方面的支持。下面对天天特价活动的报名要求和报名流程进行介绍。

1. 报名要求

为买家提供物美价廉的商品是天天特价的核心价值之一，所以对于参加活动的店铺和宝贝都设立了一定的报名条件，只有满足这些条件才能参加活动。

（1）天天特价的商家报名资格。淘宝网规定，报名参加"天天特价"的店铺必须满足以下要求。

① 活动针对淘宝店铺和天猫店铺（含天猫国际商家、飞猪天猫商家、飞猪天猫国际商家）招商。

② 淘宝店铺须支持淘宝消费者保障服务。

③ 淘宝店铺信用等级为1钻及以上。

④ 近半年店铺非虚拟交易的DSR评分的三项指标分别不得低于4.6（开店不足半年的自开店之日起算）。

⑤ 店铺实物交易占比需在90%及以上，以下类型店铺除外。

- 主营一级类目为消费卡、购物提货券、餐饮美食、移动/联通/电信充值中心、手机号码/套餐/增值业务、网络游戏点卡、腾讯QQ专区、装修设计/施工/监理、装修服务、生活娱乐充值的店铺。
- 主营一级类目为手机的天猫店铺。
- 主营一级类目为景点门票/演艺演出/周边游/特价酒店/特色客栈/公寓旅馆、度假线路/签证送关/旅游服务的飞猪店铺。

⑥ 店铺开店时长须在90天及以上。

⑦ 店铺近30天纠纷退款率超过店铺所在主营类目的纠纷退款率均值的5倍，且店铺近30天纠纷退款笔数大于等于3笔的店铺限制参加营销活动。

⑧ 店铺因违反《淘宝规则》《天猫规则》《天猫国际服务条款规则》《飞猪规则》导致出现以下情形的，将被限制参加营销平台活动。

- 天猫店铺(含天猫国际商家、飞猪天猫商家、飞猪天猫国际商家):
  - 近 30 天(含)一般违规(虚假交易除外)扣分达 12 分,或存在虚假交易一般违规扣分达 4 分,或存在严重违规(虚假交易除外)扣分(不含 0 分)。
  - 近 60 天(含)虚假交易一般违规扣分达 14 分。
  - 近 90 天(含)一般违规(虚假交易除外)扣分达 48 分,或存在虚假交易一般违规扣分达 48 分,或严重违规(虚假交易除外)扣分达 12 分。
  - 店铺严重违规(虚假交易除外)扣分达 48 分,或存在虚假交易严重违规扣分(含 0 分)。
- 淘宝店铺(含飞猪集市商家):
  - 近 90 天(含)一般违规(虚假交易除外)扣分达 12 分,或存在严重违规(虚假交易除外)扣分(不含 0 分),或存在虚假交易一般违规扣分。
  - 近 365 天(含)严重违规(虚假交易除外)扣分达 12 分。
  - 近 730 天(含)虚假交易一般违规扣分达 48 分,或存在出售假冒商品扣分(含 0 分)。
  - 店铺严重违规(虚假交易除外)扣分达 48 分,或存在虚假交易严重违规扣分(含 0 分)。
- 店铺存在其他诚信经营方面的问题或任何损害消费者权益的行为。

(2) 天天特价的报名宝贝要求。天天特价除了对报名的商家有一定要求外,对于报名参加天天特价活动的商品也有一定要求,具体要求如下。

① 报名宝贝原价不高于全网均价,禁止先提价再打折。
② 报名宝贝的数量≥50 件,且≤300 件(报名超值推荐的宝贝数量≥200 件,且≤300 件)。
③ 报名宝贝近 30 天内交易≥10 件。
④ 报名宝贝折扣价格低于 60 天内最低成交价格。
⑤ 报名宝贝必须包邮。
⑥ 报名宝贝是应季商品。
⑦ 售卖品牌商品需要上传品牌授权图片。
⑧ 食品类目需要拥有 QS 标、"中"字标、"授"字标或第三方质检。美容和户外类目需要有假一赔三资质或"授"字标。
⑨ 报名宝贝图片为 310px×310px 的白底 1M 以内的清晰图片(无 logo、无水印、无广告语等)。
⑩ 报名宝贝标题为 13 个汉字或者 26 个字符且描述准确清晰,严禁堆砌关键字。
⑪ 报名宝贝需要有一定的细节描述图。

2. 活动报名流程

店铺满足报名要求后,即可申请报名活动。天天特价的报名流程比较简单,具体操作步骤如下。

Step1 进入卖家中心首页,将鼠标移至顶部导航栏的【卖家地图】上方,单击下拉菜单中的【天天特价报名】按钮,进入天天特价首页,如图 12-4 所示。

Step2 单击天天特价首页中的【我要报名】按钮,进入活动报名页面。卖家可根据页面提示选择适合自己的"频道类型"和"活动时间",单击主题后方的【去报名】按钮,如图 12-5 所示。

Step3 进入活动报名页面后进一步了解活动详情,之后单击页面底部的【下一步】按

图 12-4　天天特价首页

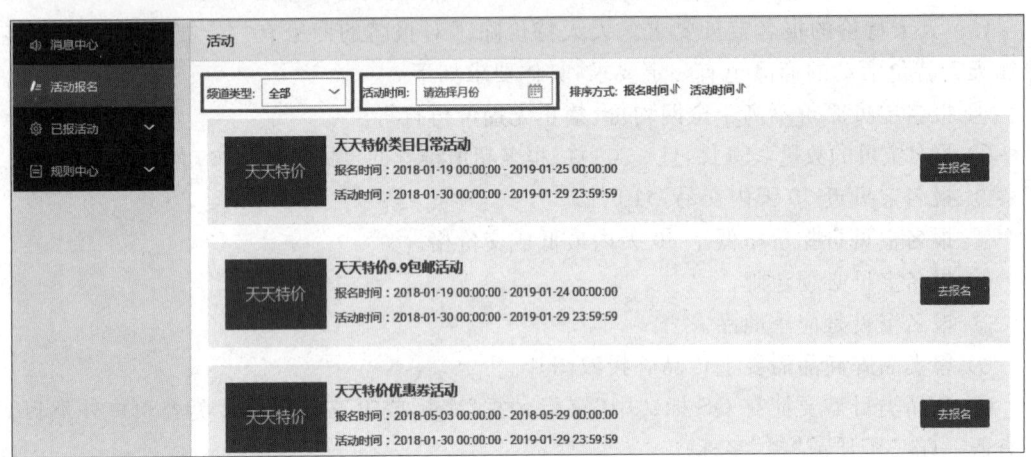

图 12-5　活动报名页面

钮，如图 12-6 所示。

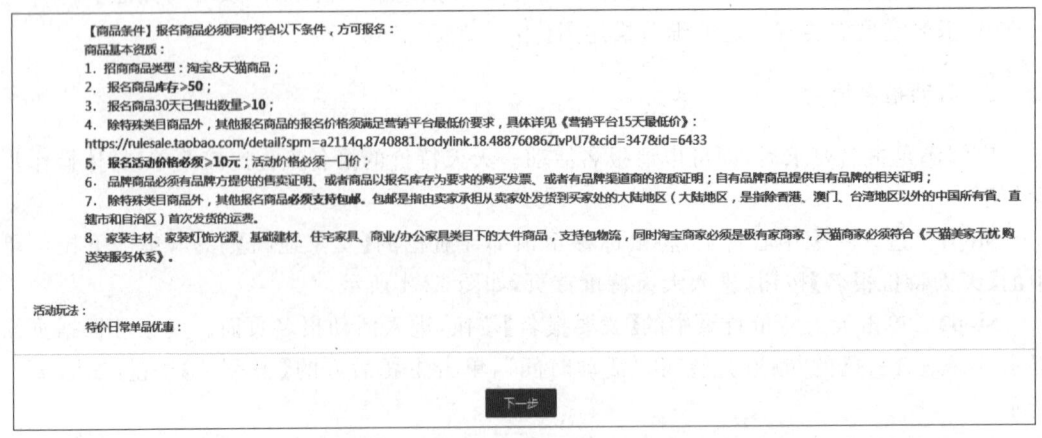

图 12-6　了解活动详情

Step4 填写基本信息。填写参团商品的活动价格与数量(价格、尺码、活动库存)和商品基本信息(标题、图片、利益点、限购等信息),如图 12-7 所示。

图 12-7　填写基本信息

Step5 再次确认信息,提交报名,如图 12-8 所示。

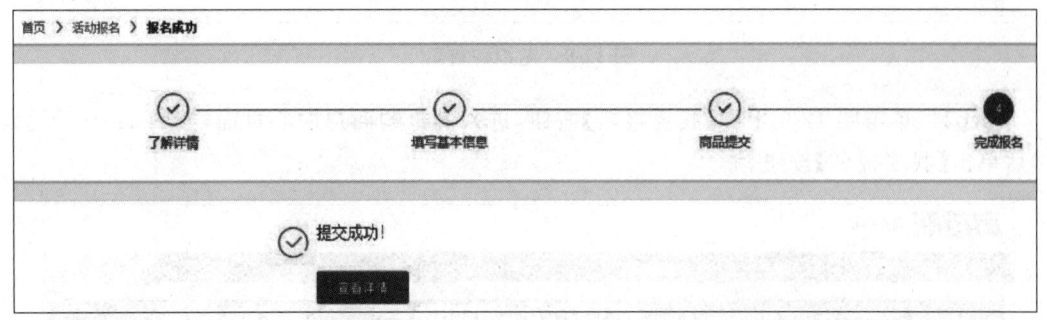

图 12-8　完成报名

报名完成后等待审核,在活动开始前 2~4 天,系统会发送消息通知商家审核结果。审核通过后,卖家须根据活动要求在正式活动开始前两天的下午 15 点前,对参与天天特价活动的商品进行设置,包括完善商品的库存信息、恢复商品原价、取消其他平台的促销价格、对需要参加活动的商品图片进行必要的美化、设置商品全国包邮、保持商品在线状态。

12.1.3 淘抢购

淘抢购活动类似于天天特价,淘宝、天猫商家都可以免费报名参加。淘抢购作为淘宝移动端的热门营销活动之一,占据着手机淘宝首页的关键位置,是一个流量极大的入口。对于卖家来说,如何报名活动、准备活动和进行活动总结都非常重要,下面就从这几方面介绍淘抢购活动的报名流程。

1. 选款

报名淘抢购活动的商家非常多,竞争很激烈,对于产品的销量、评价等要求很高,所以商家报名淘抢购活动时应选择店内卖得最好的产品或者最有潜力的产品,通过率会比较高。具体数据可查看生意参谋中"商品分析"的一系列数据。

2. 报名

当日可报名参与8~13天后的淘抢购活动,具体报名流程如下。

Step1 进入卖家中心首页,将鼠标移至顶部导航栏的【卖家地图】上方,单击下拉菜单中的【淘抢购】按钮,进入淘抢购首页,如图12-9所示。

图12-9 淘抢购首页

Step2 单击图12-9中的【我要报名】按钮,进入淘抢购商户中心页面,如图12-10所示,然后单击【我要报名】按钮。

图12-10 淘抢购商户中心页面

Step3 根据卖家活动需求及页面提示信息,选择对应的主营类目、频道类型、活动时间等,如图 12-11 所示。

图 12-11 选择活动

Step4 了解活动详情及收费规则,单击【下一步】按钮,如图 12-12 所示。

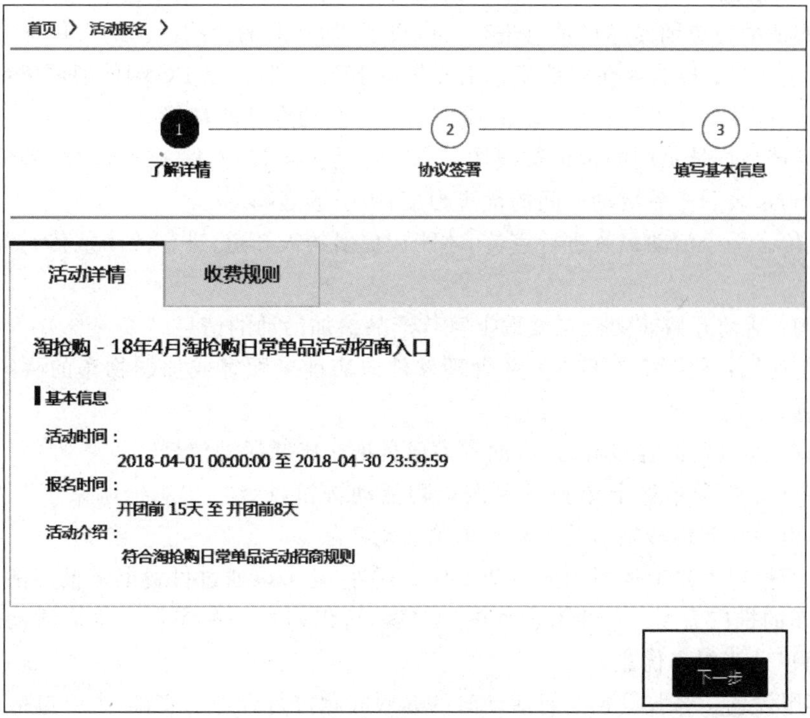

图 12-12 了解活动详情

Step5 签署支付宝协议,然后填写基本信息并进行商品提交。

3. 审核

通常来说,淘抢购活动开始前三天会完成审核,其他活动商品最晚在活动前一天完成审核。卖家可在淘抢购商家中心的"报名管理"中查看到商品的审核状态。如果审核未通过,会提示卖家不通过的原因。

为了提高审核通过的机会,卖家可在活动审核期间加强对报名商品的推广和销量积累。此外也要注意,报名其他活动时,不要和淘抢购活动的报名时间冲突。

4. 缴费

商品审核通过后,商家缴纳费用,其中不同的活动有不同的收费标准,可以在报名时进行详细了解。淘抢购单品类活动会收取技术服务费。

5. 活动前的准备工作

活动报名通过后,需要在活动前做一系列的准备工作,这样才能使活动达到一个好的效果。准备工作主要包括以下内容。

(1) 页面装修。对活动中使用的相关页面进行装修,主要目的是烘托活动的氛围,吸引消费者。具体来说,主要有以下几点。

- 宝贝主图:参加淘抢购活动的产品主图需要重新设计,把促销信息、活动时间等文案信息标注在图上,让顾客一目了然。
- 海报:店铺首页需要设置淘抢购活动海报,介绍活动详细信息。此外,还需要将淘抢购活动与店铺商品详情页进行关联设置,加强对淘抢购活动的宣传推广。
- PC端通栏:虽然现在店铺流量主要来源于无线端,但是PC端依旧可以带来一定的流量,因此卖家可以在PC端的通栏上进行活动产品的宣传。
- 活动产品详情页中的价格折线图:商品详情页可以放置一个活动产品价格变动折线图,来表明产品活动期间的优惠力度,吸引顾客购买。

(2) 宣传。一个活动只有进行宣传,才能让更多的人知道,进行活动宣传时可以从以下几点着手。

- 微淘:活动开始前两天在微淘上宣传产品参加活动的信息。
- 短信通知:利用相关客户关系管理软件向店铺老顾客或加购物车的买家发送活动信息。
- 群聊:通过店铺客户群,持续向群内成员推送店铺活动信息。
- 菜单栏:在菜单栏上单独设置淘抢购活动按钮,标注上"淘抢购来了"之类的引导语,引导顾客跳转到活动产品页浏览活动产品。

(3) 付费推广。除上述提到的免费宣传方式外,还可以通过付费渠道推广活动,如加大钻展、直通车的推广力度。如果有合作的淘宝客,可以多找一些淘宝客推广活动款商品,在活动期间可以适当提高优惠。

(4) 客服设置。客服设置是对活动时的客服问题进行合理的安排,主要包括以下几点。

- 提前两天设置好阿里旺旺自动回复,提醒顾客收藏加购。

- 将客服的阿里旺旺签名设置为活动信息。
- 客服在沟通中有意识地引导买家参与店铺活动。
- 根据报名时间段安排好客服值班,避免人手不足。

6. 发布

发布时间系统会在活动前三天进行商品发布,对于需要收费的业务,只有缴费后商品才能发布。如果在发布后缴费,则商家还需要手动发布。建议审核通过后第一时间完成支付,不要错过预热时间。

商品发布后才可看到活动的排期时间。注意,有时因为报名情况或活动需要,商品会跨日期进行排期,实际排期日期及时间可能会有调整,以最新的时间为准。

7. 预热

单品类活动(如日常单品活动、今日必抢、抢洋货、抢大牌等)的预热开始时间为活动前一天的 20 点。品牌抢购从活动前一天的 0 点开始预热。

8. 上线

淘抢购平台的日常单品活动每日开团场次由 12 个场次调整为 18 个场次,即 7:00 至 00:00 的所有整点场。活动售卖时间为 24 小时。活动开始后,应为消费者提供优质服务,遵守淘抢购活动的卖家管理细则。

12.2 淘宝节日营销活动

做电商不仅要了解淘宝日常营销活动,还要了解淘宝节日营销活动,因为借力营销才能事半功倍。本节将介绍一些常见的传统节日营销活动和官方节日营销活动。

12.2.1 传统节日营销活动

节日营销历来是商家必争的重要营销节点,淘宝这样的电商平台自然也不例外。每年的情人节、劳动节、中秋节、国庆节等都是卖家们比较关注的几个比较重要的营销节日。整体而言,这些节日营销活动的流程基本相似,所以下面就以情人节和劳动节为例进行介绍。

1. 情人节

每年的情人节不只是情侣的节日,更是各大品牌争相上场的时间。商家每年大张旗鼓地宣传推广,情人节已经成为情侣必过的节日之一。如何借助"情人节"的话题呢?我们需要结合店铺情况,让买家觉得更有深意。下面介绍如何借助"情人节"策划促销方案。

(1)活动前期。活动前期需要确定整个店铺的整体装修风格、宝贝描述、特价商品、搭配套餐等,具体介绍如下。

- 确定活动主题文案、页面风格以及色调。情人节一般以粉色、红色、蓝色等相对靓丽的色调为主,店铺装修要突出节日的气氛,促销区、店招等可以适当地加入节日元素。

- 修改宝贝描述是非常重要的。要将客户吸引到店里,就应该让客户知道店铺中有哪些促销活动,让客户感到实惠,而不是买家一进入店铺发现不合心意就将页面关掉。可以在宝贝描述的最上方、中间或下方选取两处,强调店铺的优惠性。
- 单纯的特价以及全场包邮这种优惠活动会显得毫无特色,因为这些活动在日常活动中也经常出现。这里可以设计两个促销环节:第一步,为进店客户提供2~3样产品,客户只要花费10元以内就可以购买,用这一步留住客户,让其浏览其他商品;第二步,满××包邮,不过第一步中的10元以内的优惠商品是不包邮的,这样就加强了第一步对客户的诱惑。
- 搭配套餐。将首页的几种商品组合在一起,设置成套餐销售,以便增加产品曝光率,从而提升店铺销售业绩和转化率。
- 设置淘金币。可以分为两种设置方式:第一种是如果某商品的价格为100元,这时可以设置98元+200积分的购买方式;第二种是买家买了店铺中的商品送积分,超过100元送100积分。

(2)活动定位。做营销活动的最终目的是卖掉商品,而任何一个活动都不可能满足所有人群的喜好,所以最好事先选定好某一类人群,这样才可能精准地找到那些愿意为商品买单的人,从而提高转化率。情人节活动可以从以下几个角度来确定定位方向。

① 从年龄角度。将恋爱的人分为不同的年龄阶段,如年轻人的恋爱、中老年人的恋爱、老年人的恋爱。不同年龄阶段使用的商品是存在差异的,所以即使是情人节,都是卖商品,也要分什么年龄阶段的人过情人节。例如年轻人的恋爱疯狂、文艺或内敛,中年人的恋爱往往更稳重、更强调品质等,而老年人之间的恋爱更朴实、温馨或令人动容。

② 从消费能力角度。从人群的消费能力来划分商品,可以分为朴实的、平价的、高贵的、奢华的。

人群的消费能力决定了他们喜欢什么样的商品,以及他们对什么样的设计风格更感兴趣,例如低价促销的设计风格往往比较适用于经济比较拮据的人或喜欢节俭持家的一类人;文艺小清新的设计风格比较适用于追求一定的生活品质但是消费能力也不是太高的年轻人;奢华高贵的设计风格比较适用于有高品质生活追求的人以及经济实力很丰厚的一类人。

③ 从情感的角度。从人群的情感角度出发,可以划分为悲情的、平淡的、甜蜜的、热烈的、温馨的、感动的。

感情有很多种,但不同的情感痛点能打动的人是不一样的。一般来说人们总是更愿意为那些能打动人的瞬间买单,例如当人们对爱人感到愧疚时、希望爱人幸福时或者自身感到痛苦需要发泄时,往往会比内心平静时更有购买的欲望,这也是为什么各种节日或广告都喜欢打情感牌的原因。

④ 从恋爱状态角度。从人群的恋爱状态出发,可以分为恋爱中、异地恋、单身中、暗恋中、失恋中、已婚未育、已婚已育等。

针对不同恋爱状态的人群,营销方向也是不一样的。例如运营方向可以是针对处于幸福的恋爱中的人,那么就要想,这些人在这一天可能是要出去约会的,这就涉及该怎么打扮、该送什么礼物、该选什么约会场地等方面的问题了。这样的活动可以起到一个帮忙出谋划策的作用,从而达到卖货的目的。

运营方向可以是秀幸福的,那么就要想单身的那些人在情人节这一天会有什么心理呢,其实大多数人或多或少应该是有一点仇视或羡慕心理的,而活动的任务在于,它往往会通过放大他们的这种情绪或者替他们说出自己想说但不敢说的想法的方式,去鼓励他们通过购买东西来发泄这种不满的情绪,再或者让他们意识到之所以自己还单身,就是因为不会打扮、不美、读书少之类的原因,从而激发他们产生改变自己的欲望,达到卖货的目的。

(3) 文案的设定。因为以上活动定位方向的不同,所以文案也会有所差异,可以根据不同的方向去撰写文案,如贴合产品路线的文案"给你甜秘密""为爱吃狂""花点时间制造浪漫";低价促销路线的"浪漫不打折";打感情牌路线的"爱你一生一世""愿得一人心,白首不相离""爱你不止这一天";宣扬立场的独立文案"宠爱自己""做自己的美丽情人"等。

2. 劳动节

劳动节可以让许多人好好地放松一下,不再有工作的压力,对于卖家来说不仅是一个重大的节日,更是网店积攒人气的一个机会。随着五一的到来,网店开始进入旺季,能不能在这个季节取得很好的成绩,就看这个节日能带来多少人气,同时也是为这个季节奠定一个基础。劳动节促销活动的策划可以分为以下几个流程。

(1) 确定活动目的。活动最主要的作用是能引来更多的流量,让更多的买家了解店铺的促销活动。目的是让买家认可这些促销活动,产生购买,从而达到预期销售。只有目的明确,才能把活动做得圆满。

(2) 活动介绍。常用的活动有降价、打折、限购、秒杀、抽奖、送赠品、满就送、优惠券、限时抢购等。不管哪种活动,只要开展得好,都会起到作用。例如降价,这个时候一定要拿出一个不赚钱的宝贝去冲销量和人气,通过这个宝贝做铺垫来刺激买家,让买家产生欲望。

(3) 活动主题。主题对于吸引买家眼球是至关重要的。要起一个与此次活动相搭配的名字,字数不能过多,要简洁、精练,能引导买家,例如降价主题"五一,让你有心跳的感觉"。

(4) 宣传推广。宣传推广的方式有很多,其中海报是用得最多的一种。如果预算比较高,可以选择转化率比较高的网站推广;如果预算比较低,可以选择平台推广,但需要提前推广,给用户提前打个预防针。

(5) 行动方案。活动整体的定位策划完成后,需要制定活动时间、原则以及一些细则,具体有以下几点。

- 活动时间:20××年5月1号~20××年5月10号(可根据店铺实际情况调整)。
- 活动原则:出现不可预料的事情时,促销和活动要灵活运用,选择性价比比较高的宝贝,这样才能让自己更有优势;可操作性要强,操作性不好的方案就算内容比较好,运营时也大打折扣;要有好的创意,不能被竞争者同质化;方案运营起来要有良好的效益产生,没有效益还是空欢喜一场。
- 活动细则:凡购买此产品都会享受最低的价格,买到满意的产品,买满多少再减多少。

(6) 方案运营总结。活动结束后要及时总结活动效果,做一份详细的报告,以方便研究,找出优点和缺点在哪里,然后弥补不足,从而在以后的活动中能避免遇到同样的问题。

12.2.2 官方节日营销活动

节日营销活动是所有商家都可以参与的,但是官方节日营销活动需要一定的要求才能参加,下面主要介绍常见的年中大促以及"双十一"活动的策划流程。

1. 年中大促

淘宝天猫年中大促是在每年的6月18日,是与"双十一"相呼应的消费者狂欢节,也是上半年天猫平台的一次大型活动。报名年中大促活动之前,一定要详细了解报名规则和报名要求,报名之后需要做一份详细的活动策划方案。下面介绍如何对年中大促活动进行策划。

(1) 确定活动目标人群。策划一场活动之前,必须清楚这次活动的目标人群。通过确定活动目标人群,可以了解目标人群的特征,通过分析他们的特性,明确目标人群的利益追求点,如追求性价比、款式或者其他方面;通过分析人群特性和利益追求点,做到知己知彼,并在活动制定时投其所好,就能够激活目标人群的购买欲望,同时满足客户的情感需求。这样不仅能够提升当日销售额,也能够提升一定的客户回头率。

(2) 确定活动时间。确定了活动目标人群后,接下来需要确定活动时间(即活动什么时间开始和什么时间结束)。主要通过以下几点来确定。

- 活动类型。如果是节日类活动,那么需要提前进行,因为不少顾客购物是为了在节日前送礼,所以会提前购买,提前时间最好为5天左右。如果是配合官方的活动,则宜把活动时间设定为和官方一致,或前后各延迟一至两天,不宜过多。一些爆发性活动,如秒杀等,则应设定在官方活动当天。
- 广告排期。根据店铺自身的广告排期来确定活动时间,充分利用好每一种推广流量。活动持续时间可以设置较长,最佳为3~7天,不宜超过7天。
- 工作日。在淘宝网平台上,目前比较普遍的情况是工作日期间销售额、转化率都较周末高,故在安排活动时,尽量安排在工作日。
- 店铺承受能力。在安排时间时,应根据店铺承受能力来妥善安排;如果持续时间过长,店铺长期处于高压状态,会导致各环节衔接不正常及工作效率低下等情况。

(3) 确定活动类型。淘宝上目前常见的活动类型主要有以下几种:直接折扣(包含秒杀、团购、聚划算等活动方式);满就送、满就减(设定条件为满多少元或满多少件就享受对应优惠,主要有优惠多少元或者打折等方式);店铺优惠券(可设定使用条件和使用期限);免单活动(满足某种条件就可享受订单免费的优惠);以及包邮活动、搭配套餐、抽奖活动等。

店铺在做整店活动时,通常会采用以下几种活动类型:全场×折(起)——这种方式直接让利,吸引度较高;全场满就送、满就减——这种方式也是直接让利的模式,吸引度较高;全场包邮——通常在进行全场活动时作为副活动出现,虽然让利空间有限,但对于提升客户的购买性有极大的帮助;抽奖活动——也是通常在进行全场活动时作为趣味性活动出现,可以提升一定的转化率。

(4) 确定活动内容。在确定活动内容时,可以根据店铺的活动需求来选择适合自己的店铺活动类型。

- 客单价。可以采用全场满就送或者搭配套餐的方式。例如店铺日常客单价在100

元左右，那么可设置全场满200元优惠20元，这样客户为了追求20元的优惠，很可能会多购买一些其他产品。搭配套餐是指为某款产品搭配一些常用的、配套使用的产品，如手机的搭配产品有手机壳、手机屏幕膜等。为了能使客户在店内购买这些搭配产品，可以设置搭配套餐，给予一定优惠，从而提升客单价。

- 单品销量。可以采用秒杀、团购等方式。秒杀、团购可以在极短时间内聚集大量人气，并形成大量销量，这样给单品的销量、评价、搜索权重都会带来很大的提升。
- 收藏数。可以采用收藏店铺送优惠券的活动方式，促使客户收藏店铺。加上优惠券后，即使客户本次没有购买，也极有可能在下次光临店铺时产生购买。
- 访问深度和店铺停留时间。可以采用全场折扣或全场满就送的方式。当进行全场活动时，无论新老客户，都会在心里想，今天店铺做全场活动，如果错过那就可惜了，应该会多看一些店铺内的产品，寻找是否有自己需要和喜欢的产品，这样访问深度和停留时间会提升。
- 转化率和销售额。可以采用全场折扣或全场满就送的方式。同理，在访问深度和停留时间提升的同时，客户因为看了较多的产品，他购买的可能性会提高，所以转化率和销售额也会明显提升。

（5）如何做好预热与推广。当确定好活动人群、时间和内容后，接下来需要对活动进行预热和推广，让更多的客户参与到活动中。

- 提前在店铺首页或其他重要区域加入店内广告引导买家到活动单页，以展示主题内容。
- 提前投入推广资源到店铺活动页面，留住客户并使他们在活动日来购物，这是因为在活动当日，部分活动的淘宝广告费会暴涨。我们可以采取避其锋芒的方法，提前进行推广，扩大影响范围。
- 提前开展小范围的优惠活动，以满足客户"先尝为快"的需求。
- 通过优惠券以及其他优惠方式，促使客户收藏店铺或单品。
- 提前通过短信、邮件等方式，尽可能地激活店铺老客户，使其在活动期间返回店铺并购买。

（6）如何做好店铺活动展示。店铺进行活动展示时，首先要了解店铺内自身的"广告资源"。每个店铺每天会有一定的人流量，所以店铺页面的每一个位置其实都是自身的广告位，包括每个产品展示都是在占用店铺的广告位。大部分卖家都会在首页展示店铺爆款产品，这就是对店铺内广告资源的简单应用。同样，在做活动时，卖家也应该合理地应用店内广告资源。

2."双十一"购物狂欢节

"双十一"购物狂欢节（简称"双十一"）是指每年11月11日的网络促销日，源于淘宝商城（天猫）2009年11月11日举办的网络促销活动，当时参与的商家数量和促销力度有限，但营业额远超预想的效果，于是11月11日成为天猫举办大规模促销活动的固定日期。"双十一"已成为中国电子商务行业的年度盛事，并且逐渐影响到国际电子商务行业。

"双十一"作为淘宝天猫电商平台最大的官方营销节日，是卖家们一年中参与的最为重要的促销活动，因此卖家想要在"双十一"促销活动中取得好的销售成绩，必须提前做好准备。

(1)"双十一"招商要求。并非所有店铺都可以参加"双十一"活动,只有满足要求的店铺才能参加。首先,所有卖家海选报名并审核通过后可以报名参加主会场和分会场,外场报名无须参加海选;其次,参加报名的商家必须完成大促风险和安全考试;最后,商家还得完成店铺红包设置、店铺满减设置(外场不强制要求)以及承接页设置,之后才能顺利进入分会场。而主会场无须商家报名,将通过分会场以商家"赛马"的方式选取最优秀的商家入围。

只有通过以上层层环节,商家才可以参加"双十一"活动,所以在报名之前要详细阅读"双十一"的报名规则。

(2)"双十一"活动规划。一场完整的"双十一"战役主要分为5大时间节点,即筹备期、蓄水期、预热期、爆发期和余热期,具体介绍如下。

- 筹备期:筹备期主要是做整体的"双十一"战略布局,通过分析往年的"双十一"数据,如销售业绩、目标达成率、备货深度、售罄率、TOP商品、营销玩法、推广渠道等,制定一个合理的目标。然后为这些目标做相应准备,如营销玩法、货品准备、流量准备、活动及页面策划等。
- 蓄水期:蓄水期主要是为了"圈人群",获取人群标签。通过直通车、钻展、淘宝客去吸引目标人群,同时唤醒店铺的老客户,扩大流量,增加可分类客户群体总量。蓄水后期也是官方的预售期,需要重视店铺预售。据统计,预售的销售额能够占"双十一"当天的销售额的30%乃至更高。预售的核心就是要让客户明白支付定金可以享受比"双十一"当天更有诱惑的利益点。
- 预热期:预热期的重点是让买家记住,引导互动,提高客户的参与感,同时不断引导客户领券、加购和收藏。同时还要重视老客户,针对前期圈定的客户进行循环通知,强化活动影响。
- 爆发期:"双十一"当天最重要的时间点是0~3点,尤其是活动开始的前一个小时。前几个小时爆发的成绩奠定了全天成交成绩的基调,因此一定要做好前几个小时的活动营销,刺激客户尽快下单。同时20~24点也是一个重点的时间段,因为"双十一"活动马上要结束时,客户会担心错过最佳优惠期,所以这个时候要营造出紧迫的氛围促使客户尽快下单。
- 余热期:"双十一"结束后,带来的流量并不会立刻减少,怎么利用这部分流量是要重点考虑的问题。余热期这段时间要继续做好流量引导,通过活动营销利益点尽可能多地吸收这部分的流量。

12.3 本章小结

本章主要介绍了淘宝营销活动的相关知识,包括淘宝日常营销活动和淘宝节日营销活动。

通过本章内容的学习,读者应了解淘宝官方活动以及一些节日营销活动,掌握这些活动的报名规则、报名技巧,能够策划不同类型的营销活动。

12.4 课后练习

一、判断题

1. 商品团是一种限时特惠的体验式营销模式,具有坑位数多、参聚概率相对较大、主团展示、流量稳定的特点。( )
2. 聚名品的招商对象为符合聚名品规则要求的天猫旗舰店、旗舰店授权专营店、天猫国际旗舰店、全球购(须认证)以及淘宝集市店铺等。( )
3. 竞拍团是一种适合大型卖家快速参聚的营销方式。( )
4. 聚新品采用保底+佣金+封顶的收费模式,要求商品没有销售记录或在5件以内。( )
5. 聚划算的宝贝必须要入仓。( )

二、选择题

1. 下列选项中,属于聚划算主要参聚类型的是( )。
   A. 商品团　　　　B. 品牌团　　　　C. 聚新品　　　　D. 竞拍团
2. 不属于天天特价报名要求的是( )。
   A. 淘宝店铺须支持淘宝消费者保障服务
   B. 淘宝店铺信用等级为1钻及以上
   C. 近半年店铺非虚拟交易的DSR评分的三项指标分别不得低于4.6
   D. 店铺开店时长须在60天及以上
3. 下列选项中,属于淘宝日常营销活动的是( )。
   A. 聚划算　　　　B. 淘抢购　　　　C. 天天特价　　　　D. 劳动节
4. 卖家提供的创意图片中能出现聚划算字样吗?( )
   A. 只要曾经上过聚划算就可以
   B. 可以随便用
   C. 必须在钻展后台上传排期和保证金截图证明
   D. 只要店铺里一个商品上了聚划算,其他所有商品都可以使用聚划算
5. 五金/工具、电子/电工和基础建材这三个类目在报名商品团时,限购数量最多可以设置为多少件?( )
   A. 50　　　　　　B. 100　　　　　　C. 150　　　　　　D. 200

知识体系梳理图　　　　　　　　实践案例